复杂艰险山区高速公路建设技术与管理丛书

U0873435

高原复杂山区高速公路施工标准化管理

——以香丽高速公路的工程管理实践为例

王晓方 白晓波 普利坚 杨振生 / 编 著
李信东 / 主 审

西南交通大学出版社
·成 都·

图书在版编目（CIP）数据

高原复杂山区高速公路施工标准化管理：以香丽高速公路的工程管理实践为例 / 王晓方等编著. —成都：西南交通大学出版社，2020.11
ISBN 978-7-5643-7704-5

Ⅰ. ①高… Ⅱ. ①王… Ⅲ. ①山区道路－高速公路－道路施工－标准化管理－云南 Ⅳ. ①U415.1

中国版本图书馆 CIP 数据核字（2020）第 187906 号

Gaoyuan Fuza Shanqu Gaosu Gonglu Shigong Biaozhunhua Guanli
—Yi Xiang-Li Gaosu Gonglu de Gongcheng Guanli Shijian Wei Li

高原复杂山区高速公路施工标准化管理
——以香丽高速公路的工程管理实践为例

王晓方　白晓波　普利坚　杨振生　编著

责任编辑	李晓辉
助理编辑	王同晓
封面设计	GT 工作室
出版发行	西南交通大学出版社 （四川省成都市金牛区二环路北一段 111 号 西南交通大学创新大厦 21 楼）
邮政编码	610031
发行部电话	028-87600564　028-87600533
网址	http://www.xnjdcbs.com
印刷	成都勤德印务有限公司
成品尺寸	185 mm × 260 mm
印张	19.25
字数	478 千
版次	2020 年 11 月第 1 版
印次	2020 年 11 月第 1 次
定价	198.00 元
书号	ISBN 978-7-5643-7704-5

本书编委会

主　编： 王晓方　白晓波　普利坚　杨振生

副主编： 朱红兴　苏雄斌　马正林

主　审： 李信东

编　委： 魏家旭　包启云　杨竹胜　李官勇　周　游
任高攀　杨　勇　布　军　徐刚祥　郭振豪
张荣峰　韦　巍　刘建明　白　磊　余选玉
朱小京　樊兴波　赵姚云　周成嵩　杨　亮
连国彪　武贵明　马勋令　周小军　资坤元
陈　帆　赵　磊　韦建辉　李　蒙　苏　晨
李　志　薛　鹏　安振杰　陈　旭　王传富

前言 Preface

近年来，我国西部山区高速公路的建设步伐显著加快，为我国西部经济腾飞做出了巨大贡献。山区高速公路地形、地质、气候条件复杂多变，施工过程具有较高的复杂性、动态性和不确定性，使得工程项目的目标控制面临巨大困难。因此，高原复杂山区高速公路项目需要实施标准化管理，标准化管理是科学管理的重要基础，标准化管理以科学化的管理思想为导向，通过对项目组织和实施方法的优化设计，结合规范化的管理模式，将类似项目的成功管理经验和方法进行内容上的复制，并逐步推进项目管理由传统的粗放式向现代的规范化、流程化和制度化转变。推行标准化管理可以进一步优化项目的资源配置，促进项目知识积累，提升项目生产效率，是工程项目管理的重要手段，不但能在一定程度上提高项目的进度和质量管理水平，还能有效提高企业的经济效益。

云南建投集团近年来在高速公路施工标准化管理方面进行了大量的探索，在企业内部已经初步建立了高速公路的施工标准化管理体系，针对香丽高速建设的艰巨任务，建投集团提出以“零缺陷、低成本”和“精细管理”为依托，实施“模块化流程式”项目管理标准化规范，成立专门的标准化管理工作领导小组，建立以项目经理为组长负总责、分管领导和工段项目经理为副组长具体负责的领导责任制度，明确相应管理机构、人员分工，确保“纵向到底、横向到边”的标准化管理制度。项目部成立以项目经理为组长、工段项目经理为组员的标准化施工领导小组，对各工段施工驻地建设、工地试验室建设、施工现场设施建设、文明施工、树形象等进行全面督查、问责，确保香丽高速高速公路建设成为标准化施工的样板工程。

云南建投集团基于香丽高速公路的施工标准化管理实践组织编写了本书。本书具有很强的实用性，对于提高山区高速公路施工标准化管理水平具有较强的应用价值和现实指导意义。

作　者

2020 年 8 月

目录 Contents

1 绪论

1.1 高速公路施工标准化管理的背景与作用

1.1.1 高速公路施工标准化管理的背景

我国社会经济自 20 世纪 80 年代起进入了高速发展的阶段，交通行业特别是交通基础设施建设引起了广泛的关注和重视，建设资金投入不断增长。这使得我国的高速公路行业得到了迅猛发展，在高速公路建设方面的发展尤为迅速。高速公路的发展也逐渐成为促进国民经济发展的重要因素。随着我国公路路网的不断完善，高速公路建设逐步进入追求品质工程的新阶段，高速公路建设对工程质量的重视程度日益增加。针对长久以来公路建设领域技术人员水平参差不齐，管理制度逐年僵化，质量通病不断出现等相关问题，2010 年 10 月，交通运输部提出以“发展理念人本化、项目管理专业化、工程施工标准化、管理手段信息化、日常管理精细化”为理念，在现行公路标准、规范的基础上，针对工程质量通病及管理薄弱环节，充分吸收各地施工标准化的经验和成果，全面推行现代工程管理，促进高速公路建设施工标准化、规范化、精细化，全面提高公路建设管理水平。为全面推进高速公路的施工标准化工作，交通运输部已经组织有关部门编写了《高速公路施工标准化技术指南》系列丛书，之后针对高速公路建设技术及管理类高速公路建设标准规范已陆续推出 60 种。地方性标准也相继出版，如云南省交通运输厅在 2012 年组织出版了《云南省高速公路施工标准化实施要点》系列丛书，还有福建省、广东省、北京市、山东省及江苏省先后颁布了相应的指南与意见。这批指南与意见推动了相关施工技术标准规范的制定与完善，从技术上为公路的标准化施工提供了指导，保证了工程建设质量，强化了监督管理，引领了为我国公路建设管理发展方向。然而，从管理的角度来看，多数高速公路建设仍然采用传统的管理模式，标准化的施工技术需要标准化的管理模式预制配套，管理模式与施工技术不配套，导致施工标准化无法深入贯彻，在实际工作仍按照老的一套进行，降低了施工标准化的效益。高速公路施工项目要想通过施工标准化提高效益，首先，要熟悉行业内各种施工技术规范，掌握施工现场的作业标准；然后，基于施工技术与作业标准的需求，建立起与之相适应的施工标准化管理体系，并结合工程实践，因地制宜不断发展和完善技术标准与管理标准，推动高速公路施工技术水平和建设管理水平的全面提高。

云南省建设投资控股集团有限公司（简称“云南建投集团”）是云南省建设领域及相关产业的国有资本投资运营主体，在中国承包商 80 强中位列第 13 位，在中国 100 大跨国公司及跨国指数排名中位列第 72 位。高速公路的投资、建设、运营是云南建投集团的重要业务版块，近几年来，随着高速公路投资建设步伐的不断加快，云南建投集团在高速公路品质工程建设方面提出了全新的要求，而构建标准化的施工技术与建设管理体系是建设高速公路品质工程的必由之路，因此有必要进一步加强和完善高速公路建设管理标准化的相关工作。

1.1.2 高速公路施工标准化管理的作用

标准化管理起源于美国古典管理学家泰勒的科学管理。他认为，在科学管理的情况下，要想用科学知识代替个人经验，一个很重要的措施就是实行工具标准化、操作标准化、劳动动作标准化、劳动环境标准化等标准化管理。他的《科学管理原理》一书中把“使所有工具和工作条件实现标准化和完美化”列为重要的科学管理原理，使得标准化成为科学管理的重要基础。在泰勒的推崇下，标准化管理逐渐被广泛应用，从而很大程度上促进了世界经济的发展。标准化管理是以标准化为主线，针对当前或者潜在的共性问题从管理角度采取措施来解决问题，以到达提高管理效率的目的，是一种管理思想同时是一种管理手段。目前学术界对“标准化管理”有两种理解：一是标准化管理是指“对标准化工作进行计划、组织、协调、监督等工作的总称”，是在明确标准化要求后，对制定、贯彻和反馈标准等工作进行的计划、组织、协调、控制；二是标准化管理是指“对于管理工作的内容、流程和依据等制定统一的标准。按照标准化的思想指导、实施全部管理工作”。标准化管理工作不仅包括标准化工作进行计划、组织、协调、监督，而且还包括标准体系的构建。即标准化管理是指标准体系的建立，标准化工作的推行、实施、监督以及信息反馈的不断循环过程。

施工管理标准化与一般意义上的项目管理方法存在显著的差异，施工管理标准化是标准化原理应用与施工项目管理的结果。以科学化的管理思想为导向，通过对项目组织和实施方法的优化设计，结合规范化的管理模式，将类似项目的成功管理经验和方法进行内容上的复制，逐步推进项目管理由传统的粗放式向现代的规范化、流程化和制度化转变。

施工管理标准化的特点：① 系统性，施工管理标准化需要在企业管理层面和项目实施层面建立系统完善的管理、技术和制度体系，该标准化体系应将公司所有管理人员和工作人员纳入标准化实施范围，制定相应的岗位要求和行为规范；② 先进性，施工管理标准化的各项标准要与当前科技发展水平及行业要求、建筑市场形势及发展趋势相适应；③ 文化性，企业通过由上而下推进工程项目管理标准化，让标准化植根于工程项目管理的过程中，使实施结果达到项目标准的管理文化。

施工管理标准化是工程项目管理的重要手段，不但能在一定程度上提高项目的进度和质量管理水平，还能有效提高企业的经济效益。施工管理标准化的作用主要包括以下几个方面：① 管理标准化能优化资源配置，提升管理绩效；实现信息互联和共享，推动项目间的有效沟通和交流。② 能够充分利用许多项目管理方法和技术，有效降低管理中不必要的浪费，无形中减少资金投入。③ 促进企业组织的知识积累，促进项目信息和资源共享。④ 标准与质量是密不可分的，两者相互补充相互提高，产品质量反映出产品功能的各种自然属性，而标准这是对产品的各种质量特性做出明确和具体的定量规定，标准化工作是进行质量管理的依据和基础，做到标准化才有利于质量的实现。⑤ 通过标准工作将生产过程通过采用高效率的工艺设备、利用新技术进行合理的归纳和简化，从而提高单位时间内产品的生产批量，提高生产效率，减少消耗，降低成本，增加企业的经济效益。⑥ 通过标准化工作来促使企业对其内部可能产生的各种风险进行识别和衡量，并采取有效的措施进行防范和控制，则可以有效地减少因制约因素带来的各种风险。⑦ 标准化对多样性进行收敛的同时也为多样性的产生提供一个共同的起跑线，当多样性收敛为一个标准后，以这个标准为起点，进行多样性发散。标准化是标准的一个执行过程，可以有效地对执行过程中的技术积累。

1.2 施工标准化管理的内涵及理论基础

1.2.1 施工标准化管理的内涵

高速公路施工标准化管理可以理解为：为使高速公路建设项目在建设过程中获得最佳秩序和效率，对建设中共性的技术和管理等问题制定共同使用和重复使用的标准，并通过行业主管部门和参建各方的倡导、推行、实施、监督等环节来实现项目管理的过程，目的是全面提高参建各方的建设管理水平。因此，高速公路施工标准化管理的内容包括高速公路施工标准体系的构建，标准化工作的推行、实施和监督。

实现高速公路施工标准化管理，要借鉴国内外重大项目建设的先进经验，以科学管理理论和经验曲线效应理论等理论为依托，结合高速公路建设的特点，发挥行业主管部门颁发的管理和技术标准指导作用，通过建设单位的标准化管理，带动包括勘察设计、施工和监理等单位的标准化管理，形成参建各方各负其责、协同推进的高速公路施工标准化管理体系如图1-1所示。

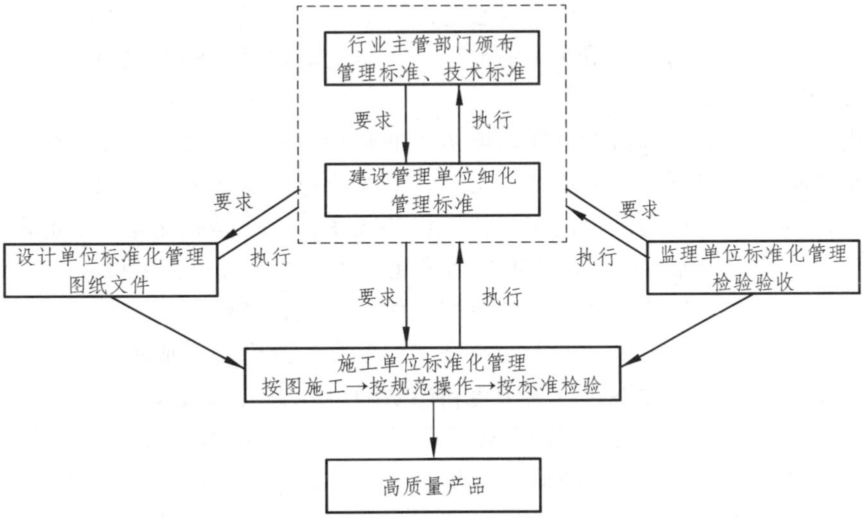

图 1-1 高速公路施工标准化管理示意图

1.2.2 施工标准化管理的理论基础

1. 科学管理理论

科学管理理论的创始人泰勒认为科学管理是以最高劳动生产率为根本目的，而要想达到最高的工作效率，一个重要手段就是用科学化的、标准化的管理方法代替传统的经验化管理方式。不仅如此，科学管理更为重要的意义是提出了精神革命。精神革命在科学管理的基础上认为雇主和雇员所追求的利益是一致的。当企业发展到一定阶段时，企业主不仅仅只是追求企业的利润，而是越来越看重自身事业的发展；而雇主事业的发展从客观上也要求雇员得到较为理想的工薪回报，充分发挥员工的个人潜质，帮助员工实现其自身价值。促使雇主和雇员提高追求的目标，形成互利共赢的局面。

科学管理理论是一个相对宏观的综合概念，作为一种思想的同时，同样是一种观念，也是一种具体的操作规程，是对具体工作的指引。其主要内容包括以下几方面：首先，以对工作中每个要素的科学划分替代已经老套的经验管理方法；其次，以对员工进行选拔、培训和开发的科学方法取代之前的自己任意对工作进行选择和较为随意的训练方式；再次，增强与工人之间的沟通交流，以确保其所做工作和工作成果与科学管理原理相符合；最后，管理人员与工人需要承担平等的工作强度和职责分工。科学管理理论适用于人类社会各种活动，从最为简单的单一个人行为到经过充分组织安排的社会活动，甚至国家层面上的重大决策等，对管理学和管理实践有着极为深远的影响力。

标准化管理是一种科学管理的方法。高速公路施工标准化管理更应借鉴结合科学管理的科学之处，结合精细化管理、集约化管理以及供应链管理等管理方法和手段，从而赋予其更加重要的价值。

2. 经验曲线效应理论

经验曲线效应认为生产总成本和总累计产量之间存在一定的正比相关性，即某项生产工作被反复多次执行，它的平均生产成本便会随之降低。在产量每增一倍的情况下，产生的代价值（包括管理、营销、制造等费用）将会以一个恒定的并且可测的比率下降，经研究发现下降的比率在 10%～30%。

通常情况下，对降低代价值的潜能影响最大的是行业的经验效应和需求量的增长速度。经验曲线效应主要源自以下几方面原因：第一，学习效应。多次重复做同样的工作能够提高工人工作的熟练程度，从而逐渐提高完成该工作的效率，这便是熟能生巧的道理。第二，专业化分工。生产产量的增加使得工作分工成为可能，并向着更为专业化和标准化的方向发展，流水施工就是工程施工领域专业化分工的典型案例。第三，产品工艺改进。伴随累计产量的递增，产品和工艺可以逐步改进，并不断提高生产效率，降低施工成本。就标准化来说，根据以往经验形成可供参考的标准，减少了重新摸索的过程中消耗的人力、物力和财力，对提高工作效率起到很好的推进作用。第四，规模经济。规模经济主要是指随着生产规模的扩大，使得形成单位产品的固定成本相对降低。第五，专有技术。一项工作被重复操作，日积月累，企业或者个人在这项工作的生产技术和管理方面将会积累越来越多的经验和知识，从而形成特有的核心竞争优势。

标准化管理将成熟的经验总结下来，形成固定的管理流程和管理制度，便于总结经验，吸取教训，按标做事，减少了重新摸索的时间和精力损失，同时大大提高了工作效率。因此经验曲线效应理论必然是标准化管理的重要理论基础之一。

3. 系统工程理论

高速公路是一项典型的复杂而艰巨的系统工程。针对高速公路施工标准化管理需从系统角度出发，以技术、管理和工作三大标准为基础，建立以行业指导，以建设管理单位为核心，参建各方各负其责、协同推进的标准化管理体系，形成全过程、全方位的闭环管理。

系统工程是从总体出发，合理规划、运行、管理及保障一个系统所需思想、理论、方法和技术的总称，它是一种以系统为对象的、先进的组织管理技术。办一件事之前比如项目立项，需要首先研究预测其目的、是否应该去做、是否有条件去做，然后研究在当前条件下最为合理及可行的方案，这些都是非常重要的前期工作，相当于项目的预可研；项目实施过程中需要完整而严密的科学管理方法做引导，以确保取得良好的成效。系统工程就是这么一种方法论，是组织管理一个系统的规划、研究、设计、制造、试验和使用的科学方法，对所有的系统有着普遍的指导意义。钱学森认为：标准化也是一门系统工程，任务就是设计、组织、建立标准体系，促进社会生产力的持续高速发展。并把标准系统工程作为尽早建立的 14 个系统工程之一。

系统工程的研究对象是有确定目的的系统，同时该系统又从属于一个更大系统，即系统所处的环境中；一个系统还可分为分系统和子系统等，系统内部的各种要素之间存在并列和层次关系，构成了系统的结构。系统工程由于它的研究对象是有目的的有机整体，因此它具有整体性；由于系统这个整体是由许多相关联的要素组合而成，同时整个系统分阶段发展，从而系统又具有综合性；系统工程既要解决科学和技术问题，又要解决各种社会性问题，所以具有技术-社会性；系统工程应该尽可能客观地站在全局立场上冷静地去观察和研究系统发展中各种矛盾和利害关系，为领导决策和宏观管理提供方案和建议，因此还具有客观性。此外，某一类特定的系统工程还有它所专有的个性特征。

高速公路项目作为一项系统工程，需要从宏观角度上用系统的观点和方法进行有效管理。标准化是在经济、技术、科学及管理等社会实践中对重复性事物和概念，通过制定标准和实施标准，达到统一，以获得最佳秩序和社会效益的管理活动。这种活动也都形成了一个工程系统，即标准化工程。

1.3 我国高速公路施工标准化管理的现状与特点

1.3.1 我国高速公路施工标准化管理的现状

为规范高速公路建设管理，我国交通运输部借鉴发达国家在项目管理标准化领域的先进理念，并结合国内各地成功经验，制定了相关规范文件。1998 年 10 月，为了推进公路建设在不断发展的市场新形势的需要，原交通部成立了中国工程建设标准化协会高速公路委员会以推进和加强高速公路工程建设的管理水平和理论标准研究。2007 年 1 月 1 日，原交通部颁布实施了《交通标准化工作规则》，对交通领域标准化的计划、修订和审查制定了响应的规定。2011 年，交通运输部颁布高速公路建设领域标准化活动的相关通知，掀起了全国范围内管理标准化理论和工程建设的热潮。

目前国内已有一些省在公路建设项目开始进行建设管理标准化的探索和实践。一些省根据本地不同条件开展了形式各异的标准化管理，制定了开展标准化的工作方法，在推行过程中取得了显著成效。福建省编制了《标准化实施指南》在全省范围内推行高速公路建设管理标准化工作，对工程建设过程涉及的施工技术、质量保证、安全生产等方面明确了规范化的标准要求，对于促进福建省高速公路建设过程中的质量控制和安全生产取得了显著效益。浙江省编制的《浙江省高速公路建设工程标准化工地管理规定》中对施工过程的场地建设、路基路面和桥涵工程等分项专业施工现场管理等都提出了相关的规定和具体要求，对于提升工地的整体形象，提高工程质量等都产生了非常积极的作用。为规范高速公路建设的管理。江苏省自“十一五”以来对工程建设各相关方面制定了相应规定，有效规范了全省高速公路建设管理，《江苏省干线公路建设管理办法》被列入江苏省（2005—2010年）的干线公路建设方案项目，办法中对公路建设前期到交竣工验收等流程进行了规范。云南省交通运输厅在2012年组织出版了《云南省高速公路施工标准化实施要点》系列丛书，指导省内高速公路的施工标准化活动。

此外，一些公路施工企业也制定了本企业的标准化管理规程，例如：中交集团制定了《高速公路施工工艺标准》《高速公路技术标准》《公路路基施工技术规范》等规范性文件，对公路路基路面、桥隧等的施工管理和技术标准提出具体要求。中铁大桥局也制定了公路桥梁施工管理标准，在多个项目推行标准化工地管理模式。2015年，云南建投集团出版了《高速公路施工标准化管理手册》，初步构建了自身的高速公路施工标准化管理体系。苏州公路管理处提出了《苏虞张公路快速通道工程项目标准化建设实施办法》，对项目部建设、施工队伍驻地建设、混凝土拌合场地、水稳碎石拌和站、钢筋加工长，板梁和其他构件预制场等方面提出了具体实施标准。

1.3.2 我国高速公路施工标准化管理的特点

国内标准化管理在工民建、铁路建设项目有较多的研究和发展，而高速公路项目建设管理标准化的系统研究应用仍然处于起步阶段。相对于其他的工程建设项目，高速公路建设项目一般具有以下几个特点：

第一，一般的高速公路建设项目，尤其是干线公路和高速公路等大型公路建设项目，具有建设周期长，建设投资高的特点。公路的属性和等级越高，其对线型、承载能力、路面变形等要求越高，因此消耗的投资就越大，对各种资源的消耗量也越大。

第二，一般的高速公路建设项目对社会影响巨大。项目建设过程对人力、物力、机械等资源的需要，可以拉动社会劳动就业率，高速公路建设不仅可以拉动就业，而且可以带动建材、机械制造等相关产业的发展，具有显著的产业关联效应，能促进国民经济发展。

第三，高速公路建设过程涉及面较广，对周边环境影响较大。一方面是建设过程线型的选择对周边地区建筑和地貌都会有一定的破坏；另一方面高速公路建成后，可以完善道路路网改善交通条件，拉动沿线经济发展。

1.4 香丽高速公路施工标准化管理概述

1.4.1 香丽高速公路概况

香格里拉丽江高速公路（简称香丽高速）是国家高速公路网北京至西藏高速的西宁—丽江联络线的重要组成路段，也是迪庆藏族自治州与昆明联系的快捷公路通道。本项目公路向南经大丽高速（一）与国家高速公路网 G56 杭瑞高速相接，形成以滇西北地区为主骨架的布局，后期高速公路向北经迪庆州通往西藏、青海、甘肃、四川等地，进而连通新疆、内蒙古等地，是进出西藏的主要通道之一，本项目的建设对完善国家高速公路网，改善西部地区公路交通现状，快速连接西藏、青海、甘肃、四川等地及连接对外口岸都具有重大意义。

项目起点位于香格里拉城区以南益松村，止于大丽高速白汉场。线路全长 140.305 km，其中主线长 124.55 km，香格里拉连接线长 15.755 km。主线设计速度为 80 km/h，路基宽度为 24.5 m。主线上共有（含互通式立交区主线桥梁）桥梁 141 座、隧道 25 座；互通式立交 6 处，互通立交连接线约 13 km（采用二级公路标准建设）；服务区 3 处，停车区 1 处；共设收费站 7 处，其中 1 处主线收费站、6 处匝道收费站；管理中心 1 处，养护工区 3 处。全线桥隧比高达 54.73%，合同工期 54 个月。

全线控制性工程包括“六桥八隧一互通”，“六桥”为虎跳峡金沙江特大桥（长 1 017 m 悬索桥）、古那湾大桥（单跨 130 m 连续刚构）、洼里别大桥（单跨 150 m 连续刚构）、上补洛大桥（单跨 150 m 连续刚构）、上元 1#大桥（单跨 130 m 连续刚构）、岩羊 1#大桥（单跨 130 m 连续刚构）；“八隧”为上长坪隧道（2 810 m）、开达古隧道（3 035 m）、白岩子隧道（2 523 m）、海巴洛隧道（2 325 m）、园宝山隧道（2 800 m）、小中甸隧道（2 320 m）、昌格洛隧道（4 625 m）、彪水岩隧道（1 042 m）；“一互通”为虎跳峡地下互通立交。其中虎跳峡金沙江大桥为特殊控制性工程，虎跳峡金沙江特大桥全长 1 017 m，桥跨布置为 766 m 悬索桥+6×41.5 mT 梁+5 m 桥台；桥面为双向四车道；钢桁梁梁高 6.615 m，梁宽 26 m；索塔为钢筋混凝土门型塔，高塔柱塔高 162.5 m，塔基础为承台加桩基结构（桩径 2.5 m，桩长 60 m）；香格里拉岸采用隧道锚形式，丽江岸采用重力式锚形式。大桥采用了非对称结构，顺应地形地质环境，在同类桥梁中，跨度为世界第一。虎跳峡金沙江特大桥见图 1-2 所示。

图 1-2 金沙江特大桥桥型图

香丽高速五座连续刚构桥均位于桥隧相连的深谷当中，施工场地受隧道施工及陡峭山势的制约，施工组织难度极大。以上桥梁主墩均为双肢薄壁墩，墩柱高度高，拟采用液压爬模施工工艺，混凝土浇筑、墩柱测量放样工作都需要严格把控；桥梁上部结构采用挂篮悬臂施工工艺，施工用混凝土采用集中拌和后运送至现场进行泵送的方式进行，施工过程中对挂篮模板的调整及各锚固点的检查、三向预应力施工、混凝土浇筑等过程都需要严格把关；边跨现浇段及合拢段的施工工作也是全桥施工的关键，边跨现浇段施工采用支架法施工，全桥合拢意味着桥梁体系的转换，是刚构桥施工的关键所在，对施工技术提出了较高的要求。

八座控制性隧道工程长度均在 2 000 m 以上，这些隧道的地质条件均非常复杂，施工场地非常狭窄，运输条件非常恶劣，隧道结构形式复杂，包含了分离式隧道、小净距隧道、连拱隧道、分叉隧道等结构形式，施工要求高，施工难度极大。

香丽高速公路的难点及特点可以归结为“三高”（高海拔、高差大、高地震烈度），“二复杂”（地形复杂、地质复杂），“一脆弱”（生态环境脆弱），“一艰巨”（工程极为艰巨）。香丽高速公路处于高烈度地震区，海拔较高（最高点为 3 323 m），高差较大（2 033—3 323 m）地形陡峭，施工便道难以展线，运输条件十分恶劣，行车极为困难，冬季冰雪覆盖，施工难度大，如图 1-3 所示。地质条件复杂，软弱围岩分布范围广，隧道施工过程中出现坍方、涌水现象，施工危险系数大；部分标段分布季节性冻土，处理困难。

图 1-3　复杂的地形条件

1.4.2　香丽高速公路施工标准化管理的总体思路

针对香丽高速建设的艰巨任务，云南建投集团提出以“零缺陷、低成本”和“精细管理”为依托，实施“模块化流程式”项目管理标准化规范，建设和谐团队，提高全员综合技能；利用科学管理工具，立足详细策划，强化风险管理，打造云南建投集团标志性品牌工程；实现香丽高速公路管理方针：打造品牌工程，铸就现代文明。

根据交通运输部《高速公路施工标准化技术指南》、云南省交通运输厅《云南省高速公路建设标准化管理规定》《云南省高速公路建设标准化实施要点》的要求，认真实施云南建投集团有限公司《高速公路预制梁厂标准化建设指导手册》《高速公路钢筋加工厂标准化建设指导手册》，以及业主相关管理规定在工程建设过程中实行临时设施、人员管理、材料管理、现场安全、环保文明施工、施工技术等过程的标准化管理规定。

成立专门的标准化管理工作领导小组，建立以项目经理为组长，分管领导和工段项目经理为副组长的领导责任制度，明确相应管理机构与人员的职责分工，建立确保“纵向到底、横向到边”的标准化管理制度，对各工段施工驻地建设、工地试验室建设、施工现场设施建设、文明施工、树形象等进行全面督查、问责，确保香丽高速公路建设成为标准化施工的样板工程。建立健全组织机构，构建领导、监督、实施体系，明确职责分工，落实各项责任，为完成香丽高速公路提供组织保障。

2 高速公路施工标准化管理体系的构成

2.1 高速公路施工标准化管理的基本架构

2.1.1 施工标准化管理的定义

施工标准化管理可以定义为：通过对可重复的施工过程及规律的不断总结，并对如何提高施工效率加以研究后，对相应的施工操作过程制订出的一系列施工操作规则、规范。施工标准化管理的本质作用在于提高施工效率，通过对可重复发生的施工活动制订相应的规则和规范，达到减少人机料无效消耗，降低组织与组织之间、人与人之间、人与物之的沟通成本，实现施工效率的整体提升。

施工标准化管理是一项复杂的系统工程，需要建立一整套完整的管理体系，并遵循 PDCA 管理模式，建立文件化的管理体系，坚持预防为主、全过程控制、持续改进的指导思想，使施工组织与管理工作在循环往复过程中的螺旋上升，实现施工管理水平的持续改进之目的。施工标准化管理的一个重要思想就是要求施工组织按照 PDCA 循环开展管理工作，周而复始地进行体系所要求的“计划、实施与运行、检查与纠正措施和管理评审”活动，实现持续改进的目标。因此，施工标准化管理主要包含以下两个相互关联的工作：施工标准化流程的制定过程，包含了标准的研究、制订、实施以及修改等任务；按标准进行施工过程管理，此阶段涉及人员机械的配置、施工工艺的选择、施工过程控制、对施工标准化管理的过程及结果进行反馈等任务。

因此，施工企业要成功实现施工标准化管理应具备以下三方面的条件：首先，施工标准化应用的领域应为大量可重复性的施工过程，对于特殊的施工条件、特殊的施工环境、特殊的施工技术要求，不应推行施工标准化。其次，对于大量重复性的施工过程，应已制订出优异的施工标准，且这种施工标准应不断完善、不断改进；近年来，我国高速公路施工技术日新月异，因此施工企业不应墨守成规，而应紧随施工技术进步的步伐，不断改进施工标准化的流程，提高施工效益。最后，推行施工标准化管理的关键在于施工企业具有有能力、有意愿、且能按标准严格执行的施工人员。所有的施工过程到最后都必须依赖于施工技术人员的操作来得以实现，因此，施工人员的能力、意愿是推行施工标准化能否取得成功的基础和关键所在。

2.1.2 施工标准化管理的过程

根据高速公路施工项目的实际情况，标准化施工管理过程可以划分为五个环节：施工标准化的启动环节—施工标准化的规划环节—施工标准化的执行环节—施工标准化的监控环节一施工标准化的收尾环节。各环节的基本工作描述如下：

启动环节：获得项目授权，定义一个新项目或现有项目的一个新阶段，正式开始对该项目或阶段实施标准化施工管理的过程。

规划环节：明确该项目的施工范围，优化施工目标，为实现施工项目的目标体系而制定行动方案的一组过程。

执行环节：按照施工标准化流程完成施工项目管理计划中确定的工作以实现项目目标体系的一组过程。

监控环节：在标准化施工过程中，跟踪、审查和调整项目实施的进展与绩效，识别必要的计划变更并启动相应变更的一组过程。

收尾环节：为完结所有施工过程的所有活动以正式结束项目或阶段而实施的一组过程。

需要注意的是，在实际施工过程中，各个环节之间的表现不是彼此独立和界面清晰，往往会以某些方式相互重叠和作用，所以标准化划分后，必须正确理解其运作形式。

2.1.3 施工标准化管理的基本方法

标准化管理的基本方法主要包括：简化、统一化、通用化、组合化和模块化五大类，不同标准化方法所追求的目标各不相同。

1. 简化

简化就是为了经济有效地满足需要，对施工标准化对象的结构、型式、规格或其他性能进行筛选提炼，剔除其中多余、低效能、可更换环节，精炼并确定出满足全面需要所必要的高效能的环节，保持整体构成精简合理，使之功能效率最高。简化原理包含以下几个要点：简化之目的为在保证施工过程及交付物满足要求的前提下，实现成本最优；简化的原则是从全面满足需要出发，保持整体构成精简合理，并使之功能效率最高；简化的基本方法是对处于自然状态的对象进行科学的筛选提炼，删除其中多余、低效能、可更换的施工环节，精炼出高效能、能满足全面需要所必要的环节；简化的实质不是简单化而是精练化，其结果不是以少替多，而是以少胜多。

简化一般是事后进行的，即事物的多样化发展到一定规模，在一定范围内缩减对象（事物）的类型数目，使之满足一般需要的标准化形式。简化的目的是防止和控制对象类型的盲目扩张，而不是一味地、简单地限制多样化，使得系统的结构更加科学、精炼、合理，更加有利于功能的发挥。简化不仅是对当前复杂性的简化，还应具备一定程度的超前性，对未来复杂性的增长有一定的预见性，对客观对象的多样化进行合理化压缩，以达到功能的最佳绩效为最优。管理制度的标准化首先要满足简化的要求，管理标准化提供了行动指南和业务流程，可以有效提供管理活动的准则和优化秩序，但是如果标准过多，反而会导致效率低下。

2. 统一化

施工标准化的统一化为了保证施工所必需的秩序和效率，对施工交付物的形成、功能或其他特性，确定适合于一定时期和一定条件的一致规范，并使这种一致规范与被取代的对象在功能上达到等效。统一是为了确定同一类型施工对象的一致规范，其目的是保证建设工程所必需的秩序和效率；统一的原则是功能等效，即采用一种新的施工规范化技术以后，工程交付物应达到该都建所具备的必要功能；统一是相对的，即任何一种施工规范化技术施工的时间及条件都是相对的，随着时间的推移和施工条件的改变，旧的施工规范化技术就要由新的规范化技术所代替。

统一化的实质是对应标准化的一致性，即明确管理活动或管理对象的形式、功能或其他技术特点。统一化从事物的本质特点出发，把同类事物不同的表现形态归结或限定在同一范围内，消除了额外多元化造成的混乱，建立了管理系统内部的共同秩序。统一化要实现管理标准的刚性和柔性，既要有定性的要求，也要有定量的标准，合理地确定统一化范围和评价指标水平。统一化减少了管理活动中的冗余、重复，制定了统一标准、流程、准则，为管理活动绩效评价建立了共同的评判标准。

3. 通用化

通用化是指在相互独立的系统中，选择和确定具有功能互换性或尺寸互换性的子系统或功能单元的标准化形式。其中互换性是通用化的基础，是指一个单元不进行任何改变就能任意替换另一单元，满足同样的功能或性质。通用件是指在不同类型或不同规格的产品中可以互换使用的部件。

管理标准化的意义之一就是体现不同标准的兼容性，通用化是实现兼容性的基础，通用化是在相互独立的系统中，选择具有功能互换性或匹配性的子系统或功能单元的标准化形式。通用化可以简化管理，缩短设计周期，提高产品同质性，提升专业化水平，从而提高生产效率，增长经济效益。与制造业产品技术标准化需要达到兼容的目的相类似，管理标准也需要具备互换的特征，能够指导不同行业、具有不同功能但是流程、流程相似的工作。

4. 组合化

组合化是建立在系统的分解和组合理论基础上，然后按照统一化、系列化的原则，设计并制造出若干组通用性较强的单元，根据实际需要组合成不同用途的一种标准化的形式。系统可以划分为若干功能单元，某些功能单元不仅具备特定的功能，还可以与其他系统的某些功能单元兼容、通用、互换，于是这类功能能够以标准单元或者通用单元的形式独立存在。为了满足特定需求，把若干事先划分的标准单元、通用单元或个别专用的单元按照新功能的特定需要，有机组合成一个具有新功能的新系统。组合化的基础是统一化成果多次重复利用，其优越性和效益均取决于组合单元的统一化，以及对这些单元的重复利用。

5. 模块化

模块化是指解决一个复杂问题时自顶向下逐层把系统划分成若干模块的过程，不同模块分别具有多种属性，分别反映其内部特性。模块具有以下几种基本属性：接口、功能、逻辑、状态，功能、状态与接口反映模块的外部特性，逻辑反映它的内部特性。在系统的结构中，模块是可组合、分解和更换的单元。模块化是一种处理复杂系统分解成为更好的可管理模块的方式。它可以通过在不同组件设定不同的功能，把一个问题分解成多个小的独立、互相作用的组件，来处理复杂、大型的系统。模块化综合了通用化、系列化、组合化的特点，以模块为基本单元，以结构复杂、功能多变、类型多边的复杂系统为对象，解决复杂系统类型多样化、功能多变，模块化在综合了标准化其他形式特点的基础上发展起来的标准化高级形式。

2.2 高速公路施工标准化管理体系的构建思路与原则

2.2.1 高速公路施工标准化管理体系的构建思路

高速公路建设标准化管理首先是一种理念、意识主导，是管理人员应用已优化的岗位业务流程，根据上级下达的任务制定岗位的年、月、周、日工作计划，全面、具体地完成岗位责任所对应的工作任务。整个标准化的管理活动可以理解为在原有管理活动的每一个环节上，要做好比原来更规范、更细致、更准确有效，将管理过程提升到如同工业产品生产一样，实现规范化管理活动的准确“复制”。因此，在设计高速公路总承包标准化管理体系的过程中，就要在原有管理制度的基础上，对于管理活动的每一个环节，制定更加细致、准确、量化、科学的规定，作为指导管理活动的依据和约束。该标准化管理体系能否发挥切实的管理效用，主要思路如下：

高速公路标准化管理体系并不是对现有管理制度体系的否定，而是在识别建设管理过程中的重要工作和关键节点之后，运用标准化手段对建设管理制度的再造和设计，使之形成权威、科学、合理的制度体系，作为项目目标管理的重要保证措施，在管理过程中固化下来，以文件的书面形式在项目建设过程中推广，甚至经反馈、总结、提炼后，作为企业的管理资源在今后的工程项目管理中进行推广运用。

高速公路政府和社会合作（PPP）项目标准化管理体系构建的核心在于强化总承包协调管理，明确项目各参建单位的责、权、利，使各参建单位充分理解项目的目标和任务，以及所应承担的工作和责任范围。同时，还要明确相互协作的责任，避免相互扯皮、推诿。同时，标准化管理体系的建立应有完善、科学的考核制度，将考评业绩与工资、奖金挂钩，奖优罚劣，奖罚分明。高速公路总承包标准化管理体系的关键是过程控制，提高动态管理效果。管理活动应是动态管理的过程，不断适应外部环境的不断变化，消除不利因素，并积极摸索新的规律，总结管理、控制方法与经验。与之相匹配的，标准化管理体系也要体现动态性，从而指导和控制变化后的管理活动。

标准化管理体系就是用量化标准渗透到工程建设的各个环节、各个工序，以量化的数据作为提出问题的依据、分析判断的基础和考核评估的尺度，将无形的标准变成有形的管理，使得管理过程可控、在控。标准化管理体系要求工程建设从最初的勘测、设计、施工、监理、项目管理等各个环节相互协同，环环相扣。以系统科学管理为基础，科学统筹地安排指导施工，以精细操作为实施手段，切实用制度规范管理，深入细致搞好管理活动的每一个环节。

2.2.2 高速公路施工标准化管理体系的构建原则

构建标准化管理体系的目的，在于规范高速公路建设过程项目参与方的行为。管理制度是认为设计和制定的，因此管理者的理念决定了制度的理念，在标准化管理体系设计中应遵循以下原则：

1. 规范性原则

管理制度本身并不会天然体现规范性，而是体现在面对管理对象时，要求项目各参建单位遵循工作流程一致性、表现工作行为一致性、体现工作结果一致性。因此，对于高速公路业主方标准化管理体系而言，在构建管理制度过程中，要求压缩个体的自由空间，可以明确给出强制性的标准，即什么是可以做的，什么是禁止做的，不给管理对象选择权，强制他们必须严格遵守各项规章制度，只有在特殊情况下某方面的内容不能够或者不宜明确规定时，才允许被管理对象展现出个性。管理制度标准一经批准就开始发挥作用，在修订或废止前的一段时间内要保持稳定，不得随意变动。这可以有效减少管理活动的随意性，保证管理活动中的每个成员按照既定的合理化流程执行各项活动，达成预期管理效果。

2. 合理性原则

对于标准化管理体系中的各项规范性强制要求，被管理对象未必会主动接受。因此，标准化管理体系必须具有合理性，建立在合理性基础上的规范能够提高员工的接受度。对于高速公路项目而言，参与主体众多，各主体之间关系的协调对于项目的顺利进行至关重要，合理化的制度规范是实现关系协调顺利的基础。不合理的规范，使项目管理活动中各个成员积极性受挫，各成员消极对待甚至抵触管理规范，将导致项目凝聚力下降，工作效率降低。而合理的规范，能有效调动各参建单位的积极性，自觉服从项目规范，参建各方形成合力，确保项目整体目标的实现。管理制度的合理性体现在对人、事、物管理的合理性，即对人的管理符合科学规律、价值取向、利益共赢；对事的管理符合法律、政策以及行业规定，对物的管理符合自然规律与工程规律。

3. 系统性原则

高速公路建设管理制度标准体系作为一个系统，它是由一整套相互依存、相互制约、相互协调和相互补充的管理标准按照一定的内在规律结合而成，而不是各类管理办法、规章制度的简单叠加和堆砌，只有科学合力地考虑各子制度之间的内在联系和相关性，才能使得制度标准形成有机整体，实现标准化管理体系的整体功能。标准化管理体系应当是一个相互配套的制度系统，涉及项目全过程的各个方面，并能约束管理活动中的每个成员的行为，保证制度的覆盖是全面的。从项目管理制度的纵向深度层面来看，不同的管理层面都应制定相应的管理制度。如果将项目管理全过程工作看作是一个纵向链条，同时这个链条是由若干个子环节构成的，同时制定相匹配的管理制度约束和规范每个环节的管理工作，这样就可以通过管理制度将管理工作进行规范化处理，减少管理的任意性。

4. 灵活性原则

任何事物都是发展变化的，相对的稳定并不意味着高速公路建设管理制度标准体系一成不变，当外部环境发生变化时，包括自然环境、社会环境、政策法律环境等方面，此时高速公路管理过程中个别不合时宜的制度或者落后的制度就必然会被先进、科学的制度所取代。对于高速公路建设管理方而言，标准化管理制度的制定应具备可操作、明确性并且强制性的特点，但由于高速公路项目建设过程中较高的不确定性，人们对于未来管理活动的预见性是有限的，不可能制定十全十美的管理制度；因此，如果标准化管理体系完全是刚性不可改变的，就会导致管理活动的僵化与不合理。故而，在进行标准化的制度设计时，应当适当预留制度空间以增强其灵活性。

5. 简明化原则

简明化原则并不是要削减必要的内容，也不是要削减制度覆盖的范围，而是要求标准化的管理制度应易于理解、易于掌握、易于应用。使得管理对象清楚地了解自己的行为与结果之间的关系，了解工作行为与报酬奖惩之间的关系。这种了解可以直接通过管理制度文件准确而直接地获得，而不需要工作人员的解释，不需要进行相关文件的连环查阅，不需要进行复杂的推演计算。简明的制度，可以进一步解放工程活动收到的束缚，是每一个员工在纷繁复杂的信息环境中，能够准确清晰地了解自己应该怎么开展工作，进而提高标准化管理制度的效力。

2.3 高速公路施工标准化管理体系的构建

2.3.1 高速公路施工标准化管理体系的系统分析

1. 系统输入——要素管理标准化

按照不同的分类方法，施工项目管理的对象可能被定义成不同的模式组成，而在施工标准化的管理模式中，应该从共性的基本组成出发进行定义。因此，可以按照“人、机、料、法、环”五大基本生产要素的构成来定义管理对象，应该成为最合适的一种标准。五大基本生产要素的分与合，既可以从细部详解施工目标、指导计划、分析成因，又可从整体出发构成施工的最终可交付成果。

（1）管理对象之一——人（人力资源）。

人即与施工项目有关的所有人员，可以称作项目干系人。在施工标准化管理过程中，人力资源管理不仅包括施工项目的内部人员还应包括与施工过程相关的业主、监理、设计、项目所在公司的管理人员及职能部门对应人员、可能引进的专家及顾问等外部人员。

（2）管理对象之二——机（施工所需各种机械设备）。

从系统的角度来看，施工标准化管理的机械不仅包括施工所需的各种机械涉笔，还应包括施工所需的“基础设施”。它是我们进行施工管理、完成施工任务所需要的各种实体工具，同时还包括对其所进行的一切有助于生产的保养、维修维护及更新。

（3）管理对象之三——料（生产原材料及构件）。

形成施工交付物的物资部分，应使用合格的或经过处理后能够满足产品要求的原料，避免因原料问题造成产品不合格。

（4）管理对象之四——法（施工工艺及方法）。

构成施工交付物的技术成分，合理的施工工艺能够降低施工成本，提高施工质量水平，因此合理的施工工艺加上正确的生产操作过程是构成合格产品的基础。

（5）管理对象之五——环（施工环境）。

施工环境包含设计施工的全部内外环境。主要有“人文环境、自然环境、施工现场安全文明环境”。对于现场管理来讲，通过对生产环境的辨识、适应、监控和优化，可以有效规范生产、促进生产、规避风险。

推行施工标准化管理应对施工现场“人、机、料、法、环”五大生产要素的协调、有序管理做出标准化要求，尤其是注重工程施工对周边环境的影响，体现可持续发展观和绿色建筑的管理理念，实现场容场貌的秩序化，进而彻底扭转社会对工程施工现场“脏、乱、差”的传统印象，塑造全新的企业形象。

2. 系统输出——目标管理标准化

高速公路施工标准化管理的输出是全面实现建设目标，标准化管理的所有活动都应以目标体系为导向。施工标准化管理的目标体系通常包括质量目标、进度目标、投资控制目标、安全管理目标、技术创新目标等。作为系统输出的建设目标应具有以下特点：

（1）正确性。

管理者首要的任务是根据项目外部的宏观环境、竞争环境以及项目内部环境、资源的变化情况确定战略方向，并制定明晰的项目建设总体目标。合理的建设目标必须具有激发全体员工积极性和内在潜力的强大动力、感召力和鼓舞作用；同时，建设目标必须具有一定的挑战性，但又是经过努力可以达到的。

（2）可执行性。

建设目标的可执行性是提高组织执行力的前提和基础，因此建设目标在制定之前必须经过认真的分析和调研，结合项目的实际情况对拟制定的目标体系、计划方案进行深入细致的分析、推敲和认真评估，使之具有严谨性、科学性、针对性和可实现性。

（3）可接受性。

建设目标的执行主要是通过项目内部人员来完成的，因此，建设目标必须能被项目内部的全体员工所理解，并符合他们的根本利益。另外，建设目标的表述应明确、有实际含义、不易产生误解。

（4）可检验性。

为了对建设目标的执行结果进行准确的衡量和评估，建设目标应该是具体、明确、可以检验的；同时，由于目标的定量化是使建设目标具有可检验性的最有效方法，因此应尽可能用定量化的方法对建设目标加以表述。

3. 系统转化——过程控制标准化

高速公路施工涵盖路基、路面、桥梁、隧道等各个单位工程，还包括场地建设、试验检测等辅助工程，涉及土建、安装、电气、机械等各个专业，其施工工序复杂多样，验收标准严格。过程控制是在施工现场把设计图纸变为看得到、摸得着的工程实体的最后的一个过程，涉及安全、质量、工期、环保等各个方面的目标的实现。过程控制的好坏，直接决定了工程本身的优劣。

4. 系统运行保障——组织管理标准化

高速公路施工标准化管理的顺利实施离不开强有力的组织管理手段为支撑，高速公路组织管理标准化的基本要素主要包括以下几个方面：项目组织方式与组织结构、项目的合同体系、项目的工作流程、工程项目组织制度、工程项目信息管理、工程项目组织绩效管理。

（1）工程项目组织方式与组织结构。

有怎样的组织方式，就有怎样的组织运行方式。对工程项目组织来说，组织方式是一种系统化的指导与控制方法，通过一定的组织和管理方式使组织系统正常运行。具体来说，项目组织方式包括组织管理和组织实施方式两个方面的内容。随着项目管理理论和技术的发展，项目组织管理方式和实施方式的类型比较丰富，如何选择及创新合适的模式，对项目的成功具有重要意义。工程项目组织结构是指工程项目管理内部各个部门之间的相互关系，是按一定领导体制、部门设置、层次划分、管理职能分工等构成的有机整体，可以完成一定的任务，并协调处理人与人、人与事、人与物之间的相互关系。组织结构反映的是组织系统中各子系统之间或各元素（或工作部门）之间的指令关系、工作任务分工和管理职能分工，是一种相对静态的组织关系。

（2）项目的合同体系。

高速公路建设项目参建单位多，组织关系十分复杂，管理难度大。而合同是维系参建方之间关系的主要手段，合同管理是法律手段与市场经济调解手段的结合体，是工程项目建设管理的有效手段。高速公路建设项目是一个相当复杂的系统工程，不仅参与方多，关系复杂，而且其运作周期长，面临的不确定性因素多、风险大。客观上要求用一系列的协议或合同，来保证和协调当事各方之间的关系，将各种可能预见的项目风险在参与者之间进行合理分配，实现各参与方之间权利义务的对等和利益平衡，以确保高速公路建设项目的顺利实施。

（3）工程项目管理流程。

项目管理流程是将上千、上万个工程管理活动归纳成有序的、高效的、经济的实施过程，反映了项目管理活动的特点。项目管理流程将实施建设项目管理所需的信息流和物质流有机的结合，保证各专业工程实施和各部门之间有利的、合理的协调。项目管理流程的输入是进行某项职能管理所需的信息，输出的是管理成果，诸如在进度计划的控制中，输入进度计划及实际进度计划，进行对比分析后，输出的是滞后还是提前的信息，从而采取相应措施。

（4）工程项目组织制度。

工程项目组织是按一定制度组织起来、完成特定工程项目、实现特定目标的群体。工程项目组织的有效运行需要制度的约束和保障，制度对于工程项目组织而言具有重大意义。制度体系是为保证工程项目顺利实施的一系列约束组织成员的规章规范，对项目组织内部的各个部门和员工进行指导和约束。组织结构的岗位职责与工作流程的管理，需要制度体系来规范。通过组织制度明确组织各成员间权利义务关系、约束各方行为，是系统高效、有序运行的前提，制度体系是运行机制实施的保障。

（5）工程项目信息管理。

信息管理的目的是为了解决问题或证明问题提供足够而且有效的信息，其具体的表现就是信息的收集与分析。解决问题首先需要知道存在什么问题以及什么原因导致了这一问题，这需要从收集到的信息中寻求答案；证明问题需要有充足的实施证据、可靠的资料数据，这也要由收集到的信息来提供。可以说信息管理是组织协调的基础。信息管理涉及参与项目建设所有人员的工作，包括项目组织中参建各方自身的汇报和总结、政府机构的检查和记录、更包括各承包方的观察与反映等。

（6）项目绩效管理。

工程项目组织绩效是对各参与方组织的人力资源绩效、运营实施绩效以及财务绩效的综合反映。项目管理者制定了工程项目组织的规划、设计了工程项目组织结构后，开始项目组织的实施与运行，要让项目管理者对工程项目组织的前期工作以及项目组织的运行效果有一个充分的认识与评判并且能有的放矢地进行改进，就需要加强工程项目组织绩效的管理。

工程项目组织作为一种利益相关者共同协调、作用的委托——代理结构，绩效管理必须得到各参与方及其他利益相关者的重视和认同。与一般组织绩效评价相比，工程项目组织绩效主要集中呈现出的利益相关性、集成特性、并行特性及可持续发展性。通过有效的工程项目绩效管理来引导工程项目组织效率的提升是工程项目组织实施绩效管理的根本目的。

2.3.2 高速公路施工标准化管理体系的构建

为实现集团提出的管理理念，香丽高速公路总承包管理部提出构建“以组织管理标准化为支撑，以要素管理标准化为基础，以目标管理标准化为导向，过程控制标准化为核心”的高速公路施工标准化管理体系。标准化的组织支撑体系包括组合结构标准化、合同管理标准化、业务流程标准化、信息管理标准化、制度管理标准化、绩效考核标准化等六个方面，要素管理标准化包括人员管理标准化、材料管理标准化、构件预制标准化、施工机械管理标准化，标准化的目标导向体系包括质量管理标准化、进度管理标准化、投资控制标准化、安全管理标准化、技术创新管理标准化等方面，而标准化的过程控制则包括驻地建设标准化、路基工程施工标准化、路面工程施工标准化、桥梁工程施工标准化、隧道工程施工标准化、试验检测工作标准化等方面，具体内容见后续各章表述。高速公路施工标准化管理体系的总体管理框架如图 2-1 所示。

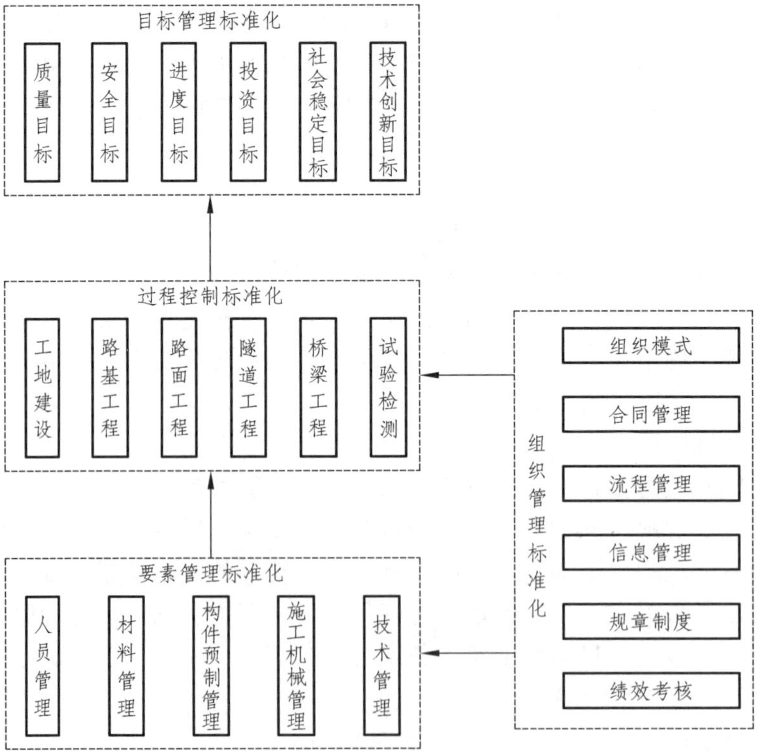

图 2-1 高速公路施工标准化管理体系的总体管理框架

3 高速公路施工标准化的组织保障体系

3.1 高速公路总承包管理组织模式与组织结构

3.1.1 高速公路总承包管理的概念与特点

目前我国工程项目总承包有多种模式，包括设计—采购—施工总承包模式、交钥匙总承包模式、设计—建造总承包模式、设计—采购总承包模式、采购—施工总承包模式等。我国工程总承包通过多年的探索和发展已经取得了阶段性成果。许多大型施工企业开始成立工程总承包部门，积极开拓工程总承包市场。一些工程公司和具有工程总承包能力的设计院采用设计—采购—施工总承包、设计—采购承包、设计—施工承包等方式承揽工程总承包项目，初步建立了适应于工程总承包的组织机构和项目管理体系，培养了项目管理高级人才，提高了项目管理技术水平。

工程项目总承包的主要特点包括以下六个方面：

（1）合同结构简单。在总承包合同环境下，业主将规定范围内的工程项目实施任务委托给总承包方负责，总承包方必须有很强的技术和管理综合能力，能协调自己内部与分包商之间的关系，业主的组织和协调任务量少。建设工程项目总承包方不但负责工程施工，而且负责工程设计，因此，如果工程出现问题，总承包方将承担全部责任，不会导致多方之间相互推卸责任的情况。但由于合同条款不易准确确定，容易造成较多的合同纠纷，导致合同管理的难度一般较大。

（2）工程估价较难。总承包的费用包括工程成本费用和承包商的经营利润等，在签订总承包合同时尚缺乏详细计算依据。因此，通常只能参照类似已完工程做估算包干，或者采用实际成本加酬金等方式，双方商定一个可以共同接受，并有理于投资、进度和质量控制，保障承包商合法利益的结算和支付方案。

（3）总承包模式下设计具有其特殊的角色性。总承包方负责项目的设计和施工，打通了设计与施工的界面障碍，在设计阶段便可专业化的考虑到施工的可行性。总承包设计与传统模式下设计院的设计是不同的概念，在所承担的责任工作范围，工作方式上都有很大的不同。主要表现总承包的设计与施工的互动关系大大增强，在设计阶段施工专家可以介入，形成边设计边施工的特点，有利于专家知识集成，缩短工期在工程项目质量的形成中设计者进行连续性的控制，这主要体现在设计质量和施工质量的整合控制从设计源头实施对工程投资的控制，对于降低承包商成本，提高利润起决定性作用设计成本一般会高于传统模式下的设计。

（4）总承包方的风险大。由于业主将工程全部委托给承包商，并实行固定合同价，将自己的风险转移给承包商。即总承包方除了承担施工风险外，还承担工程设计及采购等更多的风险，特别是在项目决策阶段，初步设计不完善，就要以总包价签订总承包价，和传统模式相比，总承包的风险要大得多，这就需要承包商具有较高的管理水平和丰富的实践经验。当然，承包商获得高额利润的潜力也比较大。

（5）项目参与者间的关系更融洽。在总承包模式下，供应商、分包商和总包商连成一整体，能避免相互扯皮现象。与传统模式相比，关系更融洽同时业主方只需与总包商接触，关系亦更容易处理。

（6）可提高项目投资的综合效益。总承包模式有利于节约，不仅反映在价格上，而且还反映在达到特定质量所需的代价上，由于设计与施工有一定程度搭接，这种搭接可能缩短工程项目建设的总周期指从编制招标文件至工程竣工，业主能从包干报价，承包商对工程包括设计与施工的整体责任以及潜在节约费用和时间的组合优化上等方面获得益处，提高工程项目的综合效益。具有关资料统计，总承包模式与传统模式相比，总承包虽然会提高的造价费用，但这可以从工期提前，早日投产产生的效益中得以补偿。在总体上达到投资的综合效益的目标。

3.1.2 高速公路总承包管理的组织设计

1. 组织设计对总承包管理的作用

健全的组织结构对于有效地实施工程项目管理极为重要，因为组织结构形成一种决定所有各级管理人员职责关系的模式。组织职能设计的目的是设计和维持一种职务结构，以便人们能为实现组织的目标而有效地工作。组织设计是对组织体系的结构安排进行的创新性安排，对管理效率有极大的影响。组织结构设计搞得好，职责分明，每一个单位和个人能够准确掌握自己的责任和义务，及时排除工作中出现的故障，并能提供反映和支持其目标的决策沟通网络，反之，则会严重影响组织的效率。就工程管理而言，组织结构设计的重要作用可体现在如下几个方面：

（1）保证工程基本目标体系的实现。

工程建设项目的基本目标体系一般概括为“三控一管”，即进度控制、质量控制、费用控制及安全管理。四项目标相互关联、相互作用，形成一个有机的整体，工程管理的过程也就是对以上目标实施综合控制的过程。而要实现控制，必须有科学有效的组织结构设计作为其基础。组织结构设计对目标体系的贡献主要体现在两个方面：首先是分解任务，明确职责。通过组织结构设计进一步精细化职能部门与工作岗位，并将各项具体工作任务分配到各参建单位、部门、岗位，直至个人。合理的部门及组织间分工、明确的责任义务，可以使组织得以正常的运转，及时迅速地处理工程管理中出现的特殊情况。相反，则会在一些领域出现管理真空，导致推诿扯皮，决策效率下降，甚至出现严重差错。其次是整合组织资源，建立协调工作的机制。要实现工程目标系统的控制，在进行明确的分工基础上，更需要建立相互支持、相互配合的协调工作机制。在项目实施中，许多具体工作需要跨越原有的组织构架进行合作。如工程质量控制涉及施工单位、质检单位、监理单位、项目管理单位、业主单位、政府主管部门等多个单位和部门，需要跨越组织边界整合不同主体的功能才能实现良好的质量控制。因此，在组织构架的基础上应建立有序、长效、稳定的组织机构间合作机制，才能有效地实现工程管理的各项基本任务。

（2）提高组织效率。

工程项目总承包管理组织系统往往对管理效率要求非常高，尤其中国目前特殊的情况下，许多工程需要在低于额定工期的情况下完成，没有极高的效率无法完成工程建设。然而，工程管理组织由于其自身的特点，存在着影响组织效率的诸多因素。工程管理组织是由来自不同的部门、岗位、工种的人员临时组建而成，不同的文化背景，甚至不同的业务领域，为彼此之间协调配合带来的一定的难度项目建设结束后，该组织将解散，专职的参建人员将返回原岗位或重新安排，因此，原组织中的任何人事调整都可能对项目参与者产生冲击，影响思想稳定。而兼职的人员由于在原单位仍继续负责一些工作，则可能与项目部中的工作形成冲突。所有这些因素都对工程项目管理组织的效率产生负面的影响。因此通过合理的组织手段，保障部门及员工之间的有效合作、妥善处理原岗位与项目部工作的矛盾、建立员工良好的职业生涯预期，具有重要的作用。

（3）提高信息沟通效率。

沟通是保障决策正确、可靠，促进组织效率提高的重要环节。组织结构设计的诸多环节均对信息沟通均发挥着至关重要的作用。如信息传递的流程、管理层级的设计、岗位职责的划分、协作机制的建立等以管理层级设计为例，按照沟通理论，每次接力传话，都是噪声加倍，内容减半。合理的管理层次和管理幅度设计可以加快信息传递的速度，合理的工作机制可以有效地疏通信息传递的渠道，减少信息传递中的衰变、扭曲等现象。

（4）建立组织文化。

所谓组织文化，是为一个组织中所有成员共享，并作为“约定俗成”传授给新成员的一套价值观、指导信念、理解能力和思维方式。它代表了组织中不成文的、感性的部分。工程管理组织与其他任何组织一样，都需要进行组织文化建设，以达到整合成员目标、提高组织对环境适应能力的效果。组织机构设计既是组织文化建设的内容，也为良好组织文化建设的形成提供了手段。

2. 组织设计逻辑

每一种组织结构都是由经验发展而来的，而且是基于特定的组织需要而建立的。但这些组织结构却表明了不同的组织设计逻辑。都采取了管理组织的一个类属方面并以之为中心来建立起整个结构。

（1）以工作和任务为中心。

工作和任务是管理的一个类属方面。有两种组织设计原则是围绕着工作和任务建立的，这就是职能制和任务小组。

（2）以成果和成绩为中心。

成果和成绩同工作和任务一样，也是管理的一个类属方面。联邦分权制事业部制和模拟分权制就是以这一类属方面为中心而建立的。它们是“以成果为中心”的组织设计。

（3）以关系为中心。

关系也是管理的一个类属方面。“系统设计”是以关系为中心的。同工作与任务或成果相比较，关系这一方面不可避免地数量既多，又难以明确规定。因而，一种以关系为中心的组织结构必然既是高度复杂的，又是不够明确的。它比起以工作为中心的组织设计或以成果为中心的组织设计来，有更大的困难。但是，有些组织问题的关系极为复杂，只能采用“系统设计”。

3. 组织设计的原则

（1）目标集成原则。

任何组织都有其特定的目标，组织及其每一部分，都应当与其特定的任务目标相联系，组织的调整都应以其是否对实现目标有利为衡量标准。具体包括质量目标、费用目标、时间目标、满意度目标、可持续发展目标等。

① 质量目标：传统的建设项目管理质量目标往往只重视建造过程中的工作质量、建筑物实体的质量。总承包组织系统对项目管理的质量目标不仅仅限于建造过程中的质量，更要全面重视项目生命期内的工作质量、工程质量、项目运行质量、与环境协调的质量等，重视项目的整体功能。

② 费用目标：总承包模式组织系统对项目管理的费用目标为项目费用最小或收益最大目标。费用目标应包括建设项目总投资、项目运行成本、维护成本、社会环境成本。

③ 时间目标：建设项目总承包模式组织对项目管理的时间目标不仅包括建设工期还包括设计工期等。

④ 满意度目标：工程项目总承包模式组织系统的运行是依靠在一定合同约束条件下、在项目各参与方利益平衡的条件下、参与项目的各方满意条件下才能正常运转。各参与方的满意有利于团结协作，有利于营造平等、信任、合作的环境。在分析项目成功的要素时把参与方的努力程度、积极性和组织行为等要素最终归结为与项目相关的各方对项目的满意程度。相关的各方包括用户、投资者、业主、承包商和供应商、政府、生产者和项目的周边组织。过去人们总是强调整体目标而忽略项目相关者诸多的个体目标，这种管理方法被证明是有缺陷的，没有个体的满意的项目是不可能成为成功的项目。

⑤ 可持续发展目标：可持续发展研究一直是作为地区性规划、城市发展等宏观研究的一个重要方面。建设项目的可持续发展则是作为地区和城市可持续发展的微观层面，是最重要最具体的。现代建设项目特别是大型、特大型建设项目本身就是社会系统、经济系统和环境系统的子系统。对建设项目的可持续发展评价应作为项目决策的依据之一。

（2）工作协作原则。

建设项目总承包管理的建立是一项系统工程，涉及参与项目管理的企业组织、企业间的集成、信息集成和传递、信息交换技术等。建设项目总承包管理组织系统的设计应充分考虑到建设项目自的特点、建设项目所需资源的分布状况以及组织活动的环境基础等因素，并在一定的指导原则下进行组建。

（3）信息沟通顺畅原则。

组织中的人们只有通过相互之间的沟通，才能把组织的目标变成组织成员的具体行为，沟通的作用就在于把组织的总目标与那些愿意在组织中工作的人的行为结合起来。据此原则，在组织结构设计时，要保持最短的信息联系线避免因划分过细而增加不必要的组织界线，影响信息沟通要有利于开展非正规的讨论，有利于组织成员间的相互理解和和谐气氛的形成。

（4）以人为本。

人是组织的灵魂，组织结构的建立只是为组织目标的实现创造了一定的条件，若没有组织成员的加入，组织结构就显得毫无生气进一步，如果没有组织成员的努力工作，光有组织结构也是不可能实现组织目标的。因此，组织结构的建立要有利于人员在工作中得到培养、提高与成长，有利于吸引人才，发挥员工的积极性和创造性。

3.1.3 高速公路总承包管理组织管理的发展趋势

高速公路总承包管理组织管理发展呈现了以下三种趋势：

1. 扁平化趋势

组织管理的扁平化趋势反映出组织的正式化程度不断降低，等级的垂直分布不断减少的过程。传统的金字塔型的组织结构有许多弊端，主要体现在三个方面：第一方面是过度集权化。由组织的高层领导负责组织内大小事务的决策，使员工丧失参与性和自主性，工作积极性低下；第二方面是组织的中间管理层较多，人浮于事的现象严重，使组织运行效率下降。第三方面是无法根据顾客所需灵活机动地调整组织的营运方向。组织中与顾客接触最密切，最了解顾客需求的是员工，但由于员工缺少自主权，任何建议都需要层层上报，即使得到最终的批准，也会由于耗时太久而失去占领市场的机遇。

要克服这些弊端，组织结构就应趋向扁平化。满足顾客需求的竞争和争夺潜在市场的竞争，这就要求组织朝着高效的方向发展，扁平化组织有利于这一目标的达成，主要体现在三个方面：第一方面是结构精简，组织能轻松上阵；第二方面是决策权分散到员工手中，一方面增强了员工的主人翁意识，另一方面，员工能自主地根据客户的个性化要求，重新配置组织提供的资源，从而提供个性化的服务，组织因而既有效率又有效益；第三方面是普通员工得以摆脱“金字塔”的重负，从完整的工作流程中体会工作的意义，感受工作的乐趣，并由此激发创新精神，使工作常做常新，进而营造出整个组织的创新氛围，提高组织的竞争力。

2. 柔性化趋势

网络技术、创新策略、激烈的竞争和多变的环境都要求组织更加灵活、有弹性，也就是要求组织柔性化。其特点表现在三个方面：第一方面是组织中没有过多的垂直分化，组织成员各持不同的技能，相互补充、相互协作，处于平等的地位，因而复杂化程度低；第二方面是组织对员工技能多样性和技术创新力的要求，使工作无法标准化、程式化，因而正式化程度低；第三方面是组织中的管理者难以成为组织中各种专业领域的专家，因而无法形成“一言堂”的集权制，也就是说组织的集权化程度低。组织中的柔性化管理还表现为组织中的工作团体、项目小组等。临时性的工作团体可以根据组织面临的新形势、新问题，突破原有的结构分布，重新配置组织内的资源包括人力资源，使来自不同部门，拥有不同专业技能的人，组成新的团体，在知识结构上相互弥补，在团体互动中产生新的效益。而这是传统的僵硬的一成不变的组织结构难以比拟的优势。项目小组的指导思想类同于工作团体，但这是一种更为稳定的组织结构设计。组织内可长期设置这种跨部门的项目小组，这不仅有利于部门之间的沟通，克服各部门各行其是，置组织总体目标于不顾的弊端，从而协调组织各部门的关系，提高组织集体的绩效，而且有助于在团体合作中形成优势，使资源得以更加灵活而合理的配置。

3. 组织边界的渗透与模糊趋势

随着市场和技术运动节奏的加快，企业生命周期不断缩短，其一次性建立组织的成本不能和以往一样被无数次地进行交易分摊，生命周期内的交易越少，一次性成本的作用就越突出，组建组织的成本就越大。此时有效的组织组建到彼时就因环境的变化而失效，组织任何一项固定边界的确立，其风险都非常大。因此将价值链上的企业纳入组织结构之中，显得极有意义。组织结构的边界日益模糊，它大致以其核心能力为轴心，其结构自由地向外扩张或向内收敛。为了使信息在组织内有效传递，未来组织内部结构的边界越来越相互渗透，消除其职能部门之间、层级之间的障碍，使信息、资源、思想能在组织中自由流动，组织更具有活力。从总的趋势看，组织设计是朝着灵活机动的有机式结构方向发展的，这应该也是更远的将来组织设计的大走向。

3.1.4 香丽高速公路总承包管理组织结构与管理模式

1. 香丽高速公路的项目组织架构

项目总承包管理模式：统筹整合集团公司的优势资源，在集团公司和各职能部门的管理下实行工程总承包的管理制度，不管是从主观上还是从客观上，都要求总包单位对所有与工程有关的人和事进行统包统管，对从工程开工到竣工备案全过程统筹规划、统一安排。因此，本项目在管理模式上，把整个项目部作为一个项目总承包部，设工程处、安全监督处、质量稽查处、总工办、合同处、财务处、电力设施、机电安装信息化处、党政综合办、物资设备处、征迁保通处、香格里拉联络处等部室，对工程所有施工单位进行统一管理。

云南建投集团有限公司为香丽高速公路总承包单位，为了加强项目管理，全面履行合同，确保工程建设工期、质量、安全，保护生态环境，确保职工健康安全，全面实现合同目标及集团保质量、保安全、保进度、保廉政、树形象、控成本的“四保一树一控”要求。根据业主招标及合同文件的要求，由云南建投集团有限公司成立香丽高速公路总承包项目经理部，总承包项目经理部在授权范围内代表集团公司履行合约，代表集团公司组织工程的实施，总承包项目经理部实行项目经理负责制。

总承包项目经理部的设立在遵循项目合同和工程总承包范围内明确的权利和义务基础上，建立了符合工程建设特点的十三个土建工区项目部及相关项目部，工区项目部主要管理人员由云南建投集团有限公司委派。总承包项目经理部按照工程技术标准和规范以及香丽项目公司提交的设计文件所确定的工程规模、技术标准实施建设。总承包项目经理部、工区项目部组织机构如图 3-1 和图 3-2 所示。

2. 总承包项目经理部管理机构职能划分

整个总承包项目部划分为三个管理层次：决策层、管理层、执行层，各层分工如下。

（1）总承包项目部管理决策层。

总承包项目部的管理决策层包括项目经理、总工程师、安全总监、党支部书记、总经济师、总会计师、项目副经理、副总工程师等。

（2）工程总承包项目部管理层。

在总承包项目部决策层的领导下由财务处、合同处、工程管理处、总工办、质量管理处、党政综合办、安全管理处、设备物资处、征迁保通处、电力设施信息化办公室、香格里拉联络处组成总承包项目经理部管理层。

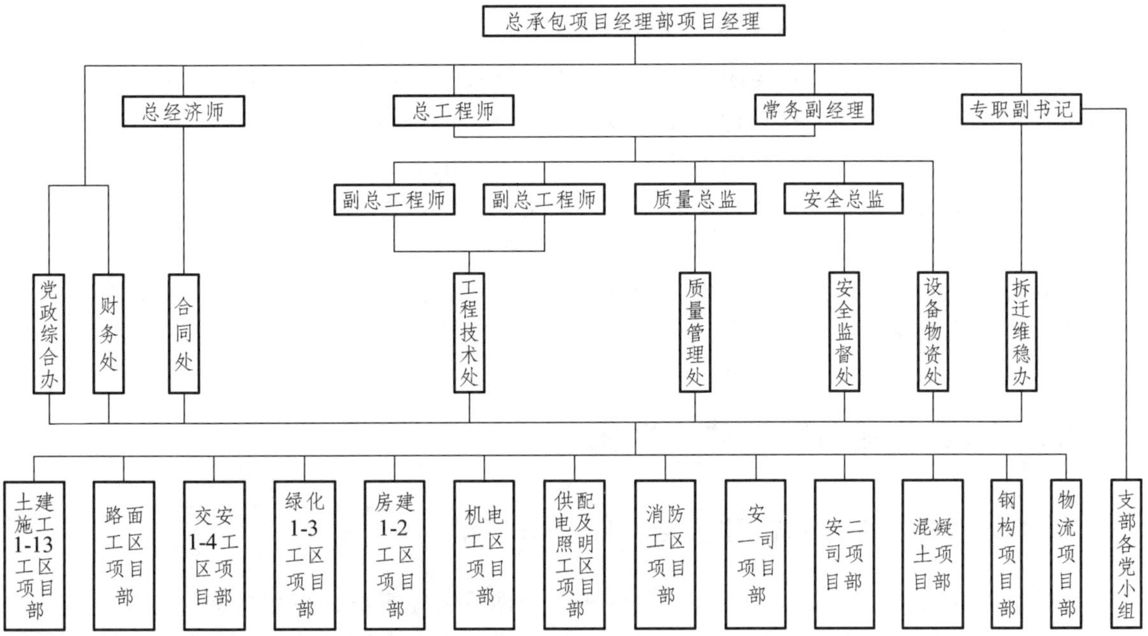

图 3-1　香丽高速施工总承包项目部组织结构

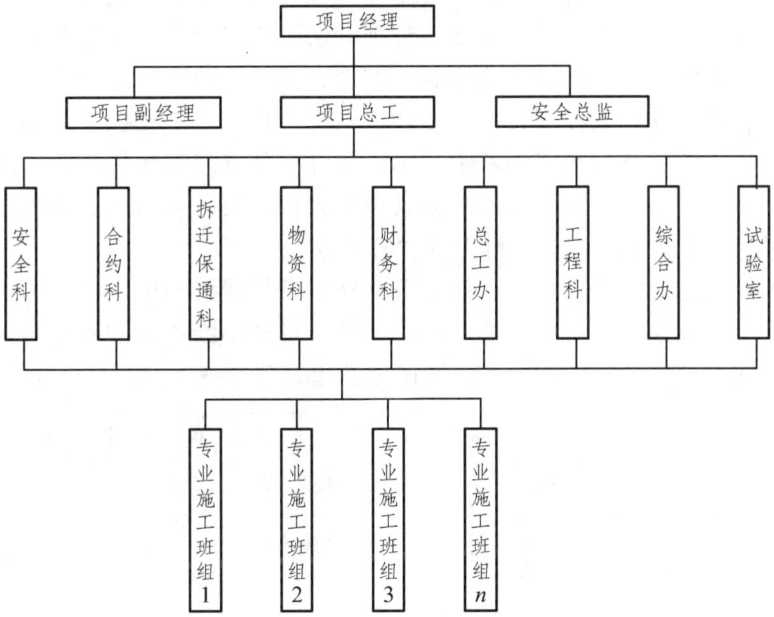

图 3-2　工区组织结构图

（3）工程总承包项目执行层。

总承包项目经理部下设十三个土建工区项目部、路面工区项目部、绿化工区项目部、机电工区项目部、交安工区项目部、沿线设施项目部，以及五个专业协作项目部（混凝土项目部、钢结构项目部、物流项目部、云南建投安装股份项目部、云南建投安二司项目部）。工区项目部设置财务科、合同科、工程科、总工办、质检科、综合办、安全科、物资科、征迁保通科、试验室与总承包项目经理部各处室管理层接口执行管理。

3. 施工总承包管理各层职责与分工

实行总承包项目经理部在集团公司法定代表人授权下的项目经理负责制，由项目经理负责总承包项目经理部全面工作管理。总承包项目经理、项目总工、项目副经理等组成总承包项目管理决策层，履行《香丽高速公路总承包合同》和施工总承包的责任和义务，组织项目实施；在项目管理决策层领导下，由各专业人员组成总承包管理层，即财务处、合同处、质量管理处、安全管理处、工程管理处、总工办、香格里拉联络处、党政综合办、设备物资处、电力设施信息化办公室、征迁保通处，分别承担各专业责任，形成一个完整的管理体系，对香丽高速公路建设项目技术、质量、安全、进度、成本“五位一体”负总责。

3.2 高速公路合同管理标准化

3.2.1 高速公路合同管理标准化的概念模型

高速公路建设项目建设地点沿线长、分布广、地质情况复杂，往往具有隧道、桥涵、道路等多种建筑构造，专业技术复杂，标段划分多，承包商众多，设计单位、监理单位、材料供应商和科研咨询机构群集。为实现高速公路建设项目的质量、进度、投资、安全以及社会目标，必须制定大量的工程项目管理制度、管理办法，用于约束与指导各参建单位的行为。高速公路建设项目合同管理是指以事前控制为理念，明确在建设管理管理过程中合同关系各方主体的责、权、利，针对工程项目的各项建设目标，在工程招投标之前制订详细规范的管理办法，并在招标文件的合同专用条款中列出，将详尽的管理办法作为合同内容的重要组成部分，对建设过程中可能出现的各种混乱因素事先进行约束，从而避免管理过程中可能出现的各种矛盾，也保障了管理的有效运行，即“有约在先”。

高速公路建设项目合同管理贯穿了高速公路建设项目建设的全过程，通过质量、进度、投资、安全和社会目标控制进行信息的反馈、调整，形成不断优化的闭合循环，促进了高速公路建设项目管理水平的不断提高。合同管理标准化的概念模型如图 3-3 所示。

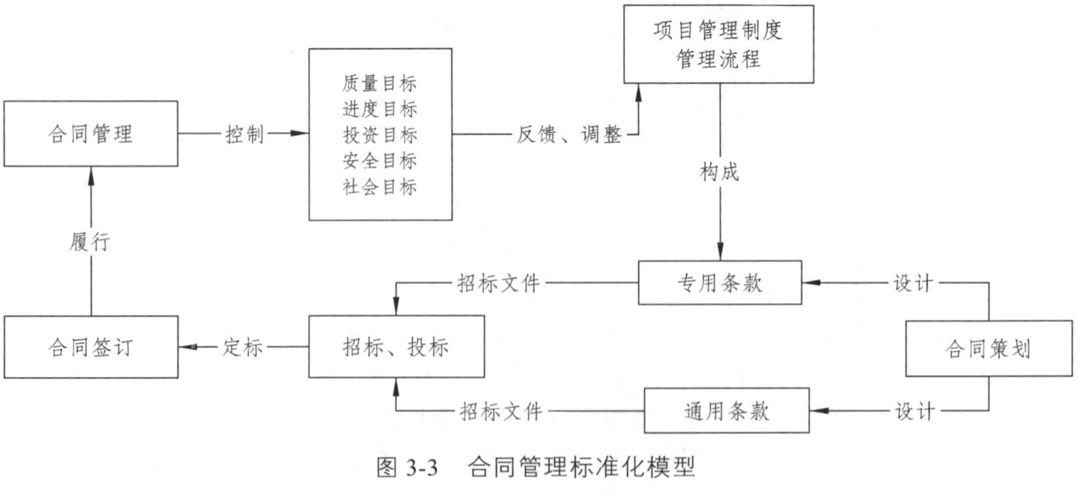

图 3-3 合同管理标准化模型

高速合同管理标准化的概念模型充分反映了高速合同管理标准化管理的实质，即有效地解决高速公路建设过程中各种管理制度、管理办法的执行与合同执行难以约束、互不相干的状态，真正将高速公路建设的各种管理制度、管理办法融入合同管理的全过程当中，实现动态化的过程控制，将管理制度、管理办法真正渗透到项目管理的具体实施过程中。

高速公路合同管理标准化在高速公路建设管理过程中正在发挥越来越重要的作用，具体来讲主要体现在如下几个方面：

（1）合同管理标准化是高速公路建设管理的核心手段。

任何一个高速公路建设项目的实施都是通过签订一系列的承发包合同来实现的。通过对承包范围、合同价款、工期和质量标准及各项管理制度与管理办法等合同条款的制订，合同内容能够得到强制的贯彻执行，业主可以在合同环境下调控建设项目的建设过程。通过对合同管理目标责任的分解，高速公路建设项目的业主还可以规范项目管理机构的内部职能，紧密围绕合同条款开展项目管理工作。因此，无论是对承包商的管理，还是对项目业主本身的内部管理，合同管理标准化始终是管理体系的核心。合同双方在合同履行的过程中不断地通过自身的努力向合同约定的目标靠近，直到完成合同约定的工作内容。

（2）合同管理标准化保证了建设目标的实现。

合同确定了合同双方约定的主要内容，是合同双方进行各种经济活动的依据。在合同管理标准化过程中，合同关系各方主体围绕着建设项目的质量目标、投资目标、进度目标、安全目标和社会目标开展具体的工作，例如在建造工作开展之前，对从事相关施工任务的人员资质、施工方案等进行把关，在施工任务开展之前就力保高速公路建设能沿着正确的道路前进；又例如对双方约定工作界面执行检查，发现问题及时沟通、及时纠偏，不能等问题大到难以解决或者无法解决的时候再来处理等等。所以围绕着合同的履行，合同管理标准化能最大限度地确保建设目标的实现。

（3）合同管理标准化是合同双方履行义务、享受权利的法律基础。

为保证高速公路建设项目的顺利实施，平衡合同双方的职责、权利和义务，合理分摊合同双方的责任风险，工程合同通常界定了合同双方基本的权利与义务。如业主必须按时支付工程进度款，及时参加隐蔽工程验收和交工验收，及时组织工程竣工验收和办理竣工结算等。承包商则必须按施工图纸和批准的施工组织设计组织施工，向业主提供符合约定质量标准的产品等。在合同的签订与履行过程中，合同双方的总目标是一致的，但是合同双方的利益又存在不一致性。合同管理标准化是调节这种关系的主要手段，双方都可利用合同保护自己的权益，约束对方的行为，所以通过合同管理标准化可以平衡双方责权利关系，在工程建设过程中进一步明晰合同各方的权责。高速公路建设项目的参建各方必须严格遵守合同条款中明确约定的各项管理制度与办法，合同中明确约定的各项权利和义务是合同双方的最高行为准则，是双方履行义务、享有权利的法律基础。

（4）合同管理标准化为解决高速公路建设项目实施过程中各种争端和纠纷提供了法律依据。

高速公路建设项目通常具有建设周期长、投资规模大、参建单位众多和子项目之间衔接复杂等特点。在合同履行过程中，业主与承包商之间、不同承包商之间、承包商与分包商之间、业主与科研咨询机构之间以及业主与材料供应商之间很难避免各种争端和纠纷。而调解这些争端和纠纷的主要尺度和依据应是合同双方在合同中事先出的各种约定和承诺，如合同的索赔与反索赔条款、不可抗力条款、合同价款调整变更条款、业主在合同中约定的涉及质量、安全、环保、科研、廉政等各个方面的管理制度。作为合同的一种特定类型，工程合同同样具有一经签订即具有法律效力的属性。所以，合同管理标准化为处理高速公路建设项目实施过程中各种争端和纠纷提供了无可辩驳的法律依据。

3.2.2　高速公路合同管理标准化的内涵

合同管理标准化是合同管理与项目管理有机结合产生的新兴理论。高速公路建设项目（建设）合同管理标准化的内涵包括以下几个方面：

（1）高速公路建设项目合同管理标准化的指导思想。

高速公路建设项目合同管理标准化的指导思想是将高速公路建设先进的管理思想与内容以合同的方式在项目建设中体现出来，并且以合同双方平等合作、相互依存、公平公正为基本原则。在高速公路建设项目建设中强调合同管理标准化精神、重视合同管理标准化观念、采用合同管理标准化手段，并不意味着完全以合同代替权力、以合同代替管理，业主权力在项目管理中依然存在并发挥其应有的作用。合同管理标准化意味着民主、自由、平等、诚信、公正、责任等，因而合同管理标准化的引入旨在完善高速公路建设项目管理活动、弱化权力的强制性、增强管理者与员工之间、业主与承包商、材料供应商、设计单位、监理单位、科研咨询机构之间的合作，以期用最少的投资获取最大化的高速公路建设项目效益，包括经济效益和社会效益。

（2）高速公路建设项目合同管理标准化的主体。

高速公路建设项目合同管理标准化的主体是总承包方。在高速公路 PPP 项目中，PPP 项目总承包单位代表社会投资人全面承担项目建设管理职责，同时承担了建设项目的主要风险，在高速公路 PPP 项目建设过程中居于主体地位。在 PPP 模式下，总承包通常采用总价合同的模式，项目法人将建设项目投资控制、进度控制、质量控制等项目目标的负责全面委托给总承包单位，业主只与总承包单位签订合同，项目参建单位主要与总承包单位签订合同，因此总承包单位也是合同管理标准化的主体。只有总承包单位才能站在高速公路建设项目全局的高度，要求所有项目参建单位在工程项目建设全过程中参与合同管理标准化，执行合同规定的各项管理制度与办法。

（3）高速公路建设项目合同管理标准化的内容。

高速公路建设项目合同管理标准化是合同管理的延伸与升华，合同管理标准化覆盖了合同管理的全部内容。除此以外，与高速公路建设项目建设相关的管理规定，包括各种管理制度、办法、管理格式、管理流程以及国家和地方现行的强制性行业标准与规定等也是合同管理标准化的主要内容，只有系统性地将各项规章制度作为工程合同的有效组成部分并认真执行才能发挥合同管理标准化的效力。

（4）高速公路建设项目合同管理标准化的目标。

高速公路建设项目合同管理标准化的目标是督促合同各方自觉遵守各项规章制度、各种管理办法，自我控制项目建设过程中的各种行为，踏踏实实地朝着各项指标全方位达到合同的要求前进。

合同管理标准化将合同双方由被控制转变为自控，是项目管理中一个质的飞跃，这样使得合同各方的工作人员从繁杂的督促、整改、再督促、再整改的怪圈中解放出来，集中精力专注于解决项目建设过程中的重大难题，防范重大风险，提高了工作效率，极大地减少了工程项目质量、进度、投资、安全等目标失控的风险，促进了合同管理与项目管理的融合，使得高速公路建设管理体系真正落到了实处。

3.2.3 高速公路总承包管理合同界面及博弈分析

1. 高速公路总承包管理的合同界面分析

一般而言，在高速公路建设项目实施过程中，总承包管理的所有合同确定的工程或工作范围应能涵盖高速公路项目建设的所有内容，即只要完成各个合同，就可以实现项目的总目标，因此，在合同内容上不应有缺陷或遗漏。在实际工作中，合同缺陷会带来设计变更、新的附加工程、计划变更、施工现场的停工等，引起合同双方的争端与纠纷。为避免这种现象，总承包单位应该在招标前对项目进行系统分析，确定项目目标体系，进行项目结构分解，在项目结构详细分解的基础上列出合同的工程量清单。最后，进行项目任务（各个合同或各个承包商，或项目单元）之间的界面分析，确定各个界面上的工作责任、投资、工期、质量的定义。实践证明，许多遗漏和缺陷常常都发生在界面上，因此，要对高速公路项目界面进行重点分析。为了做好管理界面协调，要求在工程招投标之前制订详细规范的管理制度和办法，并在招标文件的合同专用条款中列出。因此，在项目建设的筹备阶段，业主便要总结国内以往重大桥梁和高速公路项目的建设经验，并在充分参照国内外先进建设经验的基础上，通过制定各种管理制度和办法，并将其作为合同的有效组成部分，要求合同双方贯彻执行。合同管理规范了从项目开工至竣工验收各个阶段的管理流程，完善了界面管理，较好地协调了各方工作关系，通过合同协调利益分配，杜绝了发生在界面上的遗漏和缺陷。下面我们将具体分析高速公路项目的管理界面。

界面，又称接口，是指相互作用的子系统之间的界限，是子系统之间既互相区别又互相联系的纽带。界面管理是指协调相互作用的子系统之间的能量、物质、信息交换以实现系统目标的活动，除了组织、管理、技术上的协调之外，还要协调各系统界面的相互关系。在现代工程项目管理中，人们越来越强调系统的集成。在工程项目中界面具有十分广泛的意义，项目的各类子系统，如目标子系统、技术子系统、行为子系统、组织子系统等，他们的系统单元之间，以及系统与外部环境之间都存在着复杂的界面。项目管理系统各子系统之间及各个子系统内部也存在复杂的界面，而直接的表现形式是各管理流程之间的接口。项目管理系统与外界、项目管理系统内部之间的流程要素以及各管理流程之间存在复杂的关系，他们之间互相作用、互相联系、互相影响。建设项目管理流程的界面有很多种类型，可以从很多不同的角度来描述：

（1）项目的各类组织系统之间以及项目整个系统与外界环境系统之间的管理界面。例如，政府主管部门、项目管理组织、承包商、材料供应商等项目参建单位之间的工作往来形成的复杂的管理流程界面。从总体上来讲，项目所需要的资源、信息、资金、技术等都是通过界面输入的，项目向外界提供产品、服务、信息等也是通过界面输出的，所以整个系统与外界也存在着复杂的界面。

（2）在工程项目生命周期的各阶段之间的管理界面。建设项目自可行性研究至设计、设计到施工、施工到验收，在这些界面的两侧的管理环境及参与单位都有着显著的不同，从而导致管理流程的差异，这些差异造成不同的工作、人员行为以及控制方针，从而形成了项目管理实施过程之间的管理界面。

（3）各管理子系统之间的职能管理界面。在建设项目的管理中，项目管理的各个职能以及各个管理部门在项目建设过程中形成一定的关系，互相依赖、互相影响，由于各子系统的功能不同、目标不同，按其职能可将项目管理系统分解为进度管理子系统、投资管理子系统、质量管理子系统等，从而各个子系统之间构成复杂的职能管理界面。

（4）在项目建设的各个管理职能系统内部存在的管理界面。例如进度计划管理系统中，进度计划的编制分为总体实施计划及各年度、季度、月度计划的编制。在总体计划编制的管理模块中，输入是项目管理目标及上层系统组织的意图，输出是项目的总体实施进度计划，对于年度进度计划的编制而言，其输入是总体实施计划，输出是项目的年度实施计划。所以，不同阶段的计划编制工作之间存在界面。

（5）部门间管理界面。部门间流程是跨越两个或两个以上职能部门的流程，即流程的系列活动是由不同职能部门的人来共同完成的。部门间流程的活动是不同的，但却是相关的，活动之间有着内在的联系，有些活动乍看起来是不相干的，但通过某些其他活动的媒介，这些活动间也发生了远程联系，通过这些不同部门间的相关活动的共同作用产生了特定的结果，从而构成某一工作完成的特定流程。诸如，在建设项目的计量支付中，对于项目管理组织而言，首先必须由工程管理部门对工程质量验收合格，随后由计量人员进行造价审核，最后由分管领导审查签字。这项管理工作的实施跨越了三个部门，产生了部门间管理界面。

因此，有必要对整个管理系统进行全面分析，运用集成管理的思想，对流程实施集成管理，通过合同管理做好各管理流程的界面协调，处理好系统与外部环境的关系，保证各管理子系统之间以及各子系统内不同管理流程的物资、能量、信息通畅地流动，使整个管理系统始终处于有效平稳的状态。

2. 高速公路合同当事人之间的博弈分析

市场经济条件下，合同参与双方的根本目的都是实现效益与效率两大目标。随着项目管理概念的普及和推广，越来越多的企业认识到，总承包方与被委托方既存在对立面，又存在统一面，不能过分地夸大双方之间的矛盾，而更应该认识到合作与统一对双方的好处。在合同管理过程中不要幻想把所有的风险都最大可能地转移给对方，也不要幻想自己的利益完全独立于另一方之外。双方在尽可能保护自己的利益的同时，必须清醒地认识到所谓合同不过是双方权利和义务关系相互妥协的产物。一方的利益绝对是和另一方的利益密不可分的，只有双方同心协力、通力合作按质按量地搞好项目的建设，才能为双方带来最大的利益。这种双赢的观念越来越得到国内外的企业，尤其是大型建设项目业主的认同。大多数情况下，目的一致而方式各异的项目参建各方最终都要通过合同以及项目建设过程来达到盈利的目的。众所周知，高速公路建设项目具有较高的不确定性。对于将合同管理与项目管理紧密结合的合同管理而言，有两种完全不同的观点：零和博弈与合作博弈。

零和博弈论者认为，合同双方的利益总和是固定的，一方的获利直接就是另一方的损失。一方获利多了，另一方受损就多。零和博弈式的合同管理的特点是，从项目合同的谈判开始就集中在如何分配已经存在的优势、劣势、盈利、损失、责任和义务上，双方的利益取向是相反的。如果一味地运用这种方式进行合同管理，容易导致一方认为自己是赢家，另一方认为自己是输家，或双方都认为自己是输家。这种观点认为博弈的结果必定有赢有输，所谓双赢的结果是不可能的，在亲切的微笑、友好的握手、盛情的宴会背后，双方都在为赢得最大利益而针锋相对。另一种观点是合作博弈，即在合同管理过程中，双方建立长期的合作伙伴关系创造合作剩余，达到双方共赢的结果。合同管理过程中要求双方就不同方案对每一方的全部费用和盈利产生的影响进行坦率的建设性的讨论，提出创造附加值的办法，并公平地分配其中的利益。这种合作能创造附加值，当一方获得更多时，无需对方受损或减少收益。高速公路建设项目应采用创造合作剩余的合同管理。上述两种谈判方式都有其存在的依据，通过初步的合作双方可以建立起良好的相互信任的关系，创造出令双方受益的附加值。在合作剩余被创造出来后，双方还可以通过零和博弈方式有效地分配附加值。这是因为：

（1）高速公路建设项目的关键问题是保证工程的质量和进度目标，这方面一旦出现问题，不是简单的经济处罚可以解决的。若能在保证质量的基础上将工期有所提前，这给业主带来的收益则是极其可观的；

（2）高速公路建设项目的工程内容极其复杂，合同内容上难免存在缺陷。如果承包商不予合作和配合，势必会发生很多的合同争议，双方处理起来既非常棘手，同时也耗费大量的时间；

（3）高速公路建设项目工期都比较长，施工质量的好坏直接影响到项目在运营期的运行效果和成本，而施工质量在建设期的验收阶段是不能完全反映出来的，需要相当长的运营期的检验。

大量高速公路建设经验表明，通过在合同双方之间建立长期合作关系实现合作剩余有利于项目目标的全面实现。为了保证工程进度按期完成，普遍采用的做法是在施工合同中确立若干个进度里程碑，并根据每个里程碑的重要程度设定不同金额的违约偿金。工程中一旦某个里程碑出现延误，总承包方可以扣除该里程碑所对应的违约（赔）偿金，作为对被委托方的处罚，以鞭策被委托方按时完成里程碑。而在合同管理过程中，总承包方完全可以采用另外一种做法，即在设定里程碑的同时，一方面按照国际上的通行惯例从合同价格中提取一部分金额分配到各个里程碑中作为违约（赔）偿金，另一方面总承包方还可以准备等额的奖金，同样分配到这些里程碑中。被委托方一旦按时完成了某个里程碑，将会得到双倍的支付，反之若未能按时完成某个里程碑，则不仅要支付合同约定的违约（赔）偿金，同时还将失去一笔数量不菲的奖金。总承包方可以通过这种方式激发承包商积极合作、保质保量完成工程的热情，使工程进度提前若干个月，创造极其可观的附加值，保证项目实现提前通车、提前取得运营效益、提前偿还贷款利息等预期目标。

3.2.4 高速公路合同管理标准化的原则

高速公路建设项目合同管理标准化应该遵循以下原则：

1. 融合性

合同管理标准化是合同管理和项目管理的有机结合，融入项目管理体系之中，带动和促进项目整体管理水平，并能依法规范合同行为。因此，合同管理标准化要求合同内容不能生搬硬套，不能脱离项目管理之外而自成体系。

2. 系统性

把合同管理标准化作为一个系统工程，不仅要求作为高速公路建设项目的外部环境的合同体系与高速公路建设项目的项目管理体系紧密融合，而且要求在项目管理的开始阶段就必须把每一个制度、每一个环节、每一类合同，甚至每一个合同作为一个管理要素来设计，从而确定适应本高速公路建设项目的合同管理标准化模式。

3. 针对性

合同管理标准化要求对项目建设过程中最重要的阶段、最容易出现的问题以及本项目合同管理中的薄弱环节进行重点控制，突出重点，有的放矢，有针对性地强化管理，克服合同工作中的盲目性。

4. 可行性

合同管理标准化无论是在建立健全合同管理体系方面，还是在合同管理的具体工作实践中，都强调合同业务工作要全过程、逐环节地用制度加以规范，且与现行的项目管理实际相结合，并切实可行。

5. 防范性

合同管理标准化对合同业务实行封闭式严格管理，注重点面结合的科学管理方法的运用，并把合同管理标准化纳入经济责任制中进行考核，因而更具有约束力。这样不仅增强了合同业务人员的责任感，提高合同签约和履约质量，还能避免合同失误，减少乃至杜绝合同纠纷，加强履行中的信息传递，严格合同结算、付款等专项管理规定。

6. 公平性

合同管理标准化体现了合同双方平等合作、相互依存、公平公正的伙伴关系，意味着民主、平等、诚信、公正、责任等，因而合同管理标准化的实施效果与合同条款是否尽量公平、公正、合理有着直接的关系。管理制度与合同条款的内容应该考虑合同双方的利益，而不是单方面地向委托方倾斜。高速公路项目建设的复杂性决定了这种单方面的倾斜最终将会伤害合同双方的利益。所以公平性的原则在合同管理标准化过程中必须得到重视。

3.2.5 香丽高速公路合同管理标准化的内容

作为一个 PPP 项目，香丽高速公路的合同数量繁多，合同管理的任务繁重。依据合同管理流程，香丽高速公路总承包项目部专门设计各种措施，并且制定相应制度，对合同管理流程的切实执行提供了保障。以下几项措施在合同管理中得到了具体的运用：

1. 设立合同管理机构

合同管理机构是指香丽高速公路总承包项目部从上向下建立的一支专业管理队伍，对各类合同实行系统管理。针对本项目合同管理设置合同处负责项目的合同管理，由总承包项目经理直管，总经济师分管。

2. 完善合同管理制度

要使合同管理规范化、科学化、法律化，首先要从完善制度入手，制定切实可行的合同管理制度，使管理工作有章可循。总承包项目经理部成立后，根据总承包项目经理部的具体管理要求，由合同处负责起草《项目合同管理制度》，主要涉及项目合同在签订、交底、移交、实施计划、控制、综合评价、发放、借阅和归档的具体流程、要求，规范总承包项目经理部的合同管理。合同管理制度的主要内容包括：合同的归口管理，合同资信调查、签订、审批、会签、审查、登记、备案，法人授权委托办法，合同示范文本管理，合同专用章管理，合同履行与纠纷处理，合同定期统计与考核检查，合同管理人员培训，合同管理奖惩与挂钩考核等。

（1）合同评审制度。

为规范合同、降低风险和确保履约的目的，在合同签订之前，根据国家法律法规、公司的管理规定及生产经营管理能力，对合同所涉及的有关财务、技术、质量、安全、工期、价格及合作方资信等，由合同处组织相关处室进行评审，并报业主审批同意后方可签订合同。在各业务部门会签后，送交合同专门管理机构或法律顾问审查，再报请法人代表签署意见，明确表示同意对外正式签订合同。这样，通过严格的手续，使合同签订的基础更加牢靠。

（2）公司印章管理制度。

香丽高速公路总承包项目部都是以云南省建设投资控股集团有限公司的名义对外签订合同，云南省建设投资控股集团有限公司合同专用章是代表企业在经营活动中对外行使权利、承担义务、签订合同的凭证。因此，云南省建设投资控股集团有限公司对合同专用章的使用、保管都有严格的规定。凡外出签订合同应由合同专用章的管理人员与办理签约的人一同前往签约。如合同专用章管理人员利用合同专用章谋取个人私利，应追究其行政或法律责任。

（3）合同统计考查制度。

合同统计考查制度就是利用科学方法、利用统计数字反馈合同订立、履行情况。通过对统计数字的分析，总结经验，找出教训，为企业经营决策提供重要的依据。

总之，香丽高速公路总承包项目部通过建立合同管理制度，做到管理层次清楚、职责明确、流程规范，从而使合同的签订、履行、考核、纠纷处理都处于有效的控制状态。

3. 强化合同的责任落实

合同关系是一种法律关系，一旦制订各方就应严格执行。香丽高速公路总承包项目部在强化合同的落实履行上采取了以下措施

（1）合同履行第一步——合同分析。

合同分析是从执行的角度分析、补充、解释合同，将合同目标和合同规定落实到合同实施的具体问题上和具体事件上。由路桥总承包部的合同处以及香丽高速公路总承包项目部的合同管理处根据公司合同管理制度以及合同的规定，分别在公司层面和项目层面起到了主要作用。

① 分析合同漏洞，解释争议内容。

项目建设的情况是千变万化的，再标准的合同也难免会有漏洞，所以香丽高速公路总承包项目部在项目建设过程中认真找出漏洞并加以补充，以减少合同争端；由于合同争端往往是对合同条款理解的不一致引起的，所以香丽高速公路总承包项目部对合同的条款进行认真

分析的基础上做出必要的解释。并将这些措施贯彻于整个合同履行的始终，而不仅仅是签订合同之前的事。

② 分析合同风险，制定防范对策。

香丽高速公路总承包项目部认真界定和确认工程项目合同中所承担的风险是什么，风险影响程度大小，通过才能找到对策和措施去控制风险，从而规避风险。

③ 分解合同责任，落实责任到位。

香丽高速公路总承包项目部以会议与书面相结合的形式介绍各个合同的承包范围、各方的责任与义务、合同的主要经济指标以及合同存在的风险等，将合同责任进行分解，具体落实到各签约方。

④ 收集合同信息，掌握履行情况。

香丽高速公路总承包项目部合同管理人员通过积极收集各种材料的国内外市场价格，承包商消耗的人员、机械、台班、变更记录、支付记录、工程量统计等等，以准确的数据统计和数据分析帮助应对变更和索赔争议的解决。

（2）合同履行第二步——合同控制。

合同控制指香丽高速公路总承包项目部的合同管理机构为保证合同所约定的各项权利义务的全面实现和完成，以合同分析的成果为基准，对整个合同实施过程的全面监督、检查、对比、引导及纠正的建设管理活动。

4. 协调合同的争端处理

在合同履行过程中，虽然对各方的权利、责任、义务、质量、计价、变更、索赔和风险等都已做了明确规定，但是由于当事人对合同条款理解的不同，在处理涉及各方经济利益的问题时可能会产生争端。争端解决方式是协商、调解、仲裁和诉讼。

规范争端解决方式严格遵循以下流程：首先依据合同规定，正确理解合同条款的内容，查明争端产生的原因；其次由争端的双方确定争端解决方式，按照双方达成的解决方式进行处理。

争端解决首选方式应为协商。协商调解争端既节省费用和时间，又有利于双方合作关系的发展，保证合同顺利执行。这也是香丽高速公路总承包项目部在处理合同争端时采用最多的方式。当遇到特许权协议或融资合同方面的争端时，香丽高速公路总承包项目部在分析合同条款的基础上，采用谈判的方式解决争端；当遇到建设合同争端时就采取协商的方式，妥善处理各方的权力义务，分清合同边界。

其次是调解，在调解不成的情况下才能采用仲裁和诉讼的方式。解除合同是香丽高速公路总承包项目部采用过最严厉的一种处理方式。不论采用哪种方式，都应根据合同的规定或双方达成的协议去解决争端，维护各方的权益，保证合同的执行。

5. 规范合同的变更流程

合同变更广义上指任何对原合同内容的修改和变化。引起变更的原因有多种：如更改工程量、工程进度、质量标准，甚至更改合同主体。频繁的变更是大型建设项目的工程合同的显著特点之一。重大的变更可能会打乱整个建设部署，同时变更也容易引起合同争端。

常见的变更类型有三种：即费用变更、工期变更和合同条款变更（包括设计标准、设计内容等）。最容易引起双方争议和纠纷的自然是费用变更。因为无论是工期变更，还是条款变更，最终都可能归结为费用问题。合同中通常会规定变更的费用处理方式，双方可以据此计算变更的费用。

6. 合同交底

合同签订后 5 个工作日内，由合同处负责组织相关合同履约管理部门和项目经理、项目总工、项目经营负责人等项目经理部有关人员进行合同交底。合同交底应包括项目基本情况、合作方特别关注的内容、非常规的合同条款、价格情况、其他投标单位的投标报价情况、双方的责任和义务、合同存在开口的部分、项目潜在风险等内容。

7. 合同分发

合同交底完成后 2 个工作日内，由合同处及时将合同资料汇同交底资料向项工区项目部进行合同分发，便于项目合同执行管理。

8. 合同借阅

合同处在签订合同后应即时建立合同台账，便于查阅和管理。总承包项目经理部人员因工作需要，需借阅合同资料原件，借阅人员须出具借阅报告，明确借阅资料、借阅事由、归还日期，并由借阅人员所在部门领导签字确认后方可借出合同资料。借阅人员要爱护合同、妥善保管，不得进行转借、拆装、涂改、抽改等行为。

9. 合同归档

合同履约完毕后，合同处汇同其他应归档资料原件后向公司办公室归档合同资料，接收人员在归档资料清单上签字确认接收，做到有据可查。

3.3 高速公路业务流程管理标准化

3.3.1 业务流程管理基本理论

业务流程管理有着悠久的历史渊源，产生于资本主义发展初级阶段的工业化大生产时期。随着市场经济的不断完善，业务流程管理理论也在不断发展。早在 1776 年，亚当·斯密在其《国富论》一书中就描述了大头针的生产制造过程并将其划分为大约 18 道工序，这是最早从社会分工的角度对业务流程管理问题所进行的研究。在科学管理阶段，泰勒等人通过大量的试验，从工人操作方法、工作环境条件、机器设备的使用等方面研究了生产过程的标准化问题。进入现代管理阶段，虽然出现了许多不同的管理学派，但各个学派都很重视业务流程管理在企业管理中的重要性。德鲁克将目标业务流程划分为：制定组织的整体目标和战略；在经营单位和部门之间分配主要目标；各单位的管理者和他们的上级一起设定本部门的具体目标；部门的所有成员参与设定自己的具体目标，管理者和下级共同商定如何实现目标的行动计划；实施行动计划；定期检查目标的进展情况，并向有关单位和个人反馈相关信息；基于绩效的奖励并促进目标的实现。这阶段业务流程管理的特点是：业务流程管理作为一种基础性的管理工作在企业生产管理中得到了广泛的应用，并从生产管理领域拓展到了企业整体运营领域。现代管理在强调战略管理、人本管理的同时，并不否认以标准化、流程化为核心的基础管理工作的必要性，如果没有坚实、稳固的基础管理工作，战略管理和人本管理就会成为无源之水，是根本不可能得以实现的。

业务流程管理一般包括进行某种活动或完成某项工作的内容、操作方法及其相应的规则系统，前后衔接、递进关系，以及运营结果的反馈机制。管理者一般把反复出现的业务编制成具有相对确定性的流程，执行人员只要按照编好的流程去做，就能得到较好的效果。业务流程管理是企业管理制度的重要组成部分，它与企业的组织结构、部门职责、规章制度、岗位描述等共同构成企业管理平台，具有清晰、明了、易于控制、可复制的特点，是企业日常工作高效、自动运作的基本保障，是经理的分身术、员工的指南针。虽然，实行业务流程管理可能会影响到员工的创造性，但是，它对鼓励勤勉、减少人员的偷懒偏好、减少管理者的随意性等都是有益的。

业务流程管理的目的是规范各类人员的行为，加强企业的基础管理工作，为企业实施战略管理和人本管理奠定坚实的基础；提高企业运营过程的合理性和规范性，使企业在组织经济活动的过程中能够更高效地支配自己所拥有的经济资源，以适应激烈的市场竞争的要求。业务流程管理的意义体现在以下几个方面：

（1）明确职责权限，规范各类人员行为。

实施业务流程管理的关键是要制定科学、合理、规范且符合实际的工作流程，在工作流程中，应该明确规定该项工作的具体任务、职责权限、方法及工作流程。一般情况下，岗位人员应当严格按照规定的方法、流程去履行自己的职责，完成自己的工作任务。这样，一方面可以防止越权行为的发生，从而在一定程度上排除企业运作过程中发生混乱的可能；另一方面，可以减少企业管理过程中的推诿和扯皮现象，避免出现无人负责的“权力真空”区域。

（2）有利于调动员工的积极性。

由于业务流程管理任务明确、权责清晰，所以，只要是自己职责范围内的事情，就不能等待别人去处理，原则上也无需请示自己的上级机关。这样一来，各个岗位上的人员，就有一个明确责权范围，任何问题也就有一个确定的“管理域”。每个岗位工作人员既然有了明确的责任和权限，也就拥有了较强的自主意识，同时对于管理工作也就有了相对较高的积极性和主动性。这就使得所有的岗位工作人员，在遵循基本方法和流程的基础上，都能够发挥自身的能动性和创造性，从而最终达到调动一切资源、富有成效地开展工作的目的。

（3）有利于提高劳动生产率。

在业务流程管理的过程中，明确了完成工作任务的具体方法和流程，并力求使其标准化。岗位人员采用标准化的工作方法和流程，就会最大限度地减少不必要的重复劳动，减少由于工作方法不当而造成的损失，同时，也会在一定程度上降低劳动强度，最终达到提高劳动生产率的目的。

（4）为绩效考核标准的制定提供依据。

绩效考核在企业管理过程中，既是一个很重要的问题，也是一个比较难处理的问题。说它重要是因为，绩效考核是企业奖惩员工的依据；说它困难是因为，企业通常缺少一个操作性较强的绩效考核的衡量标准和尺度，考核操作的随意性强，考核结果往往缺乏客观性，考核非但达不到预期的目的，往往导致更多的负面效应，以至于挫伤员工的工作热情和积极性。

而在业务流程管理中，绩效考核标准的制定是以流程中规定的经过细化了的工作任务、岗位责任为依据，这使企业制定的考核标准具有了一定的客观性、合理性和可操作性，消除了绩效考核过程中曾经普遍存在的随意性，甚至也消除了影响考核结果公正性的各种可能的随机因素，使得绩效考核真正成为提升企业管理水平和推动企业发展的内在动力。

（5）有利于提高管理效率。

在实际工作中，管理者遇到的大多数问题都是重复出现的例行性事件，经过认真地总结，就可以把处理这些问题的措施加以流程化，凡是流程规定属于自己职权范围内的事情，岗位工作人员就可以按流程自主处理，这样做的好处在于能够节约时间、减少管理人员、降低经营成本、提高管理效率。

3.3.2 高速公路业务流程管理标准化的特点

相对于工业化大生产的业务流程管理而言，高速公路建设管理是一个动态的过程。与工厂的流水生产线作业相比，由于项目建设的周期长、项目参建单位众多而且进场时间各异、露天施工环境更容易受到天气因素的影响、新技术的采用增加了一定程度的技术风险、项目施工是不可重复的一次性生产过程、征地拆迁受到外界诸多影响因素的制约等等原因，高速公路建设的业务流程管理具有以下一些特点：

（1）管理流程多样化。高速公路项目建设工程量大、工作流程复杂、技术含量高，因此要将所有或者大部分工作流程进行业务流程管理，就使得管理流程多样化。尽管有很多管理流程是可以统一的，例如工程开工、工程批复、工作指令、计量支付、工程变更等流程，但是各个分项工程之间的差异比较大，具体工作开展的技术方案各异，因而与进度一起跟进的管理流程也随之改变。

（2）部分管理流程变更频繁。由于工期长达几年，新技术的应用也具有一定的技术风险，所以根据现场的施工进展情况随时调整部分管理流程成为必然。尽管在项目开工建设以前各项工作流程已经进行过充分的论证，但是工程建设现场毕竟不同于实验室和流水生产线，参建单位技术力量也高低有别，农民工流动性大，难以统一。同时为了解决高速公路建设中的技术难题，业主往往会委托相关科研咨询机构进行科技攻关，随着科技攻关的深入开展，利用科研成果改善施工流程与工艺流程、提高工作效率，部分管理流程的变更也随之产生。

（3）管理流程的制定需要动员所有参建单位的力量，而不是仅仅依靠业主自己的工程管理人员。由于工期紧、参与工程建设的单位与人员数量庞大、各个单位进场时间各异，因此组织大面积的管理流程培训不太现实。参建各方应该联合起来，收集管理流程的反馈意见，在各个分项工程开工以前根据项目现场的实际情况制定出相应的管理流程。这样在制定各项管理流程的过程中，项目的参建各方就基本熟悉了工作规则，有利于流程化的顺利实施。

（4）业务流程管理需要将严格执行管理流程与个别情况下灵活处理实际情况结合起来。只有严格执行管理流程才能真正提高管理效率，达到管理创新的目的。但是毕竟工程建设的实施比流水生产线的运行要复杂得多，一味地僵化执行管理流程有时候可能会适得其反。

3.3.3 高速公路业务流程管理标准化的对象

高速公路项目在具体的建设管理过程中，项目建设的管理者将建设全过程中的高速公路建设管理的各项管理内容编制成管理制度、办法、具体流程以及各种格式，将这些管理流程在信息化管理系统中开发应用，使项目所有参建单位和个人不折不扣的执行，以保证在高速公路的建设全过程中贯彻合同的约定。高速公路建设业务流程管理的对象如下：

1. 建设管理制度

合同管理强调的是将各种管理制度、办法纳入合同中作为强制性条款予以执行，使得项目参建单位和个人自觉按照合同的约定参与工程建设。业务流程管理强调的是管理制度和办法的制定过程中应用了流程化的思想、流程再造的思想。在业务流程管理过程中，总承包方组织相关技术力量参考项目建设的实际情况与同类型高速公路项目的建设经验，将好的经验与做法提炼成容易操作、切实可行的工作流程，将这些工作流程按照一定的规则固化下来，就形成了高速公路项目建设的管理流程。管理流程固化了建设管理工作必须遵守的固定步骤，使项目参建单位和个人按照流程按部就班地完成各项工作。有些管理流程在管理制度和办法中进行了规定，有些管理流程则是通过其他方式例如会议、文件等向项目参建单位和相关技术人员颁布。这些管理流程配合以相应的措施，就形成了适合项目特色的管理制度和办法，同时在项目建设的实践过程中不断修订、完善，并且通过合同管理要求项目参建单位和个人坚定不移地去执行。可以说业务流程管理是合同管理的前期工作。只有将流程化的管理制度、办法纳入合同条款中来，合同管理才能高效运行。

2. 信息管理流程

信息化管理的目的就是要规范管理流程、提高管理效率，将工程建设过程中的管理流程透明化，实行阳光操作，减少腐败现象。因此在高速公路项目信息化的过程中，信息化管理系统必定包含已经在系统中固化的管理流程。当然管理流程可以由系统管理员进行定制，但是一旦定制结束以后，管理流程就在系统中固化下来，不同职级的工作人员根据自身的密码执行不同的任务，浏览不同权限的页面。信息化管理系统自身使用的系统要求也构成了管理流程，所有进入系统的人员也必须遵守。

3. 各种管理文件、工作联系单、通知

在高速公路项目的建设过程中，随着外界环境的变化，例如法律法规的改变、强制性行业标准与规范的变化等，总承包管理单位需要不停地调整各种管理流程以适应项目的建设需要。业主通过向相关单位和人员召开会议、下发文件、通知以及各种工作联系单等传达相关流程变化的事项，督促项目参建单位和个人遵守新的管理流程。

4. 行业标准与规定

国家和地方现行的强制性行业标准与规定当然也是项目参建单位和个人必须遵守的管理流程，例如公路项目基本建设流程、各种法定的工序、高速公路项目质量监督流程等等。

3.3.4 高速公路业务流程管理标准化的内容

1. 业务流程管理实施的一般步骤

业务流程管理的实施是十分关键的，需要经过反复研究，业务流程管理实施的一般过程如下：

（1）制定流程。

制定流程是为了明确在什么时间、什么情况下由谁去做什么以及怎么做，从而达成理顺工作关系、填补漏洞、建立共同行为准则的目的。制定流程是企业制度建设的一项基本内容。企业管理者要高度重视，本着严肃认真、负责的态度制定流程并由专人负责。流程制定过程为：由企业主要领导负责成立专门的项目组，统一负责该项工作；由项目组对企业中层以上领导及部门流程设计人员进行专门培训；对企业需建立的工作流程由部门根据需要提出，然后进行汇总、归纳；对每个工作流程进行工作行为分析，确定流程的负责部门；由流程的负责部门起草流程图；由项目组对部门起草的流程图进行审查修正

另外，在制定流程时要注意以下几个方面的问题：充分考虑与所要处理业务相对应的现实情境，比如人员构成、设备状况、业务种类以及所要达到的目标等等；确定性是管理流程所要追求的一个重要目标，但由于社会经济组织所面对的现实过程随时都在发生变化，从而也不可能有适应于所有确定性事件和随机事件的包罗万象的流程化规则系统。所以，要在注意维护流程稳定性的基础上，赋予一定的灵活性。特别要考虑在紧急情况下，使流程系统有处置突发事件的能力；要定期检查流程的适应性，发现问题及时修改，以防条件变化时，原有流程将对有效管理造成障碍。

（2）颁布流程。

项目组和流程主管部门意见一致后，项目组还应召集有关部门进行专题论证。在论证过程中，要对流程及流程的每一个工作环节，包括行为审核、信息的流进流出等进行系统研究，取消所有不必要的环节，合并一切可以合并的环节，简化一切可以简化的步骤，必要时，还应对工作步骤按合理的逻辑重新排序、论证后，提交修改后的流程报企业领导签批颁布。

（3）培训并运行流程。

颁布流程后，首先由主管部门负责对相关人员进行逐级培训，培训内容包括流程内容、有关表格的使用，考核制度等。培训中还要教育员工树立工作质量和工作效率来源于科学流程的观念。同时，要让大家明白，只有人人都按流程办事，才能保证各部门密切配合，提高效率。由项目组对培训效果进行考核，然后通知该流程开始正式运行。同时由主管部门对流程执行情况进行巡查，及时评估执行情况，并对违规者提出处理意见。

（4）修订与废止流程。

每一项流程的修订与废止都应由主管部门在充分调研的基础上提出修订方案或废止申请，报上级批准后，由主管部门负责将结果及时告知相关人员，其过程同新制定一个流程完全相同。

2. 高速公路业务流程的分类

依据香丽高速公路管控的范围与项目管理部的工作重点，以价值链理论为基础，可以得到香丽高速公路的核心业务流程与辅助业务流程，如图 3-4 所示。

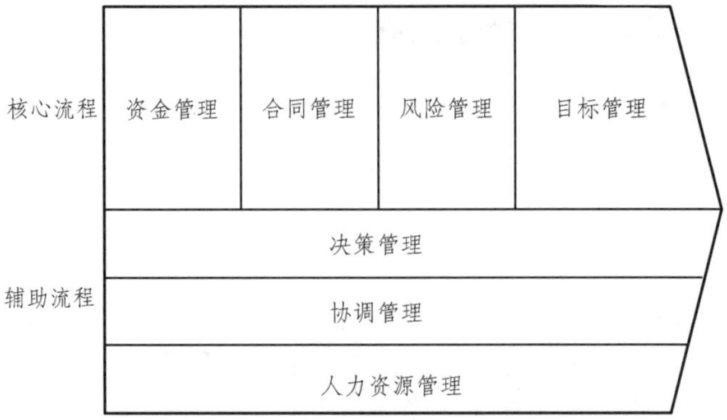

图 3-4　香丽高速公路业务流程图

（1）香丽高速公路资金管理流程。

资金管理包括资金的筹集与使用。作为 PPP 项目，资金的融通是香丽高速公路项目成败的关键，因而资金管理流程是香丽高速公路中重要的核心业务流程。

（2）香丽高速公路合同管理流程。

合同管理包括对项目各类合同的拟定、谈判、签订、履行的管理，招投标也在其中。PPP 项目在某种意义上是一种复杂的合同安排，各类合同构成完整协调的 PPP 项目运行的依据和关系框架。因此，合同管理流程的作用至关重要，是香丽高速公路又一核心业务流程。

（3）香丽高速公路风险管理流程。

风险管理流程是指对潜在的技术风险、经济风险、管理失误风险、政治法律风险、组织风险、不可抗力风险进行辨识、评估、预防和控制的过程。在 PPP 项目中，风险是项目各参与方最为关注的问题，如果不能识别 PPP 项目中的风险，对一些重点风险进行定量评估，并采取有效的预防与规避措施，项目成功就失去了保证，因此风险管理流程无疑是香丽高速公路的核心业务流程。

（4）香丽高速公路目标管理流程。

目标管理包括传统项目管理所关注的内容，即香丽高速公路建设实施中质量、进度、资金以及安全的控制，是 PPP 项目得以良好运作的基础，因而目标管理也是香丽高速公路重要的核心业务流程。

（5）香丽高速公路决策管理流程。

决策管理流程主要指公司经营计划、投融资方案、内部管理机构的设置、基本管理制度的制定及日常建设管理工作中的重大事项的决策程序。

（6）香丽高速公路协调管理流程。

协调管理流程指工程全线的征地拆迁和环境保护工作，以及建设过程中与地方政府的协调工作的程序。

（7）香丽高速公路人力资源管理流程。

人力资源管理流程指与人员招聘、培训、评价以及工资、福利相关的各种活动。

3. 高速公路业务流程管理重点

香丽高速公路能否运行良好，关键因素之一是云南建投集团能否实现对项目实施的全面管控。明确工作范围、识别业务流程是基础工作，其最终实现还在于具体的管理手段与措施。

下文从管理形式整合与管理工作重点分析了香丽高速公路宏观管控的手段与措施，而两者的中心都是流程管理。

（1）管理形式整合。

流程管理是一个较新的管理形式。香丽高速公路在引入这一管理形式的同时，并未完全放弃传统的科层等级管理和职能分工管理的形式，而是将三种管理形式进行了整合。

（2）管理工作重点。

在这种以流程管理为主导，科层等级管理与职能分工管理为补充的管理形式下，为发挥公司和项目管理部双重管理模式下的机构效能，确保项目管理部在公司的监督、管理和控制下积极有效地开展工作，香丽高速公路项目总承包项目部宏观管控工作的重点有如下三个方面：第一方面是促使工作规范，主要通过流程管理促进工作规范化。第二方面是促成信息共享，一方面，以前大部分项目组织都会有一些部门或工作人员，他们的工作仅仅是收集和处理其他部门或他人产生的信息。这种安排反映了一种旧思想，即认为低层组织的员工没有能力处理他们产生的信息。而流程管理的实施，使信息的拥有不再是一种特权，克服旧思想，对员工进行一定的培训，部分信息处理工作完全可以由低层组织的员工自己完成。另一方面，流程管理使项目组织各部门不需要重复地采集信息了，而通过流程管理将信息资源整合，实现信息共享。第三方面是促进组织协调，整合的管理形式以全局最优为标准，强调打破原有的职能界限和任务划分，尽可能将跨越不同职能部门由不同专业人员完成的工作环节集成起来。当与流程关系最密切的人自己可以完成流程时，就会大大消除原有各工作界面之间的摩擦，从而促进了组织的协调，有助于宏观监管控的实现。

3.4 高速公路信息管理标准化

3.4.1 高速公路信息管理标准化的内涵及意义

工程规模庞大和项目参与者众多是现代高速公路项目的主要特征之一，随之而来的是项目信息量的巨大和信息交接面、信息传递界面的大幅增多。信息交接面和传递界面的问题多发生在分属不同组织的项目各方参与者之间，这主要是因为不同组织之间的不同信息分类体系和标准常常产生界面障碍。信息标准化的一个重要任务就是采用同一个项目信息分类和编码体系，使项目各参与方都在这个统一的标准下消除界面障碍，不同组织之间的信息传递保持流畅。

项目信息标准化是信息资源规划的基础，也是实现信息集成的基本途径和手段。由于高速公路建设项目信息的种类繁多、重复性强等特点，信息标准化有助于信息中相关要素的统一、简化、协调和优化。信息标准化可以促使以往的信息成果和信息资源得到重复使用，实现资源共享，用较小的代价取得更大的效益，在较短的时间内求得更快的发展。标准化也是科学技术的一个重要组成部分，先进的标准体现了先进的科学技术。积极采用有关国际标准，是工程建设项目信息集成，乃至过程集成和参与方集成的重要保证，并能大幅提高集成的质量和效果。

标准化的对象涉及目标、组织、管理思想、管理语言、管理工具、管理程序、管理手段、管理规则、信息系统等。工程建设项目的业主应该是项目信息标准化规则的制定者和要求者，只有业主制定相应信息标准并要求项目参与各方遵照执行，项目信息的标准化才能真正贯彻实施。同时，业主还可以根据项目的具体情况，要求各参与方使用同样的项目管理软件，或使用同样的软件标准，或使用同一个项目管理信息平台。业主在项目初期应统一定义和描述工程建设项目信息要素，规定管理要素的统一编码原则，为信息标准化打下良好的基础。

3.4.2 高速公路信息管理标准化工具

信息标准化贯穿于工程项目管理的整个过程，在管理工作前期就应该制定信息标准化规范，各标段在项目实施过程中产生的任何信息都应遵循信息规范的要求。无论是书面信息还是电子信息，都应该按照信息标准化的要求命名和传递。其中，工作分解结构（Work Breakdown Structure，WBS）是项目管理信息标准化和制定项目计划最基本和最有用的工具和方法，WBS同时又是项目参与各方共同使用的项目语言，也是实现信息标准化的很好的工具。

1. WBS 的定义

WBS 的定义，在美国项目管理学会（PMI）制定的《项目管理知识体系指南 2000 版》（*PMBOK Guide，2000 Edition*）中是这样叙述的：WBS 是面向项目可交付成果的成组项目元素，这些元素组织和定义了该项目整体的工作范围。每下降一层代表对项目组成要素更加详细的定义，项目组成要素既可以是项目可交付的产品，也可以是项目服务活动。

2. WBS 的分解方法和常用原则

从创建过程来看，工作分解结构（WBS）是根据树形图将一个功能实体（项目）先分解为子项目，再逐级分解成若干个相对独立的工作单元，并确定每个工作单元的任务及其从属的工作（或称之为活动），以便更有效地实施项目。一般来讲，创建和制定 WBS 的过程可按照以下步骤进行：

（1）得到项目章程、工作范围说明书或合同。

（2）召集项目有关人员集体讨论所有项目工作，确定项目工作分解的方式。

（3）分解项目工作，如有现成样板，应尽量使用。

（4）画出 WBS 的层次结构图。WBS 较高层次上的一些工作可以定义为子项目和子生命周期阶段。

（5）将主要项目可交付成果细分为更小的、易于管理的组或工作包。工作包必须详细得足以对该工作包进行估算（成本和历时）、安排进度、做出预算、分配负责人员或组织单位。

（6）验证上述分解的正确性。如果发现较低层次的项目没有必要设置，则修改组成成分。

（7）如有必要，建立一套编号系统。

（8）随着其他计划活动的进行，不断地对 WBS 更新或修正，直到覆盖所有工作。

WBS 的实质就是按照可控制的原则对整个项目工作进行不断的分解，按系统规则要求分成相互独立、相互影响、相互联系的项目单元，对项目中的具体工作进行定义，直到可以充分控制项目的进度、投资和质量等目标。WBS 操作中的难度主要表现在，要充分掌握分解工作的“度”，即不能将工作分解的过分细致，也不能将工作分解的过分简单，以至于难于控制。

因此，WBS 应遵循一定的原则和要求，它们分别是：

（1）应在各层次上保持项目内容的完整性。

（2）一个项目单元只能从属于一个上层单元，不能同时交叉从属于两个上层单元，即分解是线性树状分解。

（3）分解相同层次的单元应有相同的性质，不能混乱。

（4）项目单元应能区分不同的责任者和不同的工作内容。

（5）最底层工作应相互独立，易于执行和考核，便于分析估计时间、费用参数。

3. WBS 的分解方式和依据

项目 WBS 的分解方式主要有：

（1）按产品的物理结构分解。

（2）按产品或项目的功能分解。

（3）按实施过程分解。

（4）按项目的地域分解。

（5）按项目的目标分解。

（6）按部门分解。

（7）按职能分解。

上述每个分解方式均有其自身的合理性和规律，具体项目的分解方式需要根据项目的实际情况来确定，其分解依据主要是以项目要素作为基础的，它们可以是项目的功能或技术原则、项目的组织结构、项目所处地理位置，甚至是项目主系统或子系统间的差异性等等，现实项目管理过程中，WBS 的分解往往是在关键因素的导向下综合数种不同的分解方式进行的。

3.4.3 高速公路建设信息集成管理

高速公路项目信息集成是指在项目全寿命期的各个过程之间和项目参与各方之间实现数据共享。信息集成不是简单地从技术上实现各部门之间的信息共享，而是要从系统工程的角度，保证项目中的每个部分、每个阶段的信息，能在正确的时间、正确的地点，以正确的方式传递给正需要该信息的人。信息集成主要针对全过程、全方位的工程项目管理中大量存在的信息孤岛现象，解决信息的正确、高效、共享和交换等问题。信息集成是工程建设项目集成管理首先必须解决的问题。为了解决项目信息交流中存在的问题，必须将有效的信息进行合理的集成，从而为工程建设项目的开展提供依据。信息集成针对某个既定目标，或面向特定任务，对信息进行组织和管理，使相关的多元信息有机融合并优化使用。

1. 工程项目信息集成的必要性

高速公路项目管理的成功高度依赖于其信息的沟通与交流。在其管理过程中，信息的载体包罗万象，包括：施工图纸、照片、报表、来往信函、合同文件、质量表格、进度计划等。在项目运行过程中，信息传递涉及许多项目参与方：业主、设计单位、咨询单位、施工承包商、专业分包商、材料供应商、设备制造商、运营方、项目其他参与方等。在整个项目寿命期中产生的信息数量是极其巨大的，尤其是对于那些在总部与施工现场，业主与其他参与方之间存在物理距离的项目，这种信息割断与分离的情况更加严重。在高速公路建设项目管理中，工作对象是项目实施过程中产生的各种信息，其工作过程是对有关信息进行采集、分析、处理的过程，因而高速公路建设项目管理的最终产品也是用于决策的有关项目目标控制的信息。正因如此，信息处理在工程管理专业人员的工作中占有十分重要的地位。

利用现代信息技术来提高工程建设项目信息沟通的效率和有效性已成为工程建设项目管理研究和实践的重点。如何有效提高项目信息沟通的效率、改进信息沟通的质量、降低信息沟通的成本，成为工程建设项目管理的一个突出问题。高水平的工程建设项目信息集成可以使项目全寿命期的信息通畅、数据共享、信息及时准确完整的反映项目的实施情况，帮助项目的决策者在掌握全面信息的前提下，做出科学的决策。

高速公路建设项目信息集成可以将项目管理人员从简单而烦琐、重复而繁重以及仅仅靠人自身难以完成的活动中解放出来，充分发挥项目管理人员具有的创造性思维能力，并为这种创造性活动提供强有力的支持。

实施工程建设项目信息标准化，建立工程建设项目信息集成模型，进而开发工程建设项目管理信息平台是改变目前工程建设项目信息现状的重要途径，图 3-5 描述了工程建设项目信息交流现状，也指出了其改进的方向。

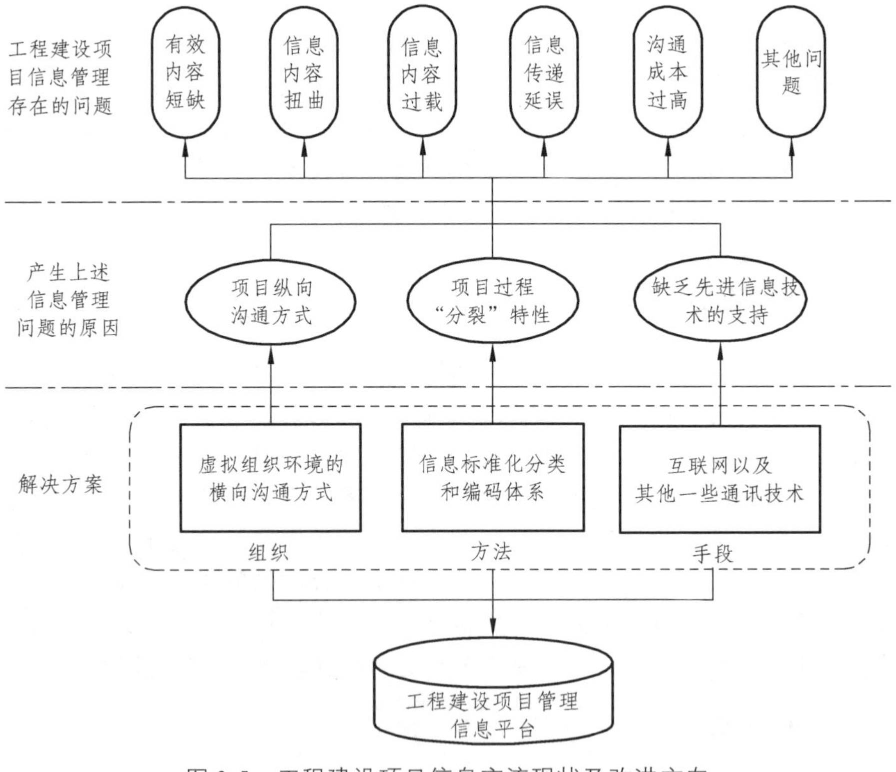

图 3-5　工程建设项目信息交流现状及改进方向

真正的工程建设项目信息集成将消除信息流各环节上人工重复输入信息以及输出数据的泛滥，使项目管理人员及时得到准确的信息，保持整个系统内数据的一致性和完整性。信息集成将解决由于信息不规范、信息不共享、信息反馈速度慢、信息不完整造成的项目决策难题。

2. 高速公路建设项目信息集成模型

从 20 世纪 90 年代起，人们开始研究工程建设过程和产品的模型，研究的目的是为了在项目的全寿命期的各个阶段，所有项目参与方都能够充分利用现代信息技术进行较广泛的通讯和共同使用项目的信息。因而，需要有数据的标准化作为基础，有共同的信息模型，通过该模型，不同的计算机系统能够方便的交流项目的信息。为此，人们研究出众多的相关模型，包括建筑产品模型、建设过程模型等。在众多的模型当中，国际标准化组织（ISO）推出的核心模型（Building Construction Core Model，BCCM）影响较大。如图 3-6（a）所示的信息集成概念模型，该模型反映了当前工程建设项目参与方之间的信息没有能够有效地集成。图 3-6（b）所示的共享项目模型的基础上变得简单明了。如果使用共享的项目信息模型，将会减少项目交流过程中的障碍，使项目在全寿命期内不同过程中的信息为其他方所共享。

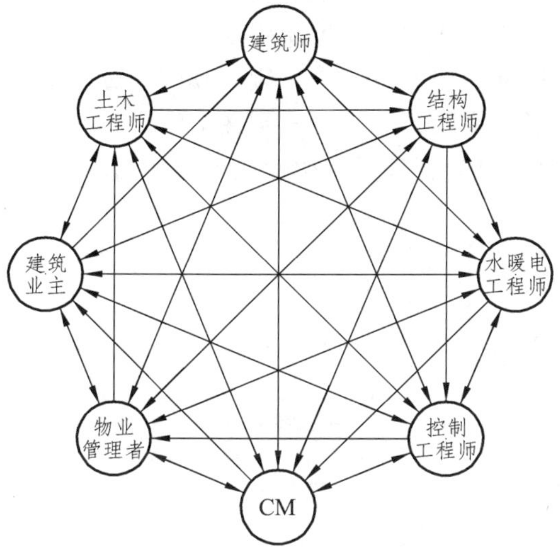

（a）

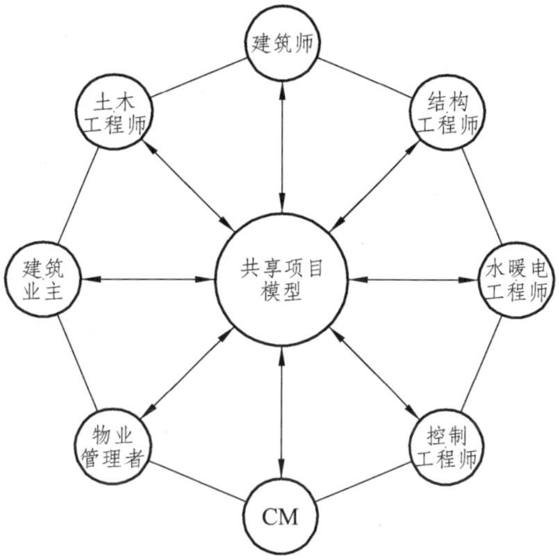

（b）

图 3-6　项目参与各方信息交流变化图

管理信息主要包括项目实施过程中日常项目管理计划、合同、费用、时间、风险、一般沟通信函等信息；技术信息主要包括技术标准、规范、质量管理信息、施工图纸、模型、样品、技术计算数据、各技术专业数据、竣工图纸、操作和维修手册等；外部信息主要包括影响项目实施的外部信息，如政府发布的相关信息、相关法律信息、相关组织方提供的信息、价格指数信息、汇率信息、因特网提供的相关信息等；历史信息主要包括可供项目参考的历史信息，如项目各参与方积累的历史信息、相关组织方积累的经验数据、可参考的案例信息、标准合同范本等。

高速公路建设项目信息集成是一个覆盖项目全寿命期的工作，应该从项目决策阶段就开始着手，使项目全寿命期的信息达到综合集成的效果。这些工作的重要性将随项目的不断深入逐渐体现。

3.4.4　高速公路信息管理系统构建

信息化管理系统的建设具有技术手段复杂、内容复杂、环境多变等特点，这就决定了一个成熟的信息化管理系统的发展必定有一个较长的过程，需要项目各方共同参与，以管理体系的管理思想为理论依据，并且充分结合项目组织、项目文化。

1. 高速公路建设信息化管理系统建设的原则

高速公路建设信息化管理系统建设应遵守的原则主要有：以管理体系为核心，在实施中突出体现管理理念和方法，保证信息软件的实用性。以项目管理信息内容为基础进行软件开发，保证信息内容来源的可靠和信息化管理的科学性；统一数据编码，保证数据的一致性和质量，防止“信息孤岛”现象；提高数据共享和关联程度，充分考虑到管理软件的集成问题。

2. 高速公路建设信息化管理系统的建设过程

高速公路信息化管理系统的建设过程，就是从问题提出、开发组织确定、总体规划、系统分析、系统设计、系统实施到系统运行维护和评价的全部过程。生命周期一般可以分为系统规划、系统分析、系统设计、系统实施与系统运行维护和评价五个阶段。其中，每个阶段都有明确的任务，并需产生一定规格的资料交付给下一阶段，而下阶段则在上阶段所交付的资料的基础上继续进行开发过程。图 3-7 是高速公路信息化管理系统生命周期模型的示意图。

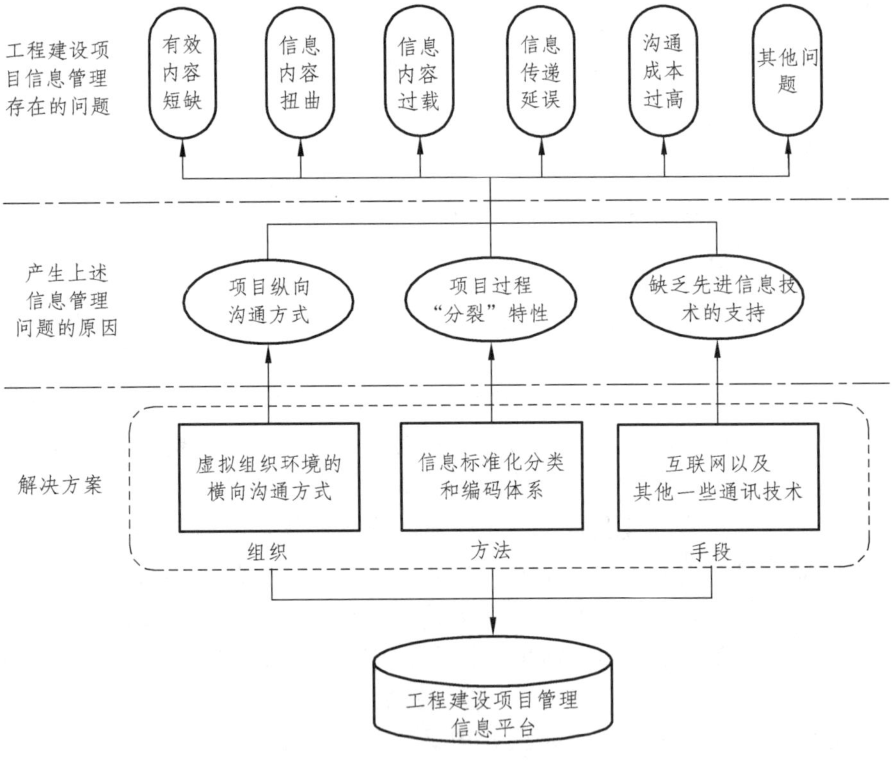

图 3-7　高速公路建设信息化管理系统生命周期模型

（1）系统规划。

系统规划阶段的任务是对项目的环境、目标及现行系统的状况进行初步调查，根据项目目标，对建设系统的需求做出分析和预测，同时考虑建设新系统所受的各种约束，研究建设新系统的必要性和可能性。根据需要与可能，给出拟建系统的方案。对方案进行可行性分析，写出可行性分析报告。可行性分析报告审议通过后，将新系统建设方案及实施计划编写成系统设计任务书。

（2）系统分析。

系统分析阶段的任务是根据系统设计任务书所确定的范围，对现行系统进行详细调查，描述现行系统的业务流程，指出现行系统的局限性和不足之处，确定新系统的基本目标和逻辑功能要求，即提出新系统的逻辑模型。这个阶段又称为逻辑设计阶段，是整个系统建设的关键阶段。

（3）系统设计。

系统设计阶段的任务是根据系统说明书中规定的功能要求，考虑实际条件，具体设计实现逻辑模型的技术方案，也即设计新系统的物理模型。这个阶段又称为物理设计阶段。分为总体设计和详细设计两个阶段。这个阶段的技术文档是“系统设计说明书”。

（4）系统实施。

系统实施阶段是将设计的系统付诸实施的阶段。这一阶段的任务包括计算机等设备的购置、安装和调试，程序的编写和调试，人员培训，数据文件转换，系统调试与转换等。这个阶段的特点是几个互相联系、互相制约的任务同时展开，必须精心安排，合理组织。系统实施是按实施计划分阶段完成的，每个阶段应写出实施进度报告。系统测试之后，写出系统测试分析报告。

（5）系统运行维护和评价。

系统投入运行后，需要经常进行维护和评价，记录系统运行情况，根据管理需求对系统进行必要的修改，评价系统的工作质量和经济效益。

3. 高速公路建设信息化管理系统的基本功能

高速公路建设信息化管理系统，是信息化管理的基础与工具。其功能的设置直接决定了项目管理人员对高速公路项目的管理力度。根据高速公路建设管理的需求，高速公路建设信息化管理系统应主要包括以下功能：清单编制；招投标管理；合同管理；计量支付；变更管理；计划进度；概算管理；工程量计算；质量管理；安全管理；材料管理；文档管理；协同办公。

4. 高速公路建设信息化管理系统的开发模式

目前，我国项目信息化管理系统在具体工程项目中的应用，目前主要存在以下三种开发模式：

（1）自行开发。

由业主聘请咨询公司和软件公司针对项目的特点自行开发，完全承担系统的设计、开发及维护工作。

（2）直接购买。

业主或总承包方等项目的主要参与方出资购买（一般还需要二次开发）商品化的项目管理软件，安装在公司的内部服务器上，并供所有的项目参与各方共同使用。

（3）租用服务。

租用服务即 PM-ASP（Project Management -Application Service Provider，应用服务供应商）

模式。租用 ASP 服务供应商以及商品化的项目信息化管理系统，通常按租用时间、项目数、用户数、数据占用空间大小收取费用。

以上三种实现方式的比较如表 3-1 所示。

表 3-1 项目信息化管理系统开发模式的比较

	自行开发	直接购买	租用服务
优点	对项目的针对性最强 安全性和可靠性最好	对项目的针对性较强 安全性和可靠性较好	实施费用最低 实施周期最短 维护工作最小
缺点	开发费用最高 实施周期长	购买费用较高 维护费用较高	对项目的针对性较差
适用范围	大型工程项目 复杂性程度高的工程项目 对系统要求高的工程项目	大型工程项目	中小型工程项目 复杂性较低的工程项目 对系统要求低的工程项目

3.4.5 香丽高速公路信息管理标准化措施

1. 建立高效的信息化组织管理体系

为保障总承包项目经理部的高效运行，将做好有关信息化管理的服务工作及设备配套工作，并提供各类信息化管理平台，以加强工程建设过程中的安全、质量、投资、进度、合同、验工计价、资料等方面的管理，提高工程管理水平和管理效率，具体措施包括以下内容。

（1）成立信息化管理领导小组。

信息化管理领导小组方案如下：

组　长：总承包项目经理部经理。

副组长：分管信息化工作副经理。

成　员：总承包项目经理部各职能部门负责人。

领导小组主要职责：协调解决网络安全建设和信息化建设过程中出现的全局性问题，全面检查、督促各施工标段项目部，落实信息化管理任务，做好总承包项目经理部的信息化系统建设、应用、运维管理工作，提高安全风险防范能力和工程项目管理水平。

（2）成立信息化实施小组。

信息化实施小组组长由党政综合办主任兼任，信息化实施小组配备 1 名信息化工程师，并在合同处、财务处、物资设备处、工程管理处、总工办、质量管理处、安全管理监督处、党政综合办等 8 个部门选定至少 8 名业务骨干作为小组成员（每业务部最少一人）作为信息化业务关键用户，按照信息化管理要求的格式填报各类资料，根据具体情况，每日、每周、每月或每季度及时更新各类报表和资料。

（3）保障供电确保信息设备安全。

总承包项目经理部将全面协调并要求所管辖的各施工单位为信息化管理系统安装和调试提供必要的施工现场辅助器材，为系统相关设备提供专用电源，保证相关设备 24 小时正常供电，做好系统相关设备的防盗、防破坏和安全保护工作。并安排专人每天在施工现场巡查，确保信息化系统 24 小时正常运行。

2. 信息管理系统组成

（1）项目数据中心。

建立香丽高速公路建设项目数据中心，集成 BIM（建筑信息模型）信息、项目管理信息、工程档案信息、视频信息，实现香丽高速公路空间基础地理信息、质量安全监控数据、项目管理信息等数据的整合、交换和共享。

（2）项目管理系统平台。

根据招标文件中建设项目信息化管理系统软件具体功能、内容要求，建立三维地理信息系统平台、BIM 管理平台、建设项目管理平台、建立覆盖建设项目管理全过程的应用系统、基于 BIM 的决策支持系统、施工现场视频监控系统，如图 3-8 所示。

图 3-8　香丽高速公路的建设管理信息系统

（3）建立覆盖建设项目管理全过程的应用系统。

采用自主开发定制香丽高速公路建设项目信息化管理 22 个应用系统，其中包括项目门户网站、办公自动化（OA）、前期管理、招投标管理、工程划分结构管理、移动办公平台、工程审批管理、征地拆迁管理、物资管理、质量管理（含拌和站管理）、试验管理（含试验室管理）、计划进度管理、安全生产管理、合同管理、工程台账管理、计量支付管理、变更设计管理、新增单价管理、技术资料管理、竣（交）工管理、竣工档案管理、结算/决算管理等系统，实际应用系统根据项目需要调整。

（4）制作建设项目视频宣传片。

制作根据施工图三维模拟出重点路段、重要结构物的建成效果，结合工程实际场景和实际影像资料，制作项目建设宣传片，视频需要展现香丽高速公路的全貌及周边相关地理信息，部分重点工程需用三维的方式表现其施工过程及建成后的效果，视频需进行配音及文字解说，视频总时长不低于 4 分钟。

（5）建设二类接口。

建设与云南省交通运输厅已建设的云南省公路建设项目管理信息系统进行共享交换的数据接口，为云南省公路建设项目管理信息资源整合提供支持，特别是为云南省公路建设项目管理“十公开”信息资源整合提供支持。建设与云南省交通运输厅工程质量监督系统、云南省交通建设市场信用管理系统等行业管理系统进行共享交换的数据接口，为行业管理系统信息资源整合提供支持。

3. 建设内容

（1）数据中心建设。

① 建设香丽高速公路项目管理数据中心。

建设数据中心机房，采购、安装和部署数据库服务器、应用服务器、网络交换设备、路由器、UPS 等设备，安装部署数据库和应用服务，集中存储香丽高速公路项目的 BIM 数据、项目管理数据、工程档案数据，为实现资源共享、业务管理、领导决策提供数据来源和分析基础。

② 建设香丽高速公路项目管理信息资源整合、交换和共享平台。

建设统一的数据资源整合、交换、共享平台，实现数据的自动采集、交换和共享，形成基础数据库，为云南省公路建设项目管理信息资源整合提供支持，自动抽取、整理、上报、交换项目管理“十公开”信息、质量责任人信息、第三方试验检测机构信息、参建单位信用信息。

（2）系统支撑硬件设备及网络建设。

① 三维地理信息系统及 BIM 管理系统支撑软硬件设备建设。

购买、安装系统运行所需要的服务器、网络设备、存储设备、网络传输等硬件设施（地理信息系统服务器、图形工作站）以及支撑软件系统（平台）。

② 项目管理平台系统支撑软硬件设备及网络建设。

建设数据中心机房，采购、安装和部署数据库服务器、应用服务器、网络交换设备、路由器、UPS 等设备，安装部署服务器操作系统、数据库管理系统、在线 Office 编辑组件、防病毒软件和应用服务，安装中国电信 100 M 光纤专线用于项目管理信息系统网络传输。

③ 视频监控系统相关设备建设。

监控中心设备及网络建设：购买、安装所需要的服务器、网络设备、存储设备、网络传输等硬件设施（路由器、24 盘位磁盘阵列、2 T 视频存储专用硬盘、视频管理服务器、高性能台式机、16 路调音台、500 W 功放、音频处理器、音响控制机柜、80 W 音箱、投影机普通吊架、无线话筒、HDMI 线 20 M、HDMI 分配器、10 米音频线、1.5 米 HDMI 高清线、高清投影仪、监控中心光纤宽带等）；购买、安装视频监控管理系统软件、服务器操作系统软件、PC 操作系统软件、服务器防病毒软件等保证监控系统运行的全部软件（视频监控管理系统、服务器操作系统、PC 操作系统、服务器防病毒软件等）。

视频采集终端建设：购买、安装视频监控设备，具体数量以实际监控点数为准。指挥中心终端显示系统建设：监控系统 LED 液晶拼接系统采用 55 英寸 2×4 液晶拼接屏作为监控系统及信息化系统显示终端。

视频网络传输专网建设：基于中国电信 CN2 承载网组建 MPLS-VPN 监控网，既能节约成本又可以快速完成电路调度实现组网。各网点通过 10 M 专线接入中国电信 CN2 承载网，总承包项目部通过 100 M 专线接入。主管单位、总承包项目部根据接入网点数量及应用要求灵活配置带宽。采用 MPLS VPN 技术组网，运营维护工作简单，使得后期网络维护、升级的成本大大降低。而且其网络带宽、数据传输的安全性都有更好的保证。专线质量保证：100%故障响应率，100%故障恢复率，不低于 99%限时故障恢复率（4 h 内），不低于 99.9%年可用率；端到端的电路误码率≤1×0.000 000 1，端到端的电路传输时延小于 10×0.01×G ms（G 为距离，单位为 km）。

（3）三维地理信息系统软件和数据建设。

① 三维地理信息系统平台。

基于 Skyline 平台，开发三维地理信息系统平台。针对不具备无人机航拍条件的路段，根据工程特点，布置提供公路中心线两侧一定范围内（暂定两侧平均各 2.5 km，最终范围和数量以发包人实际确定的为准）的不低于 0.5 m 的卫星影像，针对具备无人机航拍的路段提供公路中心线两侧一定范围内（暂定两侧平均各 2.5 km，最终范围和数量以发包人实际确定的为准）的不低于 0.2 m 的航拍影像，DEM 精度达 1∶2 000，局部重点区域应达到 1∶1 000，为建立 BIM 管理平台提供基础地理信息。

② BIM 管理平台。

开发 BIM 管理平台，提供建模、空间定位、组织与工程划分结构关联、更新、发布、BIM 信息集成的功能。

将项目工程按照标段、单位、分部、分项工程进行拆分，建立路基、路面、桥梁、涵洞、隧道、立交及沿线设施每个分项工程的精细 BIM 模型，最终形成项目工程的 BIM 模型对象数据库。

③ 项目管理平台。

建立项目管理平台，提供组织机构管理、权限管理、元数据管理、流程管理、数据更新、系统安全管理、数据审计管理、数据存储与备份管理、服务管理、数据共享交换管理等功能，如图 3-9 所示。

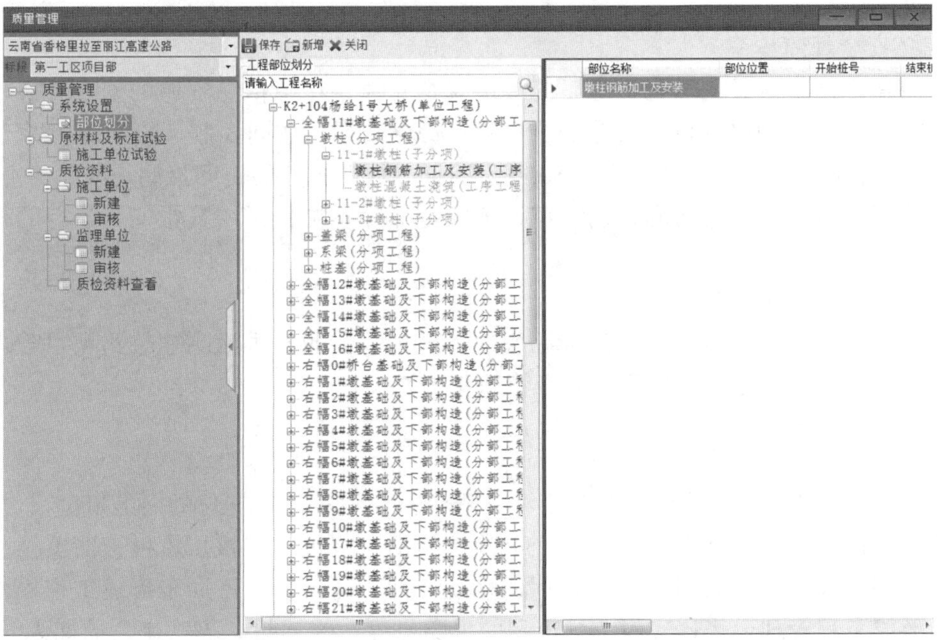

图 3-9　香丽高速项目管理平台质量管理模块

④ 视频监控系统。

集中采集、存储、管理现场的施工监控视频数据，实现施工现场视频的集中播放，巡检，回放，实施视频数据的备份、恢复，配置视频服务提供视频数据的集成共享和交换，如图 3-10 所示。

图 3-10　关键工点视频监控系统

（4）建设项目宣传片制作。

制作根据施工图三维模拟出重点路段、重要结构物的建成效果，结合工程实际场景和实际影像资料，制作项目建设宣传片，正式录制前提供专业播音员配音小样供选择。

（5）保障体系建设。

① 建设与服务保障体系。

建立健全香丽高速公路项目信息化管理系统建设与服务保障体系，落实机构、人员和资金，制定一整套科学合理的建设管理体系以及服务机制，规范建设管理，并保证工程建设全面协调和可持续发展。

② 信息安全保障体系。

为香丽高速公路项目信息化管理系统提供安全支撑，保障信息资源的安全可靠性，如：提供 VPN、防火墙、网络入侵检测等安全保障；提供数据库访问控制、数据加/解密、操作审计等安全保障；提供消息传递的加/解密、身份验证、软件服务的访问控制、审计等安全保障；提供身份验证、软件功能的访问控制、审计等安全保障；提供系统日常安全运行的相关管理规范。

③ 标准规范保障体系。

制定香丽高速公路项目管理信息资源库的管理规范；明确香丽高速公路项目管理信息资源库的数据维护、责任分工及共享访问等管理要求。

4. 拟达到的技术水平

统一的信息化流程管理平台，规范项目管理审批流程；计量支付的网上审批　；统供物资的网上申请、调拨、供应和台账管理；变更设计的网上申报、审核、审批；网上公文处理；规范施工管理用表；技术资料数字化管理，移动查询；与工程进度同步形成工程竣工文件档案；及时形成工程管理台账；实时统计工程的形象进度；在建设、养护生命周期内共享 BIM 信息；远程视频监控；实现与交通主管部门和行业主管部门数据信息交换共享；无人机低空数码影像航空摄影技术；移动办公与移动视频采集技术。

3.5 高速公路建设管理制度标准化

3.5.1 高速公路建设项目管理制度的内涵与特征

1. 项目组织制度的内涵

制度是一个社会的游戏规则，是为决定人们的相互关系而人为设定的一些制约。工程项目组织制度是组织中全体成员必须遵守的行为准则，包括工程项目组织外部制度和项目组织内部制度。工程项目组织外部的制度是为了确保工程项目组织良好运行，工程项目组织的所有参与方以及社会有关各方共同遵守的制度，包括正式制度（法律制度、市场制度等）和非正式制度（如文化、风俗等）；工程项目组织内部制度，是工程项目组织内部为了确保工程项目组织良好运行，工程项目组织的参与方有意识颁布或无意识形成的，对工程项目组织参与方形成约束的、各方共同遵守的制度，包括组织内的正式制度（如管理制度、合同体系等）和非正式制度（如组织使命、组织文化等）。对工程项目组织运行制度含义的理解还需要注意以下几点：新制度经济学中的制度一般都是以社会作为制度的载体进行研究，而这里的制度是以工程项目组织作为载体来研究，概念范围相对较小，具有更大意义上的特殊性。工程项目组织制度是一个系统的概念，对制度的分析应当从系统的角度来研究。制度的不同组成部分之间是相互关联的。工程项目组织的制度体系具有唯一性。这是由工程项目组织的一次性所决定的，每个工程项目组织的制度体系都是独特的。工程项目组织制度的存在就是为了确保工程项目组织的健康发展。工程项目组织具有目的性，其制度最终是为了保证工程项目目的和总目标的完成，能得到成功的项目。工程项目组织制度是一个动态的概念。对于某一个工程项目组织而言，其制度在生命周期的不同阶段，存在的形式是不同的。同样，对于不同时期的工程项目组织来说，其制度也是不同的。工程项目组织制度受制度环境的影响。由于制度功能的发挥受到制度环境的约束和限制，因此，同样的制度在不同的制度环境中功能的实现程度是不一样的。同样，不同的制度在相同的制度环境中也表现出制度功能的差异。

2. 项目组织制度的特征

（1）复杂性。

工程项目组织的制度的复杂性，是由工程项目组织关系复杂性以及工程项目组织与企业组织之间的复杂关系所决定。首先，工程项目内的组织关系有多种形式，包括专业和行政方面的关系以及合同关系或由合同定义的管理关系。组织关系的复杂性导致需要复杂的制度与其相对应，才能对组织进行有效的管理。其次，工程项目组织是超企业的组织形式，与其参与方企业之间存在复杂的关系。工程项目组织成员既是项目参与者，又是企业组织成员，受到双重制度的约束，而双重制度之间若存在矛盾会直接影响到项目组织成员完成项目工作的能力。企业组织是长期的稳定的组织，其制度也稳定。因此，工程项目组织的制度与参与方企业制度之间尽量保持一致。工程项目组织往往包括几个、几十个甚至上百个参与方企业组织，其制度要与所有的企业制度保持一致是很难的。这也导致了工程项目组织的制度的复杂性。

（2）整体性。

工程项目组织的制度本身就是一个系统，是一个整体，其整体性是指构成制度体系的各项制度虽然具有不同的制度功能，但它们作为一个整体所能发挥的功能会大于其单项制度功能的叠加累计值。对于工程项目组织的制度而言，只有把外部制度和内部制度综合起来，形成一个协调运行的综合体，强调整体的一致性，而不是单项制度或若干个制度的一致性，才能确保制度整体的最优化。这和工程项目的集成化管理要求是一致的。同时，制度体系的整体性能够确保制度内容、责任的连续性和一致性，不会产生责任盲区。制度的整体性特征要求在进行制度设计和分析时，应当从整体出发。以综合为基础，在综合的控制与指导下进行设计和分析，并且对分析的结果进行恰当的综合，即把综合既作为处理问题的出发点，也作为处理过程的归宿，并把分析和综合贯穿于过程的始终。

（3）唯一性。

工程项目组织制度的唯一性是指对于某个工程项目组织而言，其适用的整套制度是唯一的。这是由工程项目组织的唯一性所决定的。由于不同的工程项目有不同目的、不同的范围、不同的对象、不同的参与方企业，每个工程项目组织都是独特的，唯一的，因此，与之相适应的制度也应该具有唯一性。每个工程项目组织的制度都有自身的特点，是与其项目类型、项目组织结构等相配套的.对于工程项目组织制度而言，外部制度相对来说是比较稳定的。对于同一时期、同一类型、同一地区的工程项目组织，其外部制度可能会很相似，而内部制度根据不同的工程项目组织，差异会很大。但不同工程项目组织的内部制度之间也会存在共同点。对于工程项目组织制度的研究就是要分析共同点并寻找出其内在规律性。

（4）动态性。

工程项目组织制度的动态性是指促进工程项目组织正常运行的各种制度在工程项目全生命周期过程中是逐渐变化的。工程项目组织是为了实施和完成工程项目而形成的组织形式，因此工程项目组织的制度必须与工程项目生命周期各个阶段发展相适应，在工程项目生命周期各个阶段都有不同的制度。一是由于工程项目全生命周期各个阶段的工作任务是不同的，对不同的工作任务进行约束的制度会因此而差别很大；二是由于工程项目组织结构在全生命周期各个阶段是不同的，在前期策划阶段可以采用寄生式项目组织，在施工阶段可以采用矩阵式项目组织，与之相对应的制度也是不同的。工程项目组织制度的动态性正是适应工程项目组织发展的需要而形成的。

3. 项目组织制度的功能

项目组织制度是为保障项目组织正常运行而制定的，从功能主义的角度来看，具体可概括为以下几个方面。

（1）界定权利边界和行为空间。

由于工程项目组织是由多个参与方为完成工程项目建设任务而组建的一次性的离散组织，各方之间的权力、责任及义务关系不明确，因此，项目组织制度需要对各方的行为提供依据和约束，并给定争议的解决途径，从而降低以合同契约为主要缔结方式的工程项目组织中的不确定性和不可预见性。

（2）促进效率和实现资源分配。

项目组织运行过程中，涉及频繁的人流、物流和资金流的流动。项目组织制度为这三者的流动提供方向依据，并依据实际状况进行调整，提高整个组织的运行效率，优化项目组织中资源分配。

（3）协调和整合。

作为组织规范的一种重要而有力的手段，制度对于组织秩序是至关重要的。制度本质上就是人们在分工与协作过程中经过多次博弈而达成的一系列契约的总和。工程项目组织虽然具备一次性特征，但随着项目管理相关经验的推广，项目组织制度的构建是在总结同类项目的管理实践基础上结合项目本身特点进行的，并在项目建设过程中，经过各参与方博弈而不断进行动态调整和完善。因此，组织运行制度为项目组织各参与方的协调整合提供了基本的框架。

（4）实现激励。

制度设置支配着所有项目成员的行为，规范着他们行为方式的选择，影响着他们的利益分配、资源配置的效率和人力资源的发展。因此制度的激励作用在不同领域的表现都应当符合项目目标价值的公共导向。

（5）预防与教化功能。

制度具有确定性和可预见性。通过完善项目组织制度，规范组织成员的行为，严格遵守规则的益处和违规的后果，从而使项目成员产生心理预期，按照组织管理规范调整行为。

3.5.2 高速公路建设管理制度的设立

1. 制度设立的原则

制定组织的规章制度是组织管理的前提，是组织进行管理活动的基础性工作，应该遵循以下几点原则。

（1）合法性原则。

组织的规章制度应该依据国家相关法律法规来制定，任何规章制度如果与我国现行法律法规相冲突，必然会导致执行结果的无效。因此，规章制度的制定必须要保证管理权限合法、管理内容合法以及管理手段合法。

（2）全面性原则。

对每个单位组织而言，所有各项工作、所涉及的各个层面以及各个方面等，都应制定相关的规章。在制定规章上. 应当不厌其烦，尽量考虑周全，条文多了细了，日后操作起来却方便了。

（3）稳定性原则。

规章制度一旦出台，就必须保持相对的稳定性，不宜朝令夕改，否则会影响组织的形象和领导的权威。因此，制定规则时，一定要思考其合理性，力求保障一定时期内的稳定性。当然，随着情况的变化，规章制度的修改是不可避免的。所以，在具体的规章制度里最好能规定下修改的条件和程序，对有些实在很难拿得准的规章，可试行一段时间后再定夺。

（4）可接受性原则。

在制定规章制度时，应该充分考虑规章制度承受者的切身利益和心理承受能力。规章制度是严肃的，但却不能是过分的无情和专横的。如果制定的制度不被制度承受者接纳甚至引起反抗，那么制度的执行阻力必然增大，造成制度执行成本的上升，制度最终的贯彻程度受到很大影响。

（5）公平性原则。

规章制度对每个管理对象应当是一视同仁的，即：规章面前，人人平等。因而在制定制度时，要从公平出发，不能制定照顾某类人或体现某类人特权的条款。对可能存在争议的问题，应规定由集体来裁定，而不是个人来决定。

（6）可操作性原则。

在制定规章制度时，一定要紧密结合组织的实际和所处的社会环境，从现实出发，考虑各个条款能否在将来真正运作起来。如果定得太高，太严，将来无法在现实中操作，就会影响整个制度的严肃性。

（7）协调性原则。

组织的顺利运行需要制定一系列的规章制度，这些制度构成组织的制度体系，彼此间相互联系。因此，在制定制度时，要充分考虑其与相关制度之间的关系，避免产生冲突和遗漏，同时注意保持各项规章制度在批准和发布程序上保持统一性。

2. 项目组织制度的内容

由于工程项目组织具备一次性、离散性等特征，项目组织制度往往具有唯一性，即不同的工程项目，其制度不相同，但工程项目组织运行的基本制度则是每个工程项目组织必备的。

（1）合同体系是基础和核心。

项目组织制度中，合同体系是贯穿工程项目全生命周期的。从项目策划阶段开始，项目需要将环境调查与分析、投资决策分析、可行性研究等任务委托给专业的咨询单位进行，因此，项目就需要通过合同对相应项目参与者进行约束，以确保工程项目顺利进行。工程项目组织是许多不同隶属关系、不同经济利益、不同组织文化、不同区域、地域的单位构成的，他们之间以合同作为组织关系的纽带。这是工程项目组织的特殊性，这个特殊性就决定了合同在工程项目组织以及工程项目管理中的重要地位，是项目组织制度的核心。而合同体系作为工程项目组织中所有合同组成的系统，在工程项目组织制度中占据最重要的地位，是项目各参与者的最高行为准则，也是其他制度的基础。

（2）规章制度是保障。

规章制度制度是全生命周期过程中对工程项目进行管理的所有规定和章程的总和。规章制度主要是为了能够更好地对工程项目参与者进行管理而建立并实施的，是组织运行的保障。规章制度一般有以下三种类型：一是责任性规章制度，即明确项目组织部门和成员的岗位职责、权利义务和工作任务、目标等；二是程序性规章制度，即规定项目组织的各个部门、环节、岗位的工作的操作步骤、方法和标准等；三是激励性制度，即明确奖惩标准，对部门和员工的工作进行评价和约束。随着项目各周期阶段任务的不同，组织规章制度的实施重点也会有所侧重，如施工阶段主要的规章制度包括项目进度计划管理、质量管理、投资计划管理、安全管理、工程变更管理、计量与支付管理办法、环境保护管理、文明施工管理、工地物资管理、监理管理办法、图纸管理办法、检测管理办法、档案归档管理办法等。

（3）其他各项制度不可或缺。

其他如可研报告、审批文件、图纸等都是项目生命周期中不同阶段的重要制度。这些制度与项目合同体系、项目管理制度一起构成项目组织制度，保障组织的健康运行。

3.5.3 香丽高速公路的建设管理制度

在香丽高速公路建设过程中，参建各方用制度规范各项工作，以制度保障项目的良好运行。香丽高速总承包项目经理部先后制定了计量支付、变更设计、工程质量、监理管理、物资管理、计划管理等数十项管理制度。各工区、分包商也从不同的管理角度，根据自身不同的管理特点，出台了工程质量管理办法、工程进度管理办法、施工现场管理办法、岗位目标责任制、岗位操作规程、安全操作规程等多项管理办法。这些制度和办法使工程建设和工程质量管理的各项工作始终处于有法可依，有章可循，保持可控状态。香丽总承包部制订了《总承包管理办法》等一系列管理制度，主要包括目标控制、宏观监管控、信息管理、参建方管理和激励管理等。

抽象的规章制度要在现实空间运行就必须构造三维化的制度体系，才能使制度落到实处。否则，如果只建立抽象的规章条文，只制定表面的制度框框，规章制度就永远不会得到落实。

为了保证项目顺利运行，香丽高速公路除制定上述一系列制度条文以外，还确立了相应的监管措施以及有效的处理机制，建立起一个三维制度体系，如图 3-11 所示。

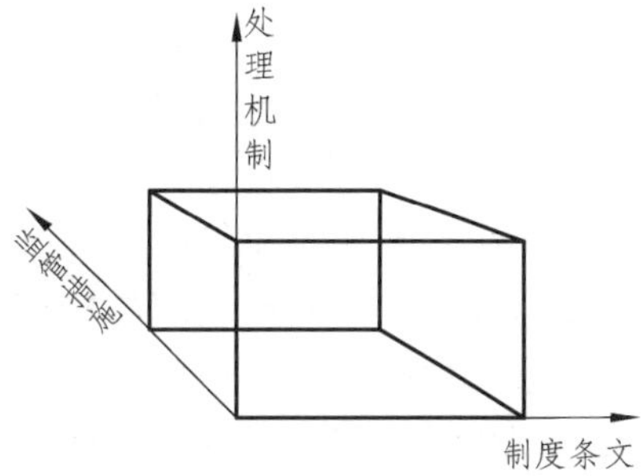

图 3-11　香丽高速公路三维制度体系

1. 制度的一维化（线型化）——制度条文

制度条文是建立三维制度体系的起点，是建立制度体系这一系统工程的前提基础。根据管理实践的需要，通过抽象地分析，将某方面的工作要求用条文化的语言规定下来，这就形成了各种规定、章程等。香丽高速公路部分制度如图 3-12 所示。

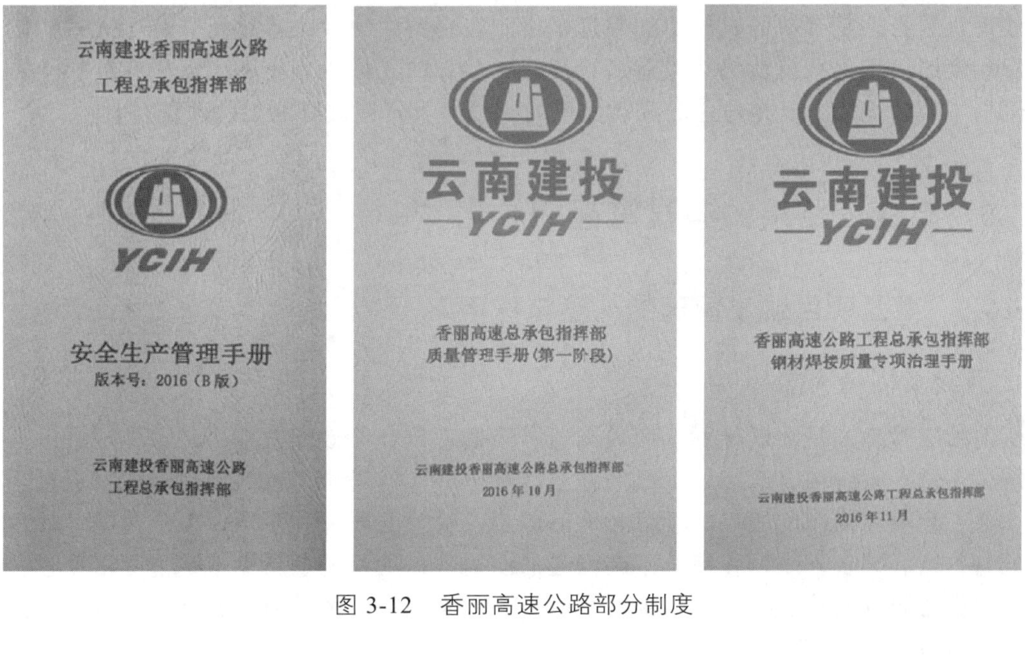

图 3-12　香丽高速公路部分制度

2. 制度的二维化（平面化）——相关监管措施

制度的条文制定出来了，紧接着就是执行问题了。与众多项目一样，香丽高速公路管理中也存在的制度执行不力的问题，其根源就在于缺乏相关的监管措施。监管措施的缺乏造成项目实施过程中有章不循、违章操作等无序局面，给项目管理工作造成很大不便。香丽总承包部为了保障制度的有效执行，建立了一套对制度执行情况进行观测、监视、记录和检查的办法措施，由相关管理者来承担监督落实责任，对组织成员执行制度的过程进行追踪。要夯实制度管理基础，就必须构建起“一级抓一级、一级对一级负责”的责任制衡机制，因此香丽总承包部实行了领导包干督导责任制。其具体内容是：根据各标段工程进度的不同情况，针对影响进度的重点难点问题，对香丽总承包部项目管理部管理人员进行责任分工；每个高层管理人员都分包有后进标段或分项工程，跟踪监控；成立进度督导组深入施工现场对工程进度滞后标段实施强力督导；项目目标实现情况和其个人工资收入挂钩。这一责任制使项目管理人员能够更及时发现和解决影响施工的问题，大胆决策，果断处理问题，实施全过程跟踪管理，促使后进标段和分项工程加快施工进度，保证了项目目标的实现。

检查监督能有效推动制度的执行，有效地避免执行者工作中的惰性和盲目性，确保制度执行在正常范围内有效运行。检查过程中的督促，既是对执行者的鞭策，也是增强执行力的保障。香丽总承包部项目管理部建立了现场管理巡查小组，不定期、不定时地进行检查，坚持日常巡检和夜间巡查制度。做到工程施工到哪里，业主监督检查就到哪里。施工单位什么时间施工，监理就什么时间到位，业主就什么时间监督检查。

3. 制度的三维化（立体化）——有效的处理机制

在规章制度平面化的基础上，假如我们通过监测发现了违规行为，那么就必须有一个机制对这个检测结果进行有效处理。否则，前面的各种努力付之东流，规章制度仍然没有得到执行和落实。可见，形成有效处理机制是建立三维制度体系的最后环节，也是关键环节。当然，处理机制必须是有效的机制，如果这个机制在现实中法或很难运行，是个无效机制，那么规章制度的三维化系统就仍然没有最终形成。此外，处理机制不一定局限在处罚上，还可以有奖励、激励性的，以此来全面调动员工的积极性，营造良好的工作氛围。

3.6 高速公路绩效考核管理标准化

3.6.1 工程项目绩效管理的内涵与作用

1. 绩效管理的内涵

所谓绩效管理，是绩效计划、绩效沟通、绩效考核和绩效反馈四个环节构成的一个完整的系统，在这个系统中，组织、项目经理和成员全部参与进来，项目经理和成员通过沟通的方式，将工程项目组织的战略、项目经理的职责、管理的方式和手段以及成员的绩效目标等管理的基本内容确定下来，在持续不断沟通的前提下，项目经理帮助成员清除工作过程中的障碍，提供必要的支持、指导和帮助，与成员一起共同完成绩效目标，从而实现组织的远景规划和战略目标。

作为一种崭新的管理模式，绩效管理兼有理性管理与非理性管理的特点，是这两种管理模式的统一。绩效管理在西方国家企业中已经被普遍推广和使用，而绩效管理在我国则刚刚起步，还没有形成一套完整的管理体系，因此，开展以绩效管理为核心的管理工作是提高项目管理水平的一个新突破。绩效管理相对于其他工程项目组织管理活动而言，具有以下特性：

（1）全面性。

绩效管理是一个完整而全面的系统，它涉及工程项目组织的方方面面。具体来说，绩效管理通常包括如下环节：针对整个工程项目组织订立发展目标，并将工程项目组织整体目标分解到各部门及每一个成员，各自订立相应的绩效考评指标和标准，同时，在时间维度上把全年的目标分解月、日。以绩效考评指标为指导，监控实现目标的成员的能力、实现目标的条件。定期实施绩效考评，检查完成目标的绩效。根据考评的结果分析为什么会有这样的结果，反馈信息给成员本人以及其他相关人员，并采取相应的措施，包括：奖励、惩戒、培训、指导、岗位调整、改善工作环境、调整目标等以确保下一阶段每个人都有更好的表现。

（2）目标性。

目标管理的最大好处就是让成员明白自己努力的方向，项目经理明确如何更好地通过成员的目标对成员进行有效管理，提供支持帮助。同样，绩效管理也强调目标管理，目标加沟通的绩效管理模式被广泛提倡和使用。只有绩效管理的目标明确了，项目经理和成员的努力才会有方向，才会更加团结一致，共同致力于绩效目标的实现，共同提高绩效能力，更好地服务于工程项目组织的战略规划和远景目标。

（3）致力于沟通。

沟通在绩效管理中起着决定性的作用。制定绩效要沟通，帮助成员实现目标要沟通，年终评估要沟通，分析原因寻求进步要沟通，总之，绩效管理的过程就是成员和项目经理持续不断沟通的过程。离开了沟通，工程项目组织的绩效管理将流于形式。许多管理活动失败的原因都是因为沟通出现了问题，绩效管理就是致力于管理沟通的改善，全面提高管理者的沟通意识，提高管理的沟通技巧，进而改善工程项目组织的管理水平和管理者的管理素质。

2. 绩效管理对工程项目组织的重要性

对于一个管理者来说，最关心的莫过于组织运行的效率。绩效管理对于引导组织运行的效率的提升无疑会起到重要的作用。无论从组织的角度，还是从管理者和成员的角度，绩效管理都能给工程项目组织带来益处。首先绩效管理能为物质激励（工资调整、奖金分配）、人员调配和日常精神激励提供依据与评判标准，有效地激励成员。其次，通过绩效计划的设定、绩效考核和反馈工作，改进和提高管理者的管理能力和成效，促进被考核者工作绩效的改进，最终实现组织整体效率的提升，使绩效管理成为管理者有效的管理手段。再次，通过层层目标分解，绩效管理成为保证组织战略目标实现的重要手段。

（1）组织需要绩效管理。

从整个组织的角度来看，组织目标被分解到各个业务单元的目标以及各个职位上的每个工作者的目标；而个人目标的达成构成了业务单元目标的达成，组织的整个目标是由各个业务单元的绩效来支持的，也就是由每个成员的绩效来支持的。因此，组织主要关注以下问题：组织需要将目标有效地分解给各个业务单元和各个成员，并使各个业务单元和成员都积极向着共同的组织目标努力。组织需要监控目标达成过程中各个环节上的工作情况，了解各个环节上的工作产出，及时发现阻碍目标有效达成的问题并予以解决。组织需要得到最有效的人力资源，以便高效地完成目标。一方面，通过人员的调配，使人员充分发挥作用；另一方面，加强对现有人员的培训和发展，增强组织的整体实力。

绩效管理是解决上述问题的有效途径。通过绩效目标的设定与绩效计划的制订，组织目标被有效地分解到各个业务单元和个人。通过对团队和个人的绩效目标的监控以及对绩效结果的考核，组织可以有效地了解到目标的达成情况，可以发现阻碍目标达成的原因。绩效考核的结果可以为人员的培训和发展提供有效的信息。因此，组织需要绩效管理。

（2）管理者需要绩效管理。

管理者承担着组织赋予自己的目标，而每个管理者通过自己的业务单元或者团队来实现自己的管理目标。管理者都渴望自己在管理上取得成功，因此：管理者需要有机会将组织的目标传递给团队中的成员，并取得他们对目标的认同，以便团队成员能够共同朝着目标努力。管理者需要把组织赋予的目标分解到每个成员的头上，因为他们知道这些目标不是通过自己一个人的努力就可以实现的，而必须通过团队中的成员共同努力才能实现。管理者也需要有机会告诉成员自己对他们的工作期望，使成员了解哪些工作最重要，哪些工作成员自己可以做出决策；管理者也需要让成员知道各项工作的衡量标准是什么。管理者还常常希望能够掌握一些必要的信息。这些信息既有关于工作计划和工程执行情况，也有关于每个成员的状况等。这些问题也是在绩效管理过程中需要解决的。绩效管理提供给管理者一个将组织目标分解给成员的机会，并且使管理者能够向成员说明自己对工作的期望和工作的衡量标准。绩效管理也使管理者能够对绩效计划的实施情况进行监控。

（3）成员需要绩效管理。

成员在绩效管理中通常是以被管理者和被考核者的角色出现的，考核对他们来说是一件有压力的事情，是与不愉快的情感联系在一起的。当理解了成员对工作的内在需要后，就会发现绩效考核与管理对于成员来说也是他们成长的过程中所必需的。

根据马斯洛需要层次理论，成员在基本的生理需要满足之后，更多的高级需要有待于满足。每个成员在内心都希望能够了解自己的绩效，了解自己的工作做得怎样，了解别人对自己的评价。这首先是出于对安全和稳定的需要，避免由于不了解自己的绩效而带来的焦虑。其次，成员也希望自己的工作绩效能够得到他人的认可与尊重。另外，成员也需要了解自己目前有待于提高的地方，使自己的能力得到提高，技能更加完善。成员希望了解自己的绩效表现，更多的是为了提高自己的绩效，提高自己的技能，增强自己的竞争力。因此，成员需要绩效管理。

3.6.2　工程项目绩效管理的步骤与手段

绩效管理步骤包括绩效计划、绩效实施、绩效考核、绩效反馈、绩效改进等五个环节。通过有效的工程项目绩效管理来引导工程项目组织效率的提升是工程项目组织实施绩效管理的根本目的，而绩效考评与改进是本章的核心内容。为了有利于工程项目组织绩效考评与改进，应采取切实可行的工程项目绩效管理手段。本节将绩效管理中的绩效计划、绩效沟通以及绩效反馈归结为工程项目组织绩效管理手段。

1. 工程项目组织绩效计划

（1）工程项目组织绩效计划内容。

从静态角度看，工程项目组织绩效计划是一个关于工作目标和标准的契约；从动态角度看，工程项目组织绩效计划就是业主方和各参建方一起讨论以确定各参建方在评价期内应该完成什么工作和达到什么样的绩效的过程。在绩效计划阶段，业主方和各参建方应该经过充分的沟通，明确为了实现项目的整体目标、各参建方在评价期内的目标。从具体的表现形式看，工程项目组织绩效计划是用于指导各参建方行为的一份计划书。通过制定这样一份计划书，各参建方可以了解本周期内的工作安排和目标，并了解将会遇到的障碍和可能的解决办法。工程项目组织绩效计划的内容除了最终的个人绩效目标之外，还包括双方为达到计划中的绩效结果应做出什么样的努力、应采取什么样的方式、应进行什么样的技能开发等等。

（2）工程项目组织绩效计划的准备。

工程项目组织绩效计划是业主方与各参建方共同讨论以确定各参建方考核期内应该完成哪些工作和达到怎样的绩效水平的过程。很多人认为绩效评价是绩效管理最为重要的环节，但实际上绩效计划要重要得多，究其原因，主要在于评价仅仅是从反光镜中往后看，而绩效计划是往前看，以便在不久的将来能获得更好的绩效。

绩效计划通常是通过业主方与各参建方双向沟通的绩效计划会议得到的，为了使绩效计划会议取得预期的效果，事先必须准备好相应的信息。这些信息主要可以分为三种类型。一是关于项目的信息。为了使各参建方的绩效计划能够与工程项目组织的目标结合在一起，业主方与各参建方应在绩效计划会议中就工程项目组织的战略目标、工程项目运行计划进行沟通，并确保双方对此没有任何歧义。二是关于部门的信息。每个部门的目标是根据工程项目组织的整体目标逐渐分解而来的。不但经营的指标可以分解到生产、销售等业务部门，而且对于财务、人力资源部等业务部门，其工作目标也与整个工程项目组织的经营目标紧密相连。例如工程项目组织的整体运行目标是：保证安全地完成项目建设任务；在计划工期内完成；降低工程成本。那么，人力资源部门作为一个业务支持性部门，在上述的整体经营目标之下，就可以将自己部门的工作目标设定为：建立激励机制，创新、降低成本的行为；在人员更新方面，注重在开拓性、创新精神和关注成本方面的核心胜任素质；提高创造力、预算管理和成本控制方面的培训。三是关于个人的信息。关于被评估者个人的信息中主要包括工作描述的信息和上一个绩效期间的评估结果。工作描述需要不断地修订，在设定绩效计划之前，对工作描述进行回顾，重新思考职位存在的目的，并根据变化了的环境调整工作描述。

（3）工程项目组织绩效计划的沟通。

工程项目组织绩效计划是双向沟通的过程，绩效计划的沟通阶段也是整个绩效计划的核心阶段。在这个阶段，业主方与各参建方必须经过充分的交流，对各参建方在本次绩效期间内的工作目标和计划达成共识。绩效计划会议是绩效计划制定过程中进行沟通的一种普遍方式，但是绩效计划的沟通过程并不是千篇一律的，要根据业主方和各参建方的具体情况，选择适宜的沟通环境和沟通时间，主要把重点放在沟通上面。

在对有关的信息进行简短的回顾后，就应该尽快把绩效计划的目标具体化。目标就是期待各参建方创造或达到的具体结果的描述。业主方和各参建方在设定目标的时候要把注意力集中在结果上，而不是过程上，注意使每个目标尽可能具体，并将每个目标同工作或结果联系起来，明确规定出结果的时限和资源使用的限制，使每个目标简短、明确和直接。要制定衡量的标准，绩效标准应该具体、客观、方便度量，在各参建方通过努力后可以达到。它通常回答这样一些问题，如什么时候、怎么样、有多少失误、让谁满意等。在制定绩效标准的时候，人们会发现如果绩效计划的目标设定得越具体，绩效标准就会与目标越相似，但是不能因此就想把目标定得过于具体，要保持目标的灵活性，在不了解计划中的任务的具体要求时，目标要先尽量做得灵活些，然后在工作中按目标指引的方向去做，随着了解的加深再不断加以精确化。制定了绩效标准之后，还需要了解各参建方完成计划和达到标准过程中可能遇到的困难、障碍和问题，应尽可能防止计划执行过程中可能出现的各种问题，而不是等问题出现后再来解决。

（4）工程项目组织绩效计划的确定。

在制定绩效计划的过程中，对计划的审定和确认是最后一个步骤。在这个过程中要注意以下两点。业主方和各参建方应该能以同样的答案回答几个问题，以确认双方是否达成了共识。这些问题是：各参建方在本绩效期内的工作职责是什么？各参建方在本绩效期内所要完成的工作目标是什么？如何判断各参建方的工作目标完成得怎么样？各参建方应该在什么时候完成这些工作目标？各项工作职责以及工作目标的权重如何？哪些是最重要的，哪些是其次重要的，哪些是次要的？各参建方的工作绩效好坏对整个工程项目组织或特定的部门有什么影响？各参建方在完成工作时可以拥有哪些权力？可以得到哪些资源？各参建方在达到目标的过程中会遇到哪些困难和障碍？业主方会为各参建方提供哪些支持和帮助？各参建方在绩效期内会得到哪些培训？各参建方在完成工作的过程中，如何去获得有关他们工作情况的信息？在绩效期间内，业主方将如何与各参建方进行沟通？当绩效计划结束时，应达到以下的结果：各参建方的工作目标与工程项目组织的总体目标紧密相连，并且各参建方清楚地知道自己的工作目标与工程项目组织的整体目标之间的关系；各参建方的工作职责和描述已经按照现有的工程项目组织环境进行了修改，可以反映本绩效期内主要的工作内容；业主方和各参建方对各参建方的主要工作任务，各项工作任务的重要程度，完成任务的标准，各参建方在完成任务过程中享有的权限都已经达成了共识；业主方和各参建方都十分清楚在完成工作目标的过程中可能遇到的困难和障碍，并且明确业主方所能提供的支持和帮助。

2. 工程项目组织绩效沟通

制定了绩效计划之后，各参建方就开始按各自绩效计划来开展工作。在工作过程中，业主方要对各参建方的工作进行指导和监督，对发现的问题及时予以解决，并随时根据实际情况对绩效计划进行调整。在整个绩效期间，都需要业主方不断对各参建方进行指导和反馈，即进行持续的绩效沟通。持续的绩效沟通能保证业主方和各参建方通过共同努力，及时处理所出现的问题，并根据情况变化修订绩效计划。业主方与各参建方在平等的交往中相互获取信息、增进了解、联络感情，从而保证各参建方的工作能正常地开展，使绩效实施的过程顺利进行。绩效实施阶段的绩效沟通内容主要包括：现在工作开展的情况如何；哪些工作做得很好；哪些工作需要纠正或改善；是否努力实现工作目标；如果偏离目标的话，管理者该采取什么纠正措施；业主方能为各参建方提供何种帮助和支持；如果目标需要进行改变，如何与各参建方进行协调等。绩效沟通的必要性体现在以下几个方面：

（1）目标责任书、工作计划表必须在有效沟通的基础上完成。

在对工作目标和计划进行分解时，业主方只有与各参建方充分沟通、共同商定，并让各参建方相互之间清楚各自的目标，才能达成共识，才能发挥团队作用。同时，在出现计划有较大调整的情况时，只有进行了以沟通为先导的规范操作，才能使业主方和各参建方在绩效考评时有一个双方认可的、合理的客观依据，减少业主方与各参建方在考评结果上的分歧。

（2）正向激励作用的发挥需要通过有效的双向沟通来实现。

考评是手段不是目的，它创造了业主方和各参建方定期沟通的良好机会。对于业主方来说，沟通应该是他的一项职责，通过对各参建方工作的肯定，能够使各参建方产生认同感和成就感，提高其对工作的投入程度；对于各参建方来说，也可以就本职工作向业主方充分阐述自己的想法和在工作中遇到的困难，以求得业主方的支持和帮助。

（3）有效的绩效沟通是提升管理者素质的重要手段。

“面对面”的沟通使管理者必须在工作中做出表率，提高自身的业务能力和水平，这样才能坦然而客观地指出各参建方工作中存在的问题和不足之处；为使沟通达到理想的效果，也对管理者的管理技巧和管理水平提出了更高的要求，促进科学化管理、人性化管理的实施。

3. 工程项目组织绩效反馈

（1）工程项目组织绩效反馈的作用。

工程项目组织绩效反馈是绩效考评的最后一步，是由各参建方和业主方一起，回顾和讨论考评的结果，如果不将考核结果反馈给被考评的各参建方，考核将失去极为重要的激励、奖惩和培训的功能。因此，有效的工程项目组织绩效反馈对绩效管理起着至关重要的作用。

① 工程项目组织绩效反馈是考核公正的基础。

由于绩效考核与被考核者的切身利益息息相关，考核结果的公正性就成为人们关心的焦点。而考核过程是考核者的履行职责的能动行为，考核者不可避免地会掺杂自己的主观意志，导致这种公正性不能完全依靠制度的改善来实现。工程项目组织绩效反馈较好地解决了这个矛盾，它不仅让被考核者成为主动因素，更赋予了其一定权利，使被考核者不但拥有知情权，更有了发言权；同时，通过程序化的绩效申诉，有效降低了考核过程中不公正因素所带来的负面效应，在被考核者与考核者之间找到了结合点、平衡点。对整个绩效管理体系的完善起到了积极作用。

② 工程项目组织绩效反馈是提高绩效的保证。

绩效考核结束后。当被考核者接到考核结果通知单时，在很大程度上并不了解考核结果的来由，这时就需要考核者就考核的全过程，特别是被考核者的绩效情况进行详细介绍，指出被考核者的优缺点，特别是考核者还需要对被考核者的绩效提出改进建议。

③ 工程项目组织绩效反馈是增强竞争力的手段。

任何一个团队都存在两个目标：团队目标和个体目标。个体目标与团队目标一致，能够促进团队的不断进步；反之，就会产生负面影响。

（2）工程项目组织绩效反馈面谈。

工程项目组织绩效反馈面谈是绩效评估中至关重要的一个环节，其重要程度甚至超过了绩效评估的本身。绩效评估的结果是拿来用的，而不是拿来存档的，没有反馈的绩效评估起不到任何作用。没有项目组织绩效反馈，各参建方就无法知道自己工作是否得到了业主方的认可，就会乱加猜测、疑神疑鬼，进而影响心情；业主方就无法知道绩效评估是否真正起到了作用，对继续进行评估没有信心；而且业主方就不能有的放矢地指出各参建方的不足，更无法给各参建方提出建设性的改进意见，最终将导致各参建方的进步受到限制，管理水平将无法得到有效的提高。如果业主方不组织反馈，各参建方就不关心了，也就不可以安心工作了。绩效评估结束后的一段时间内，各参建方的心情都不会专心于工作，那些担心绩效评估结果会对自己不利的各参建方会坐卧不宁，因为他们不敢确定绩效评估的结果对他们会不会产生不利的结果，这些与各参建方切身利益密切相关的问题在没有答案之前肯定会给各参建方的心理造成严重的负担，降低各参建方的工作效率，这种情绪蔓延开来更会严重影响各参建方的工作积极性。如果真是这样，那么我们的绩效评估的作用将受到严重的质疑，绩效评估到底是为了提高各参建方绩效，还是降低各参建方绩效?如果是为了提高各参建方绩效，那么我们应该和各参建方平等地坐在一起，将各参建方的绩效评估结果反馈给各参建方。因此，组织一次成功的工程项目组织绩效反馈面谈将对绩效评估起到积极的促进作用，使之真正发挥作用。

（3）工程项目组织绩效反馈实施过程。

① 陈述面谈的目的。

面谈开始，管理者首先要清晰、明确地告知各参建方沟通的目的在于对过去工作的回顾、总结，对下一阶段工作的计划的安排，是就事论事的管理环节之一。清楚地让各参建方明白此次面谈要做什么，尽可能使用积极的语言。

② 回顾计划及完成情况。

管理者应该根据绩效管理文件，如绩效评估表等，对各参建方的工作进行回顾，让各参建方认识到自己的工作与公司目标、部门目标之间的关系以及自己的完成情况。在这个过程中，管理者要注意事实的准确翔实，描述的客观公正，进行积极正面的评价，善意地提出建设性意见。

③ 告知绩效评估结果。

这个考核结果是基于绩效管理文件做出的，而不是管理者主观的打分结果。考核结果具有客观性、公正性，能够拿得出证据，让各参建方心服口服。

④ 商讨各参建方不同意的方面。

由于考核者与被考核者双方的地位不同、认识不同，因此对于考核结果的认可程度不一致是很正常的事，管理者需要以积极的态度，了解各参建方的想法，了解各参建方的困难和期望，积极予以协助。最终，双方争取能够达成一致，为后期的工作合作奠定良好的基础。

⑤ 与各参建方商讨新的目标并制定具体的绩效改进计划。

不管反馈面谈在什么时间、场所，以何种方式进行，过去的行为已不能改变，而未来的业绩与发展是努力的目标。通过工程项目组织绩效反馈面谈，确定各参建方年度绩效考核等级，制定来年的工作绩效目标，将年度绩效面谈记录副本交给各参建方，并商定下次面谈的时间、地点。

3.6.3　香丽高速公路的绩效考核管理办法

绩效考核管理是施工标准化管理的关键环节，为实现对项目的总体控制，云南省建设投资控股集团有限公司制定了《年度资产经营责任制实施方案》《生产管理办法》《建设工程质量管理暂行办法》《工程建设、采购招标管理暂行办法》《安全生产奖励与处罚管理制度》《高速公路平安工程建设管理制度》《分包管理办法》《关于提高工程计量（进度）与支付审批时限的相关规定（暂行）》等一系列的办法、制度，对施工全过程进行考核管理。

工程项目组织绩效考评的方法很多，比较常用的方法有：排序法、特征评定法、行为评定法、目标管理法、关键绩效指标法、平衡计分卡等。

1. 基于排序法的香丽高速公路物资绩效考核管理

（1）物资供应单位考核内容。

指挥部要求上报的报表、数据资料；供应情况及能力；产品质量；服务质量和态度以及处理问题的能力

（2）考核权重划分。

上报指挥部的报表、数据资料占 10 分；供应及时性占 40 分；产品质量占 30 分；服务质量和态度以及处理问题的能力 20 分。以上分值权重可根据工程进度要求及管理需要进行调整。

（3）考核实施细则。

上报指挥部的报表、数据资料考核，每延迟一天扣 2 分，扣完为止。供应不及时发生投诉（物资系统管理信息平台），经核实后发生一次扣 5 分。产品质量发生投诉，发生一次扣 15 分，发生二次直接扣完。服务态度及处理问题发生投诉，发生一次扣 5 分，发生二次扣 10 分，发生三次直接扣完。对供应单位主要领导在物资系统管理信息平台上发生投诉不积极回复，处理问题的按上述办法执行扣分。

（4）考核加减分制度。

对于现场管理较好以及供应服务较满意的项目部和供应单位，可由各项目部反应，物资处给予 5～10 分的加分奖励。总承包项目经理部物资管理处可根据工程进展管理的需要，加强某单项物资的管理（如炸材、油料等），召开专题会议，制订、补充管理办法，提出管理要求，对不按管理要求执行的项目部本月考核分数给予一次性扣完。针对各项目部，因自身内部原因（如打架、斗殴等社会治安问题）导致其辖区政府机关对本项目的物资供应进行处罚（如停止炸材供应等），由此造成的损失全部由责任项目部承担，且该项目部当月物资系统综合考核直接一票否决，评定为最后一名，并给予于两倍罚款。

（5）考核奖惩。

① 各项目部奖惩。

由物资处每月组织进行评审，对排名在前三名和后三名的项目部书面上报指挥部分别给予一定金额的奖罚。

② 各供应单位奖惩。

由物资处每月组织进行评审，对前两名和后两名的供应单位书面上报指挥部分别给予一定金额的奖罚。

（6）单项奖罚规定。

① 单项奖励规定。

物资处通过综合评分有权对项目部材料管理进行优良评价，做出较大贡献的人员给予物质奖励。对各项管理考核中进步较大和在管理中真正做到“出类拔萃”的单位给予一定的物质奖励。对于月度综合评比和考核连续排名第一的人员进行嘉奖。对积极举投违反统供物资

管理行为的项目部人员，一经查实，将按处罚金额的一定比例给予奖励。设立最佳进步奖、最佳管理先进奖等各类单项奖。

② 违反本项目集中供应物资管理规定的处罚。

物资处每月、季度安排进行现场材料检查，每月进行考核，对连续排名最后的项目部人员给予对应元的处罚。对不按《香丽高速公路物资管理制度》执行，擅自采购、倒卖统供物资的，对材料管理人员、项目经理分别给予经济处罚。

③ 对供应不及时的处罚。

对发生提供材料及产品供应不及时，按批次计划规定的供货时间，出现缺供和少供情况，可由各项目部提出申请，报物资处经合同处核定损失，分管领导审批后给予办理索赔申请。

④ 对不及时卸货的处罚。

各项目应保证各施工便道的畅通，由于道路的影响造成供应不及时，造成的损失由项目部自行承担。物资到达现场后各项目部应及时组织卸货，如由于卸货不及时，影响总体安排的，指挥部将对各项目部处以违约金处罚。

2. 基于行为评定香丽高速公路安全绩效考核管理

（1）安全管理与行为绩效考核要求。

总承包项目经理部安全监督处每月对各参建单位开展一次安全执行、行为管理情况的监督检查。监督检查中必须公平公正、实事求是的原则，严肃认真的要求开展监督检查。对落实安全生产主体责任和监管职责不到位、落实交通厅、集团、路桥部安全相关的文件、通知、要求不到位、落实总承包项目经理部安全相关文件、通知、要求不到位、落实隐患整改责任和整改措施不到位、落实上级主管部门重大隐患整改不到位的，应严格按相关规定采取约谈、通报批评、纳入黑名单处理等措施。

（2）安全管理与行为绩效考核内容。

① 安全管理制度执行落实情况。

健全安全管理制度，制度审批完成并发文实施。制度必须符合上级政府单位相关管理要求与集团、路桥部、项目投资公司、总承包项目经理部相衔接。工区项目部必须严格按照制度要求执行相关的管理行为。

② 安全检查执行落实情况。

严格按照制度要求开展各项定期、不定期、专项、特殊时段安全检查。检查内容及范围全面、书写认真。对查出的隐患，制定合理的整改措施。整改资料闭合。项目经理、总工程师、安全总监积极参与定期检查工作中。

③ 安全管理人员。

项目部必须设立独立安全管理组织机构，文件需报备总承包项目经理部。人员发生变动要进行及时调整报批。文件的制定依据及要求符合相关要求。并严格按照要求配备符合标准的安全专职管理人员，专职安全管理人员必须持证、在岗。业务技能娴熟。按时、如实、填写安全日志，了解安全组织机构人员对各自的安全管理职责，并按照职责要求开展工作。

④ 安全教育培训。

制定教育培训制度和计划，制度中明确项目经理、管理人员、安全专职管理人员、特殊工种、转岗、新进场从业人员安全教育培训学时、内容、方法等要求，如实记录培训内容，

及时汇总培训人数，培训人次是与人员台账比例要相符

⑤ 安全例会。

制定安全生产例会制度及时召开例会。制度中明确安全生产例会的时间、频次、参会主要人员，项目经理、总工程师、安全总监参与例会的频次。会议记录要清晰、全面。会议要求落实到位，并有书面记录。

⑥ 安全技术交底。

制订安全技术交底制度。制度中是否明确交底责任人、对象、方法、内容。交底记录清晰、真实，内容可行。逐级建立交底台账。保证交底人数与人员台账相符。

⑦ 项目领导带班执行情况。

制定项目负责人带班制度及带班计划。计划报监理审批报总承包留存，及时对带班计划和带班生产情况进行公示。认真填写带班记录，对记录中存在的隐患进行跟踪、消除。

⑧ 安全管理风险源告知情况。

制定重大风险源安全管理方案；方案中明确责任人和预控措施。每年组织开展一次风险源识别，制定预控措施。按规定开展桥隧施工安全风险评估，并将风险评估报监理审批。及时将作业面存在的重大风险源对作业人员进行书面告知。

⑨ 应急救援安全管理情况。

制订可操作的各类应急预案及现场处置方案。结合施工现场实际情况制定使用的年度应急演练计划，并报监理审批。有针对地开展应急培训和演练，并及时总结。配备兼职的应急队伍和应急物资。定期对应急队伍人员变动情况进行更新调整，定期开展应急物资的专项检查工作。

⑩ 平安工地创建情况。

制定“平安工地”建设方案，“平安工地”建设要求落实到一线工人。严格按照方案开展自检自评工作，并将自评情况按时上报总承包项目经理部。

⑪ 政府主管部门安全专项工作落实情况。

严格落实政府主管部门要求的安全专项工作。制定相关的落实方案或工作计划。并按方案或计划执行到位。针对交通厅检查查处的隐患和问题及时进行整改，按时进行回复。

⑫ 集团路桥部安全管理专项工作落实情况。

严格落实集团路桥部要求的安全专项工作。针对集团路桥部检查发现的隐患和问题及时进行整改，按时进行回复。

⑬ 总承包项目经理部安全管理专项工作落实情况。

按照总承包项目经理部布置的安全管理专项工作，结合文件、通知等要求制定相关的工作方案，及时开展各项工作，按时将工作开展情况上报总承包项目经理部。认真落实总承包项目经理部组织开展的各项安全检查存在问题隐患的整改工作。按时上报整改回复情况。

⑭ 监理单位管理行为统计。

统计监理单位下发的监理指令及相关的考评检查频次。

⑮ 工区项目部母体公司管理行为统计。

⑯ 统计工区项目部母体公司到项目部的检查、帮助、指导频次。

（3）安全管理与行为绩效考核奖惩规定。

以工区为单位，每月开展安全执行、行为监督检查，未按照管理行为检查内容要求开展

相关工作或应付式执行、多项工作执行不到位的工区项目部，按照以下规定进行处理：首次监督检查中存在多项工作应付式执行或执行不到位的，在香丽全线范围内进行通报批评。次月再次监督检查仍不符合要求的，给予一定金额的处罚，给予工区项目经理一定金额的罚款，并报集团路桥部约谈母体公司，集团内进行通报。一个季度内三次不符合要求的列入集团路桥部信用黑名单，同时抄报集团。样表如图 3-13 所示。

成本管理检查考核表

项目名称：GO613 云南香丽高速公路　　**考核部分：合同处**

被考核项目部：　　**满分：100**　　**最终得分：**

序号	考核指标	考核项目	考核内容	检查情况	评分
1	主要指标	工程计量（30 分）	每季度计量批复金额必须达到本季度产值金额的 88%时，得满分；在 80～87 时，扣 3 分；在 75%～79%时，扣 6 分；在 70%～74%之间时，扣 9 分。（小数点四舍五入取整）。计量比例在 69%以下时，按基础分考核，项目核算人员采取措施推进计量工作，计量比例仍然上不去，可得基础分 21 分。（计量措施是指能通过下发、上报文件、报告等形式，促进计量，并提供出证明材料）		
2	日常管理	人员履约（10 分）	项目负责人和技术、财务、计量、质量、安全等主要管理人员按合同约定到位，0.5 分/次・人		
			按照有关管理文件、分包合同文件要求检查，0.2 分/次・人		
		合同管理（25 分）	按时办理合同情况考核：合同办理不及时的，每检查一次扣分标准为：1 分/份，累计扣分计算		
			合同台账建立情况考核：未建立电子台账或者建立了电子台账但未及时更新的，每检查一次扣分标准：1 分/次		
			合同附件齐全情况考核：涉及合同签订时需要附附件资料（如开标资料、询价资料、分包单位资质、质量安全责任书、治安管理责任书等），每检查一次发现缺失者，扣分标准为：1 分/份，累计扣分计算		
			合同内业管理工作考核：合同归档未分类（如：劳务分包、专业分包、材料采购、机械租赁、其他等）且文档盒里未附目录明细或者目录明细更新滞后的，每检查一次扣分标准为：1 分/次		
			通知合同处开标、合同谈判情况考核：合同办理时涉及需要开标、合同谈判的，未提前通知合同处参与，自行组织开标、合同谈判，并办理合同的，每检查一次，扣分标准为：1 分/份，累计扣分计算		
			合同履约管理情况检查考核：已经签订的合同应加强管理，如果发现乙方未按合同约定施工的，每检查一次扣分 1 分/份，累计扣分计算		
			合同交底情况考核：针对签订的各种劳务/专业合同、机械租赁合同、其他合同等，各项目部合同计量人员未组织合同交底工作的，每检查一次扣分标准为 1 分/份，累计扣分计算		
		计量管理（25 分）	计量台账按要求建立情况考核：计量台账建立不及时或者数据混乱的，每次检查扣分标准为：1 分/次，累计扣分计算		
			计量月报上报合同处情况考核：上报计量月报不及时或者上报内容混乱，不认真对待的，每次检查扣分标准为：1 分/次，累计扣分计算		
			中间计量及检验资料按时上报情况考核：中间计量及检验资料不按时上报，或者上报内容不完整影响计量的，每次检查扣分标准为：2 分/次。累计扣分计算		
			变更资料（涉及经济部分）台账建立情况考核：涉及经济部分的变更资料台账建设不及时或者建立内容不完善，不认真对待的，每检查一次扣分标准为：1 分/次，累计扣分计算		
			新增单价组价上报情况考核：涉及新增单价组价上报不及时或者上报内容不完善，不认真对待的，每检查一次扣分标准为：1 分/次，累计扣分计算		
			按时上报完整的变更资料（涉及经济部分）考核：涉及经济部分的变更资料上报不及时或者上报内容不完善，不认真对待的，每检查一次扣分标准为：1 分/次，累计扣分计算		
			按时完成对劳务/专业分包队伍的计量及支付：未按照合同约定完成对劳务/专业分包队伍计量及支付的，每次检查扣分标准为：2 分/次，累计扣分计算		
			合同交底情况考核：针对签订的各种劳务/专业合同、机械租赁合同、其他合同等，各项目部合同计量人员未组织合同交底工作的，每检查一次扣分标准为 1 分/份，累计扣分计算		
		成本管控（10 分）	任务书开具情况考核：任务书未按公司要求及时开具，每检查一次		
			建立成本台账情况考核：成本台账未按月及时建立进行三算对比分析，每检查一次扣分标准：1～2 分/次（视台账建立质量进行酌情考虑）		

图 3-13　香丽高速公路安全管理与行为绩效考核内容（样表）

（4）安全生产绩效考核制度的适用范围。

总承包项目经理部设立综合安全奖励基金，“平安工地”达标奖、每季度安全检查评优奖，安全专项基金作为综合安全奖励基金。该制度适用香丽高速公路建设项目所属的 1-13 个土建工区项目部施工现场安全等过程管理，施工安全管理和内业资料的管理等。

（5）安全生产绩效考核的执行方式。

安全考核，以安全过程管理问题处罚通知单、施工现场的场容场貌、施工现场的安全隐患整改情况及施工现场安全文明施工的情况。安全基础管理档案管理情况及对总承包项目经理部安全监督处安全管理工作的配合支持程度作为考核内容。

安全奖励，由相关人员草拟奖励通知，主管领导签发。安全过程检查罚款，由被处罚工区项目部直接交到总承包项目经理部财务处，并充入安全综合考评奖励基金；安全过程检查奖励，安全监督处将以文件形式告知财务处依据奖励文件，对奖励单位进行支付，支付时从安全综合考评奖励基金中支付。

3. 基于目标管理的香丽高速公路质量绩效考核管理

（1）质量绩效考核的内容。

① 对工区项目部质量管理行为的考核要求。

按项目质量目标，建立有效的质量责任体系，健全并落实各项保障措施以及各项管理制度。按合同文件要求配置试验检测、质检、技术、安全等项目管理人员，并满足实际施工需求。工地试验室仪器、设备按工程试验要求到位齐全，并定期进行标定，进、出场机械设备数量、型号、规格能够满足工地实际要求，与工程质量要求一致。履行承包人质量责任要求，各级管理人员持证及挂牌上岗，工作的业务能力及职业道德符合岗位要求。在开工前按要求进行实施性施工组织设计，并经监理批准、业主同意，执行、落实业主、监理、总包指挥部制定的质量计划。

② 对工区项目部施工质量行为的考核要求。

现场上严格按设计图纸、技术规范的要求或已批准的变更设计进行施工。施工行为符合监理质量控制程序，严格按施工组织设计中批准的工艺进行现场作业。工程材料来源符合规定，有试验检验证明，外购材料，成品、半成品材料有出厂合格证明及工地检验证明，执行项目部物资部对材料的相关管理措施，确保工地现场堆放和使用的工程材料符合质量要求。按公路工程质量检验评定标准进行检查、验收工作。检查验收资料齐全，数据准确、真实，检测频率符合要求。

③ 对实体工程质量的考核要求。

是否严格按施工图纸或批准的变更设计文件和施工技术规范、标准施工；砂浆、混凝土等混合料拌合物试验及击实试验、马歇尔试验等标准试验是否真实可靠，有无平行试验，使用前是否经监理工程师批准；工程开工是否按程序报批，手续资料是否完备；隐蔽工程是否按程序检验，手续是否完备；下道工序开工前，上道工序是否经过监理工程师检验，是否达到规定的质量标准；承包人工程施工所采取的施工方法、施工程序、施工工艺是否满足工程质量、进度、环境保护及安全的要求，是否经监理工程师批准；

（2）工程质量绩效考核的程序。

各项目部于每月 25 日前完成《工程质量月报》，经项目经理、项目总工签字后报总承包项目经理部工程质量管理处，质量管理处根据质量月报反映的情况安排检查工作。《工程质量月报》应包含工程进度、质量保证体系运行、工程质量检验、工程质量评定及验收，以及施工质量大事记、工程质量问题的处理等相关内容，并对下月施工计划与重点控制内容进行详细说明。检查工作以事实为依据、排除人为因素，做到公平、公正、公开，检查工作依下列程序进行。

对承包人有口头警告、通报、警示教育、返工、停工整改、违约金处罚等处理方式。对作业班组、外协队伍采取返工整改、处罚等方式进行处理。

限期整改、违约金处罚、返工、停工整改，由工程质量管理处发出质量检查表与隐患整改通知单（或处罚通知单），项目部必须将其执行结果以隐患整改通知单的形式书面回复（项目经理签字）工程质量管理处。

总承包质量管理处按季度定期形成书面质量简报，质量简报应全面反映各工区项目部质量管理水平，并从试验室、质量管理行为、桥梁、路基、隧道工程施工工艺控制等方面进行全面评价、综合考评，并根据考评结果严格执行奖惩相关文件。

（3）对质量缺陷的处理。

质量缺陷处于萌芽状态时：质量指标开始下降，出现有个别的与质量标准稍有偏离的检测数据，出现少量的不影响产品合格检验，但可处理修补的质量缺陷，如混凝土表面的麻面，小面积蜂窝等。这时应及时召开质量问题分析会，采取措施纠正，扭转质量下降的趋势。

质量缺陷正在发生时：若正在发生质量缺陷，或已经出现质量缺陷，应暂停施工。待采取保证施工质量的有效措施，并对缺陷进行了正确的补救处理后复工。当质量缺陷发生在某道工序或单项工程完工以后，而且质量缺陷的存在将对下道工序或分项工程产生质量影响时，应返工处理。

（4）对质量事故调查与处理。

由集团或国家相关部门组织进行的质量事故调查，总承包项目经理部应认真负责地做好配合工作，按照“四不放过”的原则，按规定开展事故调查。发生质量事故，从集团专家组中抽调专家组成事故调查组开展事故调查。与事故单位有利害关系的专家不得参加本单位质量事故调查。造成 100 万以下直接经济损失的质量问题，由各工区按本办法要求制订实施细则统一管理，组成调查组开展事故调查。查明事故原因，判定责任，于事故发生 30 日内向总承包项目经理部提交调查报告，总承包部 10 日内做出批复并审核备案，督促单位召开全员警示教育会。

发生质量事故，事故调查处理结束后 15 日内，由总承包项目经理部组织召开警示教育大会，通报事故情况，吸取事故教训，全员警示教育。警示教育大会应包括以下内容：通报事故经过、原因分析和责任判定。通报责任人处理决定。事故责任人汇报整改工作和对事故的认识。部门、基层单位谈认识、提建议。企业领导提出加强管理的主要措施和办法。

（5）质量事故责任认定。

根据事故调查结论，由事故调查组将事故划分为质量责任事故和非责任事故。事故责任分为直接责任和管理连带责任，责任事故纳入处罚范围，非责任事故不再进行处罚。

确定事故责任人的基本原则：因技术方案错误和缺陷而发生的事故，由方案制定和审批者负主要责任。方案落实不到位，由方案执行者承担主要责任。因未做施工（生产）工艺交底或交底不到位而发生的事故，由交底人负主要责任。因制造、安装、施工、检修方面的错误和缺陷而发生的事故，由制造、安装、施工、检修者负主要责任。因擅自降低制造和施工质量要求，使用低于国家或行业标准规定的材料（以低代高）造成的事故，由责任单位的负责人、组织者、执行者、质量监管人员负主要责任。因未及时解决质量隐患而引发的事故，由有关管理者负主要责任。因未严格贯彻落实质量管理措施而发生的事故，由执行者、组织者和现场质量监管人员共同负主要责任。因管理不善，发生质量事故或重复性事故，由有关领导负主要责任。

有下列情况之一者，首先追究领导责任：质量管理机构不健全，质量管理人员配备不符合规定，质量检测仪器配备不齐全。质量管理规章制度或操作规程不健全。不遵守操作工艺，违章指挥，强令工人违章作业而造成的事故。使用材料以次充好、价格以低代高造成的质量事故。不按规定进行质量教育和培训，未具备执业资格上岗作业而造成的事故。事故发生后，不积极采取抢救和防范措施，导致事故扩大、伤害程度加剧或重复发生的事故。

（6）质量事故处罚。

发生质量责任事故，总承包项目经理部调查组根据事故分类做出事故责任判定和处理建议，做出最终处罚决定，经济处罚由企业管理部实施、纪律处分由纪检监察部执行；当事故调查由政府有关部门主持时，按国家相关规定进行处理。事故单位因瞒报、谎报质量事故被举报查实的，除按程序开展补充调查，对责任人进行处理外，对瞒报、谎报事故的主要责任人追加处罚，给予举报者奖励。发生质量责任事故，除对事故责任人给予经济处罚外，总承包事故调查组应根据责任轻重判定提出对事故主要责任人的行政和党纪处分建议；事故责任单位应作书面检查，对负有领导责任的单位主要领导进行诫勉谈话，对负有直接管理责任的主要领导视情节给予处分。

（7）工程质量违约处罚细则。

为确保香丽高速公路工程质量得以有效控制，完善质量管理制度，纠正和处理工程建设中不规范的施工，根据《中华人民共和国合同法》《中华人民共和国建筑法》等相关法律、法规、规章的规定，制定了工程质量违约处罚实施细则。总承包项目经理部质量管理人员须按《合同协议书》约定对工程项目进行严格的质量监督，合同违约人以此为依据承担违约责任。总承包项目经理部质量管理人员应客观、公正的处理现场质量问题，对查出的质量问题隐瞒不处理者、假公济私、不秉公办事者，一经发现对当事人进行严肃处理，情节严重者直至调离岗位。工区项目部应认真履行合同条款，凡是违反合同条款规定的，均按规定承担违约责任。

4 高速公路施工要素管理标准化

4.1 高速公路施工要素管理标准化的内涵

工程施工阶段是形成工程实体的阶段，施工阶段的质量管理工作水平直接影响到工程的最终质量。高速公路施工阶段对质量产生影响的因素很多，归纳主要为五大要素：劳动主体（人）、劳动手段（机械设备）、劳动对象（材料）、劳动方法（技术）和施工环境（环境）。也即是工程管理中常说的“人、机、料、法、环”。

1. 劳动主体（人）管理

劳动主体（人）的质量包括参与工程各类人员的生产技能、文化素养、生理体能、心理行为等方面的个体素质及经过合理组织充分发挥其潜在能力的群体素质。在施工阶段直接参与工程实体建设的人主要包括：监理人员、施工管理人员、施工操作人员。建设一个和谐、士气高昂的项目团队，对最终完成项目目标具有重大意义。

随着近几年高速公路建设的狂飙突进，多条高速公路建设工作的全面铺开，项目管理人员尤其是技术人员的短缺问题越来越严重。许多建设企业集团也面临新项目上场后无人可用的尴尬局面，不得不东拼西凑，拆东墙补西墙，甚至是赶鸭子上架。不少项目高级管理人员从未参与过类似大项目的锤炼，未独自挑过大梁，对高速公路建设项目的管理还未形成全面整体的认识，就被匆匆任命，委以重任，仓促上场。不少毕业几年或者是刚从学校毕业的学员还在学徒阶段，对技术标准不清楚，施工规范不掌握，甚至施工图纸都不甚明白，就在施工现场被拔苗助长，当作技术主管、现场工程师使用。高速公路建设项目专业性强、标准高，对管理人员的各项素质和能力要求相当严格，作为一个项目部，管理班子没有丰富的管理理念和施工经验做支撑，没有足够的专业技术作保证，很难保证项目在实施过程中一帆风顺，不出重大问题。

由于现有的专业劳务公司规模远远不能满足大规模高速公路建设需求，因此寻找有丰富施工经验的劳务企业难度较大。目前的劳务企业良莠不齐，有些企业虽然有劳务资质，也有一定数量的劳务人员，但是由于目前在建和新开工的高速公路建设项目很多，个别劳务企业的劳务能力有限，为多占有市场，与多家施工企业合作，在劳力不足的情况下出现了临时拼凑工人的现象，工人的技能及熟练程度上都达不到施工的要求，造成建设项目施工一级企业中标、二级企业管理、包工队施工的局面，严重影响了建设市场的持续健康发展。

2. 劳动手段（机械设备）管理

机械设备对工程质量有着巨大的影响。机械质量的水平的高低，会直接导致工程项目质量的高低。施工设备的完善是保证工程项目机械化的前提，例如测量设备不准确必然造成工程错位，偏差超标等。设备选用不合理是目前施工中常见的问题。施工单位为降低施工成本，一般根据自己现有的机械设备进行配套组合，往往出现有的设备与施工方案和施工工艺要求不一致。这种情况在路基施工和路面施工中比较普遍。在桥梁施工中，需要使用大量的模板，实际施工中有的单位模板周转次数过多，无法满足工程施工要求，影响桥梁工程的外观质量。而施工对此认识不足，认为只要结构内部质量没有问题，外观差点影响不大，无法达到结构工程“内坚外美”的要求。

对机械设备的有效管理必须做到对购置那些设备、是否完成任务、设备安装情况以及是否能够正常运行等方面进行有效的控制。根据实际情况确定所需的设备类型。安装设备时，需要认真核对设备的型号、名称、数量等信息，同时设备的安装需要符合具体设备的安装说明。为了使工程项目质量得到强有力的保障，应该从加强机械设备的选型、性能参数和操作三个方面加强控制管理。同时，在把施工场地条件、施工工艺方法以及建筑技术经济等因素有机地结合在一起的基础上提出合理的施工方案，以获得较好的经济效益为目标。

3. 劳动对象（材料）管理

作为一种产品，高速公路建设项目实体构成成分是各类建筑材料、构配件、半成品等种类繁多的材料。材料是任何工程施工最基本的物质资料，没有材料的施工就如同无米之炊。材料的质量决定了高速公路的质量。合格的材料质量是工程建设项目质量达标的必不可少的前提条件。显然，工程材料产品是否合格、材质是否经过检验、材料选用是否合理，运输保管是否合理等，都将对工程项目结构的刚度、强度、抗震性能产生直接影响，不仅会对使用效果和质量产生影响，同时还会降低项目产品的持久性。不仅影响表观质量和使用功能，而且还影响工程项目产品使用的耐久性。

所以，为了保证工程质量的提高、创造正常施工条件、实现成本控制和进度控制，必须加强材料质量的管理。在工程施工过程中，需要做到以下六个方面：掌握材料整体信息，对供货厂家进行优选；为确保施工的正常进行，必须合理组织材料供应；合理的利用材料，降低材料浪费；加强对材料储存、材料运输，以及材料在途加工的监管；加大对材料质量把控的力度；重视材料质量证明，防止用错材料。

4. 劳动方法（技术）管理

方法因素包括项目的整个生命周期所使用的技术方案，工艺，各类建设措施，检测方法，施工组织设计等。方法是否正确，是影响项目三大目标（质量、成本、进度）能否实现的关键因素。在项目管理中，必须与工程实践相结合，从技术、组织、管理等方面进行深入分析，全面考虑，力争达到技术可行，经济实惠，技术先进，措施得当，执行方便，有利于提高工程质量，加快工程进度，降低成本。

对劳动方法（技术）的质量控制要全面正确地分析工程特征、技术关键及环境条件等资料，明确质量目标、验收标准、控制的重点和难点，制定合理有效的施工技术方案和组织方案。施工工艺（技术）是通过合适的技术方法，将合格的材料通过合理的机械配置，在参建人员的质量管理下形成工程实体，也是质量管理一个关键环节。在施工中，最主要的问题是对施工工艺（方法）重视程度不足，落实不到位。简单地认为只要把工程实体完成就可以了，具体是先绑钢筋还是先装模板等工艺问题，不是太重要。另一个现象是，墨守成规抱着自己熟悉的工艺和施工方法不放，抵制新技术和先进工艺，造成新技术和新工艺不能很好地推广应用。

5. 施工环境（环境）管理

外部施工环境复杂，干扰多，严重影响正常的施工组织，对工程质量产生直接的不良后果。常见的问题是拆迁征地工作不能按期完成，无法为施工单位提供连续的大面积的作业面，造成施工不连续，施工前期无法施工，后期抢工赶工。其次，电力、通信等专业管线拆改手续繁杂，周期过长，有时候严重影响局部工程的施工。三是施工过程中，无端的施工干扰太多，造成施工干干停停，甚至于无法按正常的施工工艺进行施工，给工程质量造成隐患。

4.2 高速公路人员管理标准化

4.2.1 高速公路参建方管理标准化

高速公路社会资本投资人和依法组建的项目公司，公开招标选择参与公路 PPP 建设工程的具备相应资质的勘察设计单位、驻地监理单位、施工总承包单位、试验检测及服务等机构，并结合其周边的路网结构，建设相应的路政、应急救援、交警等交通管理设施及场所，做到同步设计、同步施工、同步验收并移交相关单位。中标公路 PPP 建设工程的施工总承包单位和其组建的施工总承包项目经理部，应执行集团内部公开招标的规定，共同组织内部招标选择工区、专项、专业分包施工单位及工地试验室、材料（半成品、服务）集团集中统供等机构。参与集团公路 PPP 建设工程的各方责任主体应当遵循择优选择，责权对等界面清晰，目标管理，强化能力建设的原则，依据公路 PPP 建设工程特许经营协议、合同、管理协议承担建设项目质量、安全、投资及工期等管理责任。以建立健全组织机构，落实建设管理责任为重点，改革完善建设管理制度，建立与现代工程管理相适应的公路建设管理体系，提倡采用先进技术、先进设备、先进工艺、新型建筑材料和现代管理方式，促进公路建设科学发展、安全发展。

1. PPP 项目管理公司职责界定

高速公路 PPP 项目管理公司（项目管理法人）依法对 PPP 建设工程管理工作负总责，同时对监理工作过程负监督责任。项目管理公司从事建设期工程活动，必须严格执行基本建设程序，坚持先勘察、后设计、再施工的原则，不得超越权限擅自变更或简化基本建设程序。必须严格遵照执行公路 PPP 建设工程特许经营协议，认真履行工程建设期的相关条款内容满足相关管理要求，根据建设工程特点和技术要求，确定合理标段、合理工期、合理造价。依法选择勘察设计、监理和施工总包单位、工程设备供应单位、试验检测等单位，分别签署合同，合同中必须包含质量、安全、进度强制性条款，明确建设 PPP 建设工程质量创优目标、安全达标目标及质量和安全具体标准和合同双方的责任，不得签虚假合同。项目管理公司可自行委托有相应资质的检测单位组建项目业主中心实验室。应根据批准的建设工期确定施工合同工期，并严格按施工合同工期组织项目施工，不得随意压缩施工合同工期。

项目管理公司必须在建设工程质量和安全对公路建设工程勘察、设计、施工、工程竣工验收、保修、使用（营运）等尽建设单位公路 PPP 建设工程管理义务。遵守国家高速公路建设的法规、规章规定，细化目标管理与责任，依据自身监管能力从具有相应资质等级的监理单位聘请有相应资格的监理人员负责监理工作。建立并督促勘察设计、工程监理、施工总包、工程设备供应、试验检测等 PPP 建设工程相关方建立建设过程的质量保证体系、安全保证体系，编制并报批公路 PPP 建设工程实施建设期计划书。必须确保工程质量符合批准的施工图设计文件、国家现行的工程技术规范和技术标准。按照项目的投资类型及建设管理模式，可由项目管理公司（项目建设管理法人）自主决定建设工程质量和安全工程监理的实现形式，项目公司视项目条件设置一级或二级监理机构。其中，总监办可以由项目公司组建，也可以采取公开招标的形式选择具有相应资质的监理单位组建。总监办必须编制公路 PPP 建设工程监理实施方案，明确监理工作的范围、工作目标、制度体系并制定切实可行的保障措施。驻地监理必须通过公开招标方式选择。

项目管理公司应严格合同管理，严格履行合同义务，创建良好的施工环境和条件，确保按设计施工、按规程施工、按合同要求施工。加强投资控制和资金管理，积极采取有效措施提高设计变更的审查审批效率，严格计量和工程造价控制，支付相关合同条款应保障生产进度的需要，并做到专款专用，专户储存，不得挤占挪用、不得拖欠工程款。

项目管理公司应推进信息化管理。要以科技手段、信息技术、网络管理为支撑，建立并应用覆盖公路项目建设管理全过程的信息系统。项目管理公司要切实维护公众利益。在加强工程管理的同时，要承担必要的社会责任，维护农民工合法权益，督促施工方未按时发放农民工工资；协调处理好相关单位及沿线公众的关系，树立集团公路项目建设单位的良好社会形象。项目管理公司要切实认真组织项目管理机构所有人员认真学习高速公路建设相关的法律、法规及交通运输部有关行业管理规定，并严格遵照执行，熟悉每个阶段的建设管理流程。

建设工程开工前应组织施工图设计审查和设计交底；施工中应对工程质量进行检查；工程完工后应及时组织交工验收，并做好竣工验收的准备工作。加强档案管理，建立健全项目档案。建设工程质量和安全的工程竣工验收各环节的文件资料，都要严格按照《中华人民共和国档案法》的有关规定收集、整理、归档。项目法人在向交通运输主管部门报送设计文件时，应明确拟采用的建设管理模式（包括相应的监理选择方式）并提交相关的材料。设计文件批复时要明确项目建设管理模式，以及建设管理法人、法人代表及项目主要负责人等。项目建设管理模式、项目建设管理法人等变更时，应报原审批设计文件的交通运输主管部门备案。

在项目建设实施过程中，项目公司应积极主动对接交通运输主管部门和交通质监局、交通造价管理部门，及时获取监督管理要求和合理化建议，并落实在项目管理工作中，以提高工程质量，降低工程造价，保证工程按期完工。

2. 项目勘察设计、驻地监理职责界定

勘察设计单位依法及设计合同对 PPP 建设工程的勘察设计工作负主体责任，是勘察设计质量和安全的第一责任人，其建设工程质量和安全主要职责是：必须按资质等级及业务范围承担相应的勘测设计（含优化设计）任务，按照合同规定和工程施工需要，分阶段提交详勘资料和施工图设计文件，按管辖权限主动上报相应的交通运输主管部门对其承担设计工作的资格和初步设计及施工图设计文件的审查、审批。公路 PPP 建设工程的勘察设计工作必须达到规定的技术深度，符合工程建设强制性标准、有关技术规范和规程要求。设计文件的编制必须按照交通运输部《高速公路基本建设项目设计文件编制办法》（交公路发〔2007〕358号）的规定执行。设计单位应按合同规定及时提供设计文件及施工图纸；开工前做好设计文件的交底工作；对大中型和有特殊要求的高速公路项目，设计单位应在施工现场设立代表处或派驻设计代表，随时掌握施工现场情况，解决设计的有关问题。

工程驻地监理单位在公路PPP建设工程项目管理中不作为独立的第三方，监理单位是对委托人负责的受托方，按合同要求和监理规范提供监理咨询服务，是工程建设质量和安全监理的第一责任人，其建设工程质量和安全主要职责是：监理单位根据项目建设管理法人要求，按照合同约定的权利和义务，依法、依合同开展监理工作。依法承担公路建设监理合同范围内规定的相应责任。根据所承担监理任务和监理合同的要求，组建工程施工现场相应的驻地监理机构，配备满足要求的人员和设备，组建项目驻地监理实验室。调整完善监理工作机制。以质量、安全为重点，加强程序控制、工序验收和抽检评定，加强对隐蔽工程和关键部位的监理，精简内业工作量，明确环境监理和安全监理工作内容，落实对质量安全等问题的监督权和否决权。

3. 施工总承包单位职责界定

集团公司社会资本自行承担完成公路PPP建设工程施工任务，原则由集团总部各事业部作为施工总承包单位，具体履行施工总包合同，施工总承包事业部负责人和其施工总包项目经理部实际控制人同为质量和安全生产第一责任人。应建立、健全本施工总承包单位涉及公路PPP建设工程施工总承包管理的部门组织机构，组建具体公路PPP建设工程施工总承包项目经理部，明确管理责任人、项目经理和岗位人员职责。与项目法人签订施工总承包合同，依据施工总承包合同，对施工工程质量、安全、进度负主体责任。督促公路PPP建设工程施工总承包项目经理部认真履行施工总承包合同，负责工程施工和缺陷责任期工程修复工作，配合项目法人完成征地拆迁、地方协调、项目审计及交竣工验收等工作。督促施工总承包项目经理部建立健全施工项目质量、安全、生产保证管理体系及制度；审批并监督施工总承包项目经理部部编制、实施公路PPP建设工程施工总包管理方案；落实项目经理责任制，加强施工现场的 公路PPP建设工程施工管理，不得擅自承担具体施工工区、专项施工及承担专业分包及劳务分包的施工任务；依法规范管理施工专业分包和劳务分包，严禁以包代管。督促公路PPP建设工程施工总承包项目经理部依据国家现行的有关法律、法规和地方及行业的规定，结合所承接工程项目的规模、性质及技术特点，依据设计文件及现场条件编制具有针对性和可操作性的施工组织设计、专项施工方案及大型临时工程设计方案，按规定程序实施论证、审核、审批。

4. 施工总承包项目经理部职责界定

项目施工总承包项目经理部依法对PPP建设工程施工负主体责任，项目经理（实际控制人）是建设工程施工质量和安全的第一责任人。根据项目建设管理法人要求，严格按照公路PPP 建设工程施工合同约定的权利和义务，依法、依合同开展项目施工工作。依法承担公路建设施工合同范围内规定的相应责任。按集团管理规定，具体参与施工工区（分部）、工地试验室、材料（半成品、服务）集团集中统供、专业分包单位等机构的内部竞标选择。参与施工总承包单位签署施工协议和专业分包合同的谈判，加强项目管理、切实履行施工合同，确保工程建设工期、质量、安全，保护生态环境，确保职工健康安全，全面实现施工合同目标及集团保质量、保安全、保进度、保廉政、树形象、控成本的“四保一树一控”要求。根据施工招标及合同文件的要求，成立工程施工总承包项目经理部，实行项目经理负责制。遵守国家高速公路建设的法规、规章规定，分解管理目标与责任，建立并督促施工工区（分部）、工地试验室、材料（半成品、服务）集团集中统供、专业分包单位等分包协议方建立建设过程的质量保证体系、安全保证体系，编制并报批施工总包管理方案和施工技术调查报告。按批准的施工图设计文件、国家现行的工程技术规范和技术标准，细化设计施工组织计划，拟定设计施工进度安排、工程质量和施工安全目标、环境保护措施、生产完成计划，并严格组织项目实施。

督促各施工工区（分部）、工地试验室、材料（半成品、服务）集团集中统供、专项、专业分包等协议分包单位，依据施工及专业分包协议和施工总包管理方案，组建相应的工程施工现场项目部，配备满足要求的人员和设备，组建工地实验室。严格执行国家及地方政府有关法律、法规，强化质量、安全管理，建立健全建设管理体系；接受各级政府方和政府及集团相关职能部门的质量、安全、进度、文明施工、风险等监督、检查工作。依据有关高速公路建设的法律、法规、规章、技术标准和规范的规定，按照设计文件、施工合同和施工工艺要求组织施工，执行本施工单位建立的施工质量、安全、生产进度保证体系及相关制度，加强施工过程中的自检、互检和交接检工作，对其施工的工程质量、安全、进度负责。对交付监理签认的工程，要落实质量责任制。负责领导、指挥、协调、检查各工区项目部施工管理工作，对工程工期、安全、质量、文明施工、施工风险等进行直接管理，并向各工区项目部与专业分包单位依照协议、合同支付工程款，不挤占挪用、不克扣工程款。

5. 工区、专项、专业施工单位职责界定

集团公司所属参与公路 PPP 建设工程内部竞标承担施工工区（分部）、专项、专业分包施工任务的各施工企业，作为工区（分部）专业施工承包人对施工总承包项目经理部负责，认真履行与施工总承包签订的相关施工工区、专项及专业分包协议和合同约定的义务，满足协议（合同）中的质量、安全、进度、环保、廉政以及其他技术、经济等要求。对所施工的工区、专项、专业质量、安全、进度承担实际实施单位主体责任。建立、健全本企业所承担工程建设 公路 PPP 建设工程施工工区（专项、专业）分包施工管理的部门组织机构，委派公司驻点领导，组织成立具体公路 PPP 建设工程施工工区（专项、专业）分包施工项目部，明确管理责任人、工区（专项、专业）项目经理和岗位人员职责，并纳入施工总包项目经理部组织机构。与集团施工总承包单位签订工区（分部）、专业施工施工协议（合同），在协议（合同）约定的职责范围内服从集团施工总承包单位及施工总承包项目经理部两级管理，督促所组建的项目部认真履行工区（分部）、专项、专业施工承包协议（合同）。配合施工总包项目部负责所承担任务工程施工和缺陷责任期工程修复及交竣工验收等工作。督促工区施工项目部严格执行本企业建立的质量、安全、生产、廉政保证体系及制度；严禁将所承担工区施工、专项、专业分包施工任务再分包及转包，严禁违法进行劳务、专业分包及以包代管。

6. 工区、专项、专业施工项目经理部职责界定

施工工区及专业分包施工项目经理部在 PPP 建设工程项目施工管理中不作为独立的施工

承包人，其管理机构体系纳入施工总承包项目经理部管理体系。

但工区、专项、专业施工项目经理部是对施工协议委托人（施工总承包项目经理部和协议施工单位）负责的施工组织管理方。工区、专项、专业施工项目经理是按协议和合同要求和施工规范组织具体工区、专项、专业施工工程质量和安全的第一责任人，对所施工的工区、专项、专业施工的质量和安全负实际实施控制责任。施工工区及专业分包施工项目经理部根据施工总承包项目经理部要求，按照协议合同约定的权利和义务，依法、依协议组织具体工程、分部、分项、专项、专业施工。根据所承担任务和协议的要求，组建工程施工现场相应的施工工区、专项、专业分包施工项目部，配备满足要求的人员和设备，组建工地实验室。

7. 监控量测及试验检测单位职责界定

集团所属社会投资人和项目公司公开招标选定的第三方监控量测单位、中心实验室及集团所属各施工总承包单位及其组建的项目施工总承包项目经理部共同内部招标选定的集团所属工程试验、质量检测单位、结构安全鉴定单位，必须与项目公司或集团公司施工总承包单位签订专业分包、或服务合同。公开招标确定的第三方监控量测、中心实验室等单位在合同约定的职责范围内服从集团社会投资人和项目公司管理两级管理；内部招标确定的试验、检测等单位按合同约定的职责范围服从集团施工总承包单位及施工总承包项目经理部两级管理。应当按照法律法规、工程建设标准，在合同规定范围内开展检测、鉴定活动及服务，并对检测、鉴定数据和检测、鉴定报告的真实性、准确性、实时性负责。

8. 材料、设备、服务采供单位职责界定

集团所属及招标参与工程建设的建筑材料物资、预拌混凝土（混凝土、砂浆等）、建筑结构构配件（钢拱架、小导管、锚杆等）和设备设施（台车、施工机械、挂篮、移动模架、门禁、安全设施）等生产单位和统一供应等单位按照规定对所提供的产品、设备、设施的品质负主体责任。与施工总承包单位项目部或其授权的工区（专项、专业分包）项目部签订材料物资、构配件、设备设施采购供应合同，依据合同对所提供的物资的生产、加工、运输及进场交验的质量标准、安全生产、提交进度负责。按工程需要和合同约定组织成立施工现场生产、加工及服务机构，明确管理责任人和岗位人员职，服从施工总承包单项目部及其授权的工区（专项、专业分包）项目部的管理。建筑材料、建筑构配件和设备进场时，供应单位应当按照规定提供真实、有效的质量证明文件。主体结构材料、重要功能性材料和设备进场检验合格后，供应单位应当按照规定报送供应单位名称、材料技术指标、采购单位和采购数量等信息。

预拌混凝土、砂浆生产单位应当对原材料质量进行检验、试验及验证，主动识别混凝土的工作性能要求，对配合比进行设计和动态调整，按照配合比通知单生产，监督混凝土运输、浇筑、养护工艺流程的符合性，并按照法律法规和标准对生产质量进行验收。供应涉及建设工程主体和承重结构材料的集团统供单位，法定代表人必须签署工程质量终身责任承诺书。

9. 材料、设备、服务加工集团统供场站职责界定

集团所属及招标参与工程建设的建筑材料物资、预拌混凝土、建筑结构构配件和设备设施等生产单位、采购单位和统一供应单位，建设的施工现场加工工厂、混凝土搅拌站、工地

实验室、材料物资仓库等管理场站，按供应合同约定承担相应的责任，所供应的材料和设备，必须符合有关高速公路现行技术标准的规定，并全部符合设计对材料、设备的要求。公路PPP建设工程的工程材料、物资和设备的供应单位的确定，优先选择集团所属单位，坚持集团化统一供应的原则。统供单位具有按合同规定自主采购供应的权利，不接受任何单位和个人干预正常采购、生产、加工工作。按合同规定供应的材料、物资和设备等，必须按规定接受施工总承包项目经理部、施工工区项目部、驻地监理部和项目公司中心实验室进行检查、试验、检验，对检验不合格的产品，施工工区项目部有权退货和拒绝使用。在材料、设备的采购、供货和使用过程中，应严格计量标准和质量标准，按照有关施工技术规范进行，坚决杜绝弄虚作假、量价不符、以次充好的行为。

4.2.2 高速公路管理人员配备标准化

1. 总体规定

公路PPP建设工程质量和安全必须设立项目管理公司（含总监办、中心试验室）、施工现场设计代表处（含各勘察设计标段）、驻地监理部（含监理试验室）、施工总承包项目经理部（含工地试验室）、施工工区（专项、专业分包）项目部（含工地实验室）、材料设备生产加工供应部。明确相关管理机构负责人，配备具有相应资格、工程建设管理经验的专职管理人员和工程技术人员，责任落实，实行目标管理、动态管理。公路PPP建设工程质量和安全各级施工管理机构设置可根据合同协议的实际约定制定具体标准，但不低于集团规定的设置要求及资格条件。所有管理人员不得在两个或以上公路PPP建设工程质量和安全项目上任职，且报上级行政主管部门备案的公路PPP建设工程质量和安全主要人员（机构负责人、技术负责人、财务负责人）在项目交工验收前，原则上除不可抗力或调离原单位外不得变更。

各级施工管理机构建设期主要管理人员必须匹配工作岗位持有职称证书、安全生产考核培训合格证、注册建造师执业资格证、注册安全工程师证、交通部试验检测工程师、质检员证等相关证件，不得弄虚作假。各级施工管理机构管理人员和专业技术人员，不得兼任项目公司、勘察设计、驻地监理、施工总承包单位、施工工区、专业分包、试验检测及集团统供方的管理人员，也不得随意在上述公路PPP建设工程质量和安全各级施工管理机构间来回调动。

各级施工管理机构所配备的具有相应资格、工程建设管理经验的专职管理人员和工程技术人员，建立信息化考勤系统，在公路PPP建设工程建设期人员动态调整（变更）参数如下：50 km以下的，调整系数取1.1～1.4；50～120 km的，调整系数取1.5～2.0；大于120 km的，调整系数取2.1～2.5。

各级施工管理机构配备管理人员、工程技术人员及专职安全员等生产管理人员，在公路PPP建设工程建设期各阶段的人员到岗情况应满足行政主管部门法规规章规定和施工工程量、施工进度的要求，允许各阶段人员调整（允许调换人员百分比）的规定如下：施工准备阶段，项目管理人员调整系数取0.4，工程技术人员调整系数取0.5，后勤服务人员调整系数取0.7。施工高峰阶段，人员调整系数取0。控制性工程施工完成至项目交工前阶段，人员调整系数取0.3。施工交竣工验收，人员调整系数取0.7。

2. 项目管理公司人员配备

项目管理公司的公路 PPP 建设工程质量和安全的管理机构、管理人员、工程技术人员应符合以下设置要求及资格条件：管理决策层：公司董事长、总经理、党委书记、副总经理（建设资金、施工设计监理、征地拆迁、合同、质量、安全文明环保、进度、风险、财务等）、总工程师。管理部门：应设有计划合同部、总工办、质检部（含中心实验室）、工程部、项目总监办、财务、办公室（含协调办）等职能部门。根据项目规模特点亦可增设项目管理公司分部机构。管理人员：总人数视工程项目建设规模和专业技术要求确定，其中工程技术人员应不少于管理人员总数的 65%，具有高、中级以上专业技术职称的人员应占工程技术人员总数的 70%以上。

人员资格：管理机构负责人及其关键岗位人员应具有良好的社会信用和职业道德，具备相应工程组织管理能力，严格执行国家有关法律和规定，熟悉、掌握公路建设规章、政策，其中：董事长、总经理、副总经理：具有中级以上相应专业技术职称，具备 2 个及以上高速公路项目的建设管理经历；总工程师：熟悉、掌握高速公路技术标准、规范和规程，具有高级及以上专业技术职称，具备 2 个及以上高速公路项目的技术管理经历；财务负责人：熟悉、掌握财经法规和财务制度，具有中级及以上职称，具备 1 个及以上高速公路项目的财务管理经历；关键岗位人员：计划、合同、技术、质量、安全等部门负责人应具备相应岗位的专业技术和任职资格，并分别具备 1 个及以上高速公路项目的建设管理经历。

勘察设计单位的公路 PPP 建设工程建设期的勘察设计项目负责人、勘察设计分项负责人、施工现场设计代表工应符合以下资格条件：勘察设计项目负责人：具有路线或相关专业高级工程师职称，具有 10 年或以上高速公路勘察设计工作经验，参加过 2 个或以上高速公路勘察设计工作。勘察设计分项负责人：具有路线或相关专业高级工程师职称，具有 5 年或以上高速公路勘察设计工作经验，至少参加过 1 个高速公路勘察设计工作。施工现场设计代表：具有相关专业高级工程师，具有 5 年或以上高速公路勘察设计工作经验，至少承担过 1 个高速公路施工现场设计代表工作。

驻地监理机构的人员资格按国家及监理行业相关法规、规范标准执行。

3. 施工总承包项目经理部人员配备

施工总承包项目经理部的公路 PPP 建设工程质量和安全的施工管理机构、管理人员、工程技术人员应符合以下设置要求及资格条件：施工总包管理层：指挥长（集团公司视条件任命）、项目经理、党支部书记、项目总工程师、项目安全总监、项目总经济师、项目总会计师，根据施工项目规模、特点及施工任务量以上岗位亦可增设 1-3 名副职。施工总承包项目经理部管理层的人员必须专岗专职，不得由集团各施工总承包单位的管理人员兼任。管理部门：应设有财务处、合同处、工程管理处、总工办、质量管理处、党政综合办、安全环保管理处、设备物资处、综合管理处（征迁保通处、电力设施信息化办公室、当地政府联络处）等职能部门及施工工区项目部和专项、专业分包项目部。管理人员：总人数视工程项目建设规模和专业技术要求确定，其中工程技术人员应不少于管理人员总数的 95%，具有高、中级以上专业技术职称的人员应占工程技术人员总数的 80%以上。

管理机构负责人及其关键岗位人员应具有良好的社会信用和职业道德，具备相应工程组织管理能力，严格执行国家有关法律和规定，熟悉、掌握公路建设规章、政策，人员资格：项目经理：高级工程师或以上职称，8 年以上本专业施工工作经验，高速公路一级注册建造师，持有 B 类安全生产考核合格证。担任过 1 个本专业施工项目经理或 2 个本专业施工项目副经理，其建设规模与将承担的项目规模类似。项目总工程师：高级工程师及以上职称，8 年以上本专业施工工作经验，持有 B 类安全生产考核合格证。担任过 1 个公路施工项目总工或 2 个本专业施工项目副总工，其建设规模与将承担的项目规模类似。安全总监：工程师以上职称或注册安全工程师执业资格，5 年以上施工安全管理工作经验，持有 C 类安全生产考核合格证。项目总经济师：必须持中级职称。担任过 1 个公路施工项目的施工图预算、新增单价、竣工预结算的编制送审工作以及合同谈判、变更索赔、结算、对内外沟通协调等工作。质量负责人：工程师以上职称，由具有 2 个以上高速公路项目质量管理经验，持有质检员证。实验管理负责人：道桥专业，工程师以上职称持有交通部试验检测工程师证，担任工地试验室主任工作经验 3 年以上，具备省部级颁发的试验主任上岗证。

4. 工区、专项、专业施工项目经理部人员配备

施工工区（专业分包）项目经理部的公路 PPP 建设工程质量和安全的施工管理机构、管理人员、工程技术人员应符合以下设置要求及资格条件：

（1）工区施工管理层：工区驻点领导（由工区协议施工企业委派）、工区项目经理、工区项目总工程师、工区项目安全总监、质量负责人，根据施工项目规模、特点及施工任务量增设经济、财务。工区项目经理部管理层的人员必须专岗专职，不得在协议施工企业内两个以上施工工区任职。工区施工管理组：应设有工程施工、技术、质量、安全环保文明施工、材料物资等管理组及隧道、桥梁、路基、桩基、边坡施工等劳务班组。工

（2）区管理人员：应配备技术员、安全员、质量员、专业施工员、工地实验室主任，持证上岗，其中工程技术人员应不少于管理人员总数的 95%，具有高、中级以上专业技术职称的人员应占工程技术人员总数的 80%以上，劳务班组各工种施工人员专业技能满足要求。

工区驻点领导、工区项目经理、工区项目总工程师、工区项目安全总监、工区质量负责人、工地实验室主任的人员资格应满足施工总承包项目经理部的配置相应管理人员资格要求。

4.2.3 高速公路总分包队伍管理标准化

1. 总体规定

公路 PPP 建设工程的发包是指项目公司依法组建的项目公司公开招标选择具备相应资质的勘察设计单位、驻地监理单位、中心实验室、施工总承包单位、监控量测及服务等机构。仅集团所属事业部承担施工总承包。分包是指施工总承包单位将其所承包工程中的部分工程以合约协议方式交由施工工区（分部）、工地试验室分包等机构实施的行为，包括专业工程分包和专项工程分包，但不包括劳务合作。专业工程是指国家资质管理规定中明确的公路路基、路面、桥梁、隧道工程，以及公路交通工程中的交通安全设施、通信系统、监控系统、收费系统、综合系统等工程。专项工程是指按照《高速公路质量检验评定标准》划分的适合专业

化分包的公路有关分部、分项工程及其组成的施工工区。施工总承包项目经理部在施工过程中租用他人机械、设施设备，以及购买由他人制作完成的材料、成品构、配件、物资的，属于集团统供。公路 PPP 建设工程施工分包应当依法进行。注重发挥市场在资源配置中的决定性作用，竞争择优，鼓励专业化分包，推行标准化施工。规制分包行为，禁止违法分包。勘察、设计、施工总承包单位依法实施分包的，分包单位应当具备相应资质、技术条件，并对承担的勘察、设计、施工质量负责。勘察、设计、施工总承包单位应当对分包单位进行监督管理。

2. 总承包管理

集团各施工总承包单位在内部竞标文件及与分包方签订协议时，应有独立的工程质量、安全、环境保护、水土保持专项条款，且需规定具体 “平安工地”、品质工程、施工标准化及集团督查、交通行业行政主管部门进行的考评、考核应达到的目标指标，同时明确其承担工程的执行规范标准、过程管理、交工竣工、缺陷责任期及事故调查处理等各方面合同、协议当事双方的权利、责任与义务。施工项目应依据分包合同的质量专项协议开展公路 PPP 建设工程总、分包管理策划，将分包方的管理纳入总包的管理体系，满足总包的管理要求。施工总承包项目经理部、施工工区、专业分包施工方必须严格控制分包方的策划文件和技术管理工作，对分包方编制的策划及技术文件进行审核、审批，保证其满足工程既定的质量、安全、工期目标的规定。总包的机构负责人、管理人员、专业技术人员、专职质量员、专职安全管理人员应参加分包方及其作业班组人员的作业能力评价，参加分包方对其作业班组的技术交底、监督其技术措施、质量、安全标准等交底及保障措施实施。

3. 分包管理

由于分包方人员不服从总包管理人员或监理人员的管理，施工质量、安全、进度不符合合同、协议要求造成经济损失、社会不良影响的，必须及时解除分包合同、协议并立即清退出场，并报集团生产管理部，录入集团“黑名单”名录。对于项目管理公司直接发包且与施工总承包单位无任何合约和经济关系的分包单位、材料设备物资供应商等，施工总包项目经理部应对其施工的工程质量或提供的材料、设备的质量给予高度关注，当发现工程质量隐患或材料、设备存在质量缺陷时应立即通报监理工程师或建设单位，使其及时消除质量隐患，避免工程整体质量受到重大影响，分包单位审批流程见图 4-1 所示。

开工前，针对需要进行的施工分包或劳务合作项目，承包人须书面上报以下资料（包括但不限于）：施工分包/劳务合作情况说明；招（竞）标文件（包含合同协议书格式、招标控制价）；对分包队伍/劳务队伍的考察报告。以上资料经总承包指挥部批准后，承包人即可组织招（竞）标（或议标）工作，招（议）标完成后，承包人将评标结果、评标记录以书面形式报告总承包指挥部审批，上报资料包括但不限于：中标候选人的投标文件（含相应资格文件）；拟签订的合同文本等。经总承包指挥部审批同意后，承包人方可签发中标通知书，与中标人签订合同，合同签订完成后报总承包指挥部审核备案。若审批未通过，按审核意见整改完善后重新申报。

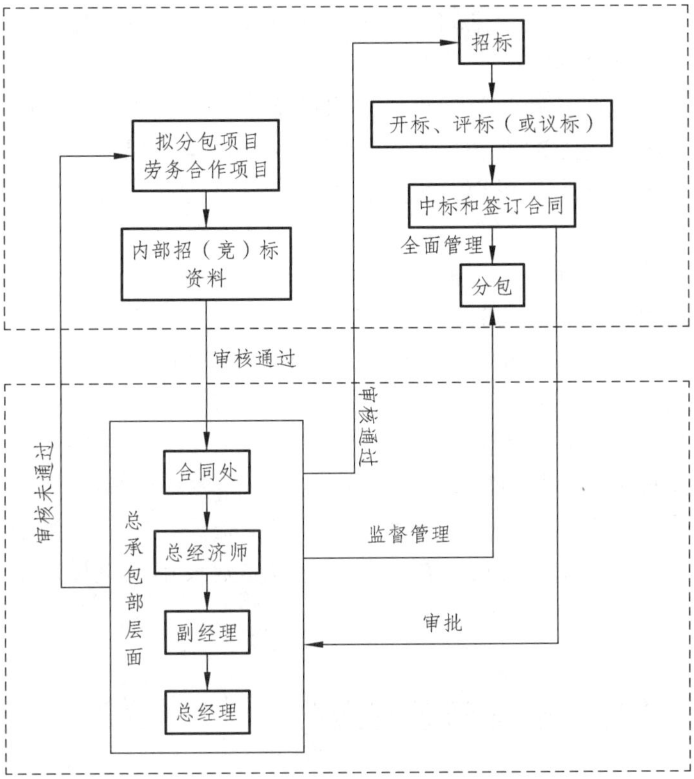

图 4-1 分包队伍选择审批流程

4. 集团统供队伍管理

集团统供合同可由施工总承包项目部或其授权的施工工区与材料设备物资统供单位签订。施工总承包项目部或其授权的施工工区均应对统供的材料、设备的质量严格验收管理，当发现工程质量隐患或材料、设备存在质量缺陷及量价不符时应立即通报监理工程师或建设单位，使其及时消除质量隐患。如发生误用的，施工总承包项目经理部及施工工区承担同等的管理责任，造成经济损失的，施工总承包项目经理部及施工工区承担同等的经济赔偿责任。

4.2.4 高速公路工管理标准化

（1）根据施工项目资金管理制度，项目部在财务部门设立项目专用账号进行项目资金以收支与结算，项目经理负责项目资金的使用管理，项目经理部编制年、季、月度资金收支计划，并上报财务主管部门审批实施。

（2）各工段项目部与民工签订劳务用工合同，根据合同商定的民工工资结算与支付办法，民工有权按时、足额领取到工资的基本权利。

（3）总承包总经理与各工段项目经理签订项目经理责任书，明确第一责任人，各工段项目经理必须按时支付民工工资，若各工段项目经理无特殊原因而不能按时支付民工工资，特别是对恶意拖欠、克扣民工工资的，将根据责任书的有关规定追究各工段项目经理的责任。若因特殊原因，造成不能按时支付民工工资的，应即时上报财务主管部门，由上级领导讨论研究后，决定有关解决事宜，对因拖欠工资而受损的民工，公司将予以补偿。

（4）为民工设立绿色通道及意见箱，民工有意见或事情可以直接到总承包项目部找相关负责人，并且为其大力解决难题。

（5）总承包项目经理部各有关部门积极采取措施，保证民工工资及时发放、让民工劳有所得，也促进了建筑施工企业的发展。为了保证工人工资得到保障，单独组建了农民工调查小组。专门调查解决民工拖欠、纠纷等现象，一经发现将对其严厉处罚，做到“工程清工资清”，决不拖欠民工一分钱。

（6）与所有民工签订劳动合同，根据工程需要合理雇用农民工，与雇用的每一位民工都签订用工合同，合同中明确用工的时间、工资标准、工资结算方式等，充分保障民工合法权益。保证民工及时拿到自己的辛苦钱，也保证了工程建设的顺利进展。

（7）本项目设立民工工资专用账户，预存工资款，避免了由于工程中一些复杂问题而造成资金困难。建立专用账户正是能保障工程在危急时候能够保证民工工资。

（8）将民工工资的支付情况纳入各工段项目经理部的各项考核指标中进行统一考核。

（9）严格按行政主管部门规定，足额发放农民工工资，及时支付施工机械费，如果发生拖欠现象，无条件接受上级主管部门处罚，无条件接受建设单位直接从支付的工程款中扣除所欠农民工工资或施工机械费。

4.3 高速公路物资供应管理标准化

4.3.1 物资需求与供应管理标准化

1. 水泥计划、供应及现场管理办法

为保障香丽高速公路项目水泥供应组织过程的科学合理管理及每月供应情况的及时核对，特拟定此管理办法，其目的是加强水泥的计划及现场管理。使各项目部对水泥的实际需用量做到明确具体。供需双方须通力协作，建立良好畅通的沟通机制，各个环节密切相关，保证水泥供应过程在各环节有序有效地运行。

（1）各需用单位水泥的计划报送、现场管理、结算工作。

各项目部需指定水泥用料计划的报料员，负责收集报送水泥需用量。在物资处规定时间内完成物资管理体系内的计划报送及审核，报送的数量、规格型号要保证其合理性和准确性。对出现漏报及超出计划用量的情况，必须以书面形式写明情况报送到指挥部物资处，经领导同意后，才准许物流供应。

各项目部对进场便道的路况、水泥仓储容量及仓储条件（见图 4-2）要有直观明确的了解。在有变动时，需及时与物流公司联系解决问题。各项目部需安排专管员进行水泥管理，建立记录表：水泥到达时间、送料单信息、过磅重量及每天的水泥消耗和使用部位等信息并归档保存。各项目部必须维护供应秩序，严格控制其各工区的水泥使用和消耗，建立定期巡查制度，杜绝违反统供材料管理的行为发生。每月 21 日前整理自上月 21 日起至本月 20 日止的水泥供货数量，积极配合物流公司进行核对数据并于每月 25 日前完成供货确认工作，对逾期的按照物资管理考核办法的相关考核评分标准进行扣分。

图 4-2　香丽高速物资仓库

在接到每月的需求计划后，物流公司先与各项目部确认规格型号和数量及大概的需用时间，对有特殊规格和数量较大需求的要提前进行联系并协调供应的时间和方法，后与水泥厂进行确认其生产能力，督促水泥厂协调运输车辆保障供应。每天的供应计划，要实时关注水泥的运输及下货情况，对工地和厂家及运输车队间产生的摩擦和矛盾要积极的协调并努力解决，对特殊情况要及时汇报指挥部物资处。单批次计划要收集整理并建立单批次计划统计表：对报送日期、报送单位、规格型号、数量、需用时间、下货地点等信息进行记录并归档保存。

（2）水泥的供应管理。

物流项目部因监督水泥生产厂家所供应的水泥相关技术指标和参数必须符合国家、行业最新标准及项目要求。若供应的水泥不能达到相关标准及要求的，需方不予认可，并不予支付相应物资款项。若造成工程质量问题及需方损失的，水泥生产商必须承担全部责任及需方损失。

图 4-3　香丽高速物资运输

香丽高速物资运输情况如图 4-3 所示。物流公司必须监督水泥运输方在现有路况下，按需方规定时间24小时内将物资供应到需方指定地点，若未在规定时间内达到指定位置按照相关合同内容进行处罚，并承担给施工方造成的一切责任和损失。物流要督促水泥供应商制定相关的运输管理办法，规范其运输队伍的人员素质，提高人员的业务水平。对拒不听从指挥和调度，且服务态度恶劣的驾驶员要清除出场，禁止其驾驶运输车辆运送香丽项目的水泥。

（3）水泥的结算。

物流公司依据和各项目部的水泥确认数量制作《月度供货对账单》,《月度供货对账单》上加盖项目部章及授权经办人签字确认。经双发确认后的《月度供货对账单》由物流公司在每月25日前提交集团指挥部物资处，对逾期的按照物资管理考核办法的相关考核评分标准进行扣分。

2. 金属材料管理

以牢固树立质量品质的理念，结合香丽高速项目实际情况，统筹、协调、管理金属材料供需，本项目的金属材料特指需进入仓库仓储，再向各项目配送的金属材料等物资。为保证金属材料的有效供给及质量，特制订本管理办法。

（1）计划的上报流程及注意事项。

各参建项目部按《物资管理办法》关于计划的上报要求执行（下月计划需求月度周期自本月21日至下月20日），于每月21日前登录香丽高速公路建设项目信息管理系统进行录入、上报。计划未在规定时间内上报，出现延期、错报、漏报现象的，按照《云南建投香丽高速公路物资管理考核办法（试行）》执行考核。

各参建项目部如超出月计划钢材需求使用量；因图纸变更等原因，需变更需求钢材；需提前3天填报单批次计划表附相应情况说明报香丽指挥部物资处进行审批，审批通过后物流方可进行备货。物流接到计划，进行零星采购常用材料需7日内完成，如需订货的特殊材料，需说明情况；对未按规定时间内完成采购供应导致施工延误，由物资处按每延迟一天罚款1000元进行处理。

香丽高速项目物流业务组对采购计划及供应计划每天及时上报，形成动态追踪表，物资处对特殊、紧急物资计划做到时时管理、及时协调，保障项目建设需求；每一月度、季度、年度计划量与供应量经统计，形成计划准确率报表，按照《云南建投香丽高速公路物资管理考核办法（试行）》执行考核。

（2）对物流中心库的管控。

物流公司按《物资管理办法》关于采购、供货确认单的上报要求执行（月度对账周期按上月21日至本月20日为一个周期，但12月份对账周期为11月21日至12月31日，1月份对账周期为1月1日至1月20日），物流需于每月25日前将确认单整理、汇总，上报指挥部物资处。

对香丽高速项目物流中心库台账进行检查，要求做到账面清晰、账物相符、记账有凭证、调整有依据，每日录入香丽高速公路建设项目信息管理系统。检查内容包括：系统信息、价格确认单登记、合同登记、采购台账、进货检验台账、材质证明登记、入库单、出库单、登账、核销。

图 4-4　香丽高速项目小中甸仓库钢材物资储备

对每批次入库金属材料进行外观质量检查工作，进场钢材外观检查应无裂纹、重皮、砂孔、变形、机械损伤与锈蚀，其外形尺寸、尺寸偏差经测量后，应符合相关标准要求，仓库需配备相应检测工具，包括：皮尺、外径千分尺、游标卡尺等。对金属材料仓储进行检查，金属材料标示标牌明显，堆放符合相关要求，对检查不合格仓储点要求期限内整改。

（3）对各参建项目部的管理。

对各参建项目部金属材料仓储点进行检查，金属材料标示标牌明显，堆放符合相关要求，对检查不合格仓储点要求期限内整改。建立定期巡查制度，对不符合现场材料管理要求的，进行整改；定期核对图纸与计划量进行损耗分析，杜绝违反统供材料管理的行为发生。

（4）物资系统管理信息平台。

对各参建项目部于物资系统管理信息平台（见图 4-5）上反映的物资供应问题，及时做到信息落实、请示汇报，统筹协调供应单位解决问题，形成投诉记录信息表。

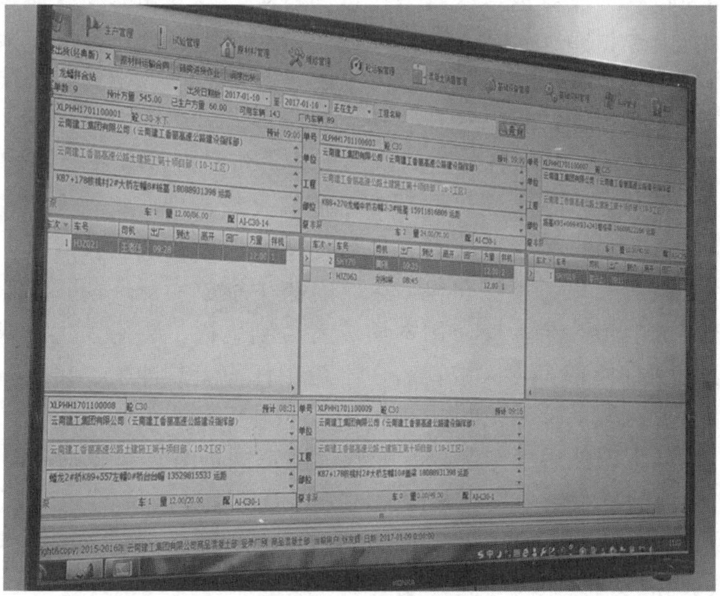

图 4-5　香丽高速公路混凝土管理信息系统

3. 民用爆破器材管理

（1）计划的上报流程及注意事项。

各施工项目部按照物资管理办法中关于计划的上报要求执行，月度周期按照上月 21 日至本月 20 日为一个周期。单批次使用计划的上报：在十天使用计划的范围内，需提前一天上报第二天使用量到民爆公司专职审批员，由民爆公司完成公安审批手续，办理出库及运输相关手续，如果项目部未及时上报计划炸材无法出库影响供应后果自负。

（2）仓储管理。

中心库房由民爆公司负责看守，实行 24 小时专人值守，每班值守护卫人员不少于 3 人，其中 1 人值守报警值班室。值守人员应每小时对库区进行一次巡视，巡视时携带相应的自卫器具，并如实登记形成台账。值守人员履行值班、检查等岗位职责，严格交接班制度，如管理不当造成民爆物品的流失等违法违规情况，责任由民爆公司自行承担，对项目的开展造成影响并承担相应责任。临时存放点由民爆公司安排保管和守卫人员进行 24 小时管理，并认真、如实登记所领取、使用、剩余的爆炸物品信息，认真做好爆炸物品出入库登记，确保爆炸物品使用信息清晰具备可追溯性；按公安机关要求临时存放点存放当天需用量，存放不得超过 24 小时并严禁炸材“过夜”，剩余炸材必须退回中心炸药库，并做好清退交接记录、签字手续完善，并随时接受公安机关检查，出现问题自行负责并积极组织保证供应。

（3）配送服务管理。

民爆公司现场配送，按照项目部计划提前半小时到达爆破现场，如不能到达影响时间超过 2 小时的，落实情况属实后处以 2 000 元/次的罚款；由于项目部现场作业的原因耽误民爆公司工作安排超过 2 小时，落实情况属实后处以 2 000 元/次的罚款。

（4）现场使用管理。

中心炸药库及临时发放回收点验收启用前，由民爆公司进行现场配送保证 24 小时服务，配送到工地后必须由持证的爆破员及爆破安全员同时签字方可领取爆破器材，否则民爆公司不得，并做好记录及时上报物资处。每次作业民爆公司必须安排持证爆破员、安全员两人全程参与。项目部必须严格负责按《爆破专项方案》进行爆破作业中钻孔及装药工作，作业人员需培训持证上岗，民爆公司进行钻孔及装药监督指导。装药前应对作业场地、爆破器材堆放场地进行清理，装药人员应对准备装药的全部炮孔、药室进行检查。从炸药运入现场开始，应划定装药警戒区，警戒区内禁止烟火，并不得携带火柴、打火机等火源进入警戒区域；采用普通电雷管起爆时，不得携带手机或者其他移动式通信设备进去警戒区。炸药进入警戒区后，应迅速分发到各装药孔口，不应在警戒区临时集中堆放大量炸药，不得将起爆器材、起爆药包和炸药混合堆放。炮孔装药应使用木质或者竹制炮棍，装药发生卡塞时，若在雷管放入之前，可用非金属长杆处理，装入雷管后，不得用任何工具冲击、挤压。每次实施爆破必须由安全员负责指挥，当装药完成后发出预警信号，进行警戒范围内清场工作，人员全部撤离爆破警戒区后，确认无误然后下令起爆。非长大隧道掘进时，起爆站应设在洞口侧面 50 m 以外；长大隧道在洞内的避车洞中设立起爆站时，起爆站距爆破位置应不小于 300 m，并能防飞石、冲击波、噪声等对人员的伤害。阴雨天和夜间户外严禁爆破，安全警戒未落实严禁爆破；起爆前现场人员和机械应撤离爆破警戒区域，爆破后，露天爆破通风 15 分钟、坑道爆破通风 30 分钟，乙方爆破员、安全员、丙方现场人员必须现场检查完毕后确认无盲炮、无炮烟、无隐患后方可解除警戒，确认安全无隐患时施工人员与机械方可进入现场。起爆后排查环节必不可少，由项目部与民爆公司共同参与进行，排查出来所剩爆破器材必须进行清退，如爆破器材受损不能再使用将记录在案，由民爆公司统一收回处理。项目部班组在清渣等作业中如发现现场遗留或者因爆破作业环节中未排查出盲炮、瞎炮而导致的剩余未清退的爆破器材必须第一时间上报现场管理人员，现场管理人员及时做好记录并通知民爆公司将其收回，统一处理。各项目部与民爆公司应定期对涉爆人员按相关管理及技术规定进行安全交底和技术交底，并形成交底记录。项目部安全管理班前会议必须将爆破作业作为重点进行交底及管理。物资处、安全处会不定期对施工现场爆破作业进行检查，发现不按要求作业，存在重大安全隐患的，双方互相监督立即停止爆破作业。

（5）台账及对账管理。

各项目部必须完整记录炸材的计划、使用台账，在现场使用过程中做好现场签证工作，现场签证单中需清楚记录车辆、爆破员、安全员信息，保留好原始资料便于备查，当月月底前积极配合民爆公司，以实事求是的原则完成对账签认工作，民爆公司当月 31 日前将结算报表上报物资处，如未能及时上报影响付款进度造成影响民爆公司自行承担。

4. 油料管理

（1）计划的上报。

油料以当月结算不跨月的形式进行结算，所以月度周期为当月 1 日—31 日，月度计划的上报周期为 1 日—31 日，上报时间与其他统供物资同步于上月 21 日上报次月计划。当月过程中采用单批次需求进行上报，提前三天采用短信的形式报计划，收到计划三天内配送到现场。

（2）现场管理。

① 油库的建设。

根据施工现场需要，按前期进场时所报送油罐需求总量，经物资处确认后，按建设进度情况与中石油对接配送油罐，完成安装。油库的选址应具备良好的地质条件，不得选择在有土崩、落石、断层、滑坡、沼泽、流沙及泥石流和地下矿藏开采后有可能塌陷的地区；易遭雷击、火灾等隐患严重及植被茂密的区域。油库与周围居住区、交通线等的安全距离，不得小于下表的规定。油库库房应采用钢管做立柱支撑、蓝色彩钢瓦做房顶。储罐罐顶距房顶不得小于 1.5 m；罐体距房檐的最小距离不得低于 2.5 m；罐体四周 3 m 外砌设 2 m 高的围墙；房檐四周滴水处设置排水沟。要求每个油罐配置 4 kg 干粉灭火器 4 个、2 m^3消防沙池 1 座、手推车式干粉灭火器 1 个、消防铲 2 把、消防桶 2 个、灭火毯 2 件。储罐必须做防雷、防静电接地装置（可以共用一套装置），接地点不应少于两处，且沿储罐周长的间距不宜大于 30 m，接地电阻不宜大于 10 Ω。中石油运输车辆必须在物资处备案登记，以便跟踪管理，服从本项目的管理制度，文明行车，严禁向本项目以外的设备下油，发生一次给予等价值三倍的处罚。各标段必须设立油料专管，负责油料收发及台账建立，现场设立油料专管员（该同志不得是分包单位人员）跟踪不能到加油点加油的设备及车辆。

② 现场验收入库。

具备过磅条件的必须严格实行过磅结算，无条件过磅按检查铅封是否完好直接验收和附近中石油加油站复磅的办法进行，以上两种办法必须供需双方及现场油料专管现场同时签字确认。收料过程中注意检查铅封是否完好，监督杜绝驾驶员放水过磅，每车油按实收数验收，当月对账以本月总数四舍五入保留小数点后两位计量，供需双方及现场油料专管签字认可。

③ 发放管理。

各标段对所有机械实行油箱加锁的办法进行加油管理，钥匙统一管理，加油枪或加油设备必须上锁，并由标段油料专管保管，做好加油记录及台账，严格发放管理。各标段对所有用油车辆、设备及设备管理员进行备案，详细车辆设备信息，加油时必须由设备管理员进行签字；对不能到加油点加油的所有设备必须设一个专人到加油点用铁质油桶加油，运输及加注到未能到加油点的车辆或设备整个过程中现场油料专管必须全程监控，拍照注明加注完成时间后发送至标段油料专管，建立档案。现场油料专管与技术员做好加油记录和运转时间，总结出单位耗油定额。通过加油记录、运转时间及定额，每天观察是否符合油料的使用情况（此项工作技术员在施工日志上记录清楚，并不定期检查），一旦发现异常情况及时向领导汇报。如因管理不好出现偷卖油料情况而未及时发现并上报，将停止其标段的油料供应。现场油料专管每月定期对各机械的单位用油量进行核对，并做好记录。对于不能到加油点加油的设备加油完成后，现场油料专管必须确认油桶内油料是否加注完，对油桶里剩余油料由现场油料负责人回收待用。项目材料部门不定期到工地检查机械的性能及用油情况，现场技术员更要细心监督设备的用油量。指挥部物资处就各标段供应情况每月不定期进行抽查，查看并核对台账和加油记录，如发现使用不合理的现象，对不能说明原因的停止其项目的油料供应。

（3）对账结算。

按物资处要求中石油每月中期会对接各标段，配合完成当月下旬油料计划的预报工作，统一按短信形式上报，注明时间、地点、数量；中石油按计划供应，不再重复上报。本月预出库量如与计划有偏差，双方认可于下月补齐。物资处要求中石油当月 21 日将对账单报送，完成对账后，标段于 22 日到物资处签认领料单。

（4）现场抽查与考核。

物资处、安全处会不定期对施工现场油罐的建设、油料的使用、收发存台账等情况做检查，发现违规、存在安全隐患等情况，做停供整改、通报等处罚，整改完成验收合格后恢复供应。

4.3.2　物资核销管理标准化

1. 总体规定

为及时、系统和准确地反映高速公路统供物资的供应和消耗状况，有效控制物资的合理消耗总量，加强工程质量管理和成本控制。材料核销是指对项目部投入工程中各类材料的消耗量，按照不同材料类别和不同施工部位进行分类统计，根据制定的限额领料标准（理论应耗量）和工程实际发生量，对统计数据进行数理分析，同时根据分析成果来指导剩余工程进行成本控制。改办法适用于总承包经理部统一供应的钢材、水泥、拌和站生产的混凝土、预应力钢绞线、桥梁支座、锚具、桥梁伸缩缝、土工材料、油料等物资核销管理工作。其他物资的核销视需要参照执行。

总承包经理部供应物资的核销工作由设备物资处归口管理，合同处、工程处等处室配合实施。各工区负责按规定报送核销报告及相关核销报表。合同处和工程处负责对核销报告及报表进行审核。设备物资处负责对各工区核销报告、报表进行审批，审批时可根据需要决定是否召开专题核销分析会议。竣工核销报告应报总承包经理部分管领导批准。

物资核销按项目进行，分月度、年度和竣工核销。竣工核销是物资核销工作的重点，其他时段的核销工作是项目部实现物资过程控制和管理的手段。月度核销时段为上月21日至本月20日。年度核销时段为上年的12月21日至当年12月20日。竣工核销时段为项目开工至完工。

2. 核销办法

（1）核销依据。

各工区施工承包合同协议书和总承包经理部审定的物资定额耗量。招投标文件、施工设计图纸。经业主审查的工程变更文件、设计变更文件以及其他组成合同文件的有关资料等。经监理工程师审批或业主确认的由项目部试验室制定的混凝土施工配合比。总承包经理部制定并发布的物资管理办法。经监理工程师审核的施工现场签证记录和相关资料。国家和各部委颁发的有关专业定额（如遇专业标准修订则相应套用新定额）。总承包经理部及各工区确认后的各类材料收入与消耗台账。总承包经理部设备物资处审定的物资收发存统计表、物资材料结算表、物资材料消耗明细表。以上文件如有重复或内容冲突，以生效时间在后的文件规定为准。

（2）核销内容。

确定施工项目应由总承包经理部供应物资的总量。核对分时段被核销项目（合同）的调拨量与工区领用量。审核工区的物资在加工量、库存结转量和消耗量。确定分时段被核销项目（合同）的物资实际消耗量及具体使用部位。审核采用的损耗率是否符合文件规定的核销依据。确定合理的损耗率。进行核销分析，得出核销结论并予以落实。

（3）核销报表及报告编制。

核销报告及审批表采用A4幅面纸张，其他核销报表均采用A3幅面纸张编报。核销分析报告中应对理论应耗量、实际消耗量和实际供应量三者的关系予以介绍和分析。对造成差异的原因进行详细分析说明。报告中应对采用的核销依据理由进行说明。实物工程量为完工结算工程量。

（4）核销程序及具体要求。

工区在向总承包经理部申报物资总量计划，根据合同项目中各分部、分项工程量和投标文件所列物资数量，编报统供物资用量详表和汇总详表（必须含有品种、规格、数量详细说明）。物资总量计划须报工区技术部复核，工区总工审批后，经总承包经理部工程处审核后，报总承包经理部设备物资处。施工详图下发后，工区应及时根据施工详图详细计算并重新补报物资总量修订计划，修订后的总量计划是总承包经理部设备物资处对该项目实行物资总量预控的依据。工区应建立一套完整的物资领用、发放、使用消耗、台账管理、检查和核销的规章制度，并制定详细物资核销管理实施细则，规范各部门及施工班组的物资核销工作。工区按照统一格式和要求分别编报各施工项目物资的月度、年度和竣工统计和核销报表。主要表格包括《项目部（月、年、竣工）统供物资进销存统计表》《项目部（月、年、竣工）统供物资应耗量核算表》《项目部（月、年、竣工）统供物资核销汇总表》。核销报表主要内容包括项目（合同）分部、分项工程实物工程量和相应的损耗率、损耗率采用依据、物资供应量、物资实际消耗量、库存情况等。要求同时报送该报表的电子文档一份。工区于每月30日前报送本月物资核销报表。不能按规定时间和要求报送核销报表，应向总承包经理部设备物资处说明原因，无故不报将不予结算工程价款，并暂停物资供应。由此造成的损失由工区自行承担。对需要进行年度核销的项目，年度物资核销报表和报告应与年终盘点表同步报送。年度物资核销报表中的工程量应与当期统计结算报表中的工程实物完成量相同，以便正确统计和分析年度物资消耗水平。年度核销结论作为总承包经理部对项目物资供应总量进行预控制的依据。工区在工程项目完工后，应于组织项目竣工验收会议前编制并报送完工项目的物资核销报告和核销报表。核销工作未完成前，不予组织竣工验收。报送竣工物资核销报表和报告时，应附本办法规定的、核销报表中引用的、完整的核销依据文件及其他相关证明文件。月度核销统计报表、年度及竣工核销报告、核销报表应报相关部门进行审核和审批，审核部门为合同处、工程处，审批部门为设备物资处。月度核销统计报表不需填写专门的报审表，只需按报表所列单位对报表进行审核和批准。经批准的物资核销报告原件由工区报送总承包经理部负责竣工验收的管理部门，作为申请办理竣工验收的依据。报送总承包经理部合同处一份，作为办理竣工结算的依据；报送总承包经理部工程处一份，作为工程量核算备案；报送设备物资处一份，作为物资销户的依据，核销流程见图 4-6 所示。

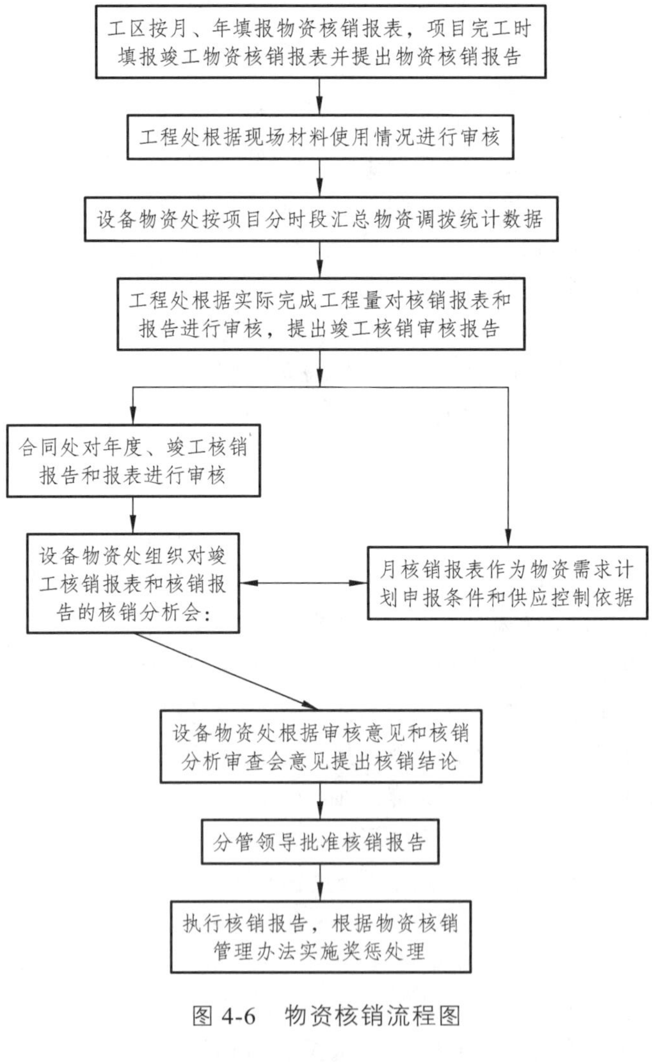

图 4-6　物资核销流程图

混凝土拌和站供应对象和供应范围应得到总承包经理部确认或批准，其物资核销程序与承包单位物资核销程序一致。使用混凝土的各工区在核销报表填报时应对混凝土单独列项，并列明混凝土使用的分项目和部位。

（5）核销分析。

明确核销标准。主要指损耗率标准及合理损耗标准的确定，核销标准采用依据及采用优先顺序见本办法第五条。根据相应标准和完工实际结算工程量计算项目总量。损耗率的确定：工区所报损耗率是否合理，由总承包经理部根据被核销工程的实际情况予以确认。最高损耗率不得高于公路行业最新的定额标准。对总价包干的临建项目，损耗率和损耗标准可参照主体工程标准执行，待核销量在总量以内的予以核销确认。对单价承包合同按实际结算工程量予以核销确认。待核销量超过或少于核定总量的部分需要详细分析、说明、欠耗部分是否有未经批准自购、降低质量标准、工程量统计偏大或工艺水平提高等原因，超耗部分是否有损失浪费、挪用窜项、物资外流、为下期工程备料、基建统计或结算滞后等原因。超耗部分原则上不能核销，要扣减该项目下期或该单位承担的其他工程项目的供料总量或采取相应的经济措施。

（6）核销结论。

原则上不允许工区在其多个项目间进行项目部统供物资串项使用。但经总承包经理部总工及主管领导批准，对于因工程急需、承包合同未签订而先行施工等特殊原因造成物资供应的串项事实，必须及时补办退库（对调出项目）及调拨手续（对调入项目）。核销结论必须对工区单位超、欠耗情况进行原因和定性分析，并提出明确处理意见。设备物资处根据各方审核意见和核销分析情况进行物资核销报表的审核和审批，必要时可召开核销分析及审查专题会议。核销结论报总承包经理部领导批准后生效。经总承包经理部领导批准的核销结论是对承包单位超、欠耗物资等行为采取经济处理的依据。核销结论是工程项目验收的重要依据，是组织竣工验收的必要条件，应作为项目管理的原始资料和项目竣工验收资料归档。核销工作完结需进行评价，总结物资管理工作经验和改进措施，以加强项目物资管理，提高项目管理水平。“对上理论消耗量”是指根据合同文件、设计图纸及设计变更，按照设计工程量和主合同规定的消耗指标计算得出。“对下理论消耗量”是指根据设计图纸、设计变更及施工组织设计，按照理论工程量和制定的理论消耗指标计算得出（但有时需结合现场实际情况调整）。“实际消耗量”是指在结算周期内各单位按照领用的实际量扣除现场的库存量及已完未结工程所需材料量，得到同期实际投入参与核销的工程施工的消耗量。

3. 职能部门管理职责

工程处负责编制实际完成工程量统计表提供给合同处，合同处计算对应主要材料的理论消耗量，提供给设备物资处。提供当期已完工程量及已完未结工程量（含隐蔽工程量），并提供各工区当期已完工程量和已完未结工程量相应的材料应耗量。对上材料核销过程中，如果由于施工方案和措施造成超耗的，应及时进行改进、优化，确保控制在消耗指标范围内；如果由于设计图纸变更的原因造成消耗超标的，应及时与监理、设计及业主单位进行沟通，要求按实际施工图纸予以认可。如果核销结果出现欠耗的现象，应及时采取有力措施，防范风险。

合同处是对下材料核销的归口管理部门，提供当期对上结算工程量及材料损耗率。负责提供统供材料对上理论消耗量，提交给设备物资处。对下材料核销过程中，合同处应根据材料应耗量和当期实际消耗量，计算出材料超欠耗情况，编制各单位材料核销表。如果出现超耗，并查明是否各工区管理不善造成的，应对超耗部分按市场价格加采保费扣除材料款；如由于施工队伍人为从中牟利，按总承包经理部《统供物资管理办法》规定进行处罚，直至将施工队伍清理出场。如果出现欠耗，应重新对工程量进行复核，并在后续工程中重点关注该施工队伍的施工质量。定期组织开展材料核销专题会议，找出材料超欠耗原因。

设备物资处是对上材料核销的归口管理部门，分别负责督促相关职能部门开展材料核销工作，共同组织召开材料核销专题会议。负责编制统供材料实际消耗量统计表，提交给合同处。设备物资处根据当期对上结算工程量、当期已完工程量、当期已完未结工程量结合损耗率计算出当期对上材料应核销量。根据当期材料发放台账及期末盘存数量计算出当期材料实际消耗量。将计算出的对上材料应核销量和材料实际消耗量进行对比，计算出材料超欠耗情况，编制对上核销表，同时，按照业主规定的材料核销程序与业主进行核销。组织召开材料核销专题会议，找出材料超欠耗原因。

4. 经济奖惩

为鼓励各工区重视和加强总承包经理部统货材料的物资管理工作，在按图纸、规范施工及不偷工减料的基础上，对于总量控制和核销工作做得好的单位，将由设备物资部处报请总承包经理部领导批准后给予适当的经济奖励。对于物资材料实际用量<（设计图纸用量+损耗+变更的物资材料）核定总量的承包单位，将对其节约的材料总量以 40%比例按统供价值计算，进行一次性奖励（前提是按图纸、规范施工且没有偷工减料现象发生）。

如工区实际领用量高于核定总量，在竣工结算时，对超过核定耗量部分按统供价值加计 50%管理费，从工程结算款中扣回。各工区不得私自采购属于总承包经理部供货范围的物资。各工区实际领用量低于核定总量时，如当时市场实际价格低于调拨价格，可认定存在私自采购属于项目部供货范围物资的行为或偷工减料行为。在竣工结算时，通过核算实际领用量和定额总量的差额，以市场价最低价和统供单价之间的差额为依据，计算出欠耗部分材料的价差。项目部从工程结算款中直接扣减该部分价差款。并有权视情节按总承包经理部统供物资的相关规定采取进一步的处罚措施。

4.3.3 物资库存管理标准化

1. 物资验收与验证管理

材料入库验收参照采购与付款管理办法执行验收，项目物资人员及时录入 NC 系统的入库单，严格按单据要求根据现场实际情况准确、真实录入 NC 系统，入库单经相关人员签字、项目经理审批。甲供物资的管理按程序要求，对产品及时做好搬运、贮存和妥善防护，并应进行标识、验证，做好“甲供”标识。业主提供的产品经验证不合格，若发现内容、数量、规格、型号等不符，应及时通知业主，并办理换货、退货手续。若发生损坏、丢失情况时应登记好财产丢失、损坏记录，也应及时报告顾客。顾客提供的产品在保管、使用、贮存期间发生丢失、损坏应及时向顾客报告，并说明原因。

2. 验收异常处置

现场材料主管验收时发现数量不符或质量不达标的情况，联系供应商的采购人员或相关负责人，到现场再次验收，质检结果依然不能达成共识的情况，抽检送至第三方检验，等待检验结果时将货物卸至指定区域，并做出标识，等第三方检验结果检验报告确认是供应商货物的问题，由供应商退换货，造成的一切损失由供应商承担。由于供应商的原因造成延迟交货或数量质量无法保证，造成的一切损失由供应商承担。

3. 存货的仓储保管

（1）物资仓储和现场管理。

钢筋加工厂按照业主要求建设、规划、布置。仓库和料场的布置要合理，仓库和料场应选择地势较高，利于排水和车辆出入的地方。仓库和料场对场地进行硬化，有利于材料的堆放和保证原材料的质量。仓库应保持清洁卫生、通风，具备防雨、防潮、防盗、防火等功能。仓库内的材料应进行分类堆放，容易腐蚀、变质、受潮及小件的材料尽量存放于货架上。仓库内存放的材料，应做到不腐烂、不锈蚀、不受潮、不过期、不损坏。水泥应分类、分区进行码放，并做好标示。包装堆码高度最高不能超过 10 包，按先进先使用的原则。保持存料场地的整齐清洁，做到成行、成线、成垛、成堆、标识与实物相符，不同厂家、不同材质的材料不能混存，做好现场物资的检验试验状态管理。爆炸物品必须设专库存放，设专人负责保管，昼夜看守。使用人须持证上岗，项目部必须设一名领导分管爆炸物品，切实做好防潮、防水、防火、防盗等安全工作，建立健全收、发台账，物资负责人严格审核。详细的爆炸物品管理措施见《民用爆炸物品管理办法》。应合理选择包装、架垫、遮盖、捆绑等办法防护物品，确保产品不受损、不丢失、不腐蚀、不变质、不降低性能。

（2）物资标识。

入库和进入施工现场的材料要做好相应唯一性和状态标识。原材料及半成品的产品标识是通过出厂合格证、出厂印章、标牌等来实现的；工程配套设备的产品标识是通过随机所带产品合格证、说明书、技术资料来实现的。均采取挂牌标识的方式，原材料标识牌注明品名、产地、规格、型号、数量、进场日期、检验状态。危险化学品的标识还应有“危险品”“防火”“防爆”及有害等标识，或提供相关的颜色和图案标识。现场材料存放地点发生转移时，标识应随材料同时转移，过程发生改变也应重新标识。搬运中要检查和保护相关的产品标识。工地剩余材料转移时，标识同时转移。现场半成品必须挂牌标识注明规格、长度、数量、使用位置等相关信息。

（3）巡查与抽查。

现场材料员及库房保管员应定期检查库存材料情况，按照技术保管要求及时进行保养，检查物资的锈、潮、冻、腐、霉、变、坏、混、漏、爆等状态情况。如发现有变质损坏、超贮积压、受潮锈蚀等情况，应及时采取防损措施。现场材料员及库房保管员应做好每天巡查与定期抽查的相关检查，并记录发现问题及整改情况，做好巡查记录。

4. 物资领料及现场管理

物资发放按材料先进先出的原则发料，依据项目进展情况申请领料，出库单按要求填写，禁止发料、收料为一人，签字齐全经项目经理审批有效。

（1）总包项目经理部统供材料供应（领用）管理：总包物资部根据供应商与工区项目双方签字确认的供货确认单、开具与工区项目的出库单、供货结算单，须经相关人员及工区项目物资授权委托人员签字有效。

（2）对施工队领料管理：依据项目材料员与施工队委托人签字认可的送货单，开具“领料单 1”必须由施工队负责人或授权委托人及时签字作为施工队领料数量的依据；月底与施工队对账、签字确认施工队领料对账单作为施工队扣材料款依据。

（3）对项目部材料消耗成本管理：为了准确核算当期发生的材料成本，项目物资部必须组织相关人员进行月度盘点，原材料、半成品归入库存，扣除库存数量，当月实际耗用量必须与实际完成工程量相匹配，真实准确反应材料成本。由材料员开具“领料单 2”项目部分管工长审核签字，经项目经理审批，作为当月的材料消耗成本、材料报表、台账、录入 NC 的依据。

当期实际材料耗用量=上月盘存数量+本月收料-本期库存量

（4）限额领料管理：在 NC 系统中依据材料总控计划数量，设置领料上线，材料出库超总控数量，系统不得出库，通过限额领料、控制材料成本风险；

现场材料消耗应与施工形象进度同步，建立收发存月报表、周转料料租赁月报表。准确记录材料成本，并配合项目核算员按月认真进行节超对比分析查明节超原因，及时采取相应措施，使项目材料耗用由事后算账转变为事前控制。

5. 盘点管理

（1）月度盘点。

项目材料人员每月 20 至 21 日组织项目部材料盘点，参加人员：项目部材料人员、技术员、核算员、施工队材料人员参与盘点工作并签字认可。《项目存货盘点明细表》经项目经理审核后，作为项目财务核算的原始凭证，同时上报所在设备物资部备案。盘点结果与材料员和项目财务账存进行对比，有差异的要进行复盘确认，确认盘点没有问题的，盘点人员在项目存货盘点明细表上签字确认。每月项目部材料人员与核算员对比定额消耗与实际耗用情况，如果两者差别超出理论损耗量，查找、分析出原因。

（2）年度盘点。

项目部依据每年度下发年终清仓盘点工作通知要求，组织项目部现场材料员、核算员、施工队材料人员、所在单位人员盘点，财务人员监盘，有条件的情况，可以让审计人员监盘。盘点时项目部现场材料员在年清仓盘点汇总表上记录实物盘点情况，年清仓盘点汇总表作为年终清仓盘点工作通知的附件同时下发。总包项目经理部根据项目的实际，参照路桥设备物资部拟定的年终清仓盘点工作通知拟定项目经理部的《年终清仓盘点工作通知》，经总包项目经理部物资部负责人、物资分管领导、财务审核，项目经理审批后下发执行。总包项目经理部年清仓盘点汇总表经各工区项目经理审核后交总包项目经理部审核和汇总形成。盘点结果与材料员和项目财务账存进行对比，有差异的要进行复盘确认，确认盘点没有问题的，盘点人员在年清仓盘点汇总表上签字确认；年清仓盘点汇总表经项目经理审核后，上报设备物资部门审核和汇总；设备物资部门对各项目上报的年终盘点结果进行审核，认为有必要复盘的，可以追加复盘程序进行确认，认为没有问题的汇总形成路桥总承包部的年清仓盘点汇总表，经设备物资部门经理审核，分管领导审批后交所在单位财务部。年清仓盘点汇总表经审批后上报集团公司物资部备案。

盘点时盘点人员还应关注存货是否存在资产减值迹象。当资产存在减值迹象时，所在单位财务部会同存货归口管理部门、项目部，进行相应的资产减值测试，形成资产减值测试记录。资产发生减值时，财务部应将〈资产减值测试记录〉及相关材料一并报送总会计师或财务总监审核，总经理审批或领导班子会议审议。

（3）存货盘点结果处理。

盘点结果出现盘盈的，由所在单位财务部安排项目财务按照盘盈会计政策进行账务处理。盘点结果出现盘亏的，由所在单位财务部协同项目部查明原因，由于管理原因造成的，追究相关人员责任，并按照会计相关制度进行账务处理；其他原因造成的，报所在单位董事会审批后，项目财务盘亏会计政策进行账务处理。

6. 废旧物资回收处置管理

（1）材料回收与处理。

对现场拆除、回收的废旧材料，应及时组织整理挑选，按质量等级和使用价值分别堆放，还可正常回收使用的旧物资，对接路桥其他项目可以转至另一项目，开具材料内部转移单。对于施工现场已无使用价值的废旧材料物资，项目部组织人进行收集和保管，由项目物资部在 OA 上填报废旧物资处置申请表，按审批意见执行。所报废材料的出售按询价的，应不少于 3 家购买方询价，购买方填报废旧物资处置询价表，项目部填报废旧物资询价对比表，确认买家，签订相关协议，缴纳保证金，废旧物资出售结算清单，按照报废材料处理程序，由公司设备物资部批准。过程中，做好相关照片的留存，所有回收金必须交回财务结算中心入账冲减项目成本。对于重大存货处置，需聘请具有资质的中介机构进行资产评估，采用竞价方式或招标方式对外出售。过期的材料（尤其是外加剂、火工材料等），原则上不再使用，因特殊情况要使用的，必须按照相关规定复检，对于复检后确认报废的材料，进入报废处理程序。火工材料的回收与处理必须按照国家有关规定进行。项目部未经公司同意私自处置废旧物资或项目物资，一经查处，追缴处置金额，并对项目经理和经办人处于处置金额 20% ~ 50% 的罚款，情节严重者交由相关法律机构办理。

（2）物资现场监管。

物资部门对现场材料履行监管职能，与项目部、施工队现场材料员一起负责监督、检查材料的使用情况、材料管理执行情况，确保材料正确合理使用。物资部有权对项目部不规范使用材料的如超领、超耗、乱堆、乱放、场地不清、余料不退等现象提出批评，对给予提出整改后仍不积极整改而造成损失的视实际情况给予当事人相应的经济处罚。项目部负责人、总工、技术员以及材料人员应对现场材料的使用过程进行控制，使用的材料强度等级、定尺、标号必须根据工程情况来选择，控制下料的方法和过程，杜绝浪费现象。对施工现场没使用完的材料应积极清理回收备用或退库，防止材料的流失和被盗，现场材料的清理工作要随时进行，做到“工完、料尽、场地清”，以促进节约和文明施工。

7. 物资核销管理

（1）材料核销。

材料核销是指对项目部投入工程中各种材料的消耗量，按照不同材料类别和不同施工部位进行分类统计，根据制定的限额领料标准（理论应耗量）和工程实际发生量，对统计数据进行数理分析，同时根据分析成果来指导剩余工程进行成本控制。一般工程中，需核销的主要材料有：混凝土、水泥、钢筋、支座、锚具、钢绞线、沥青等。

（2）物资核算。

对上（业主）理论消耗量是指根据合同文件、业主审批的设计台账及设计变更，损耗按照设计工程量和主合同规定的消耗指标计算得出。对下（施工队）理论消耗量是指根据设计台账、设计变更及施工组织设计，合同损耗率按照理论工程量和制定的理论消耗指标计算得出（但有时需结合现场实际情况调整）。实际消耗量是指在结算周期内各项目物资部按照领用的实际量扣除现场的库存量及已完未结工程所需材料量，得到同期实际投入参与核销的工程施工的消耗量。统供、统控物资核销，总包项目经理部组织相关部门对各工区进行季度核销、年度核销、即将完工项目核销。提交核销计划，项目经理部按要求上报相关统供材料核销表及核销报告。具体要求参照《统供、统控物资核销管理暂行办法》执行。

（3）管理职责。

项目合同计量部是各项目对下材料核销的归口管理部门，项目物资部是各项目对上材料核销的归口管理部门，分别负责督促相关职能部门开展材料核销工作，共同组织召开材料核销专题会议。工程部负责编制实际完成工程量统计表及主要材料的对下理论消耗量提交给项目合同计量部审核，项目物资部提交实际消耗量给项目合同计量部做对比分析表。项目合同计量部负责提供甲供材料对上的消耗量，提交给项目物资部，由项目物资部负责核对甲供料进场数据是否超欠。

① 材料核销流程：（核销主体项目部）对业主（对上）材料核销流程；项目合同计量部提供当期及累计对业主结算工程量及材料损耗率。工程部提供当期及累计已完成未结工程量（含隐蔽工程量）。项目合同计量部根据当期及累计已完成工程量、当期已完成未结算工程量结合损耗率计算出当期对上材料应核销量。项目物资部根据当期及累计材料入库台账及期末盘存数量计算出当期及累计材料实际消耗量。项目物资部将计算出的对上材料应核销量和材料实际消耗量进行对比，计算出材料超欠耗情况，编制对上核销表，同时按照业主规定的材料核销程序与业主进行核销。项目部组织召开成本分析会议，找出材料超欠耗原因。如果由于施工方案和措施造成超耗的，应及时进行改进、优化。确保控制在消耗范围内；如果由于涉及图纸变更的原因造成消耗超标的，应及时与监理、设计及业主单位沟通，要求按实际施工图纸予以认可。如果核销结果出现欠耗的现象，应及时采取有力措施，防范风险。

② 对下材料核销流程：工程部提供各施工队伍当期已完工程量及已完未结工程量。项目合同计量部提供各施工队伍当期已完工程量和已完未结工程量相应的材料应耗量。项目物资部根据当期各施工队伍实际领用量及期末盘存量计算出当期实际消耗量。项目合同计量部根据材料应耗量和当期实际消耗量，计算出材料超欠耗情况，编制项目材料核销分析表。项目合同计量部组织超开成本专题会议，找出材料超欠耗原因。如出现超耗，并查明原因，分析情况，明确责任，应对措施，对超耗部分按责任方、施工合同扣除材料款；如由于施工队伍从中牟利，应按合同规定进行加倍处罚，将施工队伍清理出场。如果出现欠耗，应重新对工程量进行复核，并在后续工程中重点关注该施工队伍的施工质量，及时把材料进到现场，在项目中后期上报公司。

（4）甲供材料扣款的问题。

在业主扣除甲供材料款时物资部应需及时与财务沟通，建立甲供材料扣款台账，防止重复扣款。

8. 材料管理工作经济指标

材料损耗率管理：损耗率参照公路预算定额为损耗率上限，项目部与施工队签订施工合同时，根据工程部位制定合理损耗不得超过该损耗率。超出正常损耗的处理：对超出正常损耗的材料用量，由项目部负责全额赔付；处罚：对项目部相关人员处于超额部分 10%～30%的罚款，依实际情况确定。

周转材料购置、损耗管理：项目部根据工程需要按批准的施工组织设计，经项目技术部门提出需用计划，在核算员、总工签字后，材料人员上报采购计划并附询价表，进入采购流程，经合同评审签订后，项目部实施采购、加工或对外租赁。项目部采购周转材料采用一次摊销或者分次摊销的方法。标准周转材料摊销年限钢模板 4 年，铝模板 4 年，钢管 8 年、扣件 5 年，非标准周转材料要按规定的周转次数加强周转。及时拆除、回收、修整、保养周转材料，并做好记录，建立收、发、退周转料台账。

9. 物资基础管理

材料管理基础工作是指对与材料管理各环节相关联的各类信息进行收集、整理、加工、填报、归档等各类工作，主要包括材料单据管理、台账管理、统计与核销管理、付款管理、报表管理、信息库及档案管理。单据作为信息的载体，对信息的传递、程序的落实、行为的规范和材料的核算起着决定性的作用。主要包括收料单、领料单、内转单、运输结算单等。单据的填写完整、内容要真实，文字要工整，签字齐全，不得涂改，传递要及时。

台账综合反应各期有关材料总量、变量和差量等信息，是实施比较分析和总量控制的基础资料和依据，材料管理台账主要包括《采购合同台账》《进场材料验收日记》《周转料收发退台账》《废旧物资处置台账》等各类台账，项目材料人员每月与项目财务人员进行核对，及时准确反映和传递材料动态，以便及时进行比较分析和总量控制。

各项目部、总包项目经理部按照路桥总承包部的规定对材料报表要求统一格式上报，真实、准确、签字齐全、及时地填报材料报表。每月上报材料报表包括项目存货盘点明细表、入库单、出库单、路桥部物资分类汇总表、材料月收发存报表、入库流水账、出库流水账、料消耗成本、材料计划、实际材料与工程耗用对比表、工区统供材料汇总表、统供材料价差表等。期间是上月 21 日至当月 20 日，在每月 25 日至 26 日，由各项目部上报设备物资部门，经项目会计审核，项目经理审批有效。总包项目经理部参照项目部管理要求，审核工区项目上报的材料报表。项目部材料人员按照业务财务一体化要求同步录入 NC 信息系统库存管理、合同管理、物资管理。

项目部物资管理员在材料领用供应完成一个月内与工区项目、施工分包商办理完成材料领用最终结算，材料领用最终结算单需经双方物资负责人、项目负责人签字，盖章完成，并交回路桥设备物资部。设备物资部门应对材料供应商的调查及评价结果进行收集整理，建立物资合格供方信息库，并定期更新，对采购计划/采购申请、招投标资料、询价表、合同或协议、台账和报表、对内对外往来函件、供方的资质材料、材料检验验证资料、物资核销报告、结算资料等基础资料进行分类整理，装订成册，建立档案清单，妥善保管，过程中以备查验，待工程完工后按照归档资料要求交回公司设备物资部进行归档。

4.4 高速公路构件加工管理标准化

4.4.1 注浆小导管加工标准化

小导管采用ϕ42 无缝钢管，壁厚 4 mm，前端做成尖锥形，管壁上每隔 75 mm 梅花形钻眼，眼孔直径为 8 mm，尾部长度 1 000 mm 作为不钻孔的止浆段。工程日需求量大，单根管壁钻孔数量较多，在保证安全与质量的前提下满足施工进度要求，确保施工工期，是本工程最大的特点。

1. 原材料检验

钢管的内外表面不允许有目视可见的裂纹、折叠、结疤、扎折和离层，如图 4-7 所示。这些缺陷应完全清楚，清楚深度不超过公称壁厚的负偏差清理处的实际壁厚应不小于壁厚偏差所允许的最小值。若材料表面锈蚀严重，则严禁使用。小导管所用钢管进场必须按批抽取试件作力学性能（屈服强度、抗拉强度和伸长率）和工艺性能（冷弯）试验，其质量必须符合国家有关规定及设计要求；小导管所用的钢管的品种和规格必须符合设计要求。

图 4-7 进场钢管质量检验

2. 小导管加工制作

工艺流程：钢管切割下料—注浆孔冲孔—高频加热—制作锥头—检查验收—打包。

施工步骤：小导管加工前表面污渍、泥土等杂物进行清理；根据图纸尺寸进行钢管切割下料，如图 4-8 所示；小导管管体采用数控冲孔机制 8 mm 的注浆孔，注浆孔间距为 150 mm，呈梅花形布置，尾部长度留 1 000 mm 的止浆段，如图 4-9 所示；小导管端头采用感应加热设备，尖头机加工成长度 100 mm 的圆锥形，如图 4-10 所示；对加工完成小导管进行质量检验。

图 4-8　小导管下料

图 4-9　注浆孔加工

图 4-10　锥头加工

焊接箍筋：将切割成型的钢管固定在锚具上，把切割好的钢筋一端焊接在钢管的尾端，用乙炔焰加热，至一定深度，用扳手缓慢弯曲钢筋，将其紧密绕在钢管上，钢筋两端采用搭接焊，箍筋和钢管用点焊，用电焊机焊接牢固，如图 4-11 所示。

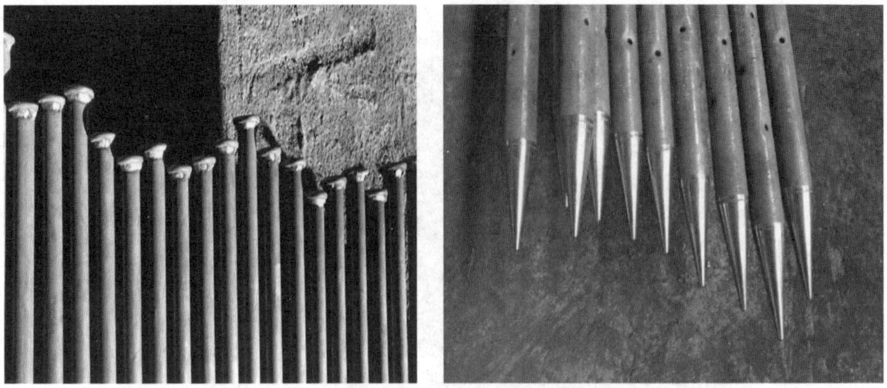

图 4-11　箍筋焊接

3. 质量、安全保证措施

熟悉切割机、数控冲孔机、感应加热器、尖头加工机等机械操作规程，严格按照机械操作规程安全使用机械；所有进入现场人员必须正确佩戴安全防护用品。小导管搬运必须轻拿轻放，切不可随意敲击小导管。搬运过程中要防止其发生变形，如若发生变形必须重新进行加工。小导管端头尖锐锋利，在搬运过程中应注意人身安全。所有加工小导管人员必须经过专门技能培训，并取得相应证件。必须严格按照小导管加工作业指导书进行施工作业，项目技术人员将对加工小导管进行不定期检查。

4. 用电安全保证措施

所有操作人员应掌握安全用电的基本知识和所用设备性能，用电人员各自保护好设备的负荷线、地线和开关，发现问题及时找电工解决，严禁非专业电气操作人员乱动电气设备。所有电气设备及其金属外壳或构架均按规定设置可靠的接零及接地保护。现场电气设备有漏电保护器，电缆绳可靠绝缘，定期检查，发现问题及时处理解决。各种机电设备均有专人负责管理，电工持证上岗。现场用电设备实行三级供电，两级保护。作业后，及时清理作业区域，杜绝火种，切断电源，锁好配电箱。

5. 原材料质量检验

钢管的尺寸和外形应采用符合精度要求的量具进行测量。钢管的内外表面应在充分照明的条件下进行目视检查。

4.4.2　钢拱架加工标准化

隧道钢拱架支护是采用型钢冷弯成形后加固隧道工程的支护措施，按照设计规定采用Ⅰ16、Ⅰ18、Ⅰ20a 型工字钢进行冷弯成型，分为不同单元分段加工。本指导书编制目的为明确钢拱架的加工工艺流程、操作要点和相应的工艺标准，指导、规范拱架制作。

1. 拱架加工厂房建设

厂区的施工用电电线布置要整齐安全。厂区所用机械设备的安装区域遵循安全适用原则。

整个厂区的工作区域划分整洁，划分为下料区、半成品堆放区、拼接焊接区、成品堆放区，并且必须留设安全通道。

2. 施工工艺

（1）原材料要求。

本工程需要的钢板材质为 Q235B，型钢材质为 Q235B。材料到达工厂时，材料员应认真按采购计划所要求的材料名称、规格、型号、材质、等级、数量（计划数）等内容逐一清点核实，并做好进料登记工作。对不合格原材料一律退还供应商。原材料进场，集中堆放，下面必须垫有枕木，防止锈蚀。钢拱架加工前要根据设计尺寸，严格控制弧度和长度，保证加工出来的拱架曲线平顺，美观。钢拱架在型钢弯曲机上按照放样尺寸分段加工。拱架下料严格按照设计规定的尺寸切割下料，工字钢的下料尺寸为内弦长度辅以弧长。工字钢的切割必须精确按图切割，并清理干净氧化渣。

（2）拱架加工要求。

表 4-2　拱架加工要求表

序号	加工要求
1	整榀拱架周边拼装误差为±3 cm
2	螺栓孔眼中心间距公差不超过±2 mm
3	整榀拱架平放时，平面翘曲应小于 2 cm
4	连接板焊接采用气体保护焊接，四周围焊，角焊缝高度 7 mm
5	加工焊接不得有漏焊、假焊，焊缝表面不得有裂纹、焊瘤等缺陷
6	连接板按照图纸要求加工
7	腹板开孔严格按照图纸要求，所有制孔必须采用机械制孔

（3）型钢原材料为固定长度，拱架冷弯过程中需要进行对接后再进行冷弯，因此对接焊缝会出现在工字钢的不同位置，按照规范要求，在连接节点位置 600 mm 范围内不允许出现焊缝，因此钢拱架在冷弯下料过程中就必须要做好排版工作以满足此要求。

图 4-12　型钢材料检验

3. 工字钢架加工工艺

原材料进场，集中堆放，下面必须垫有枕木，防止锈蚀。连接板钻孔采用数控立式钻床进行钻孔，采用模板进行套钻，以确保100%的穿孔率。钻出的孔应为圆柱状，并垂直于钢材的平面，孔的边缘应光滑无毛刺。

图 4-13　拱架连接板加工

（1）钢拱架下料：钢拱架在型钢弯曲机上按照放样尺寸分段加工。拱架下料严格按照设计规定的尺寸切割下料，工字钢的切割必须精确按图切割，并清理干净氧化渣。保证加工出来的拱架曲线平滑，美观。

图 4-14　工字钢架下料

（2）组装、焊接：施焊前清理焊缝坡口表面的油污、铁锈等。在焊接过程中严格按照焊接作业进行操作。焊接过程中产生缺陷，必须清除后再继续施焊。焊接后将焊缝表面的熔渣、飞溅等杂志清理干净，检查焊缝外观质量，并在规定位置上打上焊工标记，转交质检员进行专检。

图 4-15　钢拱架焊接

（3）预拼装：整榀拱架加工完成后进行预拼装，预装必须在固定、坚实的胎架上进行。在预拼接场地上按图纸尺寸 1∶1 放出预组装构件的大样，然后在大样上搭置胎架，胎架的水平位置采用水准仪进行测量定位，其偏差应符合构件装配的精度要求，并具有足够的强度和刚度，如图 4-16。

（4）成品打包：钢拱架加工完成后，按照单元分类统一堆放，便于调货运输。

图 4-16　拱架预拼

4. 格栅拱架加工工艺

根据格栅拱架设计图在钢平台上放样，画出 1∶1 的格栅拱架大样图，包括各连接点的法线方向。制作模具：操作者先复核格栅截面设计模具，模具材料采用角钢，做好模具按大样线直接焊在钢平台上，必须保证焊接牢固和竖向垂直。

图 4-17　模具制作

（1）钢筋下料加工：操作者根据图纸上钢筋的尺寸及用料规格型号进行下料，钢筋弯制形状正确，平面上无翘曲不平整现象。下料后按下料的规格、尺寸分类分开放置，并标识以免误用。

图 4-18　钢筋下料

（2）格栅拱架焊接：将弯制成型的箍筋段位置及数量摆在模具中间，核定好数量；并调整箍筋间距。调整完成后，进行点焊将箍筋与主筋焊焊平。箍筋焊完成后，焊接桁架筋及 U 形筋。最后焊接连接板，连接板的焊接必须保证孔位与主筋的距离及两个板孔的模具必须一致。

（3）格栅拱架试拼装：将焊接好的各单元在试拼区进行试拼装，调运时注意安全，防止操作人员碰伤和单元弯扭。钢拱架加工完成后，按照单元分类统一堆放，便于调货运输。

图 4-19　拱架焊接

图 4-20　拱架打包

工字钢下料完成后，根据设计图纸对每节钢拱架进行编号，编号按“XX 隧道+出入口+XX 衬砌类型 XX 单元”方式进行，以便施工现场方便拼装。如：阿黑洛隧道入口 SF5a 单元编号 A 的编号形式为“阿黑入 SF5aA”。

制定实施拱架的制作工艺，并持续改进，监督制作流程是否遵守工艺流程。组织检查产品工序质量，并记录不合格品，所有钢拱架加工必须做到 100%检验。成品必须全部检查焊缝，并按照批次进行整体预拼装，抽检数量 10%且不小于 3 榀。经质检员检验满足规范要求后方可出厂。

4.4.3　商品混凝土加工标准化

混凝土集中场地拌和在高速公路施工中大量使用，拌合站在混凝土工程施工中对混凝土结构工程的质量优劣，工程进度和效益有着极其重要的影响。

1. 管理职责划分

（1）拌和站的职责。

拌和站经有关单位验收合格后，方可投入使用；拌和站操作手、试验员必须经岗位知识培训合格后上岗；未经检测或检测不合格的原材料不得用于工程实体；建立健全完整的设备（检定/校准、自校、维修等）台账、进场材料和材料使用工程部位记录台账等资料；根据工区项目部上报的混凝土需求量，拌和站应保证混凝土供应；配合试验、监理、质检人员进行质量监测和控制；严格按照施工配合比数据进行输入控制，对电脑上数据的真实性和可靠性负责；对搅拌机拌合中发现的异常现场（如拌和混凝土的工作性能差、计量误差超出规范范围）应及时反映，及时采取有效处理措施；保持拌和站区域内的设备、标志标识醒目、环境干净整洁；积极接收项目部、上级有关部门的监督检查。

图 4-21　雄古 90 混凝土拌和站

（2）工区项目部对拌和站管理职责。

混凝土配合比由拌和站提供，项目部试验室进行验证，验证符合设计及规范要求后，交由拌和站的技术人员；把好原材料关，检验不合格的原材料不允许使用，并见证清理出场；拌和站开盘时应对混凝土拌合的时间、工作性能进行检查和抽查；随时抽查混凝土计量是否准确；对于不合格的混凝土不允许用于工程实体中，并要求及时清退出场；为保证混凝土拌合质量，拌制混凝土时，工区项目部试验人员应进行旁站，对原材料检测及拌和过程进行监控；由于运输能力不能保证造成关键部位混凝土不能连续浇筑，影响施工质量和结构使用安全的，工区项目部有权向混凝土部进行索赔；混凝土部计量支付须经工区项目经理、总工、质检负责人和试验室主任签字同意；加强对拌和站信息交流，提供及时的质量技术跟踪服务。

2. 混凝土原材料质量控制

确保原材料质量：混凝土部牵头组织总承包、施工单位、驻地办、项目公司、中心试验室对原材料生产厂家进行考察，考察合格后，上报项目公司审批，确定生产厂家。原材料报检程序：首先混凝土部自检、自检合格用报检单形式上报工区试验室，工区试验室经检测符合规范要求后，由工区试验室以见证取样单的形式上报驻地办、中心试验室抽检。由于几个工区项目部共用一个拌和站，原材料检测很容易发生混乱。各工区试验室应每月制定原材料检测月计划上报质量管理处、混凝土部，每个拌和站每月按计划分批给各工区试验室检测。对于 C50 及以上混凝土原材料必须符合《公路桥涵施工技术规范》（JTG/T F50）规范中Ⅱ类技术要求。拌和站应增加砂、碎石的储备仓，每一批砂，碎石进场数量应不少于 600 t，每一档规格型号的砂、碎石设置两个料仓，并且标明“已检区、待检区”，以免未检先用。不同来源的集料不得混杂或储存在同一料仓，也不得交替使用。水泥：水泥进场时应对其品种、强度等级、包装或散装仓号、出厂日期等进行确认，并对其强度、安定性等性能指标进行复检，其质量必须符合规范要求。进场数量同一批号每批次不少于 400 t，采用专库储存，以免不同批号水泥质量及颜色不稳定；水泥取样，原则上取样 12 kg，为减少因水泥不稳定对试验检测的影响，建议取样 24 kg，以免水泥检测不符合规范要求时，有备样；监理、中心试验室水泥抽检及抽检的批号，应通知工区试验室，工区试验室对照自己取样的批号予以确认，以免错误。工区试验室水泥检测、驻地办、中心试验室水泥抽样不合格应将检测结果相互对照一下，看是否自身试验操作不规范，还是试验环境达不到要求，如自身检测没问题，有争议，建议由总承包组织混凝土项目部、项目公司、中心试验室、监理及施工单位共同送检，以免有争议；水泥质保书、合格证：合格证随车带，3 天质保书，建议滞后一个星期，28 天质保书，建议滞后半个月。外加剂及粉煤灰不仅外委检测质量合格，而且外加剂还要与原材料有良好的相容性，配置的混凝土工作性能能满足现场施工要求。外加剂进场数量同一批号每批次不少于 50 t，粉煤灰进场数量同一批号每批次不少于 100 t，进场后混凝土部应及时通知工区试验室，由工区试验室通知几方见证取样送外委检测，驻地办必须全过程见证外委，并在委托单上填写见证人的名字，外委检测不合格的报告应及时汇报，及时采取处理措施。

3. 混凝土配合比控制

混凝土配合比应根据工程设计和施工要求，并明确施工工艺、流程与特点等。在混凝土搅拌、振捣等方面做出明确的规定，并结合原材料的质量来制定不同的混凝土配比方案。混凝土配合比应有两个或两个以上的原材料生产厂家进行试配，由混凝土部牵头组织总承包、施工单位、驻地办、两家中心试验室、项目公司共同验证。混凝土配合比应通过试验、试配，以满足混凝土强度、耐久性和工作性能的要求，不得采用经验配合比。混凝土配合比设计中的三个重要参数：即水胶比、浆骨比、砂率是混凝土配合比的三个重要环节，也是混凝土质量控制的重要参数。

施工前的准备：混凝土浇筑前（新配合比），要求参检方对原材料水泥、砂、石料进行检测，是否符合规范及设计要求。原材料检测合格后，拌和站通知由几方见证对混凝土进行调试，由于香丽高速气候特殊化，混凝土的工作性能、含气量及凝结时间等也有所不同，因此需要通过多次试验来保障混凝土的稳定性。混凝土生产时，砂、碎石的实际含水率与配合比设计存在差异，因此在混凝土拌制前应测定砂、碎石的含水率，并根据含水率调整材料用量，提出施工配合比。加强拌和站设备管理，试验仪器、计量设备必须经过调试、检定，取得合格证后方可生产，保证计量准确。拌和站进料仓隔板应加高，防止材料串仓，避免原材料掺配比例与试验筛分结果不同，并且每一个料仓应贴上集料粒径规格的标识牌，以免机械手装料错误。对于 C50 及 C50 以上的混凝土，要求拌和站应单独设立搅拌机，避免与 C50 以下的原材料发生混乱。

4. 混凝土施工生产控制

混凝土开盘前拌和站应通知工区项目部试验室试验人员到料仓检查原材料是否与配合比相符，认真检测粗细集料的含水率，每工作班抽检不少于 2 次，雨天应随时检测，以便及时调整施工配合比。操作台电脑上的施工配合比是否与调整后的施工配合比相符。拌和站每工作班不少于 2 次检测混凝土的和易性、坍落度及扩展度等工作性能，满足施工要求后，再发放。混凝土的运输：是指混凝土拌合物自搅拌机出料至浇筑入模这一段运送距离及运输过程中所消耗的时间。出料后应检测混凝土工作性能（包括坍落度、扩展度、流动性、保水性等）是否符合配合比设计的工作性能，使在运输过程中保持混凝土的均匀性、避免产生离析泌水、砂浆流失、流动性差等现场，浇灌时能保持施工。混凝土运输过程中罐车不得停止转动，中途或运输到现场时不得随意加水。在混凝土生产过程中，若出现设备损坏等故障，由拌和站负责人及时组织维修和恢复，若长时间不能恢复生产，应及时与项目部联系，以便组织其他拌和站运输混凝土到施工现场。施工单位试验人员认真仔细出具施工配合比，由相关技术负责人及驻地办监理手写签字审核确认，同时搅拌机操作员核对签字确认。

现场混凝土施工管控，混凝土出场时，驾驶员在车头醒目的位置摆放明显混凝土等级标识牌，以防止驾驶员拉错工地、现场施工人员用错混凝土。加强现场试验人员的责任心，到达现场的每一车混凝土，首先目测混凝土的工作性能如流动性、保水性等，再作坍落度检查，不能满足现场施工要求的混凝土坚决清退。超过 3 小时混凝土不允许进场。混凝土在浇筑过程中严格控制水胶比，严禁现场混凝土加水来改善工作性能。混凝土施工过程中要避免漏振或过振，避免影响混凝土质量。现场混凝土试件制作，摆放、养护要规范，严禁制作后随意摆放、未使用遮盖物进行遮盖养护。每一个浇筑部位应制取与结构物同条件养护的试件，作为结构混凝土强度的依据之一，更好地掌握工程实体质量。

图 4-22　圆宝山隧道混凝土浇筑现场

4.5 高速公路施工机械管理标准化

4.5.1 高速公路对施工机械化的需求

我国的高速公路建设进入一个新的重要发展时期。面对我国公路建设的大好形势，尤其以高速公路为代表的高等级公路建设任务的加重，对工程机械特别是对筑路、养路机械提出了更多、更高的要求。公路作为一种特殊的商品，尤其是为社会的交通运输业服务的高速公路，从规划开始到建成投入使用，都以提高经济效益和社会效益为基本任务和目的，采取正确的技术措施以提高施工、养护工作的质量与效率，延长公路使用寿命，保障行车快速、舒适和安全。所以以传统的人工作业为主的作业方法，已经不能适应现代公路交通运输对公路施工和养护工作的要求，而公路施工和养护的机械化则是保证与提高公路施工和养护质量、速度、效率最重要的手段和客观要求。因此，公路施工机械是实现公路施工和养护机械化的物质基础，是公路施工养护速度、质量、安全、环保、低耗等目标实现的技术保障，是公路建设与养护生产力的最重要的组成部分。根据高速公路公路施工作业的内容，需要将若干种类、规格、型号、数量的机械设备科学地组合在一起。我国高速公路公路建设对施工机械的要求：

（1）品种、型号要齐全，形成系列化供用户选择。目前国产的机械设备，供用户选择的范围比较窄，因此很多用户根据自行施工的路基路面结构、类型、当地的气候条件、作业周期等因素，选择国外的产品。从国外黑色和白色路面施工设备的成套性看，我国的路面施工机械不论在品种上或机型上均存在相当多的空白。例如，在基层和底层的施工机械中还缺少稳定土摊铺机械和稳定剂撒布机械；在黑色路面施工机械方面，集料的准备机械目前仍是一个薄弱环节，就地的沥青混合料转运机械现在仍是一个空白；改性沥青加工，搅拌设备也才刚刚开始起步。而整个灰色路面施工机械的开发，基本上属于起步阶段，缺少的品种、规格更多，如铺筑 9 ~ 12 m 的滑模式摊铺机及相应的布料机，生产能力在 100 ~ 300 m^3/h 的水泥硅搅拌设备，依然需要靠进口解决。

（2）机械性能朝着机电液一体化发展，以提高机械的主要技术指标。近几年，我国机械行业在产品开发方面做了极大努力，产品性能有很大改善，但在实现机电液一体化方面，参数间的匹配仍不尽人意。以沥青砼搅拌设备为例，我国生产这一产品的企业有 30 余家，从交通部筑路机械测试中心获得的资料来看，就是设备的很多关键性部件从国外选购的，其沥青含量误差能满足高等级公路标准要求的也仅占 11%。

（3）工作可靠性高，易于维修、保养。高速公路的建设工期是一定的，工程的工作量、质量是合同中明确的。因此，在一定期限内完成符合标书质量要求的工程量，施工机械的可靠性是至关重要的。早期故障率高，平均无故障工作时间短，耐磨件、易损件的寿命短，一直是国产机械设备存在的一个突出问题，也是用户经常抱怨，对使用国产设备存有戒心的主要原因。而且有相当一部分设备，不但工作可靠性差，且维修保养也比较困难；电气线路凌乱，没有可参考的线路图；润滑点标志不清，润滑周期不明，紧固件易松动，是引起设备早期故障率高的主要原因之一。

（4）选购配件质量要与整个质量匹配，并作详细一记载。整机性能、质量决定于每一个选购配件的性能与质量，因此在选购每一个零件、部件时，除了要求供方提供必要的依据如检测报告、检验证书外，组装前还必须进行抽检，凡不符合整机性能、质量要求的产品，不能投入使用。特别应加强电气件、液压件、密封件、紧固件、传动件的鉴定与选购。据统计，早期故障率高主要是由上述零部件引起的。一些企业在选购件记载方面的工作比较马虎，一旦发现问题无从着手处理，影响使用。

（5）向智能化、自动化、机器人化方面发展。国外许多筑路机械制造商把筑路机械智能化、自动化、机器人化作为技术进步的目标，并做了大量工作。例如，BOMAG、DYNAPAC等公司开发出的智能型振动压路机，振幅调频无级可调，并带有压实质量实时监测，在工作参数调节方面具有自适应、自学习能力。摊铺机则用数字量控制替代模拟量控制系统，提高了自动找平控制能力；把供料数量、摊铺速度材料特性的变化带来的干扰进行自动控制；在行驶的直线性、转弯半径和超高量的自动控制方面，朝着智能化方向发展。

（6）从环保角度出发，发展低污染、低噪声的施工机械。减少噪音、振动、废气产生的部位；排放质量应符合环保要求；对已产生的噪声、振动要切断或削弱其传播的途径；对已产生的废气要进行净化处理；对承受振动的构件，采取防振措施；对承受噪音振动的驾驶员工作处采取防护措施。

（7）提高操作者的舒适性和安全性。驾驶室应密封、防尘、隔声、减震、通风、视野好：操作器件要集中、方便、灵活；动作要准确、互锁，应有防倾翻、重物落体的安全保护措施。移动、起吊、安装要方便，要有提示性警告标识。

（8）提高高原的适应性。随着西部开发力度加大，西部对施工机械的需求呈旺盛势头。机械性能的高原适应性可作为附加条件，以适应西部环境的要求。西部高原面积大气候独特：空气密度小、含氧量低、平均气温低、昼夜温差大、年低温期长、长年冻地面积大、冰雪冻土层厚、气候干燥、降雨量少、蒸发量高、风沙尘大等。因此，对各类施工机械的性能，包括动力性、经济性、舒适性、排放性、耐火性、可靠性等，提高了新的要求。

4.5.2 高速公路施工机械选择的原则与方法

施工机械种类繁多，型号各异。一种机械可以完成多项作业任务，一项作业任务也可由多种机械分别完成。所以，选择施工机械是机械化施工的一个重要环节，是机械化施工作业系统有效运转的前提。

1. 施工机械选择的原则

工程规模和工期要求是选择施工机械的主要依据。通常情况下，为了保证施工进度、提高施工企业的经济效益，工程规模大时采用大型机械，而工程规模小时则采用中小型机械。

（1）施工机械与工程现场情况相适应。

高速公路施工的内容非常广泛，涉及软基处理、路堤、小型构筑物、底基层、基层、面层及桥梁、隧道等，且施工条件千差万别，这就要求所选用的机械的类型适合施工现场的气候、地形、土质、场地大小、经济运距、工程质量要求等，同时，机械的工作装置容量要和工程进度及工程量相符合，应避免机械工作能力不足或过剩而造成延缓工期或效率低下。

（2）选用的机型应有较好的经济性。

施工机械的经济性主要体现在施工单价上，与机械固定资产消耗及运转费用有关。固定资产消耗与施工机械的投资成正比，而运转费用与完成工程量成正比。机械的选用和配备方案，通常是与施工工艺方案密切相关，应结合具体工程情况，权衡工程量与机械费用的关系，从各种施工方案中选择较为经济的，从而确定所选择的机种。同时在管理上，提高施工机械的台班作业效率，也可以取得较好的经济效益。

（3）选用的机械应能保证施工质量和施工安全。

对于技术要求高的单项工程，应考虑采用性能优良或专用的机械，以保证质量和较高的生产率。同时，机械应具有可靠的安全性能，降低或避免施工安全事故。在施工过程中，施工企业也应加强安全管理，规范操作，确保施工安全。

（4）选用的机械能组合成有效的机群作业系统。

高速公路机械化施工，是多种机械协同作业的，即机群作业。对选择的机械，必须考虑可以组成高效运转的机群作业系统。

2. 施工机械的选择方法

（1）根据作业内容选择。

高速公路路基工程作业内容包括土石方挖掘、装载、运输、填筑、碾压等，高速公路路面工程作业内容一般包括混合料的拌和、运输、摊铺、碾压等，每种作业都由相应的施工机械来完成。具体选择时，首先选定作业的主要机械，根据其生产能力、工作参数及施工条件选择辅助机械，以保证工程连续均衡地开展。

（2）根据土质条件选择。

路基施工作业的主要对象是土石方，其性质和状态直接影响施工机械作业的可能性、工效、成本及质量，土质条件是选择机械的一个重要依据。根据机械的通过性选择，即车辆在土质等条件限制下，在工地行驶的可能程度，用圆锥指数来表示。根据土质的工程特性选择，土质条件不仅对机械的通过性有影响，而且也左右着机械作业的可能性和工效。由于各种土的工程特性不同，所以施工时应选择不同的机械。

（3）根据运距选择。

根据运距选择机械，主要针对铲土运输机械而言，根据施工现场条件，不同的铲土运输机械有其各自的经济运距。

（4）根据气象条件选择。

气象条件也是影响选择机械的因素之一，在冬季、雨季施工时，应特别加以考虑。选择施工机械时，要通盘考虑以上所有因素，结合施工企业本身经济实力和长期发展战略，合理地确定施工所用的机械。

4.5.3 高速公路路基工程施工机械选择

高速公路路基土方（填方）施工工艺一般为：清表清淤—回填—填前碾压—装土—运土—粗平—精平—碾压，对应配备的机械为推土机、挖掘机、自卸汽车、平地机、压路机等。

1. 推土机

推土机是一种多用途的自行式土方工程施工机械，它能铲挖并移运土壤。例如在高速公路施工中，推土机可完成路基基底的处理，路侧取土横向填筑高度不大于 1 m 的路堤，沿道路中心线向铲挖移运土壤的路基挖填工程，傍山取土修筑半堤半堑的路基。此外，推土机还可用于平整场地，堆集松散材料，清除作业地段内的障碍物等。推土机的基本作业包括铲土、运送、卸土和空回四个作业过程。通过现场观察，欲提高推土机的作业效率，应注意以下环节：铲土时最好选择下坡作业，利于最短时间和最短距离铲满土：运送时，尽量减少土壤的漏损，以便让更多的土运送到卸土点；卸土时也应根据不同的施工条件采用不同的卸土方法，以达到相应的技术要求和施工安全；空回时，应尽可能快速驶回。在高速公路路基土方施工中，推土机一般用来粗平自卸汽车卸下的土方，选用中型推土机，功率以 120 ~ 220 kW 为适宜，其接地比压以 0.06 ~ 0.085 MPa 为适宜。在湿地或沼泽地区施工时，采用湿地推土机，其接地比压选用 0.03 MPa。

2. 挖掘机

挖掘机是路基工程施工的主要机械之一，其效率高、产量大，因此，在考虑采用其进行施工时，应结合地形条件、工程量大小以及运输条件来决定，从我们的具体实践中发现正铲挖掘机在土石方开挖中采用侧向和正向两种不同开挖方法，前者卸土时，回转角小于 90°，而且运输车辆可以直线进出，无需调头和倒驶，因而缩短了循环时间；后者其转角大于 90°，增加了循环时间，但其开挖量较大，运输车辆需调头和倒驶，因而，使施工现场变得拥挤。对于反铲挖掘机一般有沟端和沟侧两种开挖方法，前者开挖时从沟的一端开始，然后沿沟中线倒退开挖，当开挖到尽头时，可调头开挖相邻部分；后者与前者不同之处在往返输车辆应停在沟端，动臂回转小于 90°，循环时间短，效率较高。了解了挖掘机的使用特点，各施工企业应根据具体情况选择不同的挖掘机类型及开挖方法。目前，在高速公路路基土方施工中广泛采用的是液压驱动、履带行走、斗容量为 1 m^3 左右的反铲挖掘机。

3. 自卸汽车

在路基土方填筑施工中，如果运距较近（小于 200 m），使用自卸汽车很不经济，可以用推土机、铲运机等机械解决问题。通常情况下，取土坑距离施工现场较远，自卸汽车（或翻斗车）就派上了用场，在高速公路施工中，一般用载重量为 5 ~ 8 t 的自卸汽车比较适宜，吨位太大施工便道难以承受车辆的荷载，效率反而低下。

4. 平地机

平地机是一种铲土、运土、卸土同时进行的连续作业机械，主要进行平地和整形作业。它的主要工作装置是刮刀，可以调整四种作业动作，即刮刀平面回转，刮刀左右端升降，刮刀左右引伸和刮刀机外倾斜，来完成刮刀刀角铲土的侧移，刮刀刮土的侧移，刮刀刮土的直移以及机身刮土等作业内容。通过观察，平地机刮刀铲土侧移可适用于侧向移土修筑路堤，平整场地，回填沟渠等作业，同时还适用于大面积路基填土的平整作业，只要将刮刀位于不同的平面角，往返几次作业，就可以把土壤刮得相当平整，另外平地机可以用来修整路拱，修刷边坡，开挖路槽等施工作业。在高速公路路基土方施工中平地机主要用来精平每一层的填土，修整路拱。

5. 压路机

碾压是路基土方施工中一道关键工序，直接关系到施工质量。在最佳含水量下，合理使用压路机，不仅可以提高工程质量，加快施工进度，而且还有利于发挥设备的配套能力和降低工程造价，使企业获得最大的效益。按照机械原理通常把压路机分为静碾式和振动式两种。静碾式压路机可分为两轮光轮压路机、三轮光轮压路机及轮胎压路机等；振动压路机可分为轮胎驱动单钢轮振动压路机、双钢轮驱动压路机及凸块式振动压路机等。

6. 铲运机

铲运机是一种利用铲头在随机械一起行进中依次完成铲削、装载、运输和铺筑的铲土运输机械，并兼有一定的压实作用和平地性能，用于公路、铁路、水利、港口及大规模的建筑等施工中的土方作业。铲运机在高速公路路基土方施工中，受到土质及运距的限制。一般采用斗容量为 6 m^3 左右的拖式铲运机，其经济运距在 200 m 左右。大斗容量的铲运机，在高速公路施工中，通过性较差，效率低下。

7. 装载机

装载机是一种广泛用于公路、铁路、建筑、水电、港口、矿山等建设工程的土石方施工机械，它主要用于铲装土壤、砂石、石灰、煤炭等散状物料，也可对矿石、硬土等作轻度铲挖作业。换装不同的辅助工作装置还可进行推土、起重和其他物料如木材的装卸作业。在道路、特别是在高等级公路施工中，装载机用于路基工程的填挖、沥青混合料和水泥混凝土料场的集料与装料等作业。此外还可进行推运土壤、刮平地面和牵引其他机械等作业。由于装载机具有作业速度快、效率高、机动性好、操作轻便等优点，因此它成为高速公路建设中土石方施工的机种之一，也可作为其他单项工程施工的辅助机械。

8. 稳定土拌和机

稳定土拌和机是一种直接在施工现场将稳定剂与土壤或砂石均匀拌和的专用自行式机械。在高速公路施工中，稳定土拌和机主要用于修筑路面底基层。国产的常用机型有徐工集团 WB21K、WB25K 型 K 系列稳定土拌和机，WB23G、WB4Z00 系列稳定土拌和机，WBLZI 型稳定土拌和机等。目前，我国稳定土拌和机的主流机型基本上是后置式一拌和转子安装在主机后方。从稳定土拌和机的发展方向来看，中置式稳定土拌和机具有广阔的前景，因为中置式稳定土拌和机克服了后置式的缺点和不足，具有纵向稳定性好、拌和质量高、工作面平整的特点。所以，有实力的单位，应尝试使用中置式稳定土拌和机。

4.5.4 高速公路桥梁工程施工机械选型与配套

1. 选型及配套的准备工作

摒除守旧的观念，提高思想认识和管理理念，适应新时代社会、市场、施工生产发展的要求，不断学习和更新理论知识，学习先进施工生产管理经验。了解工程类型、工程量大小，工期要求、地质条件等因素。熟悉桥梁施工的各种机械设备类型、技术性能、使用功能、使用条件、机械台班费用、采购或租赁成本等。为合理选择机械设备做好准备。

2. 选型和配套的原则

桥梁施工机械设备的选型要充分考虑各种因素，一般要考虑经济指标、技术性能、社会关系、人机关系以及配套性。通过对机械设备进行综合比较，最终确定最佳的选型方案。本项目根据项目特点、工程施工条件、地质条件、结构形式等客观条件，选择型号、性能满足要求、操作简单，维修方便的机械设备，并有机组合，最大限度发挥机械效率，提高桥梁施工管理成效。

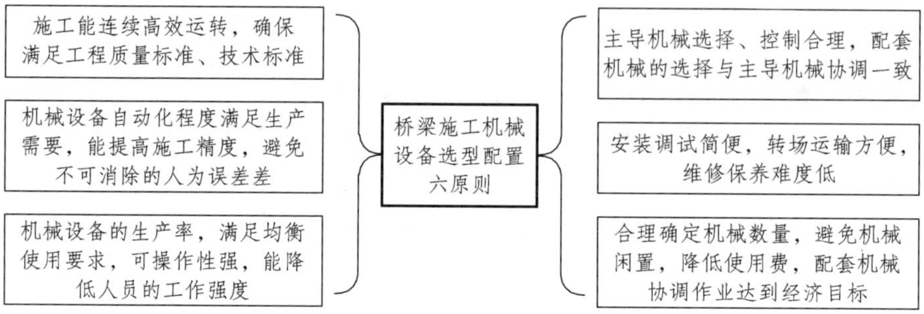

图 4-23　桥梁工程机械选型与配套原则

3. 机械设备购买与租赁

对于使用广泛，操作简单，经济寿命长，重复利用价值高，对提升工程质量、工程效率及安全容易保障，经济性好，回收成本快，对工程质量起着主导作用的机械设备，适宜购买。对于一个企业来说，自有设备的数量和规模也是企业实力的体现，在投标评估时占有一定优势。

对使用周期短、价格昂贵、专业性强且无再利用价值、不具备前瞻性发展的、经济技术分析比较购置不经济的机械设备，可利用社会资源，采取租赁方式。租赁机械设备时，首先要对设备的完好性、工作性能进行检查测试；另外要结合市场调查研究情况，选取价格合理，性能良好的机械设备。特种设备租赁时，要选择经过地方技术部门鉴定、操作人员持有合法、有效的操作证件，并且证件在项目使用周期内处于鉴定有效期内的设备。

4.5.5　高速公路隧道工程施工机械选型与配套

1. 公路隧道施工机械选择的影响因素

公路隧道机械设备的选型与配套，直接影响隧道施工的工期、质量、安全和成本等。机械合理配置和使用的主要标志是经济性、高效性和环保性，这主要取决于选择的施工方案和配套的机械设备。隧道施工所选用的机械设备应具有以下特点：机械轮廓尺寸符合隧道内施工场地和空间净空的要求；符合隧道工程施工技术安全的要求。运输机械便于装卸和调车等操作，以提高运输效率；设备动力装置排放的气体应符合有关规定；公路隧道施工机械设备的配置选型与很多因素 有关，选择时结合具体情况综合考虑。

选择机械时应考虑以下因素：

（1）施工方案。机械设备的选型与配套要与施工方案相适应。根据工程地质条件、作业内容、工程投资规模选择机械，工期要求、使所选施工机械的型号、规格、能力与工程量和环境相匹配。

（2）工期要求。一般情况下，施工机械化程度越高，施工速度越快。因此当工期要求紧时，应选择性能好、效率高的机械，且数量应满足施工要求，机械之间要互相配合，使各种设备能够充分发挥生产能力，防止出现大马拉小车或小马拉大车的现象。

（3）工程规模。应考虑工程投入和产出的关系，根据隧道的规模来选配机械设备。长大隧道工程量大，宜选用大型机械设备施工，其相对摊销成本也较低，更为经济。对于小隧道，使用大型的机械设备会造成成本投入过大，经济性差。

（4）隧道结构尺寸。隧道工程洞内空间有限，除了考虑机械性能和设备相互匹配，还要考虑设备本身的外形结构尺寸、工作半径等。若选型不当，则会造成设备无法在洞内正常工作或相互干扰。

（5）环保、职业健康的要求。在隧道开挖施工过程中，由于钻孔、爆破、出渣、喷射 混凝土、机械排气、释放有害气体等多种因素，使洞内狭小的空间内的空气质量非常差，严重影响施工人员的身体健康。因此，必须向隧道内输送 新鲜空气、排除有害气体、降低粉尘浓度、改善工作环境，同时也应尽量控制噪音等其他因素。对于隧道施工，排烟难度大，因此应尽量选用电动设备，少用内燃设备，尽量采用湿喷的支护机械，少用干喷的支护机械，以改善洞内工作环境，保证施工人员的身体健康。

2. 隧道开挖设备选型

在山岭公路隧道施工中，常使用的凿岩机有风动凿岩机和液压凿岩机，还有比较少采用的电动凿岩机和内燃凿岩机。它们工作原理都是利用镶嵌在钻头体前端的凿刃冲击并转动破碎岩石而成孔。

风动凿岩机：风动凿岩机以压缩空气作为驱动力，具有操作简单，使用安全，维修方便的优点。但也有机械效率低、噪声大、凿岩速度低等缺点，而且需要复杂的压缩空气供应设备。

液压凿岩机：液压凿岩机是以电力驱动高压油泵，使活塞往复运动，实现冲击作用。液压凿岩的主要特点是动力消耗少，能力利用率高，凿岩速度快，噪音低，环境保护较好。但液压凿岩机结构复杂，重量大，造价较高，附属装置多，多安装在台车上使用。

凿岩台车：凿岩台车按其行走方式可分为履带式、轮胎式 和轨道式；按其结构形式可分为实腹式和门架式。工程中应用较多的为实腹轮胎走行的全液压凿岩台车。实腹式凿岩台车一般采用是轮胎行走方式，门架式凿岩台车常采用是轨道行走方式，实腹式和门架式都可安装多台液压凿岩机用来作业。实腹式凿岩台车适用于断面尺寸不同的隧道，但实腹式凿岩台车占用隧道空间，出渣时需避让运输车辆，故实腹式凿岩台车多用于较大断面 的隧道中。门架式凿岩台车的下方可以允许出渣运输车辆通行，可减少机械避让 时间，适用于中等净空断面的隧道开挖。门架式凿岩台车的腹部可以通行出渣运输车辆，可大量减少机械避让时间。门架式凿岩台车通常是轨道走行，可安装 2～3 台液压凿岩机。适用于中等净空断面的隧道开挖，开挖断面过小或过大则不宜采用。

凿岩台车按其控制的自动化程度可分为：人工控制、计算机控制和计算机导向。人工控制是由人工控制操作手柄来实现钻臂的定位和钻孔，钻孔位置由人工标出。计算机控制凿岩台车的所有动作都由计算机的程序控制进行，必要时可进行人工干预。计算机导向凿岩台车不仅具有计算机控制功能，而且可在台车定位激光束的帮助下自动定位和定向，可以缩短钻孔时间，提高钻孔精度，控制超欠挖，提高施工质量等计算机凿岩台车是目前最先进的隧道凿岩台车，属于实腹式智能计算机凿岩台车。全智能计算机凿岩台车采用轮胎走行方式，具有自动钻孔功能，钻孔覆盖面积达 20 ~ 183 m^2；该台车有三个钻臂和一个吊篮臂，钻臂具有万向旋转功能，可用于打锚杆孔；台车配有先进的软件系统，可预先在办公室内设计好布孔图；通过车载计算机收集到的钻孔压力参数及时反映实际的围岩结构特性，可及时优化钻爆布孔图，提高爆破效率，减少炸药用量，同时提高开挖精度，很好的控制超欠挖，减少出渣量和衬砌量；全封闭、可升降、配有空调的驾驶室，给操作员提供了安全舒适的工作环境。

3. 出渣设备选型

要达到隧道快速施工，应做好坑洞开挖和洞内运输这两项作业。首先出渣是隧道施工的基本作业之一，出渣作业能力的强弱在很大程度上影响隧道施工速度，因为出渣作业在整个作业循环中所占时间约 40% ~ 60%。出渣作业包括装渣、运渣与卸渣三个环节

（1）出渣设备。

装渣机械：装渣机械类型，按其扒渣机构型式可分为：铲斗式、蟹爪式、立爪式、耙斗式、挖斗式。铲斗式装渣机为间歇性连续装渣机，前翻后卸，前卸和侧卸三个卸渣方式。蟹爪式、立爪式和挖斗式装渣机是连续装渣机，均配备刮板（或链板）转载后卸机构。装渣机有轨道式、轮胎式和履带式三种行走方式。轮胎式装渣机移动灵活，工作范围不受限制。轨道式、履带式和铲斗式的装渣机，多采用电力驱动。轨道铲斗式装渣机一般适用于开挖断面 较小的隧道施工中。而履带铲斗式装渣机适用于特长、大断面开挖的隧道施工中。

（2）运输方式及设备。

隧道施工的洞内应根据隧道长度、开挖方法、机具设备、运量大小等进行选择，运输方式分为有轨式和无轨式。有轨式运输是用轨道式运输车出渣和进料。有轨运输大多采用电瓶车 或内燃机车牵引，有少量为人力退运，采用斗车或梭式矿车运石渣，是一种适应性较强的且较为经济的运输方式。无轨式运输是采用无轨运输车出渣和进料。其特点是机动灵活，适用于弃渣场离洞口较远和道路纵坡度较大的场合。缺点是因大多数车辆是内燃驱动，作业时排出废气污染洞内空气，故适用于大断面开挖和中等长度的隧道施工中，并应注意加强洞内通风。隧道用无轨运输车多为燃油式、轮胎行走的自卸汽车。还有铰接车身或双向驾驶的坑道专用车辆。一般要求选用载重自重比大、体型尺寸较小、机动灵活、自卸、配有废气净化器、能与装渣机能力相配套的运输车，可充分发挥各自的工作效率及提高整体作业能力，达到加快隧道施工掘进速度。卸渣工序的安排与卸渣场的码头的设置，应能适应每个洞口出渣高峰期的需要，并尽量减少调车时间，做到安全、有效、快速卸渣。

（3）装载机作业模式。

目前隧道无轨出渣方式常采用挖掘机、装载机配合自卸汽车施工，挖掘机扒渣，装载机装渣，自卸汽车运渣。装载机是一种兼有推土机和挖掘机两者工作能力，可以进行挖掘、推运、平整、装卸和牵引等多项作业的工程机械。装载机与自卸汽车配合装渣必须根据作业场地的实际情况来选择机械和作业方法，隧道内空间狭窄，一般选择侧卸式装载机装渣。

装渣时，自卸汽车驶进洞后调转方向，将自卸汽车车斗后退至渣堆铲装工作面处，与工作面垂直停放，侧卸式装载机在自卸汽车侧面与其并排平行的位置，采用在垂直于工作面方向前后进退的铲装方式进行装渣作业。必要时采用挖掘机进行扒渣，扒渣属于辅助作业。

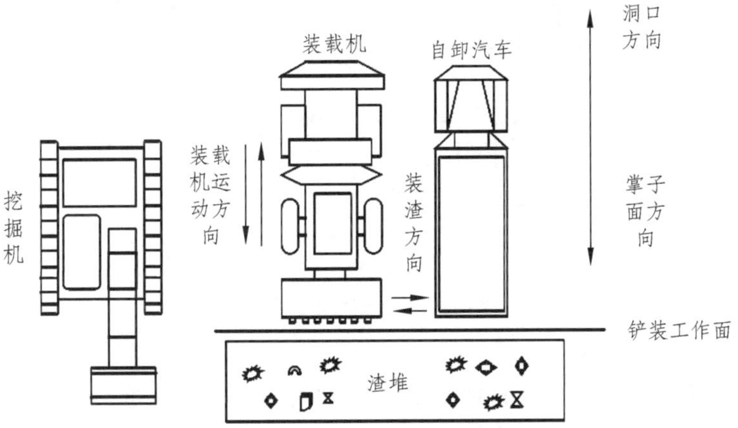

图 4-24　装载机作业模式

4. 支护设备选型

（1）施工工艺。

喷射混凝土是使用混凝土喷射机，按一定的混合程序，将掺有速凝剂的混凝土拌合料与高压水混合，经过喷嘴喷射到岩壁表面上，并迅速凝固形成一层支护结构，从而对围岩起到支护作用。喷射混凝土的效果很大程度上取决于喷射混凝土制作工艺，喷射混凝土有不同的制作方法，主要分为干式喷射混凝土和湿式喷射混凝土两大类。

干喷混凝土工艺：用搅拌机将骨料和水泥拌和好，投入喷射机料斗，同时加入速凝剂，用压缩空气使干混合料在软管内呈悬浮状态，压送到喷枪，在喷头处加入高压水混合，以较高速度喷射到岩面上，其施工工艺流程见图 4-25 所示。干喷优点在于操作简单，要求机械设备少，在加添加剂后，喷混凝土的早期强度高。干喷缺点是：产生水泥与沙粉尘量较大，回弹量也较大，加水是由喷嘴处的阀门控制的，水灰比的控制程度与喷射手操作的熟练程度有直接关系，但使用的机械较为简单，机械清洗和故障处理较容易。

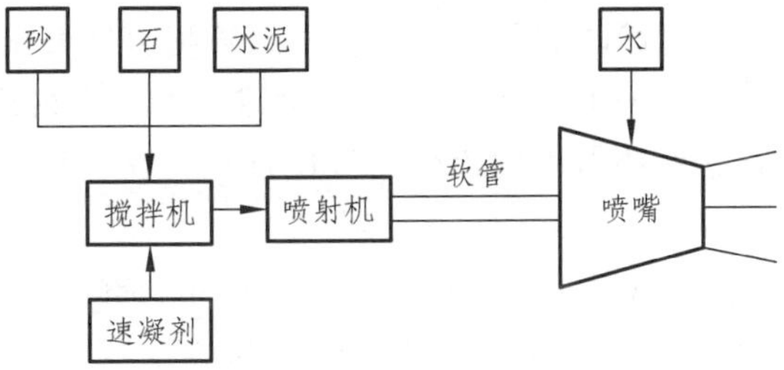

图 4-25　干喷工艺图

湿喷混凝土工艺：将骨料、水泥和水按设计比例拌和均匀，用湿式喷射机压送拌和好的混凝土混合料到喷头处，再在喷头上添加速凝剂后喷出，其施工工艺流程见图 4-26 所示。湿喷的明显优点是允许在混凝土进入喷射机前或混凝土机中加入足够的拌和水拌和均匀，水灰比能准确控制，有利于水和水泥的水化，因而粉尘较少，回弹较少，混凝土均匀性好，强度也高，湿喷混凝土的质量较容易控制，是应当发展和推广的喷射工艺。

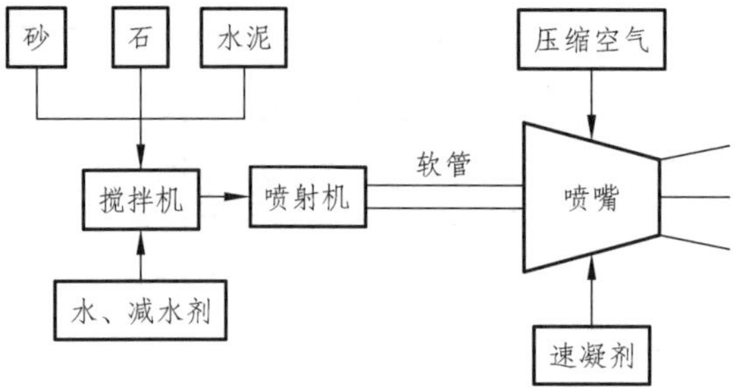

图 4-26 湿喷工艺图

（2）喷射混凝土施工机械。

喷射混凝土的施工机具，包括混凝土喷射机、喷嘴、混凝土搅拌机、上料装置、动力及贮水容器等。混凝土喷射机又分干式和湿式两类。

干式喷射机，喷射机是喷射混凝土施工最主要的设备。目前，国内常用的干式混凝土喷射机主要分为双罐式、转子式和螺旋式三种。

① 双罐式喷射机：此类机械性能良好，工作可靠、结构简单，但其体积较大，转移困难，易产生反风、粉尘较多，较笨重、操作较为复杂。

② 转子式喷射机：此类机械操作简单，工作稳定，能进行远距离操作，机身体积小，重量轻，但构造复杂，加工困难，特别是上下两道密封耐磨橡皮垫圈不易保证质量，故在隧道施工中使用较少。但其密封胶板易磨损，需经常更换。

③ 螺旋式喷射机：此类机械结构简单，重量轻，体积小，成本低，出料均匀，生产效率较高，但其锥形管和螺旋片容易磨损，还有待进一步改进。输送距离短，粉尘较多，一般用于中小型的坑道。

湿式喷射机，根据湿式喷射机的工作原理，可分为泵送型和气动型两大类。泵送型混凝土喷射机主要有柱塞泵式湿喷机和螺杆泵式湿喷机两类。柱塞泵式湿喷机是将柱塞式混凝土泵作为湿式混凝土喷射机的机体，在输送管出口装有喷嘴，并在喷嘴处通入压缩空气，将混凝土喷射出去。这类湿喷机一般比较笨重，生产效率低，但输送距离长。气送式湿喷机是利用压缩空气将物料在软管中以“稀薄流”的形式输送至喷嘴直接喷出，该机为并排的两个罐，一个喷射，一个备料，罐的底部各有一个横卧的螺旋输送器，喷射罐内通入压缩空气，湿拌和料经螺旋送进输料管，通过气环引入的压缩空气使拌和料在喷嘴处喷出。

（3）水泥混凝土搅拌输送车。

混凝土搅拌输送车，是运送混凝土的专用设备，一般是在混凝土制备点与浇灌点距离较远时使用。混凝土搅拌输送车是将混凝土搅拌站预拌后的混凝土输送到施工现场，也可与混凝土泵车配合使用。该车在运输过程中，拌筒缓慢进行搅动，使混凝土在较长距离运输中不产生离析，从而保证混凝土质量。它的特点是在运量大、运距远的情况下，能保证混凝土的质量均匀。

4.6 高速公路技术管理标准化

4.6.1 高速公路施工组织设计管理

施工组织设计是指导施工全过程的技术文件，所有工程项目都必须编制施工组织设计。

1. 施工组织设计的编制

总体施工组织设计由总承包项目经理部项目经理组织编制，各工区实施性施工组织设计有工区项目部项目经理组织编制。施工组织设计编制时应组织工程技术人员、管理人员、工长、作业组长及有经验的工人进行研讨，必要时，组织召开专题研讨会，广泛听取公司内外专家意见，慎重决定。总体施工组织设计编写原则上在进场45日内完成，实施性施工组织设计应在图纸全部收发完成后15日内编制完。若有特殊情况应以书面形式报告审批部门。施工组织设计编制前，编写人员应熟悉设计资料、有关技术标准、规范、规程、合同文件，并掌握有关的现场自然条件和社会经济条件。施工组织设计应达到切合实际、先进、科学、经济合理、指导性强的要求。

2. 施工组织设计编制依据

合同文件（总承包合同文件）；有关的国家法律法规和地方行政法规，国家、地方和行业的有关现行标准、规范、规程；设计文件和图纸；经鉴定认可的新工艺、新技术、新材料和新设备；投标施工技术方案及总体施工技术方案策划意见与建议；现场实际自然条件及资源供应情况；公司（总承包项目经理部）管理体系的相关文件。

3. 施工组织设计主要内容包括

（1）工程概述：工程简介，包括项目名称、性质、地理位置、建设规模、投资总估算、科技经费计划；建设、勘察、设计、监理、施工、第三方等相关单位情况；项目设计概况；项目总承包范围、主要分包工程及专业分包工程范围；合同和招标文件对项目施工的重点要求；项目条件：沿线人文、材料设备供应、交通运输、施工用水、供电、通信设施等资源；施工有关的公路、铁路、河流、既有管线、城镇村庄、文物古迹等状况；施工条件：生态环境、水文、地质等概况；主要工程量；控制性工程概况；重难点工程分析；其他应说明的情况。

（2）编制依据：法律法规、规范标准；合同、图纸；技术调查报告；大型临建场站、驻地选址安全风险评估结论；参考依据，根据需要列入的地方及其他行业标准。

（3）施工总体部署：部署原则；项目管理组织机构设置；总体目标：进度、质量、安全、科技创新、环境水土保持、成本、标准化施工等目标；对研发和新技术、新工艺、新材料、新设备的应用部署；试验检验计划及主要试验检验仪器、设备的配置计划；试验段的安排部署；总体进度计划及根据总体进度计划确定的分阶段施工进度计划；施工队伍安排及任务划分；资源配置计划：材料、设备；施工平面布置及说明：施工总平面布置图和分阶段施工平面布置图；大型临建场站（大型钢筋加工场、预制梁场、混凝土搅拌站）、职工驻地、变电站、便道、便桥、取（弃）土场等布置及说明。

（4）重难点工程及控制性工程的主要施工方法、施工方案：施工测量；路基工程，包括土石方、特殊路基、支挡防护、排水工程等；桥梁、涵洞、通道工程；隧道工程；路面工程；机电工程；交安工程；绿化工程；其他工程。

（5）工期保障措施：

工期目标分解：控制性工程工期目标、年度工期目标；工期保障措施：重点、难点及控制性工程工期保障措施、农忙季节工期保障措施、民俗及节假日工期保障措施。

（6）工程质量管理体系及保证措施：主要单位工程质量目标分解；验收标准；质量管理体系；质量保证措施；质量控制要点。

（7）安全生产保证措施：安全目标分解：年度目标分解；安全保障体系；安全保证措施。

（8）科技项目和“四新技术”推广应用保障措施：科技项目经费投入目标分解、“四新技术”推广应用效益目标分解；科技项目经费投入保障措施、“四新技术”推广应用产生效益的保障措施。

（9）成本控制保障措施。

（10）标准化施工保障体系及组织措施：标准化施工目标分解；标准化施工保障体系；标准化施工保障措施。

（11）季节性及特殊气候环境施工保证措施。

（12）环境保护、水土保持保障体系及保障措施：环境保护、水土保持目标分解；环境保护、水土保持保障体系；环境保护、水土保持保障措施；项目风险预测与防范，事故应急预案。

（13）其他措施：项目施工保通计划及主要措施：公路、铁路、水路、航线、输送管线等；施工便道维护计划及主要措施；文物保护措施；卫生防疫措施；农民工稳定保障措施。

（14）附图及附表：钢筋加工场、拌和站、预制场、驻地等数量及临时占；便道、便桥工程数量统计表；取（弃）土场工程数量统计表；施工总进度计划表、分阶段施工进度计划表；拟投入的主要施工机械设备统计表；拟配备试验和检测仪器设备统计表；主要工程材料进场计划表；劳动力计划表；供电及通讯计划表；施工总体平布置图及分阶段施工总平面布置图。

4.6.2　高速公路专项技术方案管理

专项施工方案的编制章节按以下内容顺序进行：专项工程概况；编制依据；施工计划；施工工艺技术；施工安全保证措施；安全管理和特种作业人员计划；计算书、相关图纸及说明；附图、附表及相关说明。

专项施工方案文本中原则上不允许出现施工实体照片，如需示意必须绘制工程示意图，图示要工艺清晰，尺寸明确、做法详细。专项施工方案附图、图表必须签字齐全；附图必须自行绘制，不允许用设计图纸代替。计算书必须有依据，按专项施工方案的技术参数建模，并明确计算结论。专项工程施工提倡推行标准化，提高规范化和精细化水平，应积极推广应用可靠的新技术、新工艺、新材料、新设备，鼓励使用基于 BIM 的现场施工管理信息技术。

控制性工程涉及的超危大工程专项施工方案、变更金额超过 500 万的重大变更涉及的危大工程专项施工方案，由总承包项目经理部总工程师组织编写。危险性较大分部分项工程专项施工方案、非控制性工程涉及的超危大工程专项施工方案和一般专项施工方案由项目总工程师组织编写。专项分包和专业分包的专项施工方案，由分包单位按相关规范及要求组织编写。

专项施工方案的编写责任人为项目总工程师。专项施工方案编制、计算验算、审核人员必须为“集团施工组织设计和专项施工方案编制、计算验算、审核人员信息库”中的人员。

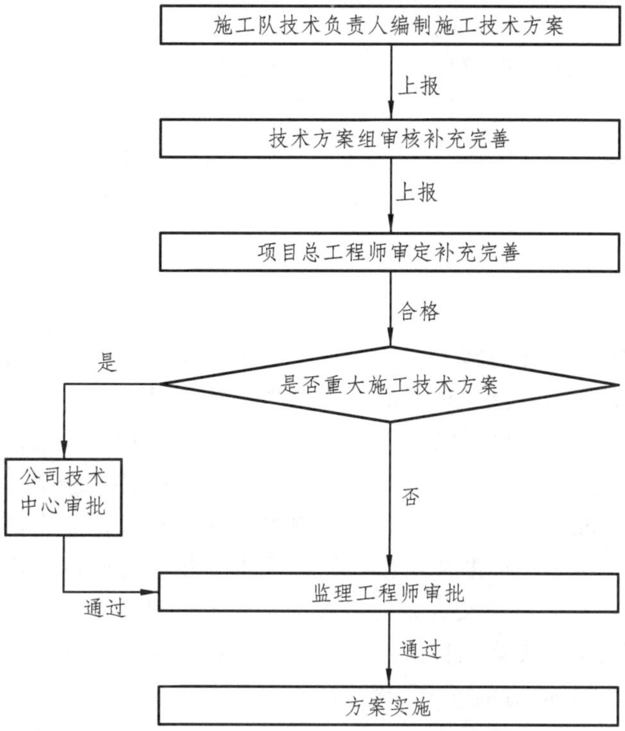

图 4-27　香丽高速施工技术方案管理

4.6.3　高速公路技术交底管理

施工技术交底是让所有参与项目管理与实施的人员了解、掌握所承担工程的施工内容、施工方法、工艺、质量安全要求及保证措施等。技术交底分为：总承包项目经理部总体施工组织设计交底，工区项目部施工组织设计交底，施工方案交底，分项工程施工技术交底。总承包项目经理部总体施工组织设计交底由香丽高速公路总承包项目经理部以会议的形式由总包项目经理部总工程师向各处室及各工区项目部管理人员进行交底，明确项目的概况、施工条件、施工组织、计划安排、特殊技术要求、重要部位技术措施、新技术推广计划、项目适用的技术规范、政策等。

参加施工组织设计交底的人员包括：项目经理部各处室，项目部项目经理、总工、全体技术管理人员。工区项目部施工组织设计编制完成后，以会议的形式由工区项目部总工程师向各级管理人员进行交底，明确项目的概况、施工条件、施工组织、计划安排、特殊技术要求、重要部位技术措施、新技术推广计划、项目适用的技术规范、政策等。

参加施工组织设计交底的人员包括：工区项目部全体技术管理人员、参与项目劳务分包的施工队队长、技术负责人。工区项目部施工方案编制完成后，以会议的形式由工区项目部总工程师进行施工方案交底，明确各分部、分项工程（或重要部位、关键工艺、特殊过程）的概况、施工条件、施工组织、计划安排、特殊技术要求、技术措施、资源投入、质量及安全要求等。

参加施工方案交底的人员包括：参与该方案施工的劳务施工队的队长、技术负责人及全体技术管理人员。在项目实施的各阶段，对于工区项目部的主要分项工程，由工区项目部专业工程师（施工员或技术员）负责向劳务施工队的队长、技术负责人进行分项工程施工技术交底。根据专业工程师（施工员或技术员）的分项工程施工技术交底的内容，由劳务施工队的技术负责人向班组操作工人进行技术交底。分项工程技术交底要让班组明确自己所要完成的分项工程的具体工作内容、操作方法、施工工艺、质量标准和安全注意事项，使操作人员任务明确，各工种之间配合协调和工序交接有序。项目部总工程师负责向项目部全体技术管理人员进行施工组织设计交底。

1. 技术交底的要求

施工技术交底必须以批准的施工组织设计、施工方案为依据，内容须满足设计图纸、现行规范、规程、工艺标准和项目经理部的合理要求。特别是图纸中的技术要求高的分项或部位，应作详细的交底。技术交底必须自始至终结合工程部位和工程量进行交底，甚至应说明为什么要这样做的原因，保证交底的适用性和可操作性，必要时应结合样板进行交底。技术交底内容要表达具体、准确、并突出要点，交底的形式应规范，如术语、符号、计量单位、章、条、段、表、图等应满足标准化工作规则的要求。技术交底以书面形式或视频、语音、PPT 文件等方式进行。交底后，交底人应组织被交底人认真讨论并及时回答被交底人提出的疑问。交底人负责将记录移交给项目部资料员存档。技术交底必须在分项开工前进行，并办理好签字手续后方可开始施工操作，严禁实体施工与交底记录出现不相符现象。分项工程施工技术交底原则上应按部位并结合当时的环境情况进行，但至少保证同名的分项工程在不同的分部工程中有一次交底；同名的分项工程的结构、内容有变化时应分时段、分层次的交底。同时，分项工程技术交底还应结合实际情况进行，当施工条件发生变化时，也应进行交底。

2. 技术交底的内容

（1）施工组织设计交底的内容：工程概况及特点；主要施工方法，关键性的施工技术及实施中存在的问题；特殊工程部位的技术处理细节及注意事项；新技术、新工艺、新材料、新结构施工技术的实施要求与注意事项；主要施工组织、施工部署、施工机械、劳动力安排；与劳务分包单位之间互相协作配合关系及有关问题的处理；施工质量标准、环境管理控制措施和安全技术要点。

（2）施工方案交底内容：工程概况和要求；主要施工方法，关键性的施工技术及实施中存在的问题；特殊工程部位的技术处理细节及注意事项；新技术、新工艺、新材料、新结构施工技术的实施要求与注意事项；主要施工组织、施工部署、施工机械、劳动力安排；各参与单位协作、配合关系及有关问题的处理；施工质量标准、环境管理控制措施和安全技术要点；

（3）分项工程施工技术交底内容：基本要素：交底部位；交底分部、分项工程名称；交底执行标准名称及编号。分项工程基本情况介绍，施工准备，施工工艺；质量标准，环境管理要求，安全措施，质量通病预防措施，成品保护措施，其他注意事项。

3. 技术交底管理

技术交底的组织管理，工区项目部总工程师负责工区的施工组织设计交底，施工组织设计交底会议纪要作为技术文件交资料员存档；工区项目部总工程师负责施工方案的技术交底，同时负责监督实施；工区项目部专业工程师或施工员负责分项工程施工技术交底，同时负责监督实施。

施工组织设计交底会议纪要、施工方案交底会议纪要按照文件发放程序，每位参加人员一份。分项工程施工技术交底以书面材料、会议传达、样板观摩等形式进行，交底实施后必须留有反映交底内容的技术交底记录。分项工程施工技术交底完成后，交底双方在技术交底书上签字确认。劳务施工单位的技术负责人必须按照技术交底和环境技术交底书的内容，如实、如数地向班组进行交底，交底后将一份技术交底报送项目部备存。

4. 技术交底的检查

项目经理部工程处负责对项目部技术交底情况进行检查。工区项目部总工程师对项目分项工程施工技术交底的情况进行检查。工区项目部对技术交底情况检查每月一次，检查结果报项目经理部工程处。

4.6.4　高速公路技术创新管理

1. “四新技术”的推广应用

在项目建设中积极推广使用新技术、新工艺、新材料，提高工程建设的科技含量和工程质量，控制工程造价，促进建设管理水平的提高。新技术的推广应用要进行充分论证，进行技术、质量、经济等多方面的综合分析比较，在保证技术先进、质量可靠、费用合理的前提下并报经上级交通主管部门批准后推广应用。项目经理部鼓励推广使用先进的工程施工机械、设备和检测监控仪器、工具，提高工程质量控制水平，配备先进的办公设备，充分利用工程管理软件进行工程质量、工程进度和工程费用管理，利用网络技术传递工程资料、报表、信息，提高工作效率，节省管理费用。工区项目部独立引进的用新技术、新材料时，须提前申请上报总承包项目经理部、总监办和业主，并在报经上级交通主管部门批准后使用。

2. 科技开发管理

项目部由总工程师负责技术开发与成果转化工作，工程部负责组织科技项目规划、论证，定期检查、分析和总结科技工作情况，组织参加重点项目的联合攻关，组织开展群众性技术革新，引进推广新技术和技术交流活动。

针对本项目路基工程地基处理技术、桥梁工程施工技术、隧道施工技术等进行科技攻关，项目指将对在科技攻关中成绩突出的单位和个人或技术先进、经济、社会效益显著的科技成果给予一定的奖励。积极推广应用有关等级工法，同时对工程施工中的先进技术与管理经验要选题，选点和定人，总结编写工法。

5 高速公路施工的目标管理标准化

5.1 香丽高速公路的目标体系

在实施总承包管理过程中，项目总承包部以集团的利益为中心，对招标范围内的所有工程项目的安全生产、质量、进度、成本、协调、文明施工、环境保护、科技创新等方面进行总体管理，目标体系如图 5-1 所示。

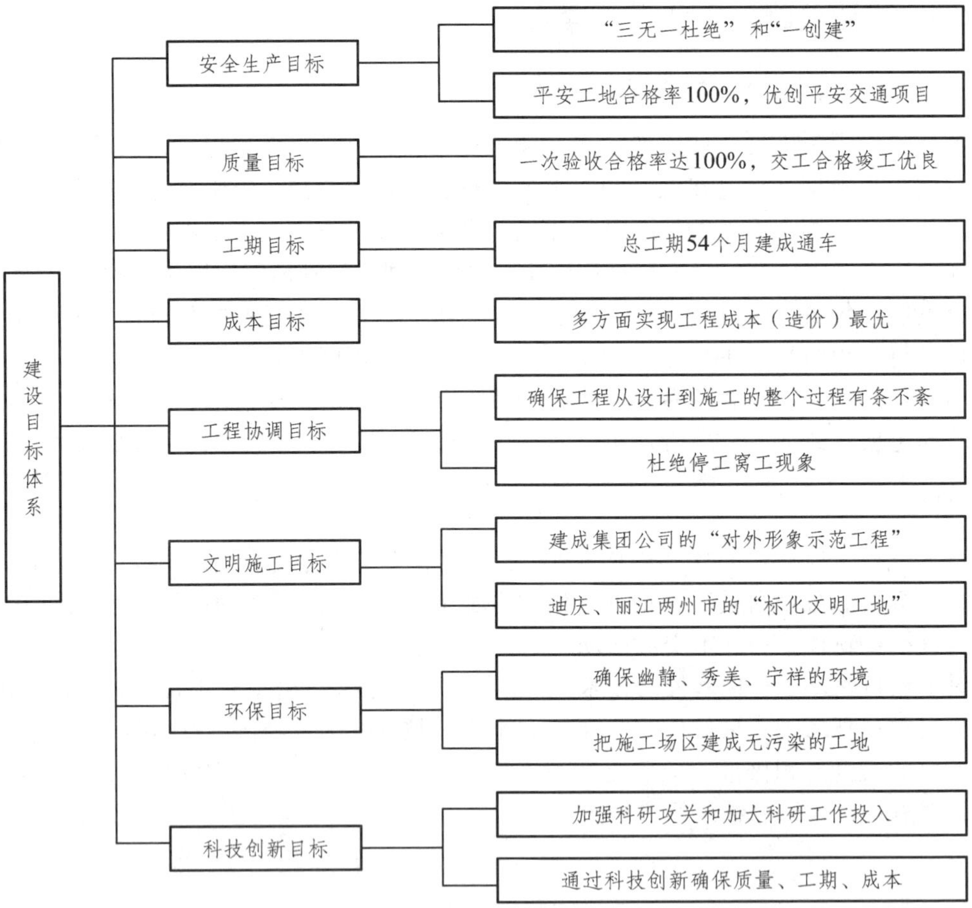

图 5-1 项目目标体系

1. 安全生产管理的目标

杜绝重大安全事故，责任死亡事故为 0、责任重伤事故为 0、月轻伤事故发生率控制在 0.5‰ 以内、无火灾事故、无环境污染事故、职业病新发率为 0。

2. 质量管理目标

严格按施工设计图及相关规范、规程规定执行，达到交工合格、竣工优良标准，工程一次验收合格率100%。杜绝一般及以上质量事故。确保工程质量优良，落实创省级优质工程、争创国优。

3. 进度管理目标

总工期为54个月，项目具体开工时间按总监理工程师批准的日期为准。确保按合同约定工期完成工程，按期通过交（竣）工验收。

4. 工程造价管理目标（成本目标）

通过提升改进管理措施，采取先进管理经验、先进施工技术，从设计优化、施工方案优化、施工组织优化、精细化管控等多方面实现工程成本（造价）最优。

5. 工程协调管理目标

缜密有序，确保工程从设计到施工的整个过程有条不紊，在工程施工全过程中坚决杜绝因组织协调不力或各施工单位间相互配合不够而产生的停工窝工现象，使整个施工现场忙而不乱。

6. 文明施工管理目标

严格按照建设工程施工的各项管理规定执行，加强施工组织和现场安全文明施工管理，使香丽高速建设成为集团公司的“对外形象示范工程”和迪庆州、丽江市的“标化文明工地”，确保达到省市级文明施工示范工地标准。

7. 环境保护目标

在施工期间，将充分做好施工噪声控制、污水排放控制、粉尘控制等各方面的具体工作，确保幽静、秀美的环境。把施工场区建成无污染的工地。

8. 科技创新目标

针对本工程技术含量高、施工难度大的特点，加强科研攻关和加大科研工作投入对确保安全、提高工程质量、缩短工期等有着举足轻重的作用。

5.2 高速公路质量目标管理标准化

5.2.1 总承包模式下高速公路质量管理体系

1. 质量管理目标

交工验收质量评定：合格。
竣工验收质量评定：优良。

2. 质量责任体系

总承包项目经理部实行项目经理为质量第一责任人，总承包项目总工程师负责制的工程质量管理体系，通过对总体质量目标的合理分解，各工区项目部认真贯彻落实“高速公路质量终身责任制”，建立健全质量管理组织机构，制定质量目标，推行全员质量管理制度，明确各级部门质量管理职责，加强工程质量过程控制及验收，定期进行工程质量检查，强化质量安全意识；严格执行质量奖惩规定，不断改进项目工程质量管理水平。香丽高速公路质量管理体系构成：工程总承包项目经理部质量管理体系、专业分包单位质量管理体系、工区项目部质量管理体系等。总承包项目经理部实行二级质量管理体系，如图 5-2 所示。实行“政府监督、法人管理、社会监理、企业自检”的四级质量保证体系和工程质量检查制度。总承包项目经理部实行项目总工负责制的工程质量管理体系，下设工程质量管理处具体执行，接受政府质量监督机构重点监督的全面质量管理模式。各工区项目部必须建立健全质量保证体系，对质量管理工作进行管理，设置质量管理部门，人员配备满足施工要求；专业生产加工项目部按照生产任务必须配备专业质检人员，明确职责，认真落实质量岗位责任制，使质量管理规范化、制度化、日常化，真正做到层层有人抓，事事有人管，处处有人把关。

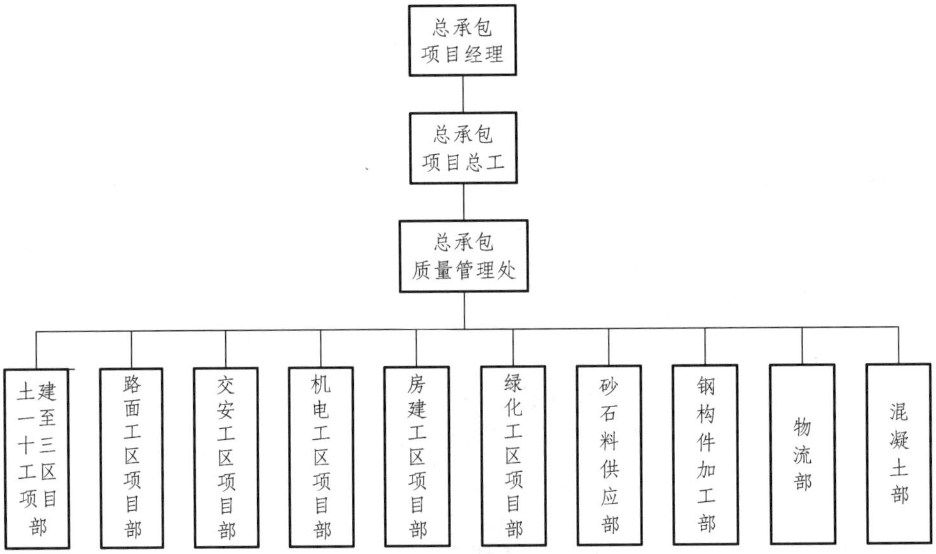

图 5-2　质量责任体系

香丽高速公路实行“政府监督、法人管理、社会监理、企业自检”的四级质量保证体系和工程质量检查制度。总承包项目经理部实行项目总工负责制的工程质量管理体系，下设工程质量管理处具体执行，接受政府质量监督机构重点监督的全面质量管理模式。各工区项目部必须建立健全质量保证体系，对质量管理工作进行管理，设置质量管理部门，人员配备满足施工要求；专业生产加工项目部按照生产任务必须配备专业质检人员，明确职责，认真落实质量岗位责任制，使质量管理规范化、制度化、日常化，真正做到层层有人抓，事事有人管，处处有人把关，如图 5-3 所示。

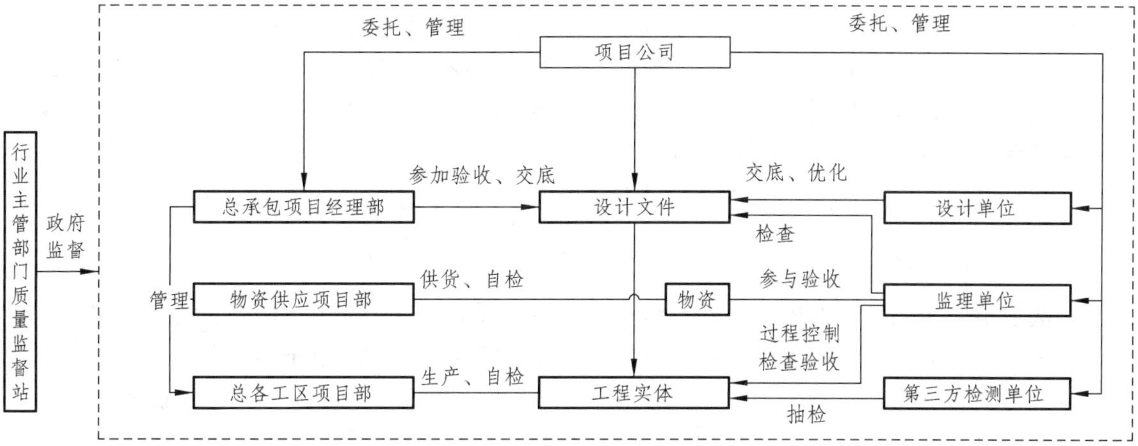

图 5-3 香丽高速公路质量管理体系图

5.2.2 云南省高速公路质量控制要点

为继续全面推行施工标准化，提升工程实体质量，推进高速公路品质工程建设，根据《建设工程质量管理条例》《交通运输部关于打造公路水运品质工程的指导意见》《云南省人民政府办公厅关于加强高速公路建设工程质量和安全管理的意见》等有关法规和标准规范，在执行国家、行业有关强制性条文的基础上，结合本省实际，重点提出以下高速公路建设工程质量管理强制性控制要点。

1. 总体要求

各高速公路建设单位应按照部、省工地标准化建设的要求，对临建工程的建设方案进行审批，并对临建工程及施工设备按施工标准化的要求进行现场验收。高速公路建设应全面推行“三集中”管理，实行混凝土集中拌和、钢筋集中加工和构件集中预制。钢筋加工厂必须配置数控钢筋弯曲机、数控弯箍机和桁车或龙门吊装设备。钢筋安装应依据结构或构件钢筋设计图，采取定位架或临时劲性骨架等钢筋定位措施。钢筋保护层混凝土垫块必须使用定型模具和专用机械加工生产，其强度不得低于安装部位的结构或构件混凝土强度。垫块数量和规格应满足结构或构件钢筋保护层厚度要求，且每平方米不少于 4 个。结构或构件底面应采用梅花形垫块，立面应采用圆饼形垫块。

建设单位必须建立和完善混凝土模板的制作、验收等管理制度，各类混凝土结构工程使用的模板（包括隧道工程二次衬砌施工台车）必须按批准的加工设计图进行制作，成品经检验合格后方可使用。模板必须使用混凝土脱模剂或隔离剂，严禁使用废机油。水泥混凝土拌合楼应不小于 120 型，每小时生产能力不小于 100 m^3，有自动采集、保存和打印逐盘拌和数据功能的装置，并且配有实时在线监测拌和质量的接口。

混凝土结构施工前必须制定具体的养护方案，并严格实施。混凝土的养护用水应洁净且未含有害物质。抽提的江河水必须经过澄清、静置一段时间后方可使用。当采用喷洒养护剂对混凝土进行养护时，所使用的养护剂应通过试验验证其养护效果。现浇混凝土结构的养护，顶面面必须采用土工布覆盖保湿，结构侧面定时洒水；桥梁工程箱梁内必须采取喷淋养护装置或喷洒养护剂的方法进行养护。普通墩柱混凝土必须在墩身周边包裹薄膜、顶部配置蓄水桶进行滴漏养护；桥梁翻模施工高墩养护必须采用在墩身周边包裹土工布并结合喷淋洒水（在底节模板底部周边设置喷淋水管）或喷洒养护剂的方法进行养护。预制场预制构件必须采用喷淋养护装置，并用土工布覆至梁底进行养护，不得只覆盖梁顶部分。新老混凝土接合面必须有效清除浮浆，确保混凝土整体结合效果。

2. 路基路面工程

路基填筑须采用打格布料或插杆挂线工艺，且宜采用吨位不低于 20 吨的振动压路机进行碾压。填方高度大于 8 m 的路基必须采用冲击式压路机进行补强，填土每填筑 2 m 冲击碾压 1 次，填石每填筑 3 m 冲击碾压 1 次。路面用碎石必须采用反击式破碎机或圆锥破碎机进行轧制，并配备干式除尘装置，减少集料中的 0.075 mm 及以下颗粒含量。基层施工应立模施工，厚度大于 20 cm 时应分成铺筑；基层横坡应与路面一致，严禁薄层找平。水泥剂量检测应采用 9.5 mm 筛下设计级配混合料进行曲线标定和现场抽样检测。边层和粘层沥青洒布必须采用配有计算机控制洒布量和导热保温装置的沥青洒布车，且沥青洒布必须呈雾状。沥青供应必须实行检验合格进库制度和车辆运输验收封条制度，未检验合格的沥青不得入库。改性沥青储存罐中必须配置搅拌设备，使用前应搅拌均匀。施工过程中，必须定期取样检验产品质量，发现离析等质量不符合要求的改性沥青禁止使用。热拌沥青混合料应采用 3000 型及以上的拌和设备，并具有逐盘打印和记录沥青及各种矿料的用量和拌和温度等数据的装置。拌和设备计量系统未经检定不得使用，在使用过程中，间隔 3 个月或生产 10 万吨沥青混合料时须对系统进行校验，以保证计量系统准确性。拌和设备滚筒加热不得采用直接燃煤加热方式。

沥青混合料的压实，除特殊工艺或材料外，每个工作面的压路机数量不得少于 5 台，且包含两台 26 t 或以上的胶轮压路机。对松铺厚度、碾压顺序、压路机组合、碾压遍数、碾压速度及碾压温度，路面施工单位和监理单位都必须设专岗管理和检查。沥青路面施工必须有施工组织设计，并保证合理的施工工期，不得在气温低于 10 °C，以及雨天、路面潮湿的情况下施工。

3. 桥梁工程

支座垫石的混凝土强度应符合设计要求，顶面应平整、高程应精确，不得采用砂浆找平。支座安装、梁体架设前，必须对垫石顶面高程、平整度和四角高差等指标进行检查。支座在使用前，必须对其规格和技术性能进行核对检查，不符合设计要求的不得使用；支座在安装时，必须检查核对支座在顺桥向和横桥向的方向、位置，避免反置。梁体预制时，必须采取措施保证梁底支座预埋钢板埋设倾角符合梁体所处位置的设计纵坡要求。

预制梁施工模板必须采用标准化整体钢模，面板厚度不得小于 6 mm，有横坡变化的翼缘板模板必须设置调节螺栓。预应力筋应采用实测弹性模量计算最大理论伸长值；预应力施工前应对预应力损失进行检测，张拉计算书必须经过监理单位的审核和批准。预应力施工必须采用智能张拉设备，张拉设备必须具有数据自动采集、存储以及实时在线监控功能。预应力张拉或放张时混凝土强度和龄期应符合设计要求。每个预制场在第一片梁张拉完成后，均必须进行锚下应力的检测，对张拉质量进行评价。在预制梁的生产过程中，必须按预制梁总数量 1%且不少于 3 个构件的频率，随机抽取预制梁进行有效预应力检测。后张预应力孔道必须采用专用压浆料或专用压浆剂配置的浆液进行压浆。预应力管道压浆必须配置高速搅拌机拌制浆液，压浆应采用真空辅助压浆或智能循环压浆。现浇梁顶板表面平整度必须采用高程导轨进行控制。桥面泄水孔的顶面必须略低于水泥混凝土铺装层的顶面。

4. 隧道工程

二衬模板台车应采用与电缆沟内沟邦一起浇筑的整体式模板台车，模板刚度、强度必须满足规范要求；二衬混凝土模板台车拱顶必须预留用于观察、排气、注浆的孔洞，且每架台车范围内不得少于 4 个。仰拱必须配置轻便弧形腹模；防水板应配备半自动铺设台车；水沟、电缆沟应配备整体移动式液压台车。钢材加工厂必须配备自动焊网机、自动剪板机、液压冲孔机、气保焊机、小导管数控加工设备等。喷射混凝土施工必须采用湿喷工艺，且必须配备湿喷机组，生产率不得小于 10 m^3/h：大面积淋水地段及人行横洞经总监审批同意后，可采用小型湿喷机作业。拱部锚杆必须采用专门锚杆机进行施作，侧墙及拱腰部位可采用一般气腿式凿岩机钻孔。所有锚杆必须安装垫板、螺母。锚杆施工质量执行工后检测。挂防水板之前，建设单位应委托有资质的检测单位对锚杆的施作质量进行检测。钢架安装必须确保两侧拱脚放置于牢固的基础上，同时按照设计要求设置锁脚锚杆或锁脚导管。隧道铺底、仰拱及边墙基底必须清理干净，基底超挖部分必须采用同标号混凝土回填，不得使用其他材料回填；仰拱初期支护、仰拱混凝土、仰拱填充混凝土应分层施作，各结构层横向施工缝应错位 50cm 以上。仰拱应整幅关模浇筑、栈桥通过。

5.2.3 高速公路质量管理程序与措施

1. 工程质量检查要求

检查工作必须以法律法规、合同文件、技术规范、设计文件、科学数据为依据，按照“坚持原则、秉公办事、一丝不苟、实事求是”的原则开展工作。全体检查人员以高度的责任心和使命感，严格按检查程序办事，以严肃的工作纪律、务实的工作作风，促进全线的质量管理工作。积极主动地努力工作，严于律己、公正廉洁、树立起良好的工作形象。全体检查人员必须熟悉检查对象的工作内容及合同文件、设计文件，全面掌握工程建设的质量标准和技术规范，认真负责，敢于检查，针对存在的问题果断处理。

检查工作应采取机动、有效的方法及措施，使工作富于成效。如专项检查、日常巡查、通病检查、突击检查、专题会议、奖惩通报等。对存在问题坚持“四不放过”原则（事故原因不查明不放过；事故责任不清不放过：责任人不处理不放过；职工未受到教育不放过），注重落实处理结果，切实遏制质量隐患。

2. 工程质量检查的内容

（1）对项目部管理行为的检查。

按项目质量目标，建立有效的质量责任体系，健全并落实各项保障措施以及各项管理制度。按合同文件要求配置试验检测、质检、技术、安全等项目管理人员，并满足实际施工需求。工地试验室仪器、设备按工程试验要求到位齐全，并定期进行标定，进、出场机械设备数量、型号、规格能够满足工地实际要求，与工程质量要求一致。履行承包人质量责任要求，各级管理人员持证及挂牌上岗，工作的业务能力及职业道德符合岗位要求。在开工前按要求进行实施性施工组织设计，并经监理批准、业主同意，执行、落实业主、监理、总包指挥部制定的质量计划。

（2）对项目部施工行为的检查。

现场上严格按设计图纸、技术规范的要求或已批准的变更设计进行施工。施工行为符合监理质量控制程序，严格按施工组织设计中批准的工艺进行现场作业。工程材料来源符合规定，有试验检验证明，外购材料，成品、半成品材料有出厂合格证明及工地检验证明，执行项目部物资部对材料的相关管理措施，确保工地现场堆放和使用的工程材料符合质量要求。按高速公路质量检验评定标准进行检查、验收工作。检查验收资料齐全，数据准确、真实，检测频率符合要求。

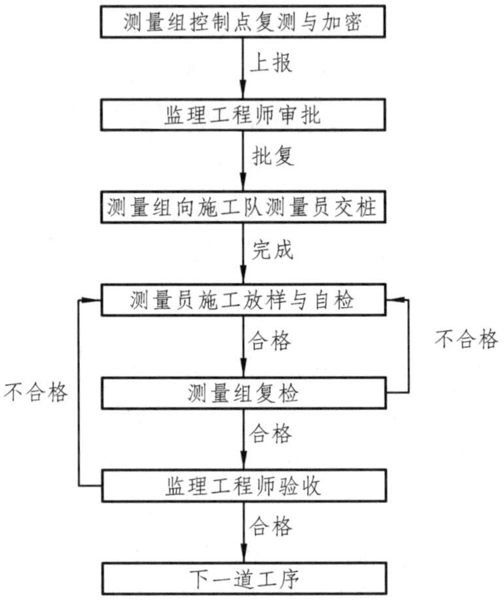

图 5-4　施工测量控制程序

（3）对工区项目部施工行为管理。

现场严格按设计图纸、技术规范的要求或已批准的变更设计进行施工。严格执行监理质量控制程序，并按施工组织设计中批准的工艺进行施工。进场原材料，成品、半成品有出厂合格证明及质量保证书，并经试验检测合格后方可使用。按相关规范、规程要求进行自检评定工作。技术资料齐全，数据准确、真实，检测频率符合规范要求。施工过程中严格执行“三检制”及监理验收程序，上道工序未经检验合格，不得进行下道工序施工。严格推行工程首件认可制，通过组织试验路段、试验工程，总结施工工艺，指导规模施工。

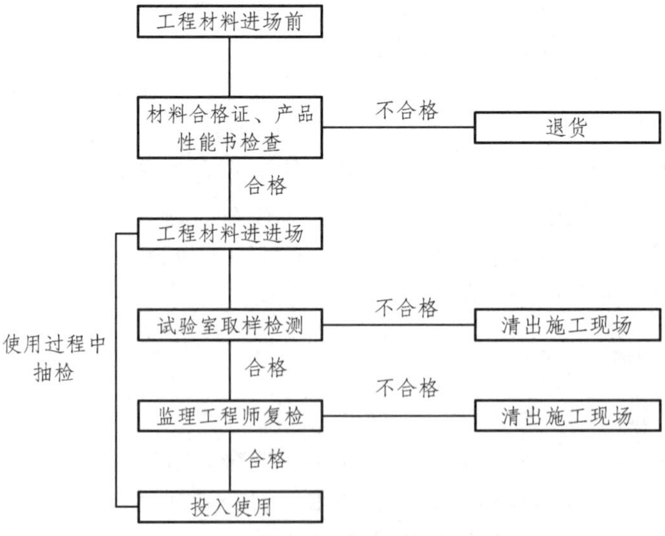

图 5-5　工程材料质量检验程序

（4）工程质量。

检验施工质量时，应注意以下问题：是否严格按施工图纸或批准的变更设计文件和施工技术规范、标准施工；砂浆、混凝土等混合料拌合物试验及击实试验、马歇尔试验等标准试验是否真实可靠，有无平行试验，使用前是否经监理工程师批准；工程开工是否按程序报批，手续资料是否完备；隐蔽工程是否按程序检验，手续是否完备；下道工序开工前，上道工序是否经过监理工程师检验，是否达到规定的质量标准；承包人工程施工所采取的施工方法、施工程序、施工工艺是否满足工程质量、进度、环境保护及安全的要求，是否经监理工程师批准。

（5）环境保护。

承包人是否采取可行的环境保护措施，是否按四方代表批准指定地点进行借方或弃方；工程施工有无防害措施和设施，爆破是否危害边坡稳定及植被。

（6）安全、保通。

安全保通组织机构是否建立健全，有无安全保障制度和措施；工作现场有无违规违章操作，施工过程、工程本身有无安全隐患；施工有无危及周围居民、民房、厂矿、行人交通等的安全；安全标志是否设置齐全，保通措施是否得当。

（7）承包人是否认真全面地履行工程合同及工程廉政合同，是否认真执行各项管理办法和规章制度。

3. 检查及处理程序

《工程质量月报》应包含工程进度、质量保证体系运行、工程质量检验、工程质量评定及验收，以及施工质量大事记、工程质量问题的处理等相关内容，并对下月施工计划与重点控制内容进行详细说明。检查工作以事实为依据、排除人为因素，做到公平、公正、公开，检查工作依下列程序进行。

（1）检查结果的处理形式。

对承包人有口头警告、通报、警示教育、返工、停工整改、违约金处罚等处理方式。对作业班组、外协队伍采取返工整改、处罚等方式进行处理。

（2）管理处理执行。

限期整改、违约金处罚、返工、停工整改，由工程质量管理处发出质量检查表与隐患整改通知单（或处罚通知单），项目部必须将其执行结果以隐患整改通知单的形式书面回复（项目经理签字）工程质量管理处。

（3）质量管理考评要求。

总承包质量管理处按季度定期形成书面质量简报，质量简报应全面反映各工区项目部质量管理水平，并从试验室、质量管理行为、桥梁、路基、隧道工程施工工艺控制等方面进行全面评价、综合考评，并根据考评结果严格执行奖惩相关文件。

4. 质量缺陷与质量事故处理

质量缺陷是指工程的质量不符合工程建设标准以及合同的约定。质量缺陷的处理方式：质量缺陷处于萌芽状态时，质量指标开始下降，出现有个别的与质量标准稍有偏离的检测数据，出现少量的不影响产品合格检验，但可处理修补的质量缺陷，如混凝土表面的麻面，小面积蜂窝等。这时应及时召开质量问题分析会，采取措施纠正，扭转质量下降的趋势。质量缺陷正在发生时，若正在发生质量缺陷，或已经出现质量缺陷，应暂停施工。待采取保证施工质量的有效措施，并对缺陷进行了正确的补救处理后复工。当质量缺陷发生在某道工序或单项工程完工以后，而且质量缺陷的存在将对下道工序或分项工程产生质量影响时，应返工处理。

（1）质量事故处理程序。

各工区项目部质检负责人于每月 25 日前完成《工程质量月报》，经项目经理签字后报总承包项目经理部质量管理处，质量管理处根据质量月报反映的情况安排检查工作。《工程质量月报》应包含质量保证体系运行、工程质量检验、工程质量评定及验收，以及施工质量大事记、工程质量问题的处理等相关内容，并对下月施工计划与重点控制内容进行详细说明。质量管理工作以事实为依据、排除人为因素，做到公平、公正、公开，依下列程序进行。

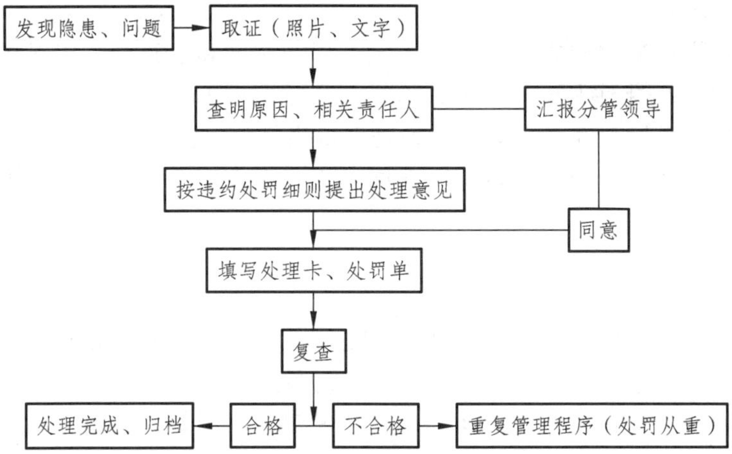

图 5-6　质量缺陷处理程序

质量事故发生后，承包人（事故发生单位）必须以最快的方式，将事故的简要情况同时向建设单位、监理单位、质量监督局报告。在质量监督局初步确定质量事故的类别性质后，在按下述要求进行报告。按照《高速公路质量事故等级划分和报告制度》《高速公路质量管理办法》的规定办理。质量问题：承包人应在 24 小时内书面上报总承包项目经理部、监理单位、建设单位。一般质量事故：现场有关人员应立即向事故报告责任单位负责人报告。事故报告责任单位应在接报 1 小时内，总承包项目经理部向集团质量主管部门报告，再由集团公司视情节情况向国家规定的相关政府部门报告。较大及以上质量事故或发生的一般质量事故情况紧急时，事故现场有关人员可直接向集团质量主管部门和国家规定的相关政府部门报告。

（2）质量事故报告。

质量事故书面报告内容：事故发生 24 小时内，事故单位必须将事故的具体情况以书面资料的形式进行报告总承包项目经理部，事故报告应包括以下内容：事故发生的时间、地点、工程项目名称、各参建单位名称。事故发生的简要经过、初步估计的直接经济损失。事故的初步原因。事故发生后采取的措施及事故控制情况。事故报告单位、联系人及联系方式。其他应当报告的情况。事故报告后出现新情况，以及直接经济损失发生变化，事故单位必须于事故发生之日起 15 日内，对事故情况进行补报，遇特殊情况随时报告。

（3）现场保护。

发生重大质量事故的现场保护措施：事故发生后，事故发生单位和该工程的建设、施工、监理等单位，应严格保护事故现场，采取有效措施抢救人员和财产，防止事故扩大。因抢救人员、疏导交通等原因，需要移动现场物件时，应当做出标志，绘制现场简图并做出书面记录，妥善保存现场重要痕迹、物证，并应采取拍照或录像等直录方式反映现场原状。监理人查看事故现场后，提出处理意见，承包人在上报事故报告、查明事故原因、消除事故产生的危害和影响之后的 7 日之内，可向监理人提交复工报告，请求批准复工。若事故原因迟迟未能查明，监理人认为事故隐患尚未消除时，承包人不得复工，直到事故原因查明并采取补救措施为止。

（4）质量事故调查。

由集团或国家相关部门组织进行的质量事故调查，总承包项目经理部应认真负责地做好配合工作，按照“四不放过”的原则，按规定开展事故调查。发生质量事故，从集团专家组中抽调专家组成事故调查组开展事故调查。与事故单位有利害关系的专家不得参加本单位质量事故调查。造成 100 万以下直接经济损失的质量问题，由各工区按本办法要求制订实施细则统一管理，组成调查组开展事故调查。查明事故原因，判定责任，于事故发生 30 日内向总承包项目经理部提交调查报告，总承包部 10 日内做出批复并审核备案，督促单位召开全员警示教育会。

发生质量事故，事故调查处理结束后 15 日内，由总承包项目经理部组织召开警示教育大会，通报事故情况，吸取事故教训，全员警示教育。

（5）质量事故责任认定。

根据事故调查结论，由事故调查组将事故划分为质量责任事故和非责任事故。事故责任分为直接责任和管理连带责任，责任事故纳入处罚范围，非责任事故不再进行处罚。

（6）质量事故处罚。

发生质量责任事故，总承包项目经理部调查组根据事故分类做出事故责任判定和处理建议，做出最终处罚决定，经济处罚由企业管理部实施、纪律处分由纪检监察部执行；当事故调查由政府有关部门主持时，按国家相关规定进行处理。事故单位因瞒报、谎报质量事故被举报查实的，除按程序开展补充调查，对责任人进行处理外，对瞒报、谎报事故的主要责任人追加处罚 10 000 元，给予举报者 2 000 ~ 5 000 元的奖励。发生质量责任事故，除对事故责任人给予经济处罚外，总承包事故调查组应根据责任轻重判定提出对事故主要责任人的行政和党纪处分建议；事故责任单位应作书面检查，对负有领导责任的单位主要领导进行诫勉谈话，对负有直接管理责任的主要领导视情节给予处分。

5.3 高速公路安全目标管理标准化

5.3.1 高速公路施工安全管理体系

1. 安全管理工作目标

结合本项目段以隧道、桥梁为主体的特点，以“主要施工内容”中所涉及的各大危险源为主要依据，认真分析，善于归纳。以预防为前提，把安全工作提前做好。做好“临时用电管理、防高空坠落、防高空落物、防脚手架坍塌、架桥机等特种设备的管理以及梁场建设”等一系列关于桥梁易发生的安全事故防范的重要工作。抓住香丽高速公路建设项目的安全隐患重点，开展好全面务实的安全工作。以“平安工地”建设活动为载体，将安全生产法律法规、技术标准落实到本项目，将“安全生产责任制”“一岗双责制度、党政同责”真正落到实处，全面夯实安全工作基础，做到施工现场安全防护标准化、场容场貌规范化、安全管理程序化，安全培训教育持续有效，施工安全风险得到有效控制。减少事故总量、预防较大事故、杜绝重特大事故，推进本项目安全生产管理水平整体提升。

2. 安全管理目标分解

根据创建“平安工地”目标进行安全目标分解：

（1）杜绝火灾、管线破坏、食物中毒等重大事故特大事故为零。

评价考核办法：查看项目经理部安全检查记录。

（2）工伤死亡事故为零。

评价考核办法：查看项目经理部安全检查记录。

（3）轻伤、重伤、负伤事故率控制在1‰以下。

评价考核办法：查看项目经理部安全检查记录。

（4）建设“平安工地施工样板工地”。

评价考核办法：争创创建“平安工地”示范点。

施工过程中，要始终把安全工作作为重中之重放在首位，安全教育、培训、宣传、会议、检查、总结每月都要有序进行，绝不流于形式。安全工作随着生产的计划、布置和总结同时得到计划、布置和总结，每次分析和总结安全工作以及安全形势都要比较透彻。对出现的问题或者隐患，一旦发现和提出的，就必须遵循“四不放过”原则进行深入的分析和不折不扣的整改。

为了加强安全管理力度，充分赋予安全员相应的权力，保证各项安全措施的有效落实，项目经理部直接指定项目经理为安全生产第一责任人，安全总监为安全部负责人，安全监督处其他原有的监督员和各片区专（兼）职安全员作为安全协管员每天现场巡视和检查。每次安全生产例会和全体会议上，即使对一般较小的安全隐患或事故，按照“四不放过”原则，每次安全检查、安全会议都有记录有台账，每次隐患都有检查、有分析、有责任人、有整改，每次整改都有结果，切切实实把安全放在了高于一切的位置。

总承包项目经理部严格按照安全管理体系文件要求认真组织好每月总承包项目经理部“平安工地”自评工作，并收集各工区每月平安工地自评结果汇总台账。

3. 安全管理体系构建

加强安全管理体系的组织领导，总承包项目经理部成立安全管理领导小组，下设办公室，安全管理组织体系如图5-7所示。

本项目的安全管理保证体系见图5-8所示。

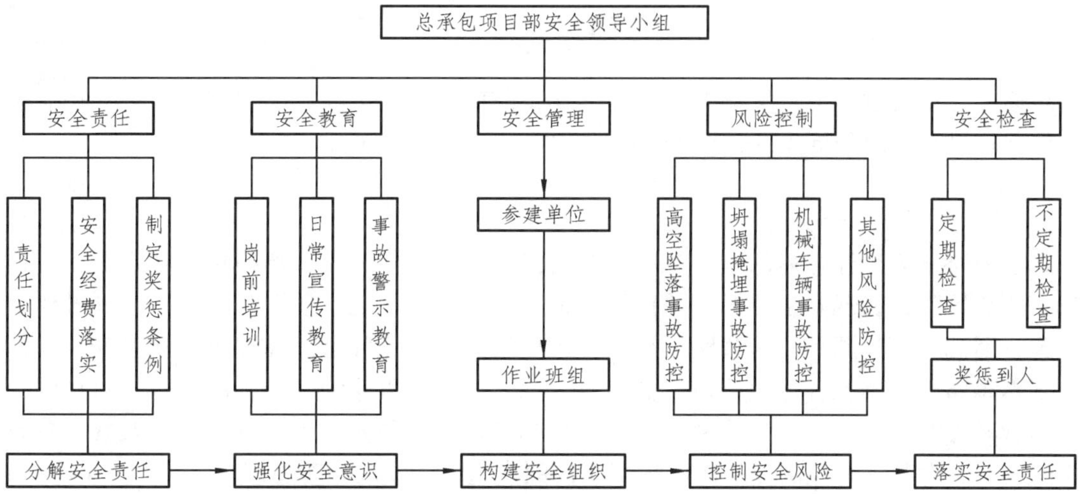

图 5-7 安全管理组织体系

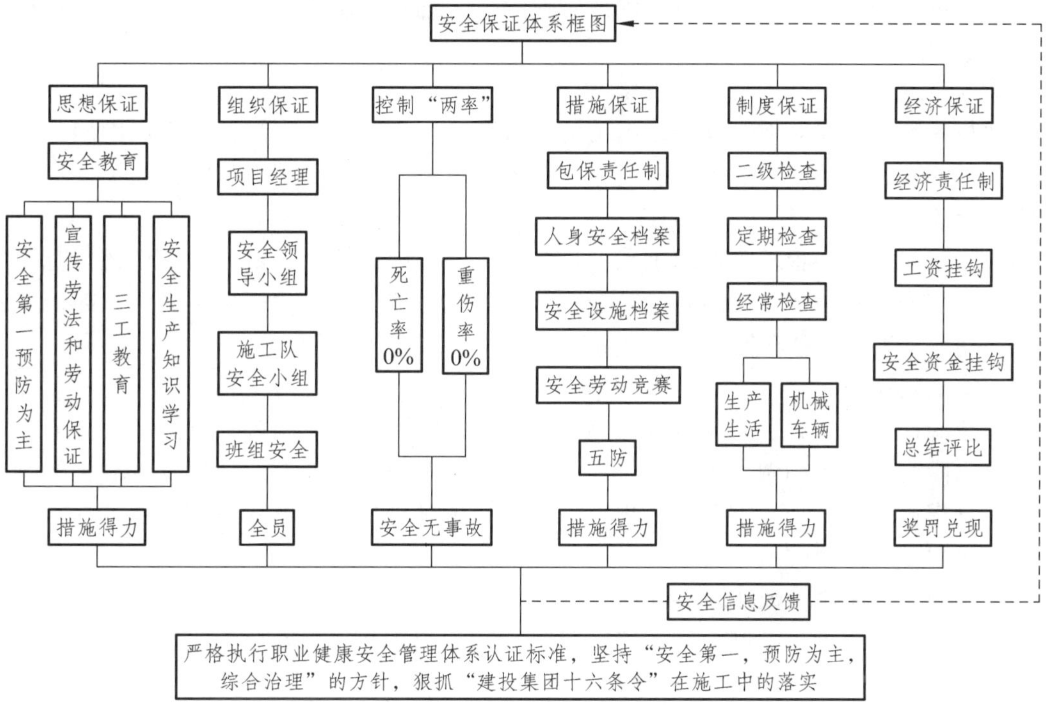

图 5-8 安全管理体系图

4. 建立健全安全管理制度

建立以下主要安全管理制度：安全生产组织机构和专职人员制度；安全生产计划目标管理制度；安全生产许可证制度；安全生产责任制度；三类人员考核任职制度；安全生产会议制度；安全生产教育培训制度；安全生产宣传制度；安全生产检查制度；安全技术管理制度；安全事故报告和处理制度；办公、施工现场消防安全制度；意外伤害保险制度；安全生产资金保障制度；安全技术交底制度；安全事故应急救援制度；风险告知制度；专项施工方案审查制度；其他保障安全生产的制度。

5.3.2　高速公路施工危险源管理

高速公路建设过程中，危险因素无处不在，因此，加强危险源的识别、评价和控制策划事关重大。只有全面分析建设过程中的危险源并采取预案措施，才能防患于未然。

1. 危险源管理过程

高速公路安全目标管理的目的是促使参与工程建设的每一个人严格按照规定办事，控制和减少安全风险，实现安全目标，并持续改进安全业绩，实现事故预防。危险源是导致事故的根源，因此，危险源是高速公路建设安全目标管理的核心问题。高速公路建设安全目标管理的基本思路是识别各种危险源，评价出重大危险源，并以此为基础，制定有针对性的管理措施和管理方案，明确建立危险源识别、评价和控制活动与安全生产管理组织及其他各要素之间的联系，对其进行控制，从而体现了系统的、主动的事故预防思想。

对危险源安全风险的管理是一个随工程进度而动态发展、不断更新的过程，需要高速公路项目全体员工的共同参与。它通常由识别、评价、编制安全管理计划、执行计划和检查五个基本环节构成。

（1）危险源识别。

识别与各类作业和管理业务活动有关的所有危险源。因此，应对施工现场编制一份施工现场业务活动表，活动涉及的场所、设施、设备、人员、工序，其内容包括施工现场各类作业与管理活动，并收集有关信息。

提出以下主要安全管理工作的重点：桩基施工过程中的防护；钢筋加工场的临时用电；钢筋笼的吊装安全；高空作业的相关安全；梁场的施工安全；梁片的吊装安全；隧道工程爆破开挖与初期支护；雨季车辆运输安全等。

（2）安全风险评价。

在假定的计划（方案）或现有的控制措施适当的情况下，对与各项危险源与环境因素有关的安全风险与环境影响做出主观评价。评价人员应考虑控制的有效性以及控制失败所造成的后果。判定假定的计划（方案）或现有的控制措施是否足以把危险源控制住，并对危险源按安全风险大小进行分类。

（3）编制安全风险管理计划（方案）。

根据安全风险评价，编制合理的安全风险管理计划，并评审安全风险控制措施计划（方案）的充分性。

（4）执行计划。

执行计划就是将已经评审的控制措施设计方案具体落实到工程实施过程中。这一步关系着危险源安全风险能否真正得到有效控制，因此，必须加大力度保证各项计划和工作的落实。

（5）检查。

建设工程实施过程中，一方面要对各项安全风险措施计划的执行情况不断地进行检查，并评审各项控制措施的执行效果；另一方面，在工程实施的内外部条件发生变化时，要确定是否需要提出不同的控制措施。

在高速公路建设过程中应根据法律法规、标准规范、施工方案、施工工艺、相关方要求与投诉等内外客观情况的变化，以及是否有被遗漏的危险源或者被发现的新危险源，项目管理人员应定期或不定期地及时对原有识别、评价和控制策划结果进行评审，必要时进行更新，不断地改进、补充和完善，并呈螺旋式上升。每经过一个循环过程，就需要制定新的安全目标和新的实施方案，使原有的安全生产保证计划不断完善，持续改进，达到一个新的运行状态。

2. 安全风险预案策划

安全风险预案在安全目标管理中起着重要作用，它明确了在安全事故发生之前、发生过程中以及刚刚结束之后，谁负责做什么、何时做，以及相应的策略和资源准备等。它是针对可能发生的事故及其影响和后果的严重程度，为应急准备和应急响应的各个方面所预先做出的详细安排，是开展及时、有序和有效事故应急救援工作的行动指南。

（1）安全风险预案的作用。

安全风险预案明确了应急救援的范围和体系，使应急准备和应急管理不再是无据可依、无章可循。制定安全风险预案有利于做出及时的应急响应，降低事故的危害程度。事故安全风险预案成为各类突发重大事故的应急基础。通过编制基本安全风险预案，可保证安全风险预案足够灵活，对那些事先无法预料到的突发事件或事故，也可以起到基本的应急指导作用，成为开展应急救援的“底线”。在此基础上，可以针对特定危害编制专项安全风险预案，有针对性地制定应急措施、进行专项应急准备。当发生超过应急能力的重大事故时，便于与上级应急部门的协调。有利于提高风险防范意识。

（2）策划安全风险预案时应考虑的因素。

高速公路项目策划安全风险预案时应进行合理策划，做到重点突出，反映主要的重大事故风险，并避免预案相互孤立、交叉和矛盾。策划重大事故安全风险预案时应充分考虑下列因素：重大危险源识别的结果，包括重大危险源的数量、种类及分布情况，重大事故隐患情况等；高速公路项目所在地的地质、气象、水文等不利的自然条件（如地震、洪水、台风等）及其影响；高速公路项目所在地以及国家和上级机构已制定的安全风险预案的情况；高速公路项目所在地以往灾难事故的发生情况；周边重大危险可能带来的影响；国家及地方相关法律法规的要求。

（3）重大事故安全风险预案的层次。

基于可能面临多种类型的突发重大事故或灾害，为保证各种类型预案之间的整体协调性和层次，并实现共性与个性、通用性与特殊性的结合，对安全风险预案合理地划分层次，是将各种类型安全风险预案有机组合在一起的有效方法。

综合预案：综合预案相当于总体预案，从总体上阐述预案的应急方针、政策，应急组织结构及相应的职责，应急行动的总体思路等。通过综合预案，可以很清晰地了解应急的组织体系、运行机制及预案的文件体系。更重要的是，综合预案可以作为应急救援工作的基础和“底线”，对那些没有预料的紧急情况也能起到一般的应急指导作用。

专项预案：专项预案是针对某种具体的、特定类型的紧急情况，如火灾、某一自然灾害等制定的。专项预案是在综合预案的基础上，充分考虑了某种特定危险的特点，对应急的形势、组织机构、应急活动等进行更具体的阐述，具有较强的针对性。

现场预案：现场预案是在专项预案的基础上，根据具体情况而编制的。它是针对特定的具体场所（即以现场为目标），通常是该类型事故风险较大的场所、装置或重要防护区域等所制定的预案。现场安全风险预案的特点是针对某一具体场所的该类特殊危险及周边环境情况，在详细分析的基础上，对应急救援中的各个方面做出具体、周密而细致的安排，因而现场预案具有更强的针对性和对现场具体救援活动的指导性。现场预案的另一特殊形式为单项预案。单项预案可以是针对高风险的建设施工或维修活动（如人口高密度区建筑物的定向爆破、生命线施工维护等活动）而制定的临时性应急行动方案。随着这些活动的结束，预案的有效性也随之终结。单项预案主要是针对临时活动中可能出现的紧急情况，预先对相关应急机构的职责、任务和预防性措施做出的安排。

（4）安全风险预案的基本结构。

不同的安全风险预案由于各自所处的层次和适用的范围不同，因而在内容的详略程度和侧重点上会有所不同，但都可以采用相似的基本结构。一般而言，它由一个基本预案加上应急功能设置、特殊风险管理、标准操作程序和支持附件构成。

基本预案：基本预案是安全风险预案的总体描述，主要阐述安全风险预案所要解决的紧急情况、应急的组织体系、方针、应急资源、应急的总体思路，并明确各应急组织在应急准备和应急行动中的职责以及安全风险预案的演练和管理等。

应急功能设置：应急功能是指针对各类重大事故应急救援中通常采取的一系列的基本应急行动和任务，如指挥和控制、警报、通讯、人群疏散与安置、医疗、现场管制等。因此，设置应急功能时，应针对潜在重大事故的特点综合分析并将其分配给相关部门。对每一项应急功能都应明确其针对的形势、目标、负责机构和支持机构、任务要求、应急准备和操作程序等。安全风险预案中包含的应急功能的数量和类型，主要取决于所针对的潜在重大事故危险的类型，以及应急的组织方式和运行机制等具体情况。

特殊风险管理：特殊风险指根据某类事故灾难、灾害的典型特征，需要对其应急功能做出针对性安排的风险。应说明处置此类风险应该设置的专有应急功能或有关应急功能所需的特殊要求，明确这些应急功能的责任部门、支持部门、有限介入部门以及它们的职责和任务，为制定该类风险的专项预案提出特殊要求和指导。

标准操作程序：由于基本预案、应急功能设置并不说明各项应急功能的实施细节，因此各应急功能的主要责任部门必须组织制定相应的标准操作程序，为应急组织或个人提供履行安全风险预案中规定职责和任务的详细指导。标准操作程序应保证与安全风险预案的协调和一致性，其中重要的标准操作程序可作为安全风险预案附件或以适当方式引用。

（5）建立主要安全风险应急预案。

高边坡坍塌应急救援预案、隧道洞内塌方应急救援预案、雨季翻车应急救援预案、消防应急救援预案、触电事故应急救援预案、人身伤害应急救援预案、中毒事故应急救援预案、高墩桥高空坠落应急救援预案、防汛防旱应急救援预案、机械伤害应急救援预案、机械伤害应急救援预案。

5.3.3 高速公路安全目标管理的组织措施

安全目标的管理首先需要贯彻的是“安全第一、人人有责”的指导思想，因此，全员参与的安全管理思想和完善的组织措施是实现安全目标管理的组织保障。

1. 建立全员参与的安全管理思想

在高速公路安全管理方面，总承包方承担着最主要的责任，但是安全是所有人的共同责任。要在工程建设管理过程中宣扬全员参与的安全管理思想，培养安全文化，并且发挥安全文化对安全生产的重要作用。安全文化具有教育功能、认识功能和导向功能，对承包商安全生产过程的实践与改进具有重要作用。构建安全文化，能够增强管理上的道德含量和安全意识，是解决所有人员对安全的认识问题、形成正确的安全意识的有效途径；构建安全文化就是要营造一种安全和谐的文化氛围，使所有人员形成一种安全思维定式，把安全生产过程的有效实践和持续改进作为出发点和归宿点。

高速公路建设过程复杂，危险源点多面广，更要强调全员参与。如果没有每一个人的共同参与和努力，是不可能实现“零伤害”这一目标的。因此，在执行强制性安全措施的同时，还应把员工的自主管理引入到安全工作之中，可以结合工程项目举行的安全活动，由员工们把存在的安全问题写成提案，提交给有关部门加以解决；也可以在月度考核中，引入安全生产的相关内容，按日打分，月度汇总。通过这些形式，既可以解决问题，又强化了员工的安全意识。

安全目标管理的第一个手段就是以先进的安全管理思想和管理理念指导安全工作，要牢固地树立以下几种观念：树立“安全第一”的观念，把安全工作放在企业生产经营活动的首要位置，并作为头等大事来抓；在抓生产质量的同时，抓好安全，树立“提高效益必须以安全生产为前提”的观念；依法执行、公平公正，树立“法治”的观念；树立解放思想，弃旧图新的改革观念。

2. 明确安全管理责任

总承包项目经理部安全生产领导小组负责审议并发布总承包项目经理部领导班子成员、各职能处室及工程技术员、安全监督员、质量管理员等岗位和处室的安全生产职责。安全生产责任制的制定，应根据国家安全生产法律法规和“党政同责、一岗双职”的要求，结合总承包项目经理部、工区项目部各级负责人、各职能处室及岗位人员的职责分工与工作职能分配，按照分级管理原则和“横向到边、纵向到底”原则进行。总承包项目经理部领导班子成员、职能处室及工程技术员、安全监督员（安全员）、质量管理员（质检员）等岗位和处室的安全生产职责，由项目经理或安全总监组织制定，经安全生产领导小组审议后，由项目经理签发实施，各工区项目部安全生产职责通过内部审批后报总承包项目经理部（领导小组）办公室备案。总承包项目经理部在领导分工、岗位职能分配及明确生产经营业务工作职责时，应同时明确其安全生产职责。由于岗位职责变动、人事调整等原因，导致原有安全生产职责需重新界定时，安全领导小组应及时审议并进行明确调整。各岗位和职能处室的安全生产责任制应采取层层签订安全生产责任状或安全生产目标责任书的形式予以明确和确认，各岗位人员应熟知并认真执行本岗位的安全生产职责。总承包项目经理部项目经理应每年与领导班子成员及各处室负责人签订一次安全生产责任书，各工区项目部项目经理每年应与施工队负责人签订一次安全生产责任书。总承包项目经理部各级职能处室（部门）负责人应根据部门安全职责，结合部门工作实际，进一步细化处室（部门）各岗位人员的安全职责，并与部门各岗位人员每年签订安全一次生产责任书。

各工区项目部还应督促下属施工班组负责人应每年与施工班组作业人员签订一次安全生产责任书。项目经理与下级责任人签订安全生产责任状（安全生产目标责任书）时，应将总承包项目经理部的安全生产责任目标进行层层分解，把安全责任目标逐级落实到每一个处室

（部门）和岗位，形成一级抓一级、一级管一级，层层抓落实的安全生产责任工作体系，做到目标明确、责任到人、措施具体、奖惩分明。安全生产领导小组办公室（安全监督处）、（安全科）应及时做好各级安全生产责任状（目标责任书）的保存、归档和定期考核工作。

3. 安全生产资金保障管理

安全生产费用按照“统筹管理、集中使用、确保需要、规范投入”的原则进行管理和使用。安全费用投入专户核算，按规定范围使用，不得挪用或挤占。按照财政部、原安监总局于 2012 年 2 月 14 日下发的《项目部安全生产费用提取和使用管理办法》规定，各项工程的安全生产费用按建安费的 1.5%提取。专门用于完善和改进项目在管理过程中的安全生产条件。

工区项目部对工程项目安全费用的使用负总责，并监督各作业队安全费用的使用情况。项目开工后，安全科应按规定标准，编制整个项目全部工程安全生产费用使用计划，并作为该项目安全生产费用计划投入的纲领性文件，并报总承包项目经理部审批。指导项目各作业队、各施工阶段（月、年、季度）安全生产费用计划和投入。

项目经理为安全费用计划、投入、使用的第一责任人，对安全生产费用足额提取、合理使用、符合法规要求，以及对项目竣工完成后，项目接受外部审计结果负责。安全生产费用应当用于本施工项目的安全防护用具及设施的采购和更新、安全施工措施的落实、安全生产条件的改善，不得挪作他用。

工区项目部应根据年度安全生产费用投入计划，做好安全投入资金落实工作，保证专款专用，确保安全投入迅速及时；工区项目部严格按照规定，单独核算安全生产费用，并在月、季、年度财务决算中对实际发生的安全费用据实披露。相关部门职责如下：安全科负责安全费用计划的编制和组织实施，负责组织实施相关技术方案的资源、资金等投入，并督促相关部门安全技术措施所需费用的有效实施，总结安全费用使用完成情况，建立健全相应管理台账；设备物资部负责对投入的机械设备、采购的安全防护用品、材料、机具等费用投入，建立、健全相应管理台账；

安全费用投入应与工程实物完成情况相符，并收集齐全工程施工安全投入的证据和原始票据，以便进行安全生产费用的验工计价。工区项目部、作业队发生安全费用或购置资产及用品时，应先由各相关责任部门负责人依据项目施工组织、施工技术方案和安全技术措施进行签认，建立各自的安全生产费用台账，收集相关原始凭证和费用支出证据材料，项目经理签批后，方可到财务部门报销列账。为确保工程项目安全费用按法规要求足额投入和逐项统计到位，工区项目部、作业队在召开施工生产计划会，布置施工生产工作的同时，研究安全生产费用投入和使用安排，明确安全生产措施和费用内容。

工区项目部应当根据合同文件的要求，编报当月投入使用的安全生产费用使用报表（计量支付报表格式可参照土建支付样本，按项目清单编制，附票据凭证及监理过程验收记录），经项目负责人签字盖章后与当月工程款计量支付表同时报总承包项目经理部安全监督处审核。工区项目部对安全生产费用必须实行专款专用，实实在在用于本项目的安全防护用具及设施的采购和更新、安全施工措施的落实、安全生产条件的改善，不得挪用或挤占；不得弄虚作假，骗取安全生产费用；必须精打细算，正确把握安全生产费用使用的合理性、必要性、科学性，不得随意滥用，对安全生产费用使用的真实性、必要性、合理性负责。工区项目部对使用安全生产费用购买的防护用品、设备设施等未投入使用的，总承包项目经理部安全监督处不予签认，总承包项目经理部不予计量支付。已计量支付的，在下个月计量的安全生产费用中扣除。

总承包项目经理部安全监督处发现工区项目部在施工现场存在安全隐患或未落实安全生产费用的，应当责令其改正，拒不改正的，总承包项目经理部安全监督处可暂时停止工程款和安全生产费用的计量支付。总承包项目经理部安全监督处和项目安全科是安全生产费用使用的监督部门，定期或不定期对安全生产费用的使用情况进行监督检查，发现投入不足或弄虚作假的，按有关规定进行违约处理。

5.3.4 施工现场安全管理措施

1. 常规安全管理措施

工区项目部必须按照开工前安全生产条件核查表上的12项内容报总承包项目经理部安全监督处进行资格预审备案：工区项目部租赁特种设备、大型机械设备必须报总承包项目经理部安全监督处备案，并由工区项目部自检后报质监局备案，未经批准、验收或验收不合格的严禁进场作业。严禁劳务分包单位自行租赁大中型施工机械。工区项目部施工现场必须设置机械安全管理人员，负责施工现场机械设备安全运行的监督管理工作，对购置、租赁的特种设备和大型机械设备进行备案登记，参与机械设备检查验收，有权终止不符合安全要求的机械设备进场作业。工区项目部施工现场使用的安全帽、安全网、安全带、配电箱、漏电保护器等安全防护用品由工区项目部自行管理并接受总承包项目经理部相关部门的检查，严禁假冒、伪劣安全防护用品进入施工现场。

工区项目部必须对劳务分包单位进行分部分项工程安全技术交底，交底要针对工程特点和各工种安全作业特点。安全交底以班组为单位，交底人必须督促接受交底人严格履行签字手续。工区项目部必须督促施工班组认真开展每日班组安全活动，每个工作日应有一名工区项目部管理人员参加和见证班组安全活动，安全员每周要对班组安全活动记录进行检查和签字，并写出评语。工区项目部必须推行工区项目部管理人员安全生产责任分解管理，即将施工区划分为若干段落，工区项目部主要管理人员除承担本职工作外，还应担任相应的区域安全责任人，每日对所负责区域的安全设施保持和作业人员遵章守纪状况进行巡查，并填写工作记录。对巡查中发现的问题应及时处置封闭，不能处置的应及时向项目经理和专职安全管理人员报告。工区项目部必须执行安全带班制度，保证每天有一名项目负责人（项目经理、执行项目经理、项目副经理、项目总工）进行安全带班，与工人同时上班、同时下班，制订项目负责人带班计划并在现场公示栏公示，接受监督，其中项目经理本人现场带班时间每月不得少于20天。

2. 隧道工程施工现场安全管理办法

为全面贯彻落实“安全第一、预防为主、综合治理”的安全生产方针，保障项目工程建设的安全和从业人员的安全和健康，加强建设工程安全文明施工管理，强化隧道施工现场“五大系统”管理，即电子门禁及人员定位系统、视频监控显示系统、通讯与预警（声光报警）

系统、应急箱与应急逃生系统、通风系统，保证隧道施工过程的规范性，确保设备及人员得到有效管控，确保隧道掘进过程中施工人员的人身安全，减少伤亡及财产损失，结合工程实际情况，特制定本管理办法。

（1）电子门禁及人员定位系统。

隧道洞口处必须设置值班室（监控室），并派专人 24 小时值班，对进出洞人员和机械登记管理，建立登记台账，应设置人行通道、车行通道，做到人车分流。

图 5-9　海巴洛隧道丽江端门禁系统与值班室

① 人员进出控制。

进出现场人员必须正确佩戴安全帽、穿好反光背心及其他所需劳动防护用品，在值班室记录簿登记，由值班室安保人员检查合格后方可进出，所有进出人员都必须严格遵守进出隧道管理制度，且认真登记签字。检查人员进洞前必须向安保人员出示个人有效证件登记，必须严格遵守“隧道施工九条规定”。严格实名刷卡制度，现场作业人员及管理人员须携带地位芯片卡进出隧道，另外需配备嘉宾专用芯片卡供外来检查人员使用。

② 机械进出控制。

施工机械车辆每日进出隧道，首次和末次必须在门禁值班室登记簿上登记签字，值班人员检查操作人员精神状态良好，方可进入隧道施工。非施工车辆及人员不得随意进入隧道施工现场。特殊情况需进出隧道施工现场，必须在门禁值班室向安保人员出示有效证件，经值班人员同意，登记签字方可进出。禁止以汽油为动力的机械设备进入隧道内施工。非出渣车辆进入隧道洞内不得停至初期支护段，且严禁长时间停放，停放时开启双向警示灯、并在车辆周围设警示标志。

（2）视频监控显示系统。

隧道施工应设监控系统，24 小时不间断地对工程施工全过程连续监控，随时掌握现场情况，指挥、调度、协调组织施工。在施工中若不能对出现的各种情况进行有效的预防和反应，对施工质量和安全存在较大的隐患，隧道施工视频监控系统可及时、准确、完整的收集并监视隧道内现场施工的各类信息，如施工进程、操作规范、人员和机械状况等直观的了解现场施工状况。对现场施工人员能有效地进行监督管理，保证施工质量。在发生异常情况时，能及时准确判断存在事故隐患，让管理人员及时迅速地做出相应的应急反应。

① 视频监控主要内容。

进洞原材料监控：锚杆、钢筋网片、钢拱架、格栅、连接钢筋及作业人员所在从事的活动与位置。各道施工工序及工艺是否按设计进行施作。安全生产的规范化，进出洞人员、设备登记情况。施工现场文明化施工（通风、照明、除尘、排烟等）。

② 视频监控人员的职责。

在监控时段发现有违规现象时，及时上报本项目经理部安全、质检等相关部门，以便及时整改和纠正违规行为。监控系统出现故障时及时向项目部管理人员反应，确保监控系统正常运行。值班室内计算机不得添加任何软件，如音乐播放器、视频播放器及游戏等。

③ 系统维护与保管。

施工单位应按照要求在隧道施工现场搭建视频监控室，监控室坚固可靠，能够抵御风雨冰雪，并具有防火、防盗等设施。施工单位应对监控室出入人员进行管理，无关人员未经允许不得进入监控室。监控室内需按照要求悬挂或张贴有关管理制度、操作规程及警示标牌。操作与维护人员不得使用监控设备从事与隧道施工视频监控工作无关的事情。严禁对洞内外摄像设备进行任何破坏，严禁悬挂任何物品。施工单位应注意保护视频设备连接线路，不得在线路经过处开沟挖槽。当工程施工对摄像设备造成破坏时，施工单位应及时告知生产厂家进行维修，确保监控系统正常运行。视频监控系统的日常管理与维护由各施工单位负责。及时对所属区域内的视频镜头灰尘、杂物进行清理，保持视频图像清晰。严禁对洞内摄像设备进行任何破坏，严禁无关人员触碰摄像设备。在进行爆破前，应对摄像设备进行防护。施工人员应注意对监控设备供电线路的保护，不得在该项电路上再连接其他设备。当因施工失误或工程事故造成视频设备损坏时，应立即拍摄现场照片，作为附件放至维修单后面，告知生产厂家进行维修。严格按照仪器规定操作步骤操作，随时关注监控设备运行状况，不得无故中断监控，对于人为原因造成视频中断的将进行罚款。当内存存满时，需及时更换储存器，确保数据连续采集，不丢失。

（3）通讯与预警系统。

隧道内应保持通信畅通，应急电话应安装在逃生管道前端的边墙上，管理人员要持对讲机，以便指挥相关操作事宜及应急情况告知。隧道内应设立安全警示系统，当隧道发生险情或等级事故时，及时用声响和安全指示灯通知人员撤离或启动应急预案。

（4）应急箱与应急逃生系统。

隧道施工在软弱围岩地段时应设置逃生通道，为保证管道承受坍塌体的压力，对采用的材质管材，必须确保其承压能力和连衔头的牢固，并经试验检测达到要求后方可用于隧道中。

① 逃生通道的设置要求。

逃生通道所用管材可采用ϕ800 mm 的超高分子量聚乙烯管道，管节长度为 3 m，壁厚 30 mm，超高分子量聚乙烯隧道逃生管道可采用环型抱箍连接、钢制搭接锁扣连接，U 形卡链扣连接，对夹式连接件连接，每端连接 10 mm 固定。为保证管道承受坍塌体的压力，对采用的材质管材，必须确保其承压能力和连接头的牢固，并经试验检测达到要求后，方可用于隧道中。施工现场应根据隧道围岩、掘进开挖方式等情况备足管道和连接材料。管道须经加工方可使用，各单位可结合材质及现场实际情况分别进行加工，要求连接简单、牢固、紧密可靠，且在地面做好临时固定措施，施工时管口可加临时封盖，并易于打开和封闭。逃生通道设置位置如下图所示，管道采用ϕ800 mm 的承插钢管，设置起点为最新施做好的二衬端头处，距二衬端头距离不得大于 5 m，从衬砌工作面布置至距离开挖面 20 m 以内开挖台车后的适当位置，管道沿着初期支护的一侧向掌子面铺设，管内预留工作绳，方便逃生、抢险、联络和传输各种物品。承插钢管纵向连接可采用链条等措施，防止坍塌时将钢管冲脱。逃生管道在二衬台车移动就位过程中，临时拆移时应逐节拆除，严禁一次拆除到位，以随时确保逃生管道的效用。设置的逃生管道应平整、干燥、顺畅，不得作应急逃生以外用途。掌子面应同时放置应急食物箱和救护箱，应急食物箱须存放 10 人左右一天所需的方便面、饼干、矿泉水等食物；救护箱内备包扎纱布、消毒药水、常见外伤用药等。应急抢险救援时应利用预设的逃生通道和救生管道迅速与被困人员取得联系，当预设的逃生通道失效，应立即钻设救生管道进行联系和输送食物，钻进工艺采用跟管钻进，跟进套管必须采用专用地质套管。在洞口值班室内粘贴逃生管道设置示意图。

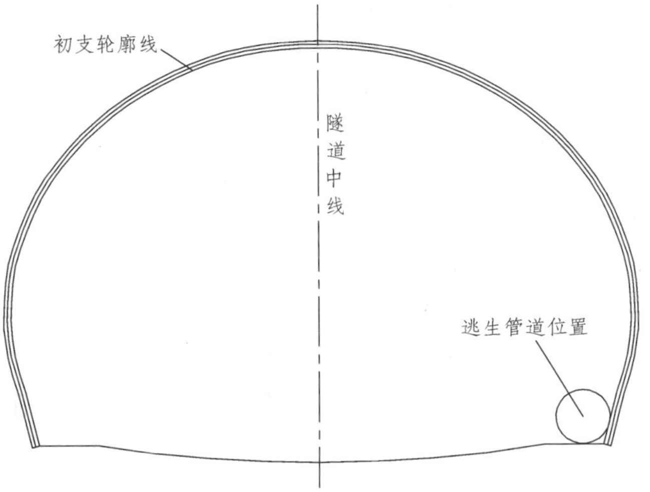

图 5-10　逃生管设置位置示意图

② 相关要求。

检查现场设置的救生管道和逃生通道及急救箱须满足在出现关门塌方时的紧急情况，保证开挖面作业员工的安全，同时将对工程施工干扰减到最小。隧道施工单位应定专人负责进行隧道逃生系统每天巡查检查，并作当天检查记录、资料存档。发现问题及时上报项目经理。隧道施工单位应根据隧道工程的实际进展及逃生救援管道设置情况，适时开展隧道逃生系统的应急演练，提高应急处置能力。

（5）通风系统。

送风式的进风管口应设在洞外，宜在洞口里程 30 m 以外。集中排管口应设在洞外，并应做成烟囱式。通风管靠近开挖面的距离应根据开挖面大小确定，送风式管口的送风口距开挖面不宜大于 15 m，排风式风管吸风口距掌子面不宜大于 5 m。通风管应设置专人定期维护、修理，如有破损，必须及时修补或更换。当采用软风管时，靠近风机部分，应采用加强型风管。送风管应采用软管，排风管应采用硬管。

图 5-11　昌格洛隧道通风系统与安全教育讲台

5.4　高速公路进度目标管理标准化

5.4.1　高速公路进度目标分析

工程进度指高速公路项目建设实施的进展情况，高速公路项目能否按期交付使用，直接关系到投资效益的发挥，尤其对经营性高速公路项目来说更是如此。

1. 建设前期的施工准备工作

高速公路项目建设前期工作，通常涉及项目立项、委托勘察设计到获准施工的全过程。工作的内容一般包括组织准备、技术准备、现场准备、法律与商务准备等。对于大中型的公路建设项目，由于建设规模巨大，所涉及的准备工作内容复杂而繁多，其工期一般需要较长时间。建设施工准备工作的好坏直接影响到后续施工，进而关系到施工工期的有效控制。业主对该阶段也要进行严格的进度控制，编制进度计划，建立进度控制目标，尽量使准备工作合理有序，缩短施工准备时间，赢得更多的施工时间，更好的保证项目总工期目标的实现。

2. 施工阶段的工程进度

施工阶段的工程进度主要依据公路建设的总进度目标对施工工期的要求、工期定额、类似工程项目的实际进度、工程的难易程度和工程的落实情况等条件而定。编制制定施工计划时，一般需编制施工总进度计划、年度进度计划以及各分项工程进度计划。编制依据有：施工总方案，资源供应条件，各类定额资料，招标文件，工程交工时间目标，建设地区自然条件及技术经济资料等。

为了有效地控制施工进度，要对施工进度总目标从不同角度进行层层分解，形成施工进度控制目标体系，从而作为实施进度控制的依据。高速公路建设项目不但要有项目建成交付使用的确切日期这个总目标，还要有各单项工程交工的分解目标以及按各个承包商、施工阶段和不同计划期划分的分目标。各目标之间相互联系，共同构成公路建设施工进度控制目标体系。其中，下级目标受上级目标的制约，下级目标保证上级目标，最终保证施工进度总目标的实现。高速公路建设管理进度目标体系主要内容有：按项目组成分解，确定各单位工程开工及交工日期；按承包商分解，明确分工条件和承包责任；按施工阶段分解，划定进度控制分界点；按计划期分解，组织综合施工。

在确定施工进度的分解目标时，要考虑以下几个方面：对于大型公路项目建设，可集中力量分期建设，以便尽早投入使用，尽快发挥投资效益。结合项目工程的特点，参考同类工程建设的经验来确定施工进度目标。避免只按主观意愿盲目确定进度目标，从而在实施过程中造成进度失控。合理安排土建与交通设施的综合施工。比如边坡处理和绿化等项目，可以边运营边施工。做好资金供应能力、施工力量配备、物资（材料、配件、设备）供应能力与施工进度需要的平衡工作，确保工程进度目标不落空。考虑工程项目所在地的地形、地质、水文、气象和气候等方面的限制条件。做好与外部单位的协调，提前筹划施工过程中水、电、通讯、道路及其他社会服务项目的需求程序和需求时间。

因此，高速公路项目建设的各个阶段的筹划及实施是一个完整的运作体系，只有运作的各个环节衔接有序、严密，分工细致，才能提高投资效益和工作效率，使各个阶段如期的完工，保证最短工期的实现，避免项目投资的浪费。如何行之有效地把这些阶段和环节有机联系在一起，使建设活动规范化和科学化，取决于项目建设实施过程中的组织管理和目标控制的效果。因此必须做好项目建设的管理控制工作。

5.4.2 高速公路进度管理体系

1. 进度管理模式

高速公路的进度管理模式可以概括为以下四个方面，即：统筹协调、突出重点、动态控制、全面保障。

① 统筹协调。高速公路线路较长，工程量大，参建单位多，管理工作纷繁复杂；为了使各项工作有序展开，顺利推进，总承包项目部对工程建设进行统筹协调，这种统筹协调体现为对全线各专业各标段工程的统筹安排，以及对各类参建单位的全面协调。

② 突出重点。抓主要矛盾、抓关键路径，是现代工程建设管理的重要方法。香丽高速公路总承包项目部依据施工组织设计要求和技术难度，确定将“六桥、六隧、一立交”作为必须按期突破的重点和难点，每项重点、难点工程都认真编制实施方案，优先保证人力、物力、财力，加强施工进度控制和技术指导，对确保按期完成任务，起到了重要保证作用。

③ 动态管理。由于高速公路建设中，不可预见因素多的情况特别突出。总承包项目部针对工程建设中不断出现的新情况、新问题，实施进度计划的动态控制；在必要时及时调整全线施工组织设计，牢牢掌握工程进度管理的主动权。

④ 全面保障。为了高速公路按期完工，总承包项目部从制度、人员、设备、物资材料、技术、图纸供应、征地拆迁、后勤等多个方面为公路建设提供保障，确保工程能够顺利实施。

2. 进度计划管理

总承包项目部将总工期目标进行层层分解落实，建立了“自上而下层层展开、自下而上层层保证，全员参与、全方位落实、全过程控制”的目标管理体系，部署任务、检查落实、总结评比等均以该目标体系为依据和标准。

（1）进度计划编制管理。高速公路进度计划工作由下而上，再由上而下，做到既切实可行，又科学先进。

① 总体工程进度：承包人在拿到施工设计图后 14 日内将施工进度计划上报监理单位，监理单位 7 日内完成审查工作，并将审查意见报项目业主，项目业主 5 日完成审查工作。

② 阶段进度计划：承包人在每阶段开始前 7 日报监理单位，监理单位 5 日内完成审查工作，项目业主 5 日内完成审批工作。

③ 月进度计划：要求在每月 25 日之前报监理单位审批，批准后执行，同时报项目业主处备案。

④ 周进度计划：要求在每周周三报监理单位，在周四上午有监理单位组织周例会对计划进行审批，批准后执行。

（2）计划的调整与控制。总承包项目部根据全标段施工组织安排的实际进展和工程承发包合同，安排各工区分解编制年度施工计划，并根据年度计划和各工区提报的建议计划和全线施工组织安排下达季度计划。月度施工计划和周进度计划由各工区根据季度计划自行下达执行。

各工区项目经理部必须加强施工组织管理，严格按施工组织总体安排统筹计划，根据计划有序施工，确保建设资金合理使用。为加强计划管理的严肃性和科学性，年度计划一经下达，必须认真执行，全面完成。确因特殊情况需要调整，各单位指挥部根据工程实际进度，提出调整理由和建议，由指挥部核定汇总后报批，按批准的调整计划下达各有关单位。季度计划不做调整。总承包项目部和各工区项目部必须分季度按合同项目表建立计划工程数量及投资台账，并将开累数与合同数、验工数进行对比、分析，控制计划的编制，掌握各工区施工过程中工程数量的增减变化及合同投资的节超情况。各工区负责向下属施工队下达阶段计划、月度计划和周进度计划；各单位计划施工进度安排需征得监理工程师的认可，见图 5-12。

3. 调度管理

（1）施工信息收集：定期施工信息收集：包括五日施工简报、工程月报的信息收集和编制。不定期信息收集：各施工单位应将以下信息不定期向总指汇报：施工安全、工程质量、环境保护、地方关系、建设协调等方面的重大或突发事件；新技术、新工艺的运用情况；其他重大或突发性事件。

（2）施工信息归纳分析：对重点工程和控制工程以及全标段工程，除了掌握工程形象进度外，还应进行实际工程进度与施工组织计划进度的对比分析。如工期滞后，还应分析其瓶颈环节、制约因素，并制定出解决措施和方案，此部分信息随形象进度资料一同报送。指挥部对各类信息分类、归纳、整理，对有可能成为共性问题的苗头、事件，应在总结经验教训的基础上制定出防范措施。

（3）信息反馈：收集的各类建设、管理信息，特别是重要动态、重大工程信息，应及时呈报有关领导阅示，并将领导的批示及时反馈给相关单位。对施工中出现的建设协调问题，指挥部将及时以专项通知的形式对相关单位予以明确。

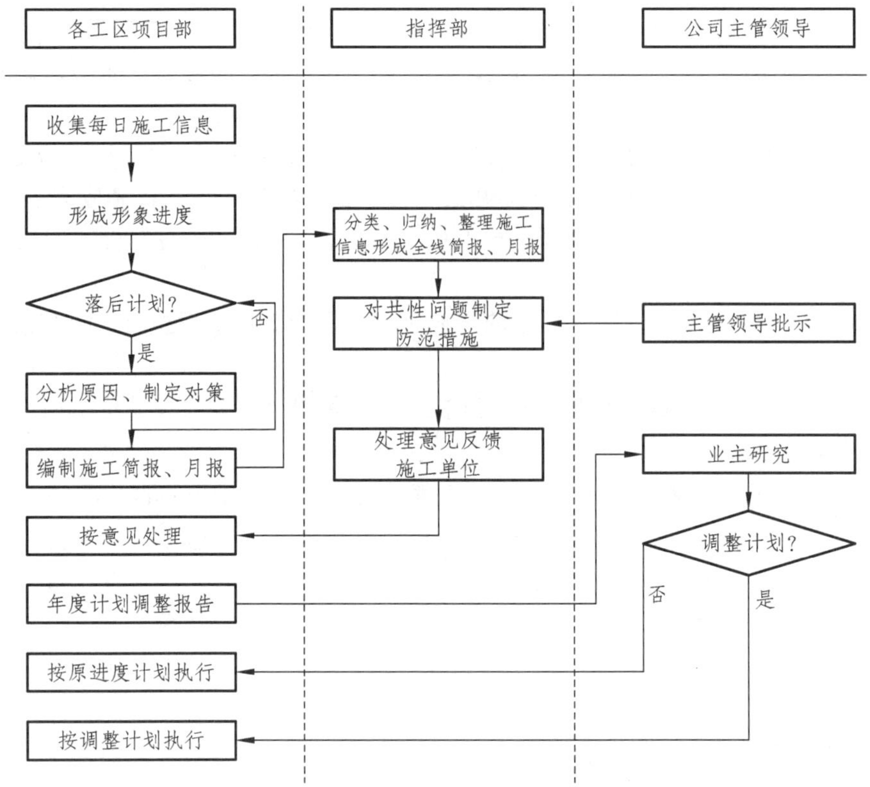

图 5-12　进度控制流程

5.4.3　高速公路进度计划保障措施

注重工程进度计划，明确目标和责任，加强集团大项目管理工作。在实施过程中，将施工总进度计划分解为年度计划、月计划、周计划，并与各工区项目经理部签订年度生产任务责任书，形成进度计划体系并在实施过程中严格管控，确保年底完成各项目标任务。

统筹、优化资源配置，保障施工进度。从人员、机械设备配备和物资供应上保证工程进度。统一指挥，协调施工，选派施工技术力量较强、综合素质高的施工队伍和机械性能良好效率高的施工机械投入施工；安排专业人员负责材料供应，确保现场需要，坚决杜绝停工待料的现象发生。定期开展考核评比工作，实行重奖重罚。以月度小考核、季度大考核和年度总考核的方式，进行奖优罚劣、重奖重罚、自我约束、自我加压，营造创优、争先、质优的良好施工氛围，确保实现香丽高速公路总体进度目标实现。

突出重点，加强控制性工程进度管理。在日常进度管控中，重点检查全线控制性工程，及时梳理和解决施工推进中存在的问题和困难，确保控制性工程不出现大的工期延误；并对控制性工程各关键工序进行任务分解后，与各工区项目部签订控制性工程生产任务责任书，确保控制性工程进度目标任务的顺利实现。加强过程管控，注重进度纠偏。当施工进度比计划滞后 15%时，与工区项目部进度管理小组一起分析原因，及时调整进度计划；当施工进度比计划滞后 30%时，将采取约谈工区项目部主要负责人、更换劳务队伍等措施，确保总体目标任务的顺利实现。

每月定期、不定期组织召开生产分析推进会和控制性工程生产推进会。通报全线施工推进情况，分析和解决全线施工过程中存在的问题和困难，以会议的形式，明确各项生产问题的解决办法和责任人，做到生产问题“件件有办法、事事有人管”。

5.5 高速公路施工总承包成本管理标准化

5.5.1 高速公路成本控制的基本原理

1. 动态控制

所谓动态控制，对于自然控制系统来说，是通过自动调节装置随时调整输入的数量或状态（一般是采用负反馈原理）来实现对系统状态的控制，因而控制近乎一个瞬时概念，是随时在发生的，或者说控制周期极小。但是，对于公路项目的投资控制系统来说，由于收集实际数据、投资计划值与实际值比较、偏差分析、纠偏措施的决策等工作都需要时间，这些工作不可能同时进行并在瞬间内完成，因而动态控制实际上表现为周期性的循环过程。

2. 主动控制与被动控制相结合

所谓被动控制，是指减少偏差的活动表现为被动性的控制。这种控制的基本特点是，如果实际值与计划值之间没有偏差或所出现的偏差在允许范围之内，不采取措施，系统活动仍按原样运行；一旦实际值与计划值之间出现偏差或偏差超出允许范围，就采取纠偏措施。所谓主动控制，是指减少偏差的活动表现为主动性的控制。它与被动控制的区别，在于把控制的重点放在偏差发生之前，即在系统目标确定之后，首先全面分析各种干扰因素及其导致系统目标偏离的可能性和程度，并采取预防措施以避免干扰的发生或减轻干扰的程度，从而尽可能避免偏离系统目标或减少系统目标的偏离程度。

3. 全过程控制

所谓全过程，这里是指公路项目实施的全过程。公路项目的实施阶段，包括设计准备阶段、设计阶段、施工准备阶段、施工阶段和保修阶段，从投资控制的任务来看，主要集中在前三个阶段。

因此，所谓全过程控制，要求从设计准备阶段就开始进行投资控制，并将投资控制工作贯穿于公路项目实施的全过程，直至项目结束。在明确全过程控制的前提下，还要特别强调早期控制的重要性，越早进行控制，投资控制的效果越好，节约投资的可能性越大。在实践中，设计准备阶段和设计阶段投资控制的效果有时缺乏比较对象，难以定量评价，但决不能因此而认为这两个阶段的投资控制是软的、虚的、可有可无的。可以说，坚定地确立全过程控制和早期控制的思想，并付诸实施是实现有效的投资控制所必不可少的前提。

4. 全方位控制

公路项目的投资由不同部分的费用构成。所谓全方位控制，就是对所有部分的费用都要进行控制，既要分别进行控制，又要从项目整体出发进行综合控制。

5.5.2 高速公路计量支付管理

计量与支付是贯穿于公路建设工程始终的一项重要工作，是保证工程按质按期完工的重要条件。及时、准确计量是各项目部在工程完工后顺利得到应付款的保证，也是各项目部履约合同的重要义务。总承包指挥部（以下简称总承包指挥部）各职能部门和监理人按权限负责所属工程项目计量与支付的审核、监管。工程计量与支付的主要内容包括：台账建立及管理、工程计量、价款确定、费用支付和监督管理、违约责任等。工程计量与支付实行标准化、信息化管理，计量与支付文件的编制按照总承包指挥部制定的表格样式及要求执行。工程计量与支付原则上执行各项目部申请、监理人审核（计量监理费时由监理人申请）、总承包指挥部审核、审批的规范程序。

1. 工程计量

工程计量必须做到真实、准确、及时。施工协议书中工程量清单中开列的工程量是根据本工程设计提供的预计工程量，不能作为各项目部在履行合同义务中应予完成工程的实际和准确的工程量，向各项目部拨付工程款时，根据监理人、总承包指挥部审定的工程量台账，并结合现场实际完成情况进行计量拨付。施工单位应当按照签约施工协议书、工程量清单、经批准的图纸、补充（完善）设计图、工程变更令、废置工程核定通知书、计日工通知单及计日工报审表、索赔报审表、各方共同签字确认的台账、质量检验凭证、中间交工证书、有关计量补充办法（协议）以及经有关审批机构批准的文件等进行工程计量。工程计量范围主要包括签约合同工程量清单及修订的工程量清单中的内容、施工协议书中约定的各项应拨付费用、补充（完善）工程变更令中的清单子目等。

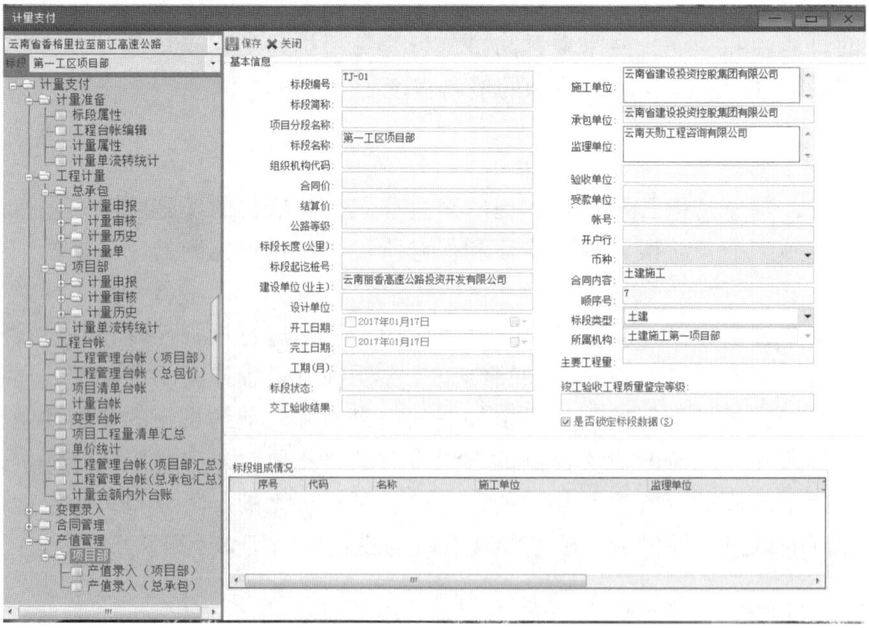

图 5-13 香丽高速项目管理系统计量支付模块

计量原则：按施工协议书规定的方法、范围、内容、单位计量。合同中未在工程量清单中填入单价或总额价的工程项目，将被认为其已包含在本合同的其他细目的单价和总额价中，总承包指挥部将不另行拨付。按总承包指挥部和监理人同意的计量方法计量。不符合施工协议书规定的工程不允许计量。工程的各种试验、检查、检测、验收手续必须齐全，计量工程部位质量检验评定资料不齐全或工程实体质量不符合设计及规范要求、存在质量缺陷，不允许计量。工程的计量应以净值为准，除非合同对部分工程另有规定。

工程计量应采用施工协议书中的计量单位。当因工程补充（完善）、变更出现新的项目时，应采用补充（完善）、变更工程相应的《香丽高速公路土建施工协议工程量清单计量规则》规定中的计量单位。工程计量应与施工协议书条款、工程量清单、施工图纸等同时阅读理解。除监理人另有批准（书面指令）外，凡超过图纸所示的任何尺寸，都不予计量与拨付。凡计量规则规定已包括在工程量清单所列的有关拨付项中的项目，均不单独计量。工程质量检验、中间交工、中间计量应按照《分部分项工程划分》和监理人指示的单元划分进行。

2. 价款确定

工程计量价款的确定依据签订的施工协议书中的单价、总额价与确认的计量工程数量进行计算。新增子目工程计量价款的确定按新增单价与确认的计量工程数量进行计算。总承包指挥部根据施工周期的长短、工程实际情况合理确定工程中期拨付的最低限额和扣留费用比例以及每次计量后应拨付的工程进度价款。

3. 费用拨付

拨付必须在质量合格、资料齐全、准确计量的基础上进行，以施工协议书约定条款和计量规则为依据办理。本办法所称的费用包括开工预付款、工程进度价款、计日工、保留金、其他各项费用等。在总承包指挥部签发缺陷责任期终止证书后，施工单位依据签约施工协议书及签字确认的各类相关台账，按审计结果，采用总承包指挥部统一的表格，制作最终结算报表，附齐证明资料，由总承包指挥部相关部门核定后签发最终拨付证书办理最终拨付手续。

4. 监督管理

工程计量拨付实行政府审计、行业监管、总承包指挥部负责的管理模式。各项目部、监理人应严格按投标承诺配置具备专业造价从业资格的专职计量工程师和其他合同管理人员，并依据本项目相关管理文件严格且全面履行其岗位职责。各项目部、监理人应积极配合各级交通运输行政主管部门和造价管理机构对本项目计量与拨付的监督检查，以及各审计单位的审计，并及时签认相关审计资料。

5.5.3 高速公路施工成本管理

成本管理是指企业生产经营各环节耗费的价值管理和控制活动。总承包指挥部及各职能部门，在工程建设中，通过有效的管理活动和控制措施，对所要发生的各种要素消耗、成本信息，有组织地、系统地进行预测、计划、控制、核算和分析等一系列工作，使工程项目建设过程中的各种要素价值流动，按照一定的目标运行，确保工程项目的实际成本能控制在预定的目标范围之内，完成预期目标。成本管理包括如下子流程：成本管理总体控制、成本策划、目标成本计划的确定、成本控制、成本核算、成本监督、成本考核及兑现，如图 5-14 所示。

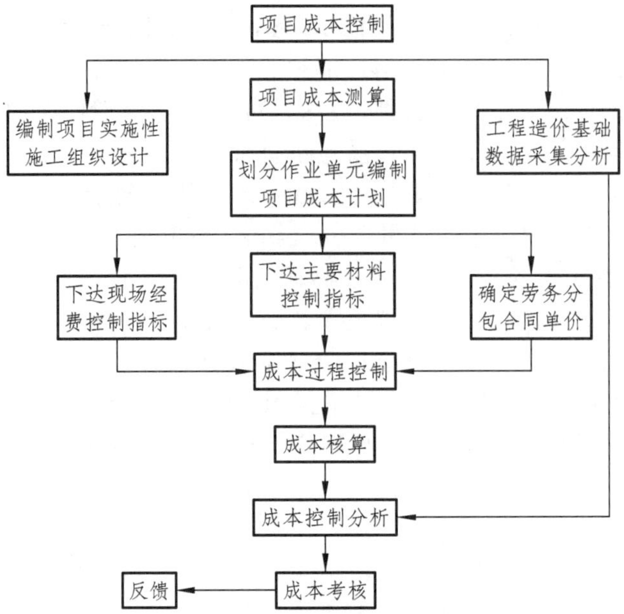

图 5-14　成本管理流程

1. 成本管理的总体控制

（1）成本管理相关机构。

成本管理实行集团、总承包指挥部、承包人分层监督、相互制约的风险管控机制。集团公司的企业管理部、项目管理中心、财务部、审计部是集团层面成本管理的规范和监督部门，分别负责成本管理的专业监督、综合监督、成本核算和资金的专业监督、过程大审计和项目竣工审计的专业监督。总承包指挥部的合同管理处、工程技术处、物资设备处、财务和审计职能部门是项目成本管理的规范、操作、控制和监督部门，分别负责成本管理的专业监督、综合监督、成本核算和资金的专业监督、过程大审计和项目竣工审计。承包人（承包人）是成本管理的直接操作部门，是成本费用的策划、控制、核算、分析等成本业务的直接执行者，是成本控制的核心环节。

（2）制度保障。

成本管理办法由总承包指挥部合同管理处牵头，其他部门参与共同编制，完成后报相关领导审批。成本管理办法总体遵照集团公司成本管理制度及规定，结合项目实际情况进行编制，审批后总承包指挥部及各承包人遵照执行。各承包人结合总承包指挥部管理办法自行编制成本管理办法，成本控制的原则、内容、方法、操作程序等事项进行规范，经内部审批后遵照执行。财务部编制《财务管理办法》，对成本核算的会计科目、核算内容、核算范围、费用分摊办法、核算时间等事项进行规范。审批后，总承包指挥部内部及各承包人遵照执行。

2. 目标成本计划的制定

（1）合同交底。

工程开工前，由总经济师组织各部门负责人进行成本交底，成本交底主要涉及本工程的主要费用构成、各部分费用之间的关系、合同管理、技术优化的重要性、各部门成本管理的重点等。

合同履行前，由承包人经济师对相关项目人员进行交底。被交底人员包括项目经理、技术负责人、施工管理人员、合同管理人员及其他相关管理人员；交底的内容包括工程承包范围、合同工期、工程质量、安全文明、技术、进度、环境保护、计量与支付，以及工程签证、变更、索赔、调价、竣工结算、保险、保修等内容。

（2）目标成本计划测算。

由各部门根据合同交底及测算资料，部门负责人牵头，其他人员配合，结合本部门职责，编制切实可行的《目标成本计划书》。所有部门《目标成本计划书》编制完成后，报主管领导审核，审批后归集到合同处，整理汇编后会签审批，审批完成后印发执行。

承包人对合同交底及测算资料准备好后，要积极组织《目标成本计划书》的编制，指导成本管理。前 15 日内，由项目经理主持，组织人员编制《目标成本计划书》。目标成本计划书的内容包括但不限于：目标成本计划汇总表、人工费目标成本计划表、材料费用目标成本计划表、周转材料目标成本计划表、机械使用费目标成本计划表、安全/文明施工费目标成本计划表、临时设置费目标成本计划表、劳务/专业分包工程费目标成本计划表、现场管理费及其他费目标成本计划表等。《目标成本计划书》编制好后，会签审批，经核算员、项目总经济师、项目经理审核后，报主管部门审核，审批后下发执行。

总承包指挥部各部门根据《目标成本计划书》拟定《成本管理责任书》，经相关领导审核，主要领导审批后，由各责任部门与总承包指挥部签订，签订后遵照执行。承包人根据《目标成本计划书》编制《成本管理责任书》，经相关领导审核、主管领导审批后，由各承包人与主管单位签订，签订后遵照执行。

若在实施过程中，发现实际条件与目标计划出现较大变动，应及时分析原因，制定相应措施，并将情况上报主管领导，经相关领导共同研究后，划清责任，做好记录，作为目标成本调整及成本考核的依据。

3. 项目成本策划

总承包指挥部各部门根据已签订成本管理责任状，组织相关人员进行项目成本策划，详细分析影响项目成本的风险因素、制定可采取的成本降低措施，确定项目计划成本及项目岗位计划成本分解指标。根据项目成本策划结果，编制《项目成本策划书》，相关审核后在总承包指挥部内部组织评审。

承包人根据已签订的成本管理责任状，项目经理在职能部门的协助下组织承包人质量、技术、安全、物资、造价、成本等部门主管人员进行项目成本策划，详细分析影响项目成本的风险因素、制定可采取的成本降低措施，确定项目计划成本及项目岗位计划成本分解指标。根据项目成本策划结果，承包人编制《项目成本策划书》，经项审核后组织评审。

总承包指挥部各部门根据《成本管理责任书》及《项目成本策划书》将项目成本控制目标分解到各岗位执行，总承包指挥部与各员工签订《岗位成本管理目标责任状》。责任状包括岗位工作职责范围、量化指标、工作收入标准、风险抵押金缴纳金额、项目奖励分配约定，及未履行工作职责、未完成约定指标而应承担的责任等。《岗位成本管理目标责任状》是承包人考核项目岗位的主要依据。

承包人根据《成本管理责任书》及《项目成本策划书》将项目成本控制目标分解到各岗

位执行，指挥部与各成员签订《项目岗位成本管理目标责任状》。责任状包括岗位工作职责范围、量化指标、工资收入标准、风险抵押金缴纳金额、项目奖励分配约定，及未履行工作职责、未完成约定指标而应承担的责任等。《项目岗位成本管理目标责任状》是承包人考核项目岗位的主要依据。

4. 成本控制

总承包指挥部成本控制包括：建筑安装工程费控制、设备、工具、器具及家具购置费、工程建设其他费用。

承包人成本控制包括：人工费控制、材料费控制、机械费控制、专业分包费控制、其他直接费控制。

承包人成本检查：正常开展各项检查工作，及时发现不正常的现象，解决非正常费用发生问题，降低成本。承包人专业人员日常检查：各专业人员按各专业控制程序进行检查，确保生产经营的正常开展，减少各种浪费、返工和非正常发生费用。承包人成本核算员检查：审核工长统计的工程量完成当月产值；审核月（周）材料采购计划及中间结算单；审核签订变更资料是否满足计量及结算的要求；审核收支是否同步，通过对比分析发现问题，对不正常或产生怀疑的费用，随时可以到现场进行查看或请专业人员一起到现场查看，对不正常的费用发生要求及时进行整改，若有必要可直接向项目经理报告。承包人财务人员检查：及时收集财务核算资料，审核各项支出管理控制的合规和合理性；建立健全成本核算台账，分析并反馈有关成本信息；按时编制资金使用计划及奖金申报，控制非生产性费用的开支；建立工程款台账，及时提醒收款；对间接费用、其他直接费进行分析并将存在的问题反馈给相关部门。项目经理检查：每天对现场进行巡查、抽查，对不正常的事件及时要求进行整改。

承包人成本核算员每月成本关门后，及时完成《内部结算表》和《项目盈亏分析》，并按规定时间及时上报相关部门。《内部结算表》至少包括已竣工工程项目内部结算情况一览表、在建工程结算情况表；《项目盈亏分析表》至少包括项目基本情况及盈亏汇总表、三算对比盈亏分析汇总表、人工费盈亏对比表、主要材料费盈亏对比表、周转材料费盈亏对比表（租赁材料）、周转材料费盈亏对比表（摊销材料）、机械费盈亏对比表、专业分包费盈亏对比表、临时设施费盈亏对比表、安全文明费盈亏对比表、科技经费成本表。承包人财务人员建立健全成本核算台账，并及时与成本核算员对账，确保业务与财务一体化；及时编制《资金使用报表》，按时报送指挥部财务部审核；建立《工程收款台账》，及时提醒承包人收款。

承包人每月定期组织项目主要成员召开经济活动分析会，会议可以从下主要方面展开讨论分析：工程合同情况及目前施工进展情况；工程报量情况分析及工程款回收情况；开工累计成本及承包指标完成情况；人工费控制情况：人工费占总成本比例、计时工占人工费比例；工程用主材情况（耗用量、库存数、主材节约率、钢筋废材比例）；周转材料（周转材料的盘点、损耗情况）；机械费控制情况（计划与实际对比）；劳务分包费控制情况[计划与实际对比、合同金额、已施工金额、结算比例、已付款比例（与结算、施工对比）]；专业分包费控制情况[计划与实际对比、合同金额、已施工金额、结算比例、已付款比例（与结算、施工对比）]；其他直接费控制情况（计划与实际对比）；签证索赔情况（签证总申请数、已办好签证数、未办好签证的原因分析）；值得总结的做法；后期改进措施；下月成本控制工作重点。

5. 成本考核

（1）过程考核。

承包人岗位考核：承包人对各岗位考核的主要内容一般是各项基础工作的完成情况及成本控制目标的实现情况，根据考核情况在节点考核。考核流程操作详见《岗位成本管理目标责任状》。考核承包人：一般从以下方面考核，成本管理基础资料的编制及上报情况；各项成本控制目标的实现情况及其真实性；综合指标的完成情况；工程款的回收情况；上交款的完成情况等。考核流程操作详见《成本管理责任书》总承包指挥部岗位考核：承包人对各岗位考核的主要内容一般是各项基础工作的完成情况及成本控制目标的实现情况，根据考核情况在节点考核。考核流程操作详见《岗位成本管理目标责任状》。总承包指挥部部门考核：一般从以下方面考核，成本管理基础资料的编制及上报情况；各项成本控制目标的实现情况及其真实性；综合指标的完成情况；工程款的回收情况；上交款的完成情况等。考核流程操作详见《成本管理责任书》。

（2）竣工考核兑现。

承包人岗位考核：承包人对各岗位考核的主要内容一般是各项基础工作的完成情况及成本控制目标的实现情况，根据考核情况在节点考核。

6. 施工成本核算

成本核算依据：承包人项目总经济师依据集团、总承包指挥部规定的结算时间和报表要求下发和传递到承包人相关人员；按规定时间收集统计验工报量、人工费、材料费、机械使用费、专业分包费及其他原始核算资料，并依据总承包指挥部、承包人相关规定严格审核，对不符合规定的一律不允许进行成本核算。

承包人合同管理人员逐月进行成本核算，坚持实际形象进度、实际产值、实际成本“三同步”的原则，严格划清成本界限，划清已完工程成本与未完施工成本的界限，划清本期成本与下期成本的界限。承包人财务人员根据当月统计验工报量并按照项目承包合同规定计算项目当月的收入及上交款；根据当月发生的人工费、材料费、机械使用费等相关费用的原始凭证，分类归集成本费用；计算当月应分摊和计提的有关费用。确保产值（收入）确认和成本结转的计量额完全一致。

项目会计师严格对照《企业会计准则》和《成本核算管理办法》规定的会计科目对应的核算内容进行审核，确保核算的正确性。严格按照规定报表格式和报表取数逻辑进行报表取数，按规定时间完成报表报送，并作好《报表报送记录》。将记账凭证和财务报告及其他相关资料，按《财务档案管理办法》及时进行归档。

6 香丽高速公路过程控制标准化

6.1 香丽高速公路工地建设标准化

6.1.1 工地建设标准化的内涵与作用

1. 工地建设的内涵

工地建设要达到标准化的要求，充分体现以人为本，营造舒适、有序、安全、和谐的工作环境和生活环境，提高工作效率，提高工程质量、安全、环保管理水平，对提升从业人员的责任感和归属感，强化现场规范化管理，提高工程质量发挥其重要作用。拌和站、预制场、钢筋加工场、小型构件预制场严格按标准化要求建设，推行混合料（混凝土）集中拌制、钢筋集中加工、混凝土构件集中预制的“三集中”实现施工现场的集约化管理，工厂化生产，专业化施工。最大限度地减少公路工程野外施工因素对施工质量的不利影响。

施工场地的建设往往是传统工程项目管理容易忽视的环节，然而许多工程管理经验和教训表明：工地建设的标准化对于提升项目管理水平的具有十分重要的作用。工地建设涵盖了项目部“驻地建设、工地试验室建设、便道建设、工点施工平台建设、混凝土集中拌和站建设、梁片集中预制场地建设、钢筋集中加工厂建设”等内容。其中“混凝土集中拌和、梁片集中预制、钢筋集中加工”这“三集中”是工地建设标准化的核心和灵魂，也是工地建设标准化管理的重点。

2. 工地建设标准化的作用

（1）传统的施工场地建设往往采取多点分散的管理模式，工地建设存在的随意性和非标准化等问题往往容易导致项目管理成本增加、质量控制难度加大、风险因素增多、施工形象弱化等问题的产生。而工地建设标准化的提出，尤其是“集中生产”原则的贯彻，能够化繁为简，能降低项目的管理成本及潜在的风险成本。

（2）工地建设标准化推行的集中生产实现了传统分散生产想集中式工厂流水作业的转变，一方面，能够改善施工人员的工作环境，促进员工工作积极性和工作效率的提升；另一方面，通过集中的机械化生产能够极大地提高施工效率。

（3）标准化工地环境改变了以往点多面广的分散监控模式，更有利于质量控制，可以减少管理中的不利人为因素。第一，通过集中采购管理及进场检验更利于原材料质量控制，可充分保证原材料的优质合格。第二，生产过程中的工艺规范化标准化，能及时地实现过程控制的信息收集处理和优化。第三，工厂化集中生产使得产品的生产条件、检验标准处于一种更加可控的状态，从而更好地保证了构件的质量。

6.1.2 项目部驻地建设标准化

1. 设置原则

项目经理部驻地建设严格遵守法律法规的规定，遵循“因地制宜、节约土地、保护环境、安全可靠、规范有序、功能完备、布设合理、方便生活、满足生产、靠近现场、管理方便”的原则进行。项目经理部驻地房屋采用统一款式的拼装式活动板房自建，搭建二层，满足安全及管理要求。

2. 选址要求

（1）驻地选择水质良好且地势较高处设置，不受洪水和泥石流威胁，避开塌方、落石、滑坡、危岩、爆破区等地段。避开高压线路及高大树木。

（2）项目经理部驻地房屋可采用自建活动板房，也可租用沿线合适的单位或民用房屋，但必须坚固、安全、耐用，并满足工作、生活要求。宿舍不得建在尚未竣工的建筑物内，项目部驻地建设应包括民工营地的建设。

（3）自建用房的驻地选址应避免设在可能发生塌方、泥石流、水淹等地质灾害区域及高压电线下面（与高压线水平距离不小于 8 m），避开取土、弃土场地，离集中爆破区 500 m 以外；同时确保有便利的交通条件和通电、通水、通信条件。

（4）距离集中爆破区 500 m 以外。锅炉房、发电机房、厨房等与其他临时房屋的距离不得小于 10 m。存放易燃易爆物品的临时库房距其他施工设施和人员住房应在有关规定的安全距离之外。

（5）靠近现场，管理方便，不受施工干扰；交通便利，尽量靠近公路，缩短引入线；通信畅通，邮路便捷，满足建设单位办公自动化要求。

图 6-1　不同形条件下的项目部驻地建设方案

3. 驻地硬件设施建设标准

项目部总体布局和硬件设施配备由项目经理批准实施，由项目部综合部负责落实并负责日常的监督检查，“三室五小”设施满足如下要求：

（1）“三室”要求。

项目部为院落式，室外有停车场地和活动场所，项目部各室、所应满足最小面积要求：视频会议室：60 m^2；资料室：40 m^2；办公区：（5-8）m^2/人；食堂：1 m^2/人，按最高峰人数70%计算；卫生间：按现场平均人数计算 0.2 m^2/人；淋浴室：按现场平均人数计算 0.07 m^2/人；宿舍：4 m^2/人。项目经理部办公区、生活区及车辆、机具停放区等功能设置应科学合理，必须分区设置。区内场地及主要道路应做硬化处理，整平，无坑洼和凹凸不平，雨季不积水。土建、路面等主体工程项目经理部办公、生活用房建筑面积一般不宜小于 3 000 m^2；若租房场地面积可适当减小，但必须对房屋外墙和室内进行适当装修，体现企业文化特点；其他附属工程项目经理部用房建筑面积和场地占地面积应满足办公和生活需要。对于山区高速公路项目，项目经理部驻地可结合选址实际，适当减小。

图 6-2　项目部分区布置

项目经理部生活饮用水如条件允许，尽可能使用自来水；如自找饮水源，应对水源进行专门机构化验鉴定，符合饮用水标准后方能使用。项目经理部生活、生产污水应做处理，符合排放标准后才能排入相邻水系，生活、生产垃圾要定点堆放，严禁乱扔乱弃。要求排水设施完善，庭院适当绿化，环境优美整洁。项目部公共场所应设置功能分区平面示意图、指路导向牌及宣传牌。

（2）“五小”设施要求：

① 宿舍：项目部的宿舍要坚固、美观，房间净空高度应控制在不低于 2.6 m，门窗齐全，保证通风，房顶材料尽量选用阻燃材料，防雨，内墙抹灰刷白，卫生材料吊顶，地面硬化防潮湿，保证每人（可上下）单床，禁止通铺或钢管搭设上下床铺。生活用品应放置整齐，好的条件每人设有（排号）生活专用组合柜。宿舍内挂设治安、卫生、防火管理制度，夏季设有消暑、防蚊虫咬措施，冬季设有保暖和防煤气中毒措施。宿舍（有条件单位应职工统一床单被罩）内外环境应安全、卫生、清洁、室外设有标识的垃圾箱、由专人清扫。应当选择在通风、干燥的位置，防止雨水、污水流入。建筑采用阻燃材料，每组最多不超过 12 栋，栋与栋之间的距离，城市不小于 5.0 m，农村不小于 7.0 m。每栋用房其长度以 36 m、层高以 2.5 m 左右为宜。宿舍用房应保证室内有足够的空间，每栋居住人数不超过 100 人，每间居住人员不超过 16 人，门窗要向外开，门口及室内通道宽度不小于 1.2 m。宿舍内的单人铺不得超过 2 层，严禁使用通铺，床铺应高于地面 0.3 m，人均床铺面积不得小于 1.9 m×0.9 m，床铺间距不得小于 0.3 m。宿舍内应设置生活用品专柜，个人物品摆放整齐。洗过的衣物不得随意晾晒，要有专门的晾衣处。宿舍地面应水泥砂浆找平硬化，有条件的可铺砌瓷砖。宿舍区与食堂严禁连成整体，食堂与宿舍的间距不得小于 15 m，宿舍内严禁有易燃、易爆物品，严禁在宿舍内生火做饭和使用大功率的电器设备。

② 食堂：食堂必须符合《中华人民共和国食品卫生法》的要求，设置在距离厕所、垃圾站、有害场所等污染源 20 m 以外的地方。食堂应设置独立的制作间、储藏间，地面应做硬化

和防滑处理，配备纱门、纱窗、纱罩等。面积按 1 m^2/人计算，人数按高峰人数 70%计算，位置要距厕所、垃圾、有害物质 30 m 以上。饭堂等公共活动场所的门宽度不应小于 1.4 m，应用净空高度不得低于 2.8 m，水泥地面不积水，锅台四周面案板挨墙处贴白瓷砖，保持整洁卫生。有食堂卫生管理责任制度，具备卫生许可证，炊事员（包括工作人员）有健康证，工作时必须戴工作证，穿工作服。食堂室内设有排风窗及冰柜，有防尘、蚊、蝇、鼠害设施。生活垃圾要装容器，有专人管理及时清运。必须保证供应符合卫生标准的饮用水，高温季度应有降温防暑措施。如绿豆汤、茶水等。

③ 厕所：厕所应设置为通风良好的可冲洗式厕所，并设有符合抗渗要求的带盖化粪池，男女厕所必须分设，蹲位不得少于现场职工人数的 5%。大小便池内镶贴瓷砖，水泥砂浆地面，设纱窗纱门，厕所通风采光良好，专人管理，符合卫生要求。

④ 淋浴：浴室面积按现场平均人数 0.07 m^2/人设置，符合安全要求，切实能让职工按时洗浴。

⑤ 办公室、活动室：房间净空高度应控制在 2.6 m 以上，房顶选用阻燃材料、地面硬化、门窗、齐全，墙面抹灰刷白、室内具备办公、娱乐条件，有关制度图表上墙、设施良好、文件资料归档整齐。办公自动化要配备必要的信息化硬件要求，以满足施工信息收集、整理、传送的要求。

⑥ 消防：建筑面积每达 800 m^2，要在中心地点设手动（或电动）消防水泵一台及不小于 20 m^3 消防水池 1 个；每栋用房均应配备 6 ~ 8 个灭火器，设置一个 2 m^3 的消防（兼生活）水池 1 个。

（3）项目部标示标牌要求：

项目部办公室的整体布置要求整洁有序，必须张挂上墙的有“六牌二图二栏一表”，由项目部综合部负责日常管理。

① 挂列六块牌：内容：工地管理架构图、工地党组织和文明工地建设架构图、工地安全生产责任制、工程质量创优规划、“三标一体”（质量、环境、职业健康安全）职责分配表、管理人员岗位责任制。制作标准：采用计算机喷绘制作，规格统一为高 70 cm×宽 50 cm；标题采用蓝色宋体字，正文用黑色宋体字。如果部分标牌已制作，补充的标牌应与原标牌一致。

② 张挂二张图：内容：施工平面图（工程总体布置图）、工程形象进度图。制作标准：蓝色万通板为底，标题采用蓝色宋体字，不干胶计算机刻制。

③ 建立二个栏：内容：企务公开栏、读报栏。制作标准：企务公开栏长为 2.4 m，高为 1.2 m，蓝色为底，标题为白色宋体字；读报栏长 2 m、高 0.8 m，蓝色为底。

④ 填写一个表，内容：晴雨表。制作标准：制作用 A1 纸打印，蓝色标题，宋体字，贴于规格相符的白色万通板上。

6.1.3　工地试验室建设标准化

（1）工地实验室是指公路工程建设从业单位 在工程现场为质量控制和检验工作需要而设立的临时实验室。建设应满足《公路水运工程试验检测管理办法》的有关规定，由取得《公路水运工程试验检测机构资质等级证书》的试验检测机构授权设立，且授权的试验检测项目和参数不得超过其等级证书核定的业务范围。母体试验检测机构对工地实验室的试验检测行为及结果负责。

（2）工区工地试验室建设围绕因地制宜、保护环境、合理有效利用土地，遵循文明标准化施工建设，建设成为文明安全、环境优美、利于办公生活、作业的标准化工地试验室。作为服务于现场施工的一个部门，工地试验室的工作贯穿于工程的施工准备阶段、施工阶段及交工验收阶段，在每一个阶段的侧重点也各不相同。工地试验室在工程质量控制过程中具有极其重要的作用，担负着重要职责。

（3）施工、监理单位应该在工程正式开工前，根据合同承诺，经授权在工程现场设立与工程内容相适应的工地实验室。不具备设立工地实验室条件的施工、监理单位和有需要设立工地试验室的建设单位，可委托取得“等级证书”和“计量认证证书”的第三方试验检测机构在工程现场设立。

（4）工地试验室应经有权单位组织认定合格，并取得批准后方可正式展开试验检测工作。工地实验室若设置在施工单位项目部或总监办驻地，可不另设会议室。此外若场地允许可考虑增设如烘箱、沸煮箱等大功率加热设备专用室。

（5）仪器设备布置。

① 现场检测室及留样室。

地面上设置锚杆拉拔仪、弯沉仪；操作台柜内设置标准钢钻、环刀、灌砂筒及灌砂法用标准砂等；操作台上设置回弹仪、保护层测定仪、泥浆三件套、30 kg 电子天平等；仪器架上设置轻型动力触探仪、重型动力触探仪、手持取芯机；留样架上设置已检区、留样区；水泥取样桶、广口瓶。可按图 6-3 布置。

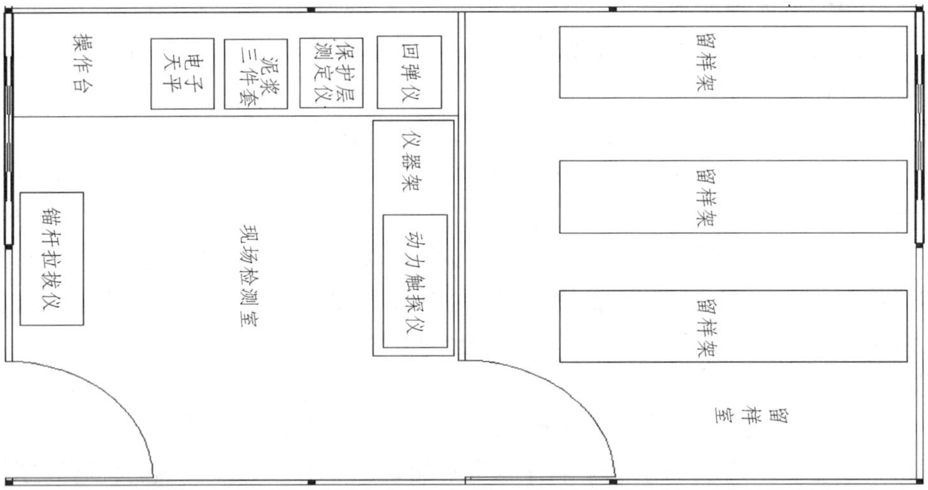

图 6-3　现场检测室及留样室仪器设备布置图

② 集料室。

地面上设置电热鼓风干燥箱、振筛机、料斗；操作台上设置石粉含量测定仪、电子天平、干燥器、恒温水箱、砂当量、静水天平；操作台柜内设置砂标准筛、石标准筛、容量筒、滤纸、饭盒、浅盘等。可按图 6-4 布置。

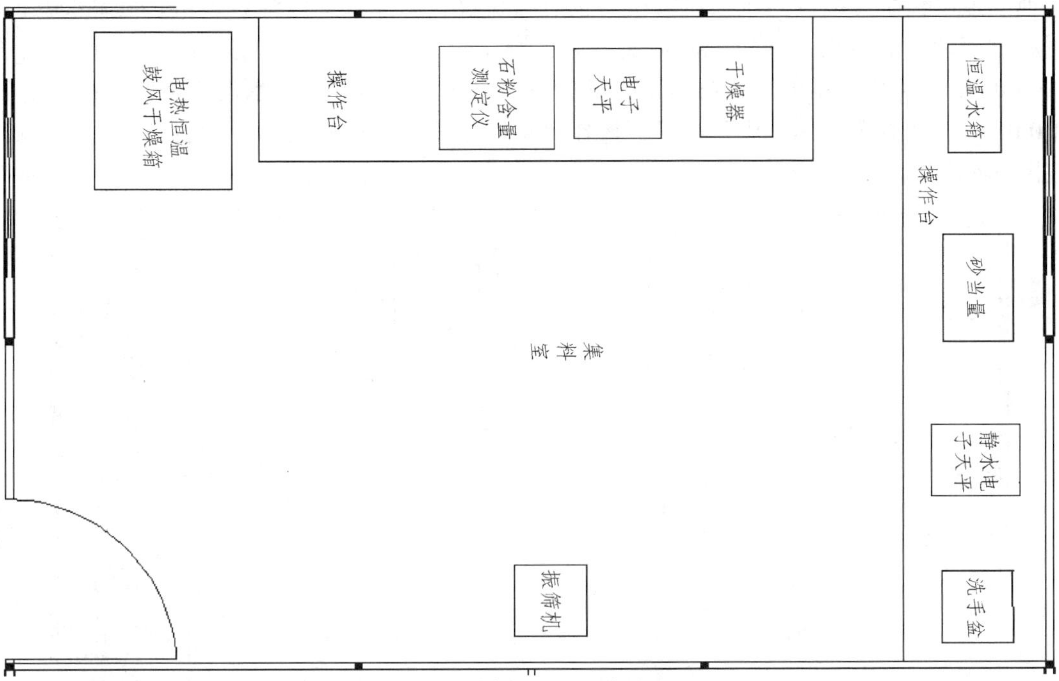

图 6-4　集料室仪器设备布置图

③ 土工室。

地面上设置 CBR 水池、电动击实仪、振筛机、电动脱模器、电热鼓风干燥箱、路面强度测定仪；操作台上设置电子天平、液塑限联合测定仪、砂浴等；操作台柜内设置土壤标准筛、CBR 附件、百分表、饭盒、浅盘等。可按图 6-5 布置。

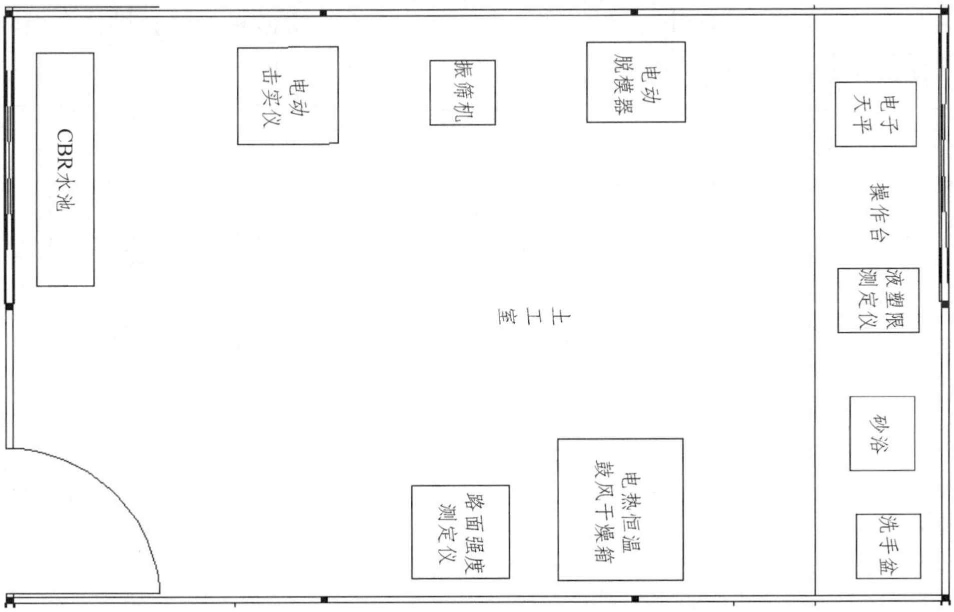

图 6-5　土工室仪器设备布置图

④ 水泥室（面积 20.9 m^2）。

地面上设置水泥恒应力压力试验机、负压筛析仪、标准恒温恒湿养护箱、恒温水养护箱、水泥胶砂流动度测定仪、水泥胶砂振实台等；操作台上设置全自动比表面积测定仪、电子天平（0.001 g)、微机控制电子式抗压抗折试验机、水泥胶砂搅拌机、水泥净浆搅拌机、电子天平（0.01 g)、沸煮箱、李氏比重瓶等；操作台柜内设置胶砂用标准砂、秒表、饭盒、浅盘等。可按图 6-6 布置。

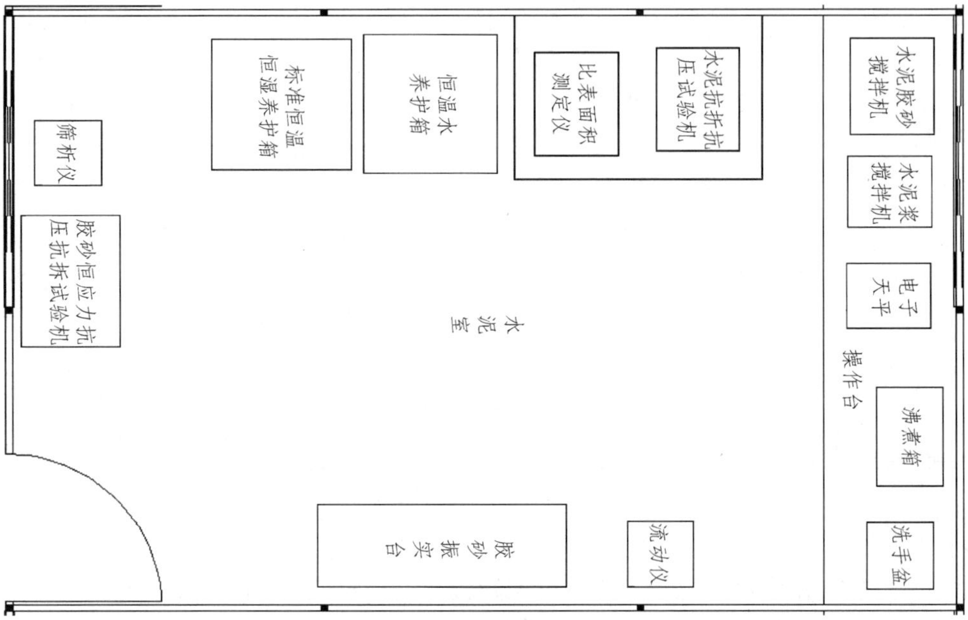

图 6-6　水泥室仪器设备布置图

⑤ 石料加工室。

地面上设置自动岩石锯石机、双面磨平机；操作台上设置游标卡尺；操作台柜内设置自动岩石锯石机配件、浅盘等；室内设置空调 1 台。可按图 6-7 布置。

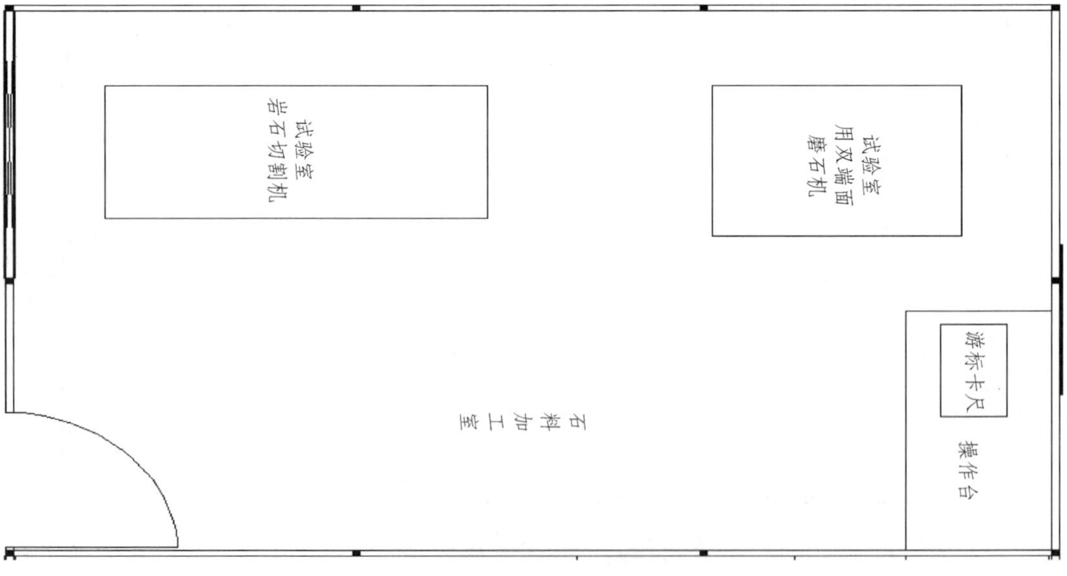

图 6-7　石料加工室仪器设备布置图

⑥ 力学室。

地面上设置微机控制压力试验机 YAW-2000、万能材料试验机 WE-1000B、水泥恒应力压力试验机 HYE-300、万能材料试验机 WE-300B；操作台上设置电动钢筋标距仪、游标卡尺、电子天平；室内设置空调 1 台。可按图 6-8 布置。

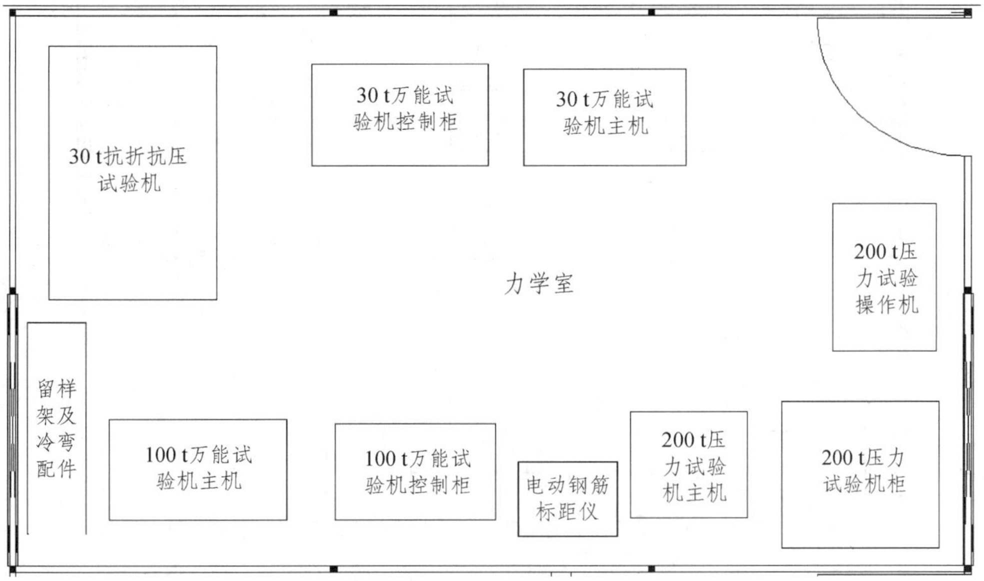

图 6-8　力学室仪器设备布置图

⑦ 混凝土室。

地面上设置混凝土抗渗仪、混凝土贯入阻力仪、单卧轴强制式混凝土搅拌机、砂浆搅拌机、数控磁力混凝土震动台、台秤；操作台上设置砂浆稠度仪、电子天平、水泥压浆高速搅拌机等；操作台柜内设置贯入阻力仪配件、坍落度筒、压浆流动度测定仪等；室内设置空调 1 台。可按图 6-9 布置。

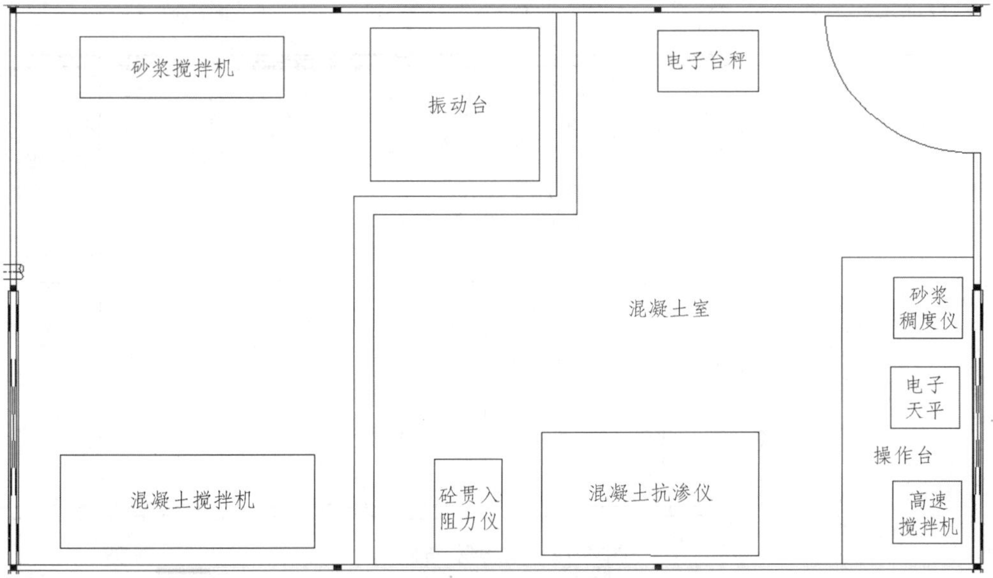

图 6-9　混凝土室仪器设备布置图

⑧ 标准养护室。

室内设置混凝土砂浆试件养护架，并挂牌编号；四面墙体及屋顶增加两层聚乙烯隔热板保温，安装空调 1 台。室外设置全自动标准养护室（喷淋式）。可按图 6-10 布置。

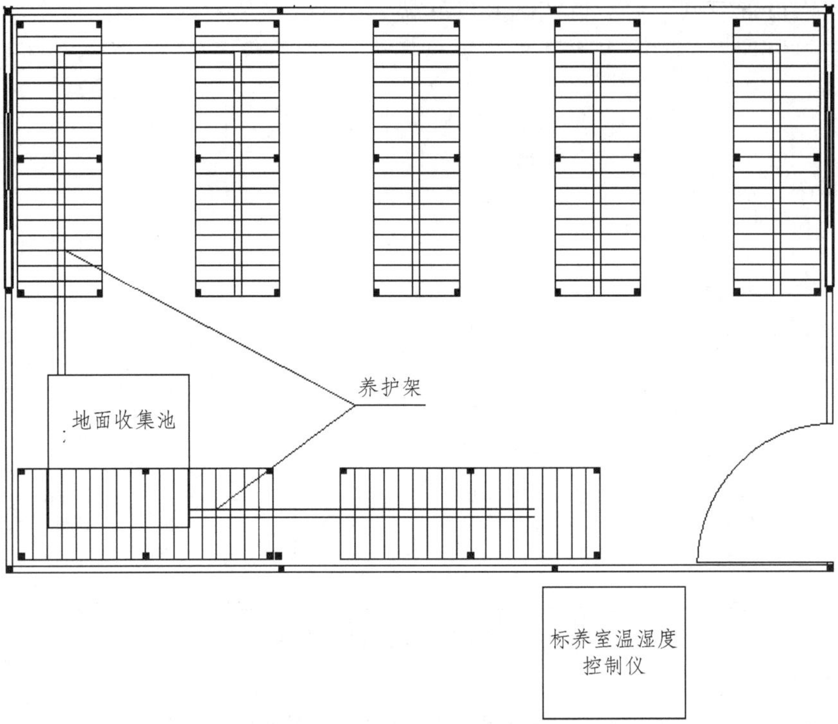

图 6-10　标准养护室仪器设备布置图

⑨ 化学室。

地面上设置化学药品储藏柜；操作台设置电子天平、玻璃器皿等；室内设置空调 1 台。可按图 6-11 布置。

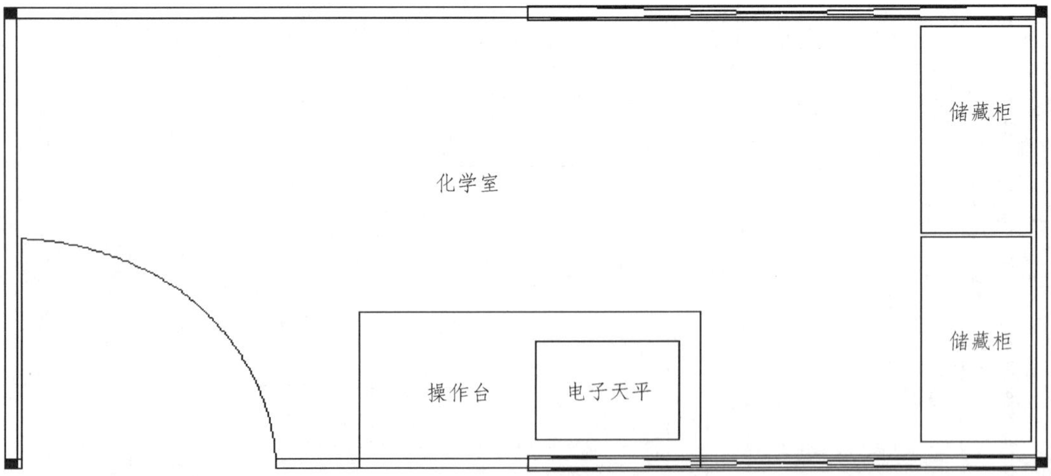

图 6-11　化学室布置图

（6）设备配置应满足投标文件承诺要求，并能够适应工程内容及规模相关要求。设备精度、量程等技术指标应满足试验规程相关要求。实验室应配备必要的试验辅助器具、工具及试验物资，且应根据试验项目工作量的大小配备充足的交通工具及办公设施，至少配备 1 辆专用汽车。实验室通风、照明良好，并配有防暑、降温、取暖设备。各功能室面积及设施配置应满足试验检测需要。

（7）试验仪器、设备安装设备安装应按照设备使用说明书或试验规程相关要求进行。若设备需要安设基座与其固定，应在试验室建设时根据布局设计基座，基座顶面应保持水平，持水平，待设备就位调平后采用地脚螺栓进行固定。对基座有隔振要求的应设立不与其他建筑物直接相连的独立混凝土台座，周围存在振源时应在地面与台座间设 5 mm 厚橡胶垫。压力机、万能材料试验机等力学设备应设置金属防护罩或安全防护网，使用的防护网（罩）应安全、美观、方便操作。各功能室电源插头宜齐整不设且高出地面 1.3 m 以上，操作台高度宜控制在 70 ~ 90 cm 之间，台面宽度宜为 60 ~ 80 cm，台面为混凝土或铺设地板砖，表面应平整，操作台下设置带有柜门的储物隔柜。

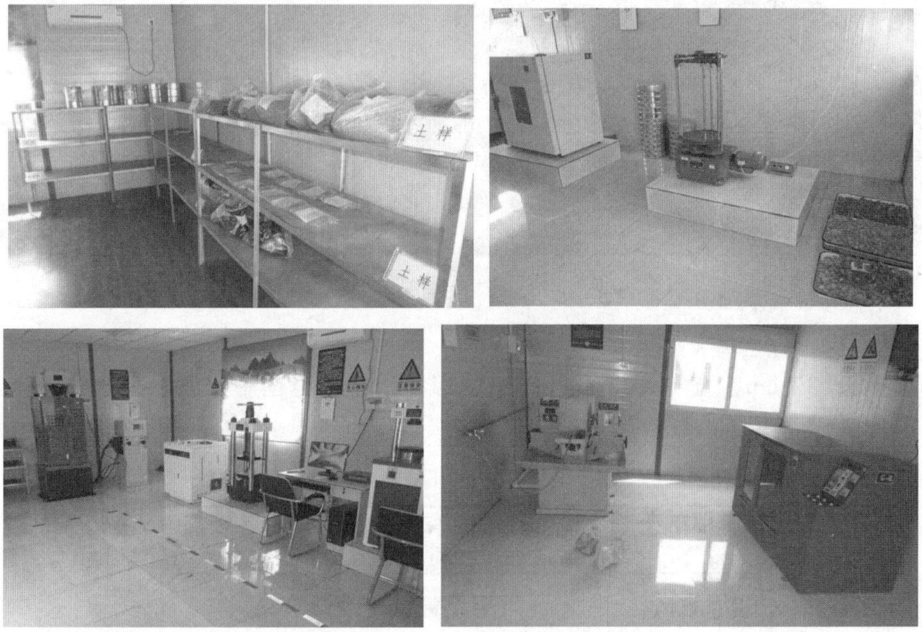

图 6-12　试验室内部环境

（8）试验与检测。实验室应当严格遵循独立、客观、及时、准确的工作原则，按照现行的国家或行业标准、规范和规程展开工地试验检测工作。试验检测数量应达到规定的要求。开展的试验检测项目不得超出认定的项目及参数范围，对认定范围以外的试验检测项目及参数应经建设单位认可后，委托具有相应“等级证书”的试验检测机构承担。特殊材料的取样和送检工作，可由建设单位组织施工单位和监理单位联合进行，并送到具有交通行业资质的试验检测机构进行检验。

（9）仪器设备安装完成，需经地方计量认证部门对各类检测设备进行标定。应建立健全各项工作制度和管理制度，如：试验检测工作程序，试验检测人员岗位责任制度，仪器设备、档案资料、样品管理、安全、环保、卫生制度等。各项规章制度和主要设备的操作规程应上墙。工程项目开工前，应由建设单位组织监理、施工单位收集齐全本工程项目所需的现场验收的试验规程、规范和相关标准，并编辑目录清单下发相关文件予以明确执行。试验人员作业前应按设备的操作规程进行检查，作业中应严格遵守劳动纪律、执行操作规程和有关的安全管理制度，作业后应及时做好设备的使用、维护、保养记录。对要求在特定环境下储存的样品，应严格控制环境条件。易燃、易潮和有毒的危险样品应隔离存放，做出明显标记。实验室内环境应保持整洁卫生；试验废弃原材料回收或存放应符合环保要求；对电磁干扰、灰尘、振动、电源电压等应严格控制，对发生较大噪声的检测项目应在装有隔音设施的功能室进行检测。应配备发电机组，保证试验检测工作正常、连续。实验室电路应为独立专用线，在总闸及力学室、标准养护室应安装漏电保护器。应根据项目混凝土试块堆放场地，容量应满足储存 3 个月内所有混凝土试块数量。

图 6-13　试验室制度上墙

（10）试验设备标识牌。

尺寸选择长 8.7 cm，宽 5.5 cm；字体选用宋体字；颜色选用白底黑字；内容：试验室名称、设备名称、设备编号、规格型号、出厂编号、生产厂家、购置日期、保管人。如图 6-14 所示。

深圳市通诚建设工程检验有限公司香丽高速公路第六标段工地试验室			
设备名称	电热鼓风干燥箱		
设备编号	XL6-SYS-006	规格型号	101-3ES
出厂编号	84928	生产厂家	北京市永光明医疗仪器有限公司
购置日期	2015.10	管理人员	韩孝坤

图 6-14　实验室标识牌大样图

（11）工地试验室安全措施。

工地试验室选址地段边坡石质坚硬稳固，上游植被茂密，不存在洪水、泥石流隐患，无塌方、落石、滑坡、危岩等安全隐患。工地试验室距主线距离约 1000 m，工地试验室仅为办公及实施设备操作间。工地试验室采用封闭式管理，设围墙及进出口，出入口设门卫室及专职保卫人员，制定专门的管理制度。工地试验室每 10 m 配备消防器材，每个功能区按有关消防措施配置消防器材及设施。为保障工地实验室防火、防盗的要求，工地试验室周围设置封闭围墙并在房屋四周安装摄像装置，在工地试验室外侧设置消防砂池。工地试验室采用防火、防水材料建设。房间均配置防火报警装置，各房间均配置手提式泡沫灭火器，并在院内设置小型消防砂箱。

6.1.4 混凝土拌和站建设标准化

1. 场地选址

拌和站选址考虑主要构筑物分布，通电、通水、运输条件，靠近主体工程，远离居民区生活区，设在居民区、生活区的下风口。集中布置，封闭式管理，四周设置围墙，场地硬化，入口设置彩门和值班室。根据场地划分为拌和区、作业区、材料计量区、材料库、运输车辆停放区、试验区、集料堆放区，内设洗车区、污水沉淀池，排水系统。拌和站尽量靠近主体工程施工部位，减少混凝土运输距离。拌和站周围必须有满足施工需要的水源，且远离居民区。拌和站应规避崩塌、滑坡、水淹等不良地质灾害区域。

2. 拌和站场地布置

拌和站的生产区与办公区及生活区应相对独立。拌和站面积根据搅拌站规模确定，且必须满足材料存放和节间备料的需要，具体不小于表 6-1 的要求。

表 6-1 拌和站面积及搅拌机配置表

序号	规模	最小面积/m^2	最低搅拌机配置	备注
1	小	2 000	JS750 两台	
2	大	3 000	JS1000 两台	

合理布置搅拌站搅拌机组、砂石料场、水泥库房、试验室（含标养室）、办公室以及职工宿舍等的平面位置。拌和楼的办公区及生活区应同其他区用砖墙等隔离开。拌和站必须设避雷针，数量满足覆盖整个拌和站。同时设置不少于 1 处的安全标语，搅拌主机立柱粘贴反光纸。

图 6-15 混凝土搅拌站布置

3. 生产区域场地建设标准

拌和站应修建围墙（围栏）封闭，围墙（围栏）高速应大于 2.2 m；场地采用 20 cm 厚的 C20 混凝土硬化，进出搅拌站道路应采用 20 cm 厚的 C25 混凝土硬化。拌和站场地内设置排水系统及污水处理池，严禁场地内积水及未经处理的污水外排。粉料罐基础、主楼及控制室基础以桩基础或扩大筏板基础为宜。配料机基础底板宜选用钢筋混凝土筏板基础。根据地形条件不同，当配料机基础顶面标高低于主楼基础顶面标高时，基础侧墙应选用钢筋混凝土剪力墙结构（入土深度大于 2.5 m 时）或选用设置有构造柱和地（顶）圈梁和拉结钢筋的砌体混合结构(入土深度不大于 2.5 m 时)，构造柱间距不宜大于 3.5 m，砌筑墙体厚度不宜小于 37 cm；当配料机基础顶面标高高于主楼基础顶面标高时，应选用片石混凝土挡墙或毛石挡墙作为配料仓基础侧墙。严禁选用无构造柱、地（顶）圈梁、拉结钢筋的砌体作为配料仓基础。

在进行场地标高设计时，应合理设计集料仓处装机投料高度，投料高度应控制在 1 ~ 1.8 m，且投料口处应设置相应的防撞墙，墙高不小于 0.5 m。见图 6-16 所示。

图 6-16　防撞墙高度控制

混凝土拌和站在每个粉料罐上应设置标识，标明筒仓号、材料名称、生产厂家、规格型号、批号、进场日期、进场数量、检验日期、检验状态、检验人等信息，字体醒目，便于识别。每个罐吹灰管管口需加盖并加锁。见图 6-17 所示。

图 6-17　粉料罐标识示意图

混凝土拌和站必须设置防雷系统，专用防雷接地网与楼体、粉料罐、料场防雨棚保证可靠的电器连接，数量满足覆盖整个搅拌站，且应通过属地防雷检测机构的检测验收，取得检测合格报告。计算机控制系统应设置独立的接地网。混凝土拌和站应设置出厂检验用房，具体位置可根据搅拌站平面布局确定（一般建议设置于靠搅拌站出口侧水泥筒仓前），要求为六面维护房屋（不得使用雨棚式简易结构），出厂检验房面积宜大于 5 m^2，房屋底面标高建议值为 3 m。挡墙、作业平台、集料仓、水泥筒仓、搅拌主楼、沉淀池、深水池等涉及人身安全的部位均应设置安全防护装置；转动系统裸露的部位应有防护装置和安全检测保护装置。搅拌站应结合场地情况建设消防设置，配置必要的消防器材器具。

4. 材料存放区域建设标准

砂石料仓的建设个数及面积要求，按照相应项目的混凝土搅拌站建设方案要求执行，料仓数不少于 5 个，每个料仓堆料区域宽度宜大于 10 m、深度宜大于 25 m，堆料区至配料机投料口处的距离宜为 15 ~ 18 m。料场总面积不应小于 2 000 m^2。砂石料仓采用仓储式管理，必须大棚封闭，堆料区、投料区（装机活动区域）、配料机应设置防雨棚，高度不应小于 8 m，且满足机械设备操作空间；棚架结构采用型钢搭建，棚瓦采用彩钢瓦，保证雨棚稳固。棚架设置排水坡和棚檐，便于排水，见图 6-18 所示。

图 6-18　料仓棚架示意图

料场分隔墙采用 30 cm 厚 C25 钢筋混凝土结构或 37 cm（50 cm）厚砌体混合结构。采用砌体混合结构时应设置埋深大于 1 m 的放大条形基础，设置地、顶圈梁和构造柱（C25 混凝土，间距宜为 3 m），设置砌体拉结钢筋。隔墙高度应大于 2.5 m（高一般宜为 3 m），特殊情况下可设置高度不超过 1 m 的软隔断，应确保各个料仓间不串料。各料场入口处应设置料仓编号，设置相应的质量状态标识，标识包括材料名称、产地、规格、数量、进料时间、检验状态、实验报告号、检验批次、检验人等。料仓隔墙入口端端头应设置角钢防撞护角，并粘贴反光警示条，见图 6-19 所示。

图 6-19　料仓隔墙编号示意图

5. 搅拌设备安装标准

每条生产线生产能力及车辆的配置，必须按照相应项目搅拌站建设方案执行。每条生产线集料仓不少于 5 个，粉料筒仓双线站每条线不得少于 4 个，单线要求 5 个，粉料筒仓大小按照相应项目搅拌站建设方案执行，原则上每个不少于 150 t。控制系统采用计算机控制，有配方存储及配料数据存储、查询等功能。每个站必须至少配置柴油发电机一台，高速公路搅拌站等生产供应难度较大的搅拌站应每条生产线配置一台发电机，每个搅拌站配置不小于 100 t 汽车衡一台（秤板长度大于 12 m）。每条生产线配置 50 型装载机一台，外加剂计量系统不得少于两套，每条生产线必须配置 3 个 15 t 外加剂储罐，搅拌设备配套空气压缩机应使用螺杆式空气压缩机，不得使用活塞式空气压缩机。若使用聚羧酸外加剂，外加剂储罐必须使用塑料罐，外加剂管禁止使用铁管，外加剂泵采用不锈钢泵。具体数量要求还应符合相应项目搅拌站建设方案。搅拌机控制室每条生产线安装 1 台空调，保证各电气元件正常工作。搅拌站配建试验室试验的，设备必须按照相应项目搅拌站建设方案配置。

6. 试验室建设标准

试验室功能设置和面积应满足表 6-3 的要求，各功能室之间应具有有效隔离措施，避免开展试验时相互干扰。有温湿度要求的功能室应安装必要的温湿度控制设备。试验场所需做好必要的安全环保措施。

表 6-3　试验室建设要求

功能区类别	水泥室	混凝土室	留样室	标准养护室	办公室	耐久室（按项目情况选设）
面积要求 m^2	≥40	≥40	≥20	≥40	≥20	≥20

试验室各功能间应分布合理，试验设备布局宜整齐大方，使用方便。砂石振动摇筛机、水泥胶砂振实台、水泥胶砂流动度测定仪等带振动的设备安装时应制作基础，设备与基础间设置隔振胶垫，将设备与基础固定牢靠。混凝土压力机应设置高度适宜牢固可靠的混凝土基础。试验室内操作台（操作柜）台面高度宜为 0.8 m，台面颜色应为黑色，其余部位应为白色。

标准养护室应配备全自动温湿设备，加湿设备宜选用管道式顶喷喷雾设备。室内设置两个温湿度表，悬挂于室内对角墙体上。地面上要设置环形水槽，便于室内水排向室外，水槽断面尺寸为宽 8 cm、深 5 cm。标养室内应布置足够数量的试件养护架，试件养护架要有一定的刚度(建议采用 40 mm×40 mm×4 mm 的角钢),养护架尺寸为长 0.9 m、宽 0.55 m、高 1.5 m，每台高度为 0.3 m，共设 5 台。试验室应备有专门的发电设备（功率大于 15 千瓦），保证试验检测工作正常、连续开展。试验室电路应为独立的线路，在总闸及力学室、标准养护室应安装触电保护器。

7. 文明生产要求

根据场地条件合理设置废水沉淀池、洗车池，布设排水系统等设施，设置明显标识，污水采取三级沉淀后循环利用（沉淀池占地面积宜大于 80 m^2）。有条件的站点应设置雨水收集设施，将雨水收集利用。地面应定期洒水，对粉尘源进行覆盖遮挡，降低生产场地扬尘，切实做到生产场地目测无扬尘。每次混凝土搅拌作业完成后，及时清洁机具，清理现场，做到场地整洁。临近居民区施工生产的噪音不应大于《建筑施工场界环境噪声排放标准》(GB 12523)的规定，否则应进行监控。水泥、粉煤灰等材料进料时，要注意材料灌顶的密封除尘性能，当粉尘较大时，应暂时停止上料，待处理完后方可继续。

6.1.5 预制场建设标准化

1. 预制场标准化建设总体要求

预制场标准化建设按实施步骤具体分为以下几点：第一，确定建设的总体要求；第二，根据项目实际情况进行综合分析、选址；第三，依据梁预制工程量、预制工期确定台座、模板数量，进而明确预制场的建设规模和数量。为满足《高速公路施工标准化技术指南》《云南省标准化施工指南》及业主要求为目标，结合项目区域的特点、难点，按照“技术领先、施工科学、组织合理、措施得力”的指导思想，遵循下列要求对梁场进行总体规划：

场地建设前施工单位应将梁场布置方案报监理工程师审批，方案内容应包含各类型梁板的台座数量、模板数量、生产能力、存梁区布置及最大存梁能力等。按工期要求，合理计划预制场建设与桥梁下部结构施工工期，基本做到墩梁同步，避免出现“梁等墩”及“墩等梁”。

图 6-20 预制场布置示意图

2. 预制场选址

预制场选址应遵循方便、合理、安全、经济、满足工期要求，结合所属预制梁板的尺寸、数量、架设要求、运输条件综合选定，梁板布置方案应包括台座数量、模板数量、生产能力、存梁区布置、最大存梁能力。

小型构件预制场选址应遵循方便、合理、安全、经济、满足工程量、满足工期要求。场地硬化处理，分为构件生产区、存放区、养护区、废料处理区，合理设置，标识清晰。设置排水设施。

3. 场地布置

（1）预制场一般设置办公生活区、材料堆放区、钢筋加工区、混凝土拌制区、预制区、存梁区等。各施工区域布置应合理，场地占地面积应满足施工需要。

（2）在进入预制场路口处明显位置设指路牌 1 块；场内相应位置设场地平面图、工艺流程图（分预制、张拉、压浆等）、质量检验标识牌（分预制、钢筋、张拉等）、安全警示牌、安全操作规程（龙门吊、张拉机具等）、文明施工牌等各 1 块。在机械设备的醒目位置悬挂机械操作安全规定公示牌。

（3）吊装作业区、安全通道应设置禁止标志；龙门吊设置与高压线保持安全距离，司机岗位职责、岗位安全操作规程牌（0.8 m×0.55 m）随机挂设，“施工重地，注意安全”警示牌（0.6 m×0.4 m）置于龙门吊下。预制场的制梁区、存梁区、构件加工区等各生产区域应设置明示标识。钢筋绑扎区在明显位置应设置标识牌。张拉台座两端应设置指令标识，并设置防护板。台座两端设防护网和安全警示标识。

（4）预制场标准化建设的规模，应结合预制梁的数量和预制工期等参数来规定预制场规模和相关设备配备。

4. 预制场建设标准化总体布局

在确定预制场选址后，参照项目施工组织设计、施工进度计划，对本项目的梁板预制数量、预制工期计算确定台座、模板数量，最后根据桥梁分布位置、梁运距进行总体布局。预制场一般设置办公生活区、材料堆放区、钢筋加工区、预制区、存梁区等。各施工区域布置应合理，场地占地面积应满足施工需要，一般不小于 6 000 m^2。若地形条件限制时，可遵循因地制宜的原则，经批准后面积可适当减少。

（1）台座数量的确定：依据施工进度计划梁板预制的工期确定每月生产量 Q（分中梁 Q_1、边梁 Q_2）；计算每个台座的月生产能力（周转次数）：计算每片梁钢筋绑扎、模板安装、混凝土浇筑、张拉压浆的时间 t_1（单位：h），确定龄期、养护的时间 t_2（单位：d）；确定每片梁占用台座的时间 T（单位：d），则

$$T=t_1/12\text{（考虑晚上不能连续作业，此类作业每天按 12 h 计算）}+t_2$$

确定每个台座的月生产能力：

$$Q_1=30/T\text{，去小数取整；台座数量}=Q/Q_1\text{（依据经验考虑台座利用效率）}$$

（2）模板数量的确定：依据施工进度计划预制的工期确定每月生产量 Q（分中梁 Q_1、边梁 Q_2）；计算每片梁占用模板的模板安装、混凝土浇筑的时间 t_1，龄期时间 t_2；确定每片梁占用模板时间：

$$T\text{（d）}=t_1/12\text{（考虑晚上不能连续作业，此类作业每天按 12 小时计算）}+t_2\text{；}$$

确定每个台座的月生产能力：

$Q_1=30/T$；确定模板数量$=Q/Q_1$（依据经验考虑模板利用效率）。

5. 预制场标准化建设总体平面布置

为满足施工的实际需要，以“因地制宜”原则对项目预制场进行总体布置。预制场宜采用封闭式管理，场地内宜按办公区、生活区、制梁区、存梁区、构件加工区、废料处理区等科学合理布置，预制场宜设置视频监控系统。生活区应与其他区隔开，且面积不小于 6 000 m^2。当场地条件完全满足工程需要时，可按相关要求建设标准化预制场；场地受限时，预制场功能区部分建设另选场地按照标准化施工建设。

图 6-21　预制场平面布置

6. 预制场标准化建设

（1）办公及生活区建设。

依据《云南省公路工程从业队伍职民工驻地安全管理规定》民工驻地应满足以下要求：依据梁场工程量大小编制民工使用计划，计划应明确不同时期的民工数量。民工驻地必须满足消防、卫生、保温、通风及防洪防灾等要求，明确划分施工区和生活区且设施配备齐全。人均面积不小于 2.5 m^2，禁止使用通铺、地铺。场地规划建设时要按不同的使用功能隔离，不能连接成整体，须预留安全通道；必须远离炸药库、油库等易燃、易爆危险物品；防火、配电设施必须满足要求；租用民宅作为施工驻地的，同样按照以上条件要求，严禁租用危房。

（2）场地准备。

预制场设置在挖方段时，应清理边坡危石，修复破损边坡，最好在挖方边坡防护、支挡工程完成以后修建预制场，确保预制期间的施工安全；预制场设置在填方路堤或线外填方场地时，为防止产生不均匀沉降变形而影响桥梁预制的质量，应对场地分层碾压密实并对台座基础进行加固。机械辅以人工平整场地并碾压密实，按设计施工路基纵、横坡，开挖临时排水沟，保证场内路基不积水、不浸泡。

（3）预制区建设。

预制区建设主要包括台座建设、龙门吊基础及轨道建设、临时用电、用水预埋管道布设、场地硬化和进入预制场路口处显著位置设“五牌一图”及危险源公示牌，场内相应位置设工艺流程图（分预制、张拉、压浆等）、质量检验标识牌（分预制、钢筋、张拉等）、安全操作规程牌（龙门吊、张拉机具）等。

图 6-22　场地平整

① 台座建设。

依据预制场建设平面布置图，进行施工放样，标识出预制场各生产、辅助生产、生活等区域的具体位置，对场地进行总体布置。以下以 T 梁及小箱梁台座预制叙述为主，对空心板预制台座做简要说明。

台座制作工艺流程：测量放样→基础开挖→基础混凝土浇筑→台身钢筋制作与安装→台身混凝土浇筑→养护→铺设底模钢板。预制梁板的台座尽量设置于地质较好的地基上，地基承载力必须满足要求（经计算确定），并采用扩大基础有效防止台座产生不均匀沉降、开裂事故，影响梁板的质量。

台座的布置：台座之间的预留宽度应根据预制梁体单边最长悬臂端长度考虑，即台座之间预留最小宽度=3 倍侧模宽度+富余工作宽度 50 cm；边沿台座与龙门吊轨道的间距出了考虑侧模宽度及富余宽度外还应考虑与龙门吊的安全距离及龙门吊设备占用的净宽；轨道与路基边沿净宽应考虑龙门吊电动机组及线缆收集设备所占用的宽度，同时考虑排水沟的占地宽度；场内道路宽度必须满足大型车辆（运梁车、混凝土罐车）通过并考虑与邻近台座之间的安全距离。台座基础、台身高度通过力学计算确定（下面以地处挖方段的设计路面宽度 32 m，底宽 50 cm、高 240 cm 的 T 梁预制场建设为例）。沿路基纵向布置台座，每排设六个台座，台座之间间距 3.8 m，台座与轨道间距 3 m，龙门吊轨道至挖方边坡距离大于 1 m，场内道路净宽 4.4 m。台座基础应采用基坑开挖扩大基础，以保证台座不沉降，台座基础强度不低于 C20 的素混凝土或片石混凝土，台身应采用强度不低于 C30 的钢筋混凝土，位于梁端基础处为满足张拉强度，同时考虑预制 T 梁的最小长度和最大长度（本段最长 T 梁 41.5 m，最短 38.5 m），台座基础采取扩大、加宽处理。用电及喷淋养生用水，避免乱拉、乱接造成场地电路线、水管道混乱，在台座制作前预埋临时用电及用水管道。分别在梁端设置用水预埋管道，在 1/4 梁长处设置临时用电预埋管道并穿线，布设要合理，水管尺寸、用电线路必须满足施工要求。

② 空心板台制作。

空心板张拉台座支撑梁应具有足够的强度、刚度和稳定性，不致使支撑横梁承受全部预应力筋的拉力时台座变形、倾覆和滑移而引起的预应力损失。张拉台座由压杆、横向连续梁、端部重力墩、底板及端部横梁构成。对预制梁进行场地平整压实，为防止地基沉降带来的质量事故，场地要求压实度达到要求，一般在 93%以上；开挖基坑，要求压柱柱顶面与地面同高，使台座中的配重、压柱，重力墩下部均埋置于地基中，增加框架式台座的结构受力特性。

台座钢筋绑扎，重力墩是关键部位，钢筋要求布置准确，重力墩受力面处预埋钢板要求位置准确，钢板面平整；浇筑重力墩、配重、压柱混凝土，采用 C30 混凝土，尤其注意重力墩预埋件处混凝土振捣密实。台座板及台面施工，台座板置于压实的地基上，厚 30 cm，台座面精确平整，四周边缘角钢锚固与混凝土中，再在其上面铺设 5 mm 厚钢板，钢板和边缘角钢焊接为一整体；张拉台座采取分段浇筑施工，由台座中部向两端进行施工。先进行压柱和横系梁的施工，再进行两端重力墩的施工和端部横梁安装，最后进行台座底板施工。钢横梁、砂箱安装、钢横梁采用 I 40b 工字钢制作和 20 mm 厚钢绞线限位钢板组焊而成。钢横梁安装、钢绞线限位钢板穿线定位孔位置与台座面高差要准确，以控制好钢绞线保护层。钢横梁、砂箱要安装水平，且轴心在同一水平面，以确保钢绞线位置准确，最后进行调试。

图 6-23　空心板预制梁台座制作

③ 龙门吊基础及轨道建设。

开挖龙门吊轨道基础，基底承载力必须满足要求（通过计算），浇筑轨道基础混凝土、预埋固定螺栓，并铺设钢轨。

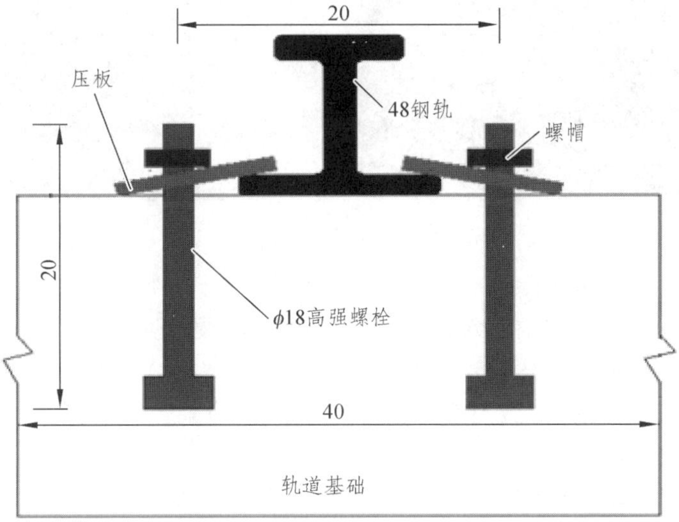

图 6-24　龙门吊轨道安装

④ 临时用电、用水预埋管道布设。

施工、养护用水预埋管道应满足最大需求量，依据每个增压泵能满足的用水量分片区(块)对预埋水管整合，分别采用不同增压泵满足不同片区的用水，保证水压稳定，满足施工要求。

图 6-25　临时用水、用电预埋

⑤ 场地硬化。

台座、龙门吊轨道施工完成后，对预制场区域进行混凝土硬化。硬化前完成现场临时用电、养护用水预埋管道及场内纵、横向排水沟设置。施工场内道路硬化宜采用 10 cm 碎石垫层+25 cm 厚 C25 混凝土，施工区域硬化宜采用 10 cm 碎石垫层+20 cm 厚 C20 混凝土，存梁区地面压实后铺设 10 cm 石屑并设置 2%～3%坡度，以利于排水。场内纵、横向排水沟宜采用[15 型槽钢铺设，保证水沟顺直并作为水沟边角混凝土包边避免破损。

图 6-26　T 梁预制场

(4) 钢筋加工厂标准化建设。

钢筋加工场建设，在实施前，对钢筋加工场进行总体规划，原材料堆放区、加工区、半成品堆放区划分合理。场地硬化前对临时用电预埋管线进行合理布置，原材料进场方便的预制场可考虑将加工棚设置在预制区中间，减少半成品钢筋搬运的距离。

(5) 仓储区建设。

仓储区必须满足消防、防潮、防洪防灾等要求，同时需近邻作业区，储、取方便。锚具及夹片、压浆水泥及膨胀剂、机具设备、杂物应分开保存。

6.1.6 钢筋加工场建设标准化

1. 场地选址

（1）结合标段钢材制作成型的尺寸、数量和存放要求等选址。

（2）除用地困难情况并由业主批准外，一般不应设在主线上，以方便、合理、安全、经济和满足工期为原则。

（3）便于钢材的进场和成型的出场运输，尤其是考虑所服务对象的分布范围，可采用综合运距法进行选址。

2. 场地布置

（1）钢筋加工厂一般设置办公生活区、材料堆放区、钢筋加工区、计量称重区、特殊构件组装区等。各施工区域布置应合理，场地占地面积应满足施工需要。

（2）在进入厂区路口处明显位置设指路牌 1 块；厂内相应位置设场地平面图、工艺流程图、质量检验标识牌、安全警示牌、安全操作规程、文明施工牌等各 1 块。在机械设备的醒目位置悬挂机械操作安全规定公示牌。

图 6-27　场地布置

（3）吊装作业区、安全通道应设置禁止标志；龙门吊设置与周边的安全距离，司机岗位职责、岗位安全操作规程牌（0.8 m×0.55 m）随机挂设，“施工重地，注意安全”警示牌（0.6 m×0.4 m）置于龙门吊下。加工厂的其他区域等各生产区域应设置明示标示。钢筋绑扎区在明显位置应设置标识牌。

（4）加工厂标准化建设的规模，应结合钢材加工的数量和生产工期等参数来规定场地建设规模和相关设备配备，具体规模要求如表 6-2。

表 6-2　钢筋集中加工厂规模

规模	加工总量/t	场地面积/m³
大	T>10 000	3 500
中	6000≤T≤10 000	2 000
小	3000<T<6 000	1 500

3. 场地建设

（1）场地硬化。

在场地平整完成后，采用碾压机械进行碾压处理。整平后地面采用 20 cm 厚 C20 混凝土整体硬化，中间运输道路采用 25 cm 厚 C30 混凝土硬化。场地硬化按照四周低，中心高的原则进行，面层设 1.5%排水坡度，并在两侧设置 30 cm 深排水沟，水流向场外排水沟，排水沟底面采用 M7.5 砂浆进行抹面。

（2）房屋建设。

钢筋加工场采用半封闭式管理，两边及顶棚均采用彩钢棚封闭，钢筋棚起拱线为 6 m。雨棚采用 165 mm 钢管立柱、钢桁架及彩钢瓦等搭建，高度最低处 4.5 m，立柱埋深 0.5 m、立柱之间对角用角钢对拉，顶棚用钢管、槽钢与桁架及彩钢瓦连接进行加固，加强其稳定效果。搭建雨棚前应精确定位立柱位置，并在该位置采用钻孔的方法埋设连接螺栓后向上依次组装。

原材料堆放区：钢筋、钢绞线、型钢等按照不同规格型号垫高分类存放，并挂牌标识，离地 30 cm 以上，下部支点保证钢筋不变形，保持干燥。并作相应标识，按型号、类别登记入册，以便查询。

图 6-28　钢筋堆放

成品、半成品堆放区：对于加工完成的半成品、成品钢筋，按其检验状态与结果、使用部位进行标识，分类存放。成品、半成品存放区应通风良好，垫高堆放，离地 20 cm 以上，下部支点应以保证成品、半成品不变形为原则，采用托架存放。易于滑落的材料堆放必须捆绑牢固，高度不得超过 2 m。

半成品、成品加工制作均在台座或胎架上完成，台座或胎架在已经硬化的场地上制作。

钢板及型钢存放区应通风良好，垫高堆放，离地 20 cm 以上，其高度不超过 1 m。钢筋、型钢和管材等金属材料，必须具有产品合格证，按规定存放，并避免与酸、碱等腐蚀性介质接触。钢筋加工场设置废料区，严禁厂内钢筋头等杂物随手丢弃。房屋内的防盗、防电、防火工作，棚（库）内应备有灭火器等。

（3）场内排水沟。

场地硬化按照四周低，中心高的原则进行，面层设 1.5%排水坡度，并在两侧设置 30 cm 深排水沟，水流向场外排水沟，水沟内壁用 M10 砂浆抹面，沟底夯实后用 M10 砂浆抹面，抹面厚度 2 cm，纵向设置 1%坡度，全部水沟与钢筋加工厂西侧原有污水管道相连接，保证排水畅通。

（4）钢筋加工厂标示标牌。

施工生产区域应实行封闭管理，主要进出口处应设有明显的施工警示标志和安全文明生产规定、禁令。加工厂内醒目位置设置工程公示牌、施工平面布置图、安全生产牌、消防保卫牌、管理人员名单及监督电话牌、文明施工牌等明示标志。焊接、切割场所应设置禁止标志、警告标志。安全通道应设置禁止标志。使用氧气、乙炔等易燃易爆场所应设置禁止标志和明示标志。加工厂出入口和场内设置禁止标志和警告标志。用电场所应设置警告标志。消防器材防止场所设置提示标志，各作业区设置分区标志。机械设备应悬挂机械操作安全操作规程和设备标示牌。各种原材料半成品、成品按其检验状态与结果、使用部位等进行标识。在加工制作区应悬挂各号钢筋的大样设计图，标明尺寸、部位，确保下料及加工准确。

（5）机械加工设备要求。

钢筋加工场大量采用数控加工设备，以满足钢筋加工的精确度和减少人工消耗，每座加工场配备 1 台数控钢筋弯箍机、1 台数控钢筋弯曲机、1 台钢筋笼滚焊机、一台钢筋调制切断机。数控设备要求如下：数控钢筋弯曲机：可加工直径 10 ~ 32 mm 的成型钢筋，平均每日加工量约 5 500 根；数控钢筋弯箍机：单线生产能力约每小时 900 个箍筋；双线生产能力约每小时 1 800 个箍筋；滚焊机（手动焊）：长度 12 m，直径 1.5 m 的钢筋笼，约 2 小时完成[滚焊机（全自动焊接）机型，在焊接过程中主筋和箍筋搭接焊不是很理想]；钢筋网成型机：钢筋 5 ~ 12 mm；焊接速度 60-100 次/min；最大焊接组数 32；钢筋调直切断机：矫切速度 90 m/min。钢筋加工场所有机械设备见表 6-3。

表 6-3　钢筋加工场的主要施工机械、设备表

序号	机械名称	规格型号	额定功率容量吨位	数量
1	发电机	150GF	150 kW	1 台
2	变压器	SJ-500/10	500 kV · A	1 台
4	汽车吊	TC-200E	20 t	2 台
6	钢筋切断机	GQ40		1 台
7	钢筋弯曲机	GQ40		1 台
8	电焊机	500A		4 台
9	钢筋调直切断机			1 台
10	钢筋镦粗机			1 台
11	灭火器材			10 套

图 6-29　数控设备钢筋加工技术

6.2　香丽高速公路路基施工标准化

路基工程标准化施工可以有效提高路面的稳定性，减少路面的形变，提高公路质量强度，对我国公路质量具有至关重要的作用。通过进行路基工程标准化施工可以对我国当前的道路施工技术进行改进，提高公路路基的整体建设质量和效果，降低自然因素和人为因素对公路质量的影响，从本质上提高我国公路建设的发展速度。在进行路基工程标准化施工的过程中，相关人员要对施工技术进行深入分析，对施工要点进行全面控制，确保提高路基工程的安全性、可靠性。

6.2.1　香丽高速公路路基土石方施工标准化

1. 施工复测

路基土石方施工前必须按业主要求的内容、程序对原地面进行施工测量，未将测量成果送交监理工程师核查或测量精度达不到相关规定者，所造成的一切后果均由施工单位承担。

2. 路基开挖

（1）路基开挖方式。

路堑开挖方式按地形、地质情况、路堑断面及其长度并结合土方调配合理确定。全断面开挖：用于平缓地面上短而浅的路堑，用挖装、车运机具施工。横向台阶开挖：用于平缓横坡上一般路堑，用挖装、车运机具施工，较深路堑得分层开挖。逐层顺坡开挖：用铲运、推运机械施工。纵向台阶开挖：用于土石质傍山路堑。按土石方调配要求采用适当的机具施工，利用土石自重或爆破取运土石方，边坡较高时，分层开挖；路堑较长时，适当开设马口。

图 6-30　路基开挖施工

（2）土方路基开挖。

土方开挖按图纸要求自上而下进行，不乱挖或超挖。无论工程量多大，土层多深，均不用爆破法施工或掏洞取土。开挖中如发现土层性质有变化时，及时修改施工方案和挖方边坡，并报监理工程师批准。在开挖过程中，注意对图纸未示出的地下管道、缆线、文物古迹和其他结构物的保护。开挖中一旦发现上述结构物立即报告监理工程师，且停止作业保护现场，等候处理。居民区附近开挖，将采取有效措施，保护居民区房屋及保证居民和施工人员的安全，并为附近居民提供临时便道或便桥。土方地段路床顶面标高，须考虑因压实而产生的下沉量，其值由试验确定。路床顶面的压实度，或路床面以下换土超过 30 cm 时，其压实度均不小于 96%。路基挖至规定断面后，如仍留有非适用材料，则按监理工程师要求的宽度和深度继续挖除，并用监理工程师批准的材料回填和压实到图纸规定的压实度，回填前，测量必要的断面并报监理工程师批准。因气候条件使挖出的材料无法按照规范的要求用于填筑路基和压实时，将停止开挖，直到气候条件转好。

（3）石方开挖。

石方开挖根据岩石的类别、风化程度和节理发育程度等确定开挖方式，并用能够保证边坡稳定的方法施工。对于软石和强风化岩石，能用机械开挖的直接用机械开挖，也可用人工开挖。凡不能用机械或人工直接开挖的石方，采用爆破开挖，光面爆破施工工艺框图见图 6-31。

石方爆破作业以小型及松动爆破为主，严禁过量爆破，当石方开挖接近边坡面时，采用光面或预裂爆破，保证边坡坡面平顺，尽量避免扰动和损坏边坡岩体。对于填方较深，局部岩石破碎，爆破对岩体强度和岩面内聚力的损失十分敏感地段，爆破施工时，严格控制药量和爆破引起的加速度，施工时最好避开雨季，开挖后及时防护，同时严格做好临时防排水工作，避免边坡受雨水冲刷和降雨入渗而失稳，遵循先排水后开挖、边开挖边防护的原则。

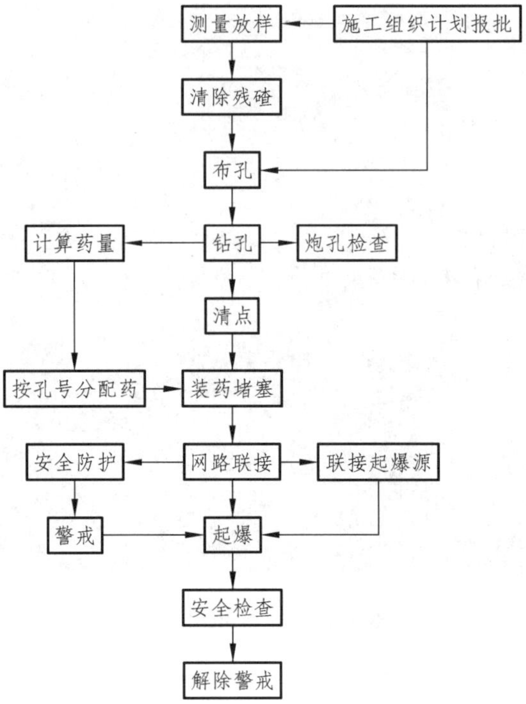

图 6-31　光面爆破施工工艺框图

（4）深挖路基的施工。

施工前详细了解深挖路段的工程地质资料，当地质资料不足时，将进行工程地质补探工作。根据详细的地质资料，编制详细的施工组织设计，并报监理工程师批准后进行深挖路段的施工。深挖路段施工前，先做好截水沟，并视土质情况做好防渗工作。施工时修建好临时排水设施。在工序上从上到下分级开挖、分级加固，开挖过程中，随时观测路堑顶部、碎落台的变化情况。临时排水设施与永久性设施相结合，其流水不排入耕地，不污染自然水源，也不能引起淤积和冲刷。深挖路段的边坡严格按照设计坡度施工，若实际土质与设计资料不符，特别是土质较设计资料松散时，将提出修改意见报监理工程师批复后再施工。岩体爆破严格控制药量和爆破引起的加速度，严禁大爆破，施工避开雨季，开挖后及时防护，做到先排水后开挖、边开挖边防护，同时严格做好临时防排水工作，避免边坡受雨水冲刷和降雨入渗而失稳。

3. 软土路基 PHC 桩加固

（1）PHC 管桩施工工艺流程。

施工准备→清表→桩位放样→打桩机设备就位及检验、调整→吊装管桩就位、对中、调直→轻击入土中 1 ~ 2 m→校正桩垂直度（前后左右）→击桩→接桩→送桩。

清表厚度 30 cm，清表前先做好排水措施，路基用地范围内树木、灌木等均应在施工前砍伐或移植；树根全部挖除，并将坑穴填平夯实，遇鱼塘时，应在沿路基侧临时筑堰，抽干积水，挖除塘底淤泥至原状土，回填砂，分层压实回填至地表，清理完地表面后，应整平。

图 6-32　香丽高速公路软土路基勘探情况

（2）PHC 管桩施工要求。

宜在正式开工前按不小于 1%工程数量且不小于 3 根进行试打桩，取得正式施工所需的有关数据，尤其是需要送桩的贯入度控制值。第一节管桩起吊就为插入地面时的垂直度偏差不得大于 0.5%，并宜用长条水准尺或其他测量仪器校正，如不符要求，须调整。管桩施打过程中，桩锤、桩帽（桩顶托板）和桩身的中心线须重合。桩身倾斜超要求时，设法纠正，当桩尖进入硬土层后，严禁移动桩架强行回扳纠偏。在较厚的黏土、粉质黏土层中施打管桩，不宜采用大流水打桩施工法，宜将每根桩一次性打到底，尽量减少中间休歇时间，且尽可能避免在接近设计深度时进行接桩。群桩施打宜从中间向外施打，打桩时应有专职记录人员及时准确规范的填写管桩施工记录。遇下列情况之一时须暂停打桩，且与监理、设计等单位相关人员研究处理：贯入度突变，头部混凝土剥落、破碎；桩身突然倾斜、跑位；地面明显隆起、邻桩上浮或位移过大；总锤击数超过规定值；桩身回弹曲线不规则。送桩应符合以下规定：送桩深度不宜大于 2.0 m；当桩顶打至接近地面需要送时，应测出桩的垂直度并检查桩顶质量，合格后立即送桩；送桩的最后控制贯入度应参考同条件的桩不送桩时的最后贯入度予以减少。打桩的最后贯入度应在桩头完好无损、柴油锤跳动正常，桩锤、桩帽、送桩器及桩身中心线重合，桩帽衬垫厚度等正常的条件下，在打桩结束前立即测定。

（3）管桩进场、吊装、运输与堆放要求。

管桩进场必须有质量合格证，且桩身砼材料必须符合设计要求。进场后再次进行检查验收，经监理及甲方验收合格后方可施工，桩外观质量和尺寸允许偏差满足设计及规范要求；管桩吊装时宜采用两点支点法，也可采用两头勾吊法，吊钩钩于管桩二端板处，绳索与桩身水平所交角应大于 45 度；管桩在起吊、装卸、运输中必须做到平稳，轻起轻放，严禁抛掷、碰撞、滚落；管桩在运输堆放时的支点位置距桩两端均为 $0.2l$（l 为管桩长）；管桩用汽车运输时，堆放层数不宜超过三层，并用钢绳等对管桩二支点处附近封固，防止滚动；管桩堆放场地必须平整、坚实，要有排水设施，不得产生不均匀沉降，两侧以楔形块防止滚落；桩堆放按规格、类型、型号分类堆放，不得混堆；取桩应符合以下规定：管桩层叠堆放时，取桩对桩端须加以保护；三点支撑履带自行式打桩机不得采用拖拉取桩；走管式打桩机拖拉取桩时，钢丝绳须通过桩架底盘的导向滑轮。

（4）试桩。

打桩正式开工前必须做试桩施工，结合地勘资料，选择合适的桩位，以检验机具性能及施工工艺中的各项技术参数。目的主要是确定管桩的施工长度、贯入度、锤击数、收锤标准等施工参数，为正式施工提供依据。

（5）管桩打桩施工工艺。

① 施工准备。

将施工现场平整至设计标高；根据设计要求选定合适的桩机型号，按施工进度计划要求，组织桩机进场、安排就位；将管桩运至现场；将设计桩点进行编号。

② 测量放线定桩位。

打桩位置按设计图纸的尺寸要求，先设置基准点并正确地投放每一根桩的中心点，并标有明显标志。桩位的投放允许误差为 1 cm。所有投放的桩位需经监理及甲方复查符合要求并办理签证手续后方可施打。

③ 桩机就位。

将桩机运至现场，安装、调试好，准备打桩；施工顺序应符合下列原则：空旷场地打桩应由中心向四周进行，某一侧有需要保护的构筑物或地下管线时，由该侧向远离方向进行；根据桩型、桩长和桩顶设计标高，宜先深后浅，先长后短，先大后小顺序进行施工；根据施工组织的要求，以不影响后续施工的一段开始；

桩机运行线路应经济合理，方便施工。

④ 打桩。

根据桩长及地层情况，选择相应的锤型，确保锤击贯入达到设计标高；桩施工前，对每根桩桩位作地表障碍物钎探，遇障碍物时，预先进行处理；吊装就位后，用两台测量仪器对桩进行两个方向的垂直度调整，确保桩身垂直，待第一节桩轻击入土 1 ~ 2 m 后，再重调一次桩的垂直度。锤击时，桩帽、桩身和桩位中心线重合，同一根桩施工时，各工序应连续施工，缩短施工时间；插桩时一定要让桩头对准地面桩位标志物，然后用两台测量仪器交叉成 90 度，架在能看清桩全长的地方。先要观测桩机导杆的垂直度，直至符合要求后，再用仪器观测桩的垂直度，保证垂直度在要求范围内，并指挥桩机进行反复多次调整，尤其是第一节桩要严格保证其垂直度，确保其垂直导向作用，桩入土 3 m 后严禁用桩机调整其垂直度；施打前，先进行试验，选择合理的冲距。每根桩要连续施打，停歇时间不宜太长；施打时选择“重锤轻击”法原则，开始时，锤的落距要小，待桩身进入土中较深且稳定后，再用标准落距施工，直至满足设计要求孔深或贯入度要求。持力层面按地质资料及贯入度进行双控；打桩时要严格按有关标准做好每米锤击数、总锤击数、入土深度、最后贯入度、锤型、落距等原始记录，接管接口也要做好隐蔽记录；打桩时桩帽与装周围的间隙应控制在 5 ~ 10 mm，锤与桩帽、桩帽与桩之间垫弹性垫，衬垫厚度应均匀，且经锤击压实后的厚度不一小于 120 mm，在打桩期间应经常检查，并及时更换和补充；锤、桩帽以及桩身应在同一中心线上；沉桩宜连续，一次性将桩沉到设计标高，尽量减少停锤时间，确需停锤时，也要选择沉入的桩较浅时并尽量缩短停锤时间。

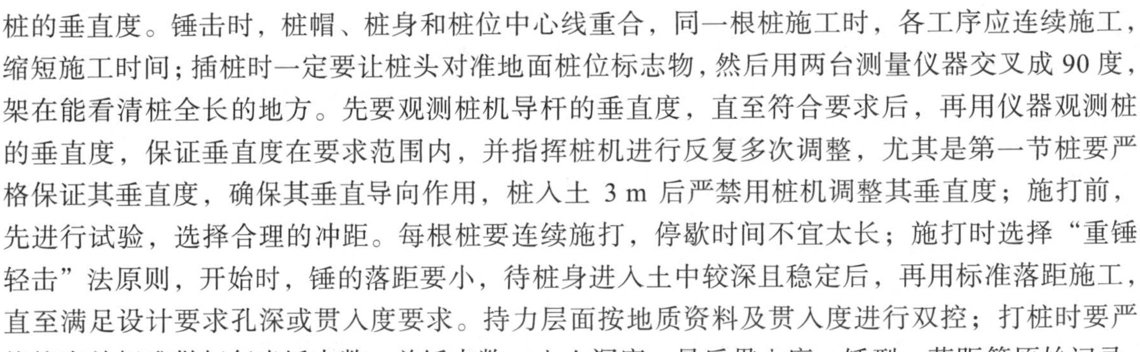

图 6-33　PHC 桩处理软基

⑤ 接桩。

焊接要求：管桩接长时，其入土部分桩身的桩头宜高出地面 0.5 ~ 1.0 m；接桩前须先将下节桩的接头处理干净，设置导向箍以方便上节桩的准确就位，接桩时上下节桩中心线偏差不宜大于 2 mm，节点弯曲矢高不得大于桩段长的 0.1%；管桩对接前，上下端板表面应用钢丝刷清刷干净，坡口处应刷至露出金属光泽；焊接时宜先在坡口圆周上对称点焊 4 ~ 6 点，待上下节桩固定后拆除导向箍，再分层施焊，施焊宜由两个持证上岗的焊工对称进行；连接处坡口槽电焊应分三层对称进行，内层焊必须清理干净后方可施焊外一层，焊缝连续饱满，其外观质量符合焊缝的要求；施焊完成的桩接头应自然冷却后才能连续沉桩，自然冷却时间至锤击法沉桩时不少于 15 min，不得用水冷却；采用二氧化碳气体保护焊时，其自然冷却时间不少于 5 min。

焊接方法：根据设计要求选择合格的焊条；预埋金属件表面保持清洁，接桩时依靠定位板将上下桩接直，焊缝连续饱满，满足焊接要求，做到焊面光洁，必要时加焊补强；施焊时，对称焊接，对称面同时进行，避免焊接变形；两节桩焊接后，清除焊渣检查焊缝饱满度；每个焊头焊接完成后，冷却后方可进行涂抹环氧树脂防腐施工；接桩时上下节桩的中心线偏差不得大于 5 mm，节点弯曲矢高不得大于桩节的 0.1%；为确保焊接质量，逢大雨时不宜施焊。

⑥ 送桩。

用专门的送桩筒放在被送桩的桩顶上进行送桩，并在送桩筒时标好相应的刻度，保证桩顶到设计标高。在送桩前，预先算好送桩深度，并选择合适的送桩器，在送桩器上做明显标识。送桩杆与桩身应在同一中心线上，送桩杆上的桩帽与桩周围间隙控制在 5 ~ 10 mm，送桩杆与桩之间垫有一定厚度的平整弹性垫。送桩时要做好锤击数、锤跳高度、贯入度等原始记录。用水准仪控制桩顶设计标高的偏差，桩顶设计标高偏差要符合规范及设计要求。

4. 路基填筑

（1）路基填筑前的质量要求。

路基原地面清表必须彻底，不得有草皮、树根等，清表后应平整，清表宽度必须超出路基坡脚桩 1 m 以外。路堤填土高度大于 150 cm 时，应将路堤基底整平处理并在填筑前进行碾压，其压实度不应小于 92%；当路堤填土高度距路基顶面大于于 80 cm，小于 150 cm 时，原地面压实度大于等于 94%；填土高度小于 80 cm 时，原地面压实度不小于 95%。路基填方材料应有一定的强度，填方材料最大粒径应路床不超过 10 cm，路堤不超过 15 cm，经料场取土试验确定，路基填料最小强度和最大粒径应符合要求，严格控制路基填料粒径，严禁将含超粒径的填料运到工地后再用人工捡除，必须把超粒径料控制在进场前。同时必须对路基填料进行颗粒分析、含水量、密实度、液限、塑限、承载比（CBR）试验和击实试验及有机质含量和易溶盐含量试验。选择路基填料，应选择水稳性好，干密度大，承载能力高的砾石土为宜，土质应均匀一致，不得混杂，保证路基各点密实度的均匀性。路基原地面清表压实后，对地质不良地段应检测原地面的承载力试验，以检测地基承载力能否满足设计要求。路基填筑前，按水平分层填筑方式进行分层，并计算其每层宽度及长度。加强路基试验路段工作，通过试验路段确定填料的最佳含水量、压路机具、碾压遍数、分层厚度、最佳机械配套和施工组织。做好临时排水设施和路基横向排水工作。同时做好施工期间防水 措施，当路基未完工但停止施工和路基虽已完工但未铺筑路面，在冬季停工期间应用不透水塑料膜覆盖路基，膜上松铺 30 cm 砂砾压好。

（2）路基填筑中质量控制。

土方路堤应分层填筑，分层整平，分层压实，为保证路基边缘压实度，路基填方高度小于 5 m 的路堤，路堤填土宽度每侧应宽于填层设计宽度 50 cm，压实宽度不得小于设计宽度，对于填方高度大于 5 m 的路堤，路基每侧应加宽 50 ~ 100 cm，压实宽度不得小于设计宽度。填筑采用水平分层填筑施工。路基填筑分层的最大松铺厚度不超过 30 cm，填筑至路床顶面最后一层的最小压实厚度，不应小于 10 cm。土方机械施工时，应根据工地地形，路基横断面形状和土方调配图等，合理地规定机械运行路线，应有全面，详细的机械运行作业图据以施工。路基填筑料用水，采用料场闷料，应控制其含水量在最佳压实含水量±2%之内。严格控制路基压实度，路床顶面以下 0 ~ 80 cm 压实度不小于 96%，80 ~ 150 cm 压实度不小于 94%。150 cm 以下压实度不小于 93%。为防止破坏沿线生态环境及路基填料的均匀性，必须严格控制取土坑位置、范围及废料的处治，路基取料必须在指定取土坑取料，取土坑应为有规则的几何形，每个路基分项成型且削坡多余土方必须运至取土坑后，方可交验。

（3）填土路基施工。

① 填土路基按路面平行线分层，控制填土标高，填方作业将分层平行摊铺，保证路基压实度，每层填料铺设的宽度，每侧超出路堤的设计宽度 500 mm，施工完后刷去 300 mm 以保证修整路基边坡后的路堤边缘有足够的压实度。不同土质的填料分层填筑，且尽量减少层数，每种填料层总厚度不少于 500 mm。土方路堤填筑至路床顶面最后一层的压实层厚度不小于 100 mm。

② 路堤填土高度小于 800 mm（不包括路面厚度）时，对于原地表清理与挖除之后的土质基底，将表面翻松深 300 mm，然后整平压实。

③ 路堤填土高度大于 800 mm 时，将路堤基底整平处理，并在填筑前进行碾压，其压实度不小于 90%。

④ 地面自然横坡或纵坡陡于 1∶5 时，将原地面挖成台阶，台阶宽度满足摊铺和压实设备操作的需要，且不小于 1 m。台阶顶作成 2% ~ 4%的内倾斜坡。砂类土上侧不挖台阶，将原地面以下 200 ~ 300 mm 的表土翻松。

⑤ 任何靠压实设备无法压碎的大块硬质材料，予以清除或破碎，破碎后的硬制材料最大尺寸不超过压实层厚度的 2/3，并均匀分布，以便达到要求的压实度。

⑥ 填土路堤分几个作业段施工时，对两个相邻段交接处不在同一时间填筑时，则先填段按 1∶1 坡度分层挖台阶；如两段同时施工，则分层相互交叠衔接，其搭接长度不小于 2 m。

⑦ 用透水性较小的土填筑路堤时，将含水量控制在最佳含水量±2%范围内，当填筑路堤下层时，其顶部做成 2% ~ 4%的双向横坡；如填筑土层时，不覆盖在由透水性较好的土所填的路堤边坡上。

⑧ 半填半挖的一侧高填方基底为斜坡时，严格按规定开挖台阶，基底压实度不小于 90%。

⑨ 施工中严格地控制填土松铺厚度，并且每层填土顶面将修筑横向坡度，以利于路基横向排水，填土路堤的松铺层厚及横向坡度由现场试验确定，但每层填土松铺厚度不大于 300 mm，每填土层的横向坡度不小于 3%。

（4）土石混合路堤施工。

① 土石混合路不采用倾填法施工，按分层填筑，分层压实施工，分层松铺厚度 300 ~

400 mm。

② 土石混合材料中所含石料强度大于 20 MPa 时,石块的最大粒径不超过压实层厚的 2/3。

③ 土石混合路堤施工中石料含量超过 70%时，将大块石先铺，且大面朝下分开摆放平稳，缝隙内填以土或石屑，或石渣，整平后再振压密实；当石料含量小于 70%时，可用推土机将土石混合进行摊铺，其铺填层厚不超过 400 mm。

④ 采用 20 t 以上凸块式振动压路机和重型振动压路机进行碾压，振动压路机碾压时，第一遍不振动静压，然后先慢后快（最佳适宜速度：振动压路机为 3 ~ 6 km/h）。由弱振到强振，碾压遍数直至达到要求的密实度，具体的碾压遍数及压实标准将按现场试验确定。

⑤ 对路床顶面以下 30 cm 范围内的填筑，采用符合路床要求的土并分层压实，填料最大粒径不大于 10 cm。

⑥ 土石混填路堤压实度的检验标准和方法将根据混合料中颗粒土含量多少，由现场试验确定，并报监理工程师检验审批。

（5）填石路堤施工。

① 填石路堤的基底处理同填土路堤。

② 填石路堤的石料强度不小于 15 MPa（用于护坡的不应于小于 20 MPa）。填石路堤石料最大粒径不超过层厚的 2/3。

③ 填石路堤的紧密程度在规定深度范围内，以通过 60 t 以上振动压路机进行压实试验，当压实层顶面稳定，不再下沉（无轮迹）时，为密实状态。

④ 填石路堤分层填筑，分层压实，分层松铺厚度不大于 50 cm。逐层填筑时，安排好石料运输路线，专人指挥，按水平分层，先低后高、先两侧后中央卸料，并用大型推土机摊平。局部不平处配合人工用细石块、石屑找平。

⑤ 当石料级配较差、粒径较大、填层较厚、石块间的空隙较大时，可于每层表面的空隙里投入石渣、石屑、中、粗砂，再以压力水将砂冲入下部，反复数次，使空隙填满。

⑥ 人工铺填粒径 25 cm 以上石料时，先铺填大块石料，大面向下，摆平放稳，再用小石块找平，石屑塞缝，最后压实。人工铺填块径 25 cm 以下石料时，直接分层摊平，分层碾压。

⑦ 填石路堤的填料如其岩性相差较大，则将不同岩性的填料分层或分段填筑。用强风化石料或软质岩石填筑路堤时，按土质路堤施工要求先检验其 CBR 值是否符合要求，并按土质筑堤的要求施工。

⑧ 填石路堤路床顶面以下 50 cm 范围内的填筑，采用符合路床要求的土并分层碾压。

（6）台背填筑、涵洞通道缺口填筑。

桥涵，缺口填土是路基填筑的一个薄弱环节，大型压路机械难以压到，因此施工中要严格控制，确保填土压实度达到规定要求。

① 填筑施工时需待桥涵圬方达到设计强度后方可进行填筑。

② 对于涵洞通道部位的土方填筑将按两侧对称均匀分层同步进行填筑施工。并做到在基本相同的标高上进行，防止不均匀回填造成对构造物的损坏。

③ 涵洞、通道顶部采用小机型机具碾压夯实，填筑厚度大于 1 m 后按一般路堤施工方法施工。

④ 对于桥台台后填土采用透水性良好以及设计规定的填料填筑。用于回填的材料，一定符合要求，桥涵台背和挡土墙墙背填料将优先考虑用内摩擦角较大的砂砾类土填筑。既要能

被充分压实，又具有良好的透水性。透水性材料既要有一定的级配，以保证有足够的压实度，又不能含有草根，腐殖物或冻土块等杂物。

⑤ 分层回填。采用小型机具，严格控制松铺厚度并保证满足压实度要求。根据压实机型，一般控制在每层填厚不大于 20 cm，分层填筑尽量保证摊铺厚度均匀、平顺。回填前，先于断面上划分回填层次，确定检测频率，填写检测记录。

⑥ 基坑的回填，在排干积水的情况下作业，回填工作应得到监理工程师的同意，靠路基的坡度挖成台阶，以便于保证回填质量。

⑦ 填筑时设专人负责，使用专用的机具，挂牌划线施工。每层填筑都将拍照，并附检测资料存档。

⑧ 回填高度要按设计图纸规定施工，轻型桥（涵）台，在梁（板）未吊装前，不填过允许回填高度。

⑨ 台后填土若与路基施工同步填筑，碾压不到位的边角采用小型夯压机械按设计及规范要求夯密实。

⑩ 台后缺口的填筑若晚于填土施工时，采用人工和小型夯压机械夯实，其与路基衔接处将路基侧填土挖成台阶，台阶宽度 1 ~ 1.5 m，台阶高度等于分层厚度。

5. 路堤施工质量控制要点

填筑前，根据施工时地面土质的实际条件，按设计及技术规范要求进行基地处理，符合设计要求后，经监理工程师验收合格后方可填筑。填料满足规范要求，不符合要求的填料，禁止用于填筑，铺填厚度和压实遍数通过现场压实试验参数控制，同一填层使用不同种类的填料时，分别进行施工控制。每层填料摊铺均匀，分层压实，必须全宽分层纵向分区，不允许局部的纵向填筑，根据规范要求分层厚度不大于 30 cm，随时测定含水量，对达不到要求时，采取晾晒或洒水处理。压实层面大致平整。每层压实密度经检验符合要求，并报经监理工程师检查认可后进行另一层填筑施工。

6. 半填半挖路基结合部及陡坡路堤处理

开挖前完成填方部分清表工作，如果坡度较陡按设计及规范要求挖出台阶。准备充分并报检通过后方能开始施工。

（1）横向半填半挖路基结合部处理。

填挖高差大于 3 m 以上或地面坡度较陡的半填半挖路基填挖结合部应进行强化处理。根据设计要求，我项目在填挖方交界处和半填半挖地段在填方侧设置过渡区，其材料可以使用挖方石料，要求强度不小于 30 MPa、最大粒径 10 cm、耐风化的碎石或者碎石土（石质含量大于 50%），压实度不小于 96%。挖方区为土质（含强度低的软石）时，填至上路堤顶面后，应将超挖区挖至路床底面，然后用冲击压路机全面补压 2 ~ 3 遍，铺设第一层土工格栅，再分层铺筑下路床，在下路床顶面铺设第二层土工格栅，然后铺筑上路床。挖方区为整体性好的岩坚石、次坚石时，填方区填至下路床顶面后，应将填方部分用冲击压路机补压 2 ~ 3 遍，同时在挖方侧 3 m 宽范围超挖 40 cm，铺设第一层土工格栅，然后与填方部分一同铺筑上路床。在上路床顶面结合部铺设第二层土工格栅。铺设土工格栅时，在挖方侧应进行有效的锚固。在土质及软石挖方段锚钉钢筋采用 $\phi 10$ 钢筋弯制而成，其锚固深度不小于 30 cm；硬石质路段采用水泥钉及铁板锚固。对于部分陡坎路段可适当增加格栅层数，横向半填半挖路基结合部其锚固段长度不小于 2 m。土工格栅采用双向聚酯土工格栅 GSZ50-50，延伸率不大于 10%，焊接点剥离力不小于 100 N；复合土工膜的指标不低于《公路工程土工合成材料 土工膜》（JT/T 518）中有关 M1/PP（PE）的要求；反滤土工布的指标不低于 JT/519-2004 中有关 FNG-PP-300 的要求。土工格栅铺设时下承层应平整，摊铺时应拉直、平顺。紧贴下承层，不得扭曲、折褶。铺设土工格栅时，应注意栅间联结与拉直平顺。格栅的纵、横向接缝用专用 U 形钉连接，栅间联结重叠长度不小于 10 cm。铺好的土工格栅每隔一个单元格间距用 U 形钢筋固定于地面。根据施工时的实际情况，当结合部的原坡面有地下水出露时，应根据地形设置截、排水盲沟，若无地下水出露可取消盲沟。截水盲沟底面和背水面应铺设复合土工膜，顶面和迎水面铺设反滤土工布。排水盲沟侧壁和底面均铺设复合土工膜，顶面铺设反滤土工布。当横向地面自然坡度横坡陡于 1∶2.5 时，应进行填挖结合稳定性分析，稳定系数不小于 1.25。当不够稳定时应根据地形地质条件在路堤边坡下方设支挡工程以确保路基的稳定。

（2）纵向填挖结合部处理。

填挖高差大于 3 m 以上或地面坡度较陡的纵向填挖结合部应进行强化处理。根据设计要求。我项目在填挖方交界处和半填半挖地段在填方侧设置过渡区，其材料可以使用挖方石料，要求强度不小于 30 MPa、最大粒径 10 cm、耐风化的碎石或者碎石土（石质含量大于 50%），压实度不小于 96%。挖方区为土质（含强度低的软石）时，填至上路堤顶面后，应将超挖区挖至路床底面，然后用冲击压路机全面补压 2 ~ 3 遍，铺设第一层土工格栅，再分层铺筑下路床，在下路床顶面铺设第二层土工格栅，然后铺筑上路床。挖方区为整体性好的岩坚石、次坚石时，填方区填至下路床顶面后，应将填方部分用冲击压路机补压 2 ~ 3 遍，同时在挖方侧 3 m 宽范围超挖 40 cm，铺设第一层土工格栅，然后与填方部分一同铺筑上路床。在上路床顶面结合部铺设第二层土工格栅。铺设土工格栅时，在挖方侧应进行有效的锚固。在土质及软石挖方段锚钉钢筋采用 ϕ10 钢筋弯制而成，其锚固深度不小于 30 cm；硬石质路段采用水泥钉及铁板锚固。对于部分陡坎路段可适当增加格栅层数，横向半填半挖路基结合部其锚固段长度不小于 1 m。土工格栅采用双向聚酯土工格栅 GSZ50-50，延伸率不大于 10%，焊接点剥离力不小于 100 N；复合土工膜的指标不低于《公路工程土工合成材料　土工膜》（JT/T 518）中有关 M1/PP（PE）的要求；反虑土工布的指标不低于 JT/519-2004 中有关 FNG-PP-300 的要求。土工格栅铺设时下承层应平整，摊铺时应拉直、平顺。紧贴下承层，不得扭曲、折褶。铺设土工格栅时，应注意栅间联结与拉直平顺。格栅的纵、横向接缝用专用 U 形钉连接，栅间联结重叠长度不小于 10 cm。铺好的土工格栅每隔一个单元格间距用 U 形钢筋固定于地面。当结合部的原坡面有地下水出露时，应根据地形设置截水盲沟，其沟底面和背水面应铺设防渗土工布，顶面和迎水面铺设反滤土工布。

（3）陡坡路堤处理。

当地面横坡陡于 1∶2.5 且填方高度大于 8 m 时，除要求在原地面开挖向内倾斜 2% ~ 4% 的台阶外，还需采用以下措施确保路堤稳定性：于路堤边坡下方做挡土墙、抗滑桩等结构支挡，保证陆地稳定。当不设支挡物时，为避免路堤不均匀沉降致使路面开裂，一般在路面底面以下路堤坡脚各设三层双向钢塑格栅，格栅间距 50 cm，个别工点可视需要路堤中部加设三层土工格栅。铺设土工格栅时，应注意栅间联结与拉直平顺。格栅的纵、横向接缝用专用 U 形钉连接，栅间联结重叠长度不小于 10 cm。铺好的土工格栅每隔一个单元格间距用 U 形钢筋固定于地面。铺完土工格栅后，应及时（48 h 内）填筑填料。每层填筑遵循“先两边后中部”的原则对称进行，严禁先填中部。填料不允许直接卸在土工格栅上，一切车辆、施工机械不得直接在铺好的土工格栅上横向行走，只允许沿路堤轴线方向行驶。钢塑复合双向土工格栅设计强度：每延米破断拉力 80 KN/m，破断伸长率≤3%时，拉伸力≥67 LN/m，焊点剥离力≥30 N，幅宽 6 m，网格孔径 105 mm×105 mm。路堤填筑时间一般不少于六个月，施工时应匀速填筑。竣工后应至少预压六个月后方可进行路面施工。

6.2.2 香丽高速公路路基防护施工标准化

1. 砌筑工程施工工艺

未按要求采用靠坡架前后挂线施工，不能确保砌体几何尺寸者，施工单位承担违约责任。沉降缝、泄水孔的设置应符合设计要求，且达到规定的质量标准；砌筑物的断面尺寸、顶面高程、底面高程达不到设计及规定者，除按设计进行整改外，施工单位承担违约责任。沉降缝必须垂直通视，不得有相互咬口现象，填土前应采用合格材料填塞。

2. 混凝土工程原材料

为保证混凝土的质量，要求加强工序控制，施工单位应加大对应加大对原材料的试验检验工作力度，严把材料关，保证混凝土质量，加强工序控制。按批准的重量配合比用秤称量进行施工；混凝土的拌制应采用滚筒式或强制式搅拌机进行均匀、充分的拌和。混凝土的强度、钢筋或钢绞线的加工制作必须满足设计要求。

3. 混凝土工程施工工艺

混凝土工程不得出现露筋、空洞等严重病害；混凝土工程除必须保证内在质量外，施工单位应采取一切有效措施保证混凝土的外观质量，若出现表面粗糙、蜂窝麻面、边棱不顺、模板接缝、颜色不均以及外观尺寸不准确等现象；抗滑桩必须按《公路桥涵施工技术规范》（JTG F50）的要求施工，不允许出现缺陷桩，若出现缺陷桩未及时、主动地上报情况，补救措施未经指挥部和监理认可即擅自处理者，除停工整顿外，还要进行经济处罚。

4. 浆砌挡土墙施工

挡土墙施工随开挖、随砌筑，并做好墙后排水设施，及时回填或填筑路堤。

（1）明挖基础。

基础开挖采用人工配合机械开挖。土方采用机械开挖，人工清基；石方采用爆破法施工。开挖前做好截、排水设施。复查核对基础地质资料，遇到地质不良、承载力不足的基础，及时向设计单位反映，制定整治措施。墙基位于斜坡地面时，其趾部埋入深度和距地面的水平距离须符合规定要求。遇倾斜基底时，按设计要求准确挖基，避免采用填筑方法填筑成斜面。

（2）砌筑基础。

基础砌筑前，首先将基础表面风化、松动土石方清除。对于硬石基坑中的基础，采取紧靠坑壁砌筑，并插浆塞满间隙，使之与地面接为一体。雨季在土质或易风化软石基坑中砌筑基础，在基坑挖好后，立即满铺砌筑一层。砌筑台阶式基础时，台阶转折处不得砌成竖向通缝；砌体与台阶壁之间的缝隙必须插浆满塞。随基础砌筑时及时回填并压实。

（3）砌筑墙身。

砌体高出地面后及时回填夯实，并做好其顶面排水、防渗设施。伸缩缝与沉降缝两侧壁应平齐无搭接，按设计要求将缝中的防水材料塞填紧密。按设计位置安设泄水孔，同时做好墙后反滤、防渗隔水设施。挡墙栏杆、检查梯连接牢固，外观整齐，并及时涂刷防锈漆。

5. 边坡防护施工

（1）边沟、排水沟、截水沟。

各种形式的边沟、排水沟、截水沟开挖前，在铺砌之前，应对边沟、排水沟、截水沟基槽进行修整、砌筑后的沟底和沟壁坚实平整，沟底标高及断面尺寸符合图纸要求。有盖板的边沟，将盖板先行预制。

（2）菱形网格和拱形骨架喷播植草防护。

施工顺序：人工清坡面、覆盖良客土并湿润、安装菱形混凝土预制格和砌筑护拱边坡、覆土、喷播植草、盖无纺布、养护。

图 6-34　坡面防护施工

6.2.3　香丽高速公路涵洞、通道工程施工标准化

施工前涵洞施工点完成三通一平，即路通、水通（水罐供应）、电通（有条件采用架设施工用电供应，距离较远采用发电机供应）、场地平整。人员、材料（模板齐备）、设备全部到位。

1. 测量放样

首先用全站仪准确定出涵洞中心及纵横轴线。基坑边坡坡度依土质情况按设计和规范要求所列基坑坑壁坡度适当放陡。基坑宽度与比涵洞基础尺寸稍大（宽出基础边线 1 m），用全站仪精确测出盖板涵开挖线后撒白灰以做标识，一次放够尺寸。报请监理工程师检查。

2. 基坑开挖

开挖基坑采用挖掘机开挖，人工辅助清平，基坑开挖后的断面要求平顺，同时保证基坑底土无明显扰动现象。基坑底面较基础边线四周每边放宽 1 m，作为施工面，放坡的坡度根据地质情况来确定。挖时注意不许超挖，挖至坑底时保留 30 cm 的厚度，用人工挖至基底高程。

开挖基坑如有渗水时，基坑底较基础边线四周放宽 1.5 m，沿坑底四周基础范围以外挖排水沟（宽 30 cm）和集水坑（40 cm×40 cm），使坑壁渗水沿四周排水沟汇合于集水坑，然后用水泵排出坑外，使基坑中间挖土部分处于干燥状态，当挖至接近有水时，可反复加深排水沟和集水坑，保持坑底和水沟底有一定的高差，达到排水通畅，使坑底始终处于干燥状态，以提高挖土效率。基坑开挖的弃土应运至 K102+000-X 弃土场集中存放。开挖基坑时注意观察坑顶缘地面有无裂缝，有无松散塌落现象，确保安全施工。

3. 基底处理

本项目地处半山地形，涵洞多为满足山体冲沟流淌而设，旱季涵洞施工范围内基本处于干燥状态。设计中多为分台梯坎式涵洞，部分地段基底填筑透水性垫层后才进行涵洞施工，基底填筑按图纸要求分层填筑，最大松铺厚度不得大于 30 cm，压实度必须达到 96%要求。基坑开挖（填筑）至设计基底标高后，首先是做基底承载力实验，如果达到设计要求即可施工垫层及基础，如果不符将采取必要的换填处理，或者其他的加固措施，措施经四方代表一并到现场确定。基坑开挖完成后及时通知监理工程师检验、及早封蔽，不允许将已开挖至设计标高的基坑长期暴露。

4. 基础模板安装及混凝土浇筑

（1）模板按基础分台梯坎，分块架设模板。

模板采用钢模板，保证结构尺寸的正确。有足够的强度、刚度和稳定性；能承载所浇筑混凝土侧压力及施工荷载，以防浇筑砼时有明显挠曲和变形，模板中使用的钢制内拉杆、拉杆所有配件的设计保证在其拆除时留下的孔穴尺寸最小，并符合强度和美观的要求。模板安装必须牢固可靠，接缝严密。必须做到不跑模，不胀模，不漏浆。安装侧模时，要防止模板移位和凸出，模板安装完毕后要确保轴线位置、各部标高、平面尺寸符合设计要求，经自检且监理工程师签字认可后进行下道工序。模板与混凝土的接触面必须清理干净，并涂刷脱模剂。在模板上标出混凝土顶面位置。混凝土浇筑前，模板内的积水和杂物必须清理干净。

（2）基础混凝土浇筑。

基础混凝土用溜槽送入模内，混凝土应分层浇筑，分层振捣，每层 30 cm，在振捣时严禁过振和漏振，二者都会影响混凝土的质量。严格控制混凝土的顶面高程。基础按沉降缝间隔一次浇筑。盖板涵基础采用 C20 片石混凝土时，片石含量不大于 25%。片石的规格、强度及施工时埋放应严格执行《公路桥涵施工技术规范》中片石砼的有关规定：片石混凝土施工时，应使用质地坚硬、密实、耐久、无裂纹和无风化的石料，片石的厚度应为 150 ~ 300 mm。

（3）基础模板拆除。

承重模板拆除：应在混凝土强度能承受其自身重力及其他可能的叠加荷载时，方可拆除，当构件跨度不大于 4 m 时，在混凝土强度符合设计强度标准值的 50%的要求后，方可拆除；当构件跨度大于 4 m 时，在混凝土强度符合设计强度标准值的 75%的要求后，方可拆除；非承重模板拆除：应在混凝土强度能保证其表面及棱角不致因拆模而受损坏时方可拆除，一般应在混凝土抗压强度达到 2.5 MPa 时方可拆除侧模板。模板拆除的顺序要先拆非承重部位后拆承重部位，并遵循先支后拆、后支先拆的顺序进行。拆除模板后要及时从砼中取出对拉螺栓，并用砂浆将孔塞平。模板拆除后要及时维修整理，分类存放在模板堆放处，不得随意乱扔。

5. 台身及八字墙施工

（1）台身模板施工。

台身模板采用钢模组拼。模板安装前，将模板清洗干净，涂刷脱模剂（脱模剂采用新柴油和机油，按照 3∶1 比例配制）。安装侧模板时应防止模板移位和凸出。台身侧模采用支架支承，模板外设立拉杆固定。浇筑在混凝土中的拉杆，应按拉杆拔出或不拔出的具体要求，采取相应的措施。模板在安装过程中，必须设置防倾覆设施。模板安装完毕后，应对其平面位置、顶部标高、节点联系及纵向稳定性进行检查，经监理签认后方可浇筑混凝土。浇筑时，发现模板有超过允许偏差变形值的可能时，应及时纠正。具体的安装检查项目及检查方法见表 6-4。

表 6-4　模板安装检查项目及检查方法

项次	检查项目		规定值或允许偏差	检查方法和频率	检测项
1	轴线偏位/mm	基础	±15	用经纬仪检查，梁纵向检查 2 点，其他纵、横各检查 2 点	基础模板时检查
		柱、墙	±8		
		梁	±10		
		墩台	±10		涵台模板时检查
2	模板标高/mm	基础	±15	水准仪：测量 3 处	基础模板时检查
		柱、墙、梁	±10		
		墩台	±10		涵台身模板时检查
		装配式构件支承面	+2，−5		涵台帽模板时检查
3	内部尺寸/mm	上部结构	+5，0	用尺量长、宽、高各 2 点	
		基础	±30		基础模板时检查
		墩台	±20		涵台身模板时检查
4	平整度/mm	表面平整	5	用 2 米直尺检查 2 点	基础及涵台身均检查
		相邻板表面高差	2	用尺量，每接缝检查 2 点	基础及涵台身均检查
5	预埋件、预留孔/mm	预埋件中心线位置	3	用尺量，抽查不少于 30%	当发生时检查
		预留孔中心线位置	10		
		预留孔截面内部尺寸	+10，0		

模板拼装接缝严密、内无油污及其他杂物，模板表面光滑、平整，轴线偏位、内部尺寸、标高均符合规范及设计要求。模板预留孔洞的位置、数量、质量符合设计要求。

（2）台身混凝土施工。

台身混凝土搭设溜槽送至模板口，用串筒往模内浇筑。浇筑混凝土前，应对支架、模板和钢筋进行检查，并做好记录，符合设计要求后方可浇筑。模板表面的杂物、积水应清理干净，并应涂刷脱模剂。模板如有缝隙，应填塞严密。浇筑前应检查混凝土的均匀性和坍落度。墙身砼浇筑按沉降缝间隔分段浇筑，浇筑过程中用振捣棒分层振捣密实，分层厚度为 30 cm，振捣呈梅花形插振，避免漏振或过振。振捣棒不得碰撞模板和拉杆，以防模板变形、跑模或胀模现象的发生。砼拆模后，及时用土工布覆盖，洒水养护，养护不得少于 7 天。

图 6-35　涵洞洞身施工

（3）八字墙施工。

进出口一字墙、八字翼墙基础施工时与洞外铺砌等构筑物基槽开挖一起开挖，混凝土浇筑先基础，后施工洞外铺砌及隔水墙等构筑物，最后施工一字墙身及八字墙身，墙身施工时注意线形的变化，保证翼墙结构尺寸准确，与路线线形变化平顺，大面平整。浇筑方式与涵台身浇筑基本相同。

6. 沉降缝、洞内铺砌施工

洞身在顺水方向应根据地形、地基土壤情况，每隔 4 ~ 6 m 设置一道沉降缝，沉降缝贯穿整个洞身断面。洞口与洞身也设沉降缝分离砌筑。沉降缝缝宽 1 ~ 2 cm，缝内填沥青麻絮。墙身沉降缝必须与基础沉降缝一致，避免出现错缝和咬缝现象，以防止不均匀沉降出现裂纹。洞内铺砌多为 40 cm 厚，与涵洞跨径同宽的混凝土板，根据分台梯坎及沉降缝，分段浇筑铺砌混凝土，半幅一次浇筑。

7. 盖板施工

盖板涵的盖板采用预制安装，严格控制预制板的长度与现场的沉降缝位置严格对应。盖板涵预制时，必须保证受力主筋的保护层厚度及混凝土捣实密度。必须在基底混凝土达到设计强度的 70%后才允许脱底模。混凝土强度必须达到设计强度 85%后才能堆放和运输。预制盖板块件堆放时盖板端部用两点搁支，且不得使其上、下面倒置。检查涵台顶面标高及平整度，并清扫干净，才开始安装盖板。安装前，应检查构件、涵台的尺寸；安装后，盖板上的吊装孔，以设计规定的 M7.5 砂浆填塞密实。盖板宽度不得跨越沉降缝，安装与涵台正交。斜交涵洞边沿的零盖板采用砼现浇工艺施工。零盖板底搭设钢管脚手架，脚手架布置纵排间距 30 cm，横排、层与层之间间距 60 ~ 80 cm，管扣安装方向不能同一方向，必须锁定牢固，钢管顶上安设顶托以方便调节模板高度，铺设方木（10×10 cm）和竹胶板（厚度 12 mm）底模，接缝严密不漏浆，模板与混凝土接着面清理干净并刷隔剂。砼施工前模内积水及杂物要清理干净。先支底模，再进行钢筋绑扎，自检合格后报检监理工程师后方能进入下一道施工工序。

8. 混凝土养生

涵洞基础、涵台身、一字墙、八字墙及预制厂中预制的盖板构件均要注意混凝土养生问题，施工中注意下列事项：混凝土侧面钢模板在任何季节施工均应设保温层。采用蓄水养护混凝土，混凝土表面在初凝后覆盖塑料布，终凝后注水。在日平均温度高于+5 °C 的自然条件下，混凝土灌筑完毕后，当混凝土表面收水并初凝后，应尽快用浸水湿透的养护毯或土工布覆盖。当气温低于−5 °C 时，用厚棉被覆盖混凝土表面，并采取外部加热的方法，提高混凝土温度，以免使其冻伤。

9. 台背填土

高速公路能否保持行车平稳、舒适，其中结构物台背回填质量起着很关键的作用。涵背填土应在涵洞砌体砂浆或砼强度达到设计强度的 75%时，方可进行回填，填料选用砂砾石等透水性材料。涵洞顶上及涵洞两侧在不少于两倍孔径范围内的填土需水平分层对称夯实，采用小型机具进行夯实相对密度达到 96%以上。涵洞顶上填土厚度必须达到大于 0.5 ~ 1 m 时，才能允许机械通过。

10. 雨季及冬季混凝土施工

（1）雨期混凝土施工。

雨期施工的工作面不宜过大，应逐段、逐片分期施工；对受洪水危害的工程应停止施工。雨后模板及钢筋上的淤泥、杂物，在浇筑混凝土前应清除干净。避开不利时间进行混凝土浇筑，及时做好防雨措施。必要时要用钢管、彩条布搭设防雨棚，备足抽水机。当因降雨造成混凝土浇筑中断超过规范要求时，应按规范做好施工接缝处理。雨期施工时，应加强对混凝土粗细骨料含水量的测定，及时调整用水量。

（2）冬季混凝土施工。

当工地昼夜平均气温连续 3 天低于 5 °C 或最低气温低于−3 °C 时，混凝土按冬期施工。冬季搅拌混凝土前，应先经过热工计算，并经试拌确定水和骨料需要预热的最高温度，以满足最低入模温度不小于 10 °C 的要求。混凝土浇筑前，应清除模板及钢筋上的冰雪和污垢。混凝土开始养护时的温度按施工方案通过热工计算确定，但不得低于 5 °C。拆模时混凝土与环境的温差不得大于 20 °C。

6.2.4 香丽高速公路高边坡施工标准化

在施工前详细复查深挖路堑地段的工程地质资料，包括土石界限、岩层风化厚度及破碎程度，岩层的构造特征等。根据现场考察及设计要求，编制详细的施工组织设计，报监理工程师审批后实施。根据设计横断面的边坡坡率、台阶宽度，精确计算路堑堑顶的开挖线。采用全站仪放样，根据现场坡口标高放出路堑坡口桩。根据坡口桩放出路堑开挖线，进行清表、清杂等。开挖中如发现有较大地质变化时，停止施工，报监理、设计、业主等四方到现场商定防护措施。因深挖路堑工程量大、施工环境复杂，技术要求高，施工难度大，是控制工程进度的关键工程，必须精心组织，科学施工。

1. 土石方开挖

土石方开挖根据岩石类别、风化程度和节理发育程度，确定开挖方法。边坡开挖应遵循从上到下、从两侧到中间分级分段施工的原则，开挖一级加固一级，再开挖相邻段，切忌全段一次开挖，避免灾害事故的发生。路堑既长又深时，采用纵向分层分段开挖，每一层先挖出一通道，然后开挖两侧，使每一层有独立的出土道路和临时排水系统；对风化破碎岩体，为保证施工中边坡的稳定和边坡防护的施工作业，采用阶梯式进行开挖，按设计要求的高度设置平台，形成阶梯边坡，边坡施工时必须安排专职人员对边坡稳定性进行不定时巡查，发现不安全因素需停止施工并及时向监理工程师汇报，待安全隐患消除后方可恢复施工。路基开挖前做好截水沟等排水设施，路基雨季施工应做好防排水措施，土石方开挖与边坡支护施工交替进行，当挖到距路床顶 1 m 左右就停止开挖，待雨季过后再行开挖，路基施工设置横坡及纵坡，确保路基部不积水，排水顺畅。将水流集中引到路基范围以外，不得冲损边坡，影响周围环境。我标段内的石质路堑边坡采用机械开挖，采用 7 个破碎头的破碎锤破碎。

图 6-36　高边坡土石方开挖

2. 便道施工

高边坡开挖应每级边坡均设置便道，但结合现场地势与每级边坡开挖量情况，拟于第二级、第四级边坡段落设置两条便道，上级边坡开挖甩土至底部集土作业面，再由渣土车运出场外。纵坡应满足自卸车能顺利爬到坡顶。便道一般设置如图 6-29 所示。

路面平距宽度 8 m，错车道路基宽度不小于 10 m、长度不小于 20 m。便道设置不小于 2%的横坡，坡向外侧。便道外侧设置 30 cm×50 cm 临时排水沟，排水沟汇水与路基外天然沟壑。

便道基底采用 70 cm 片石换填，再用碎石填隙整平，碾压后铺筑 30 cm 后泥结碎石，再碾压至无明显轮迹，以满足变形和稳定性要求。便道通过排水沟、灌溉渠等设施时，先清除沟底淤泥，然后安装临时圆管涵，回填碎、片石透水性材料，再在圆管涵顶部铺筑 20 cm 厚泥结碎石路面。行车道路面设不小于 2%的单面横坡，坡向右侧。错车道路面设不小于 4%的横坡向左侧。因为便道大部分段落都设于挖方段落上，在便道利用完成后可将便道填料挖作路床填料。便道修筑所需机械及人工，作业班组配备劳动力 15 人，1 台压路机，1 台挖掘机，5 台自卸车，1 台洒水车。便道填筑所有土石材料等级不低于规范要求且不低于本设计对路基填筑材料要求。施工工序：便道边线放线→地表清表→路基成形碾压→挖掘机收边处理→片石垫层施工→土夹石层施工。

图 6-37　便道施工

3. 土方开挖

土方明挖施工工艺如图 6-38。

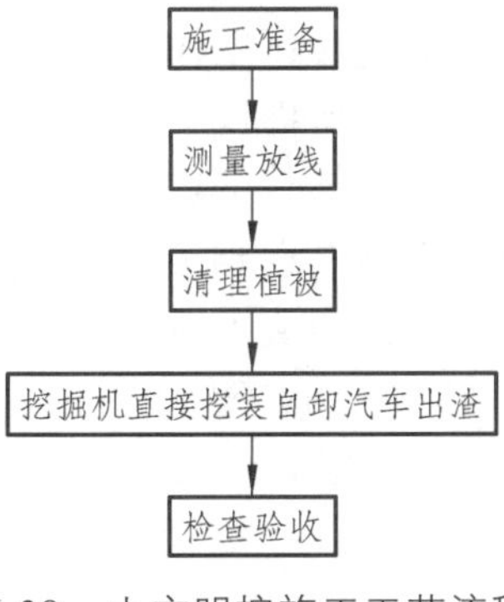

图 6-38　土方明挖施工工艺流程图

深路堑开挖除要求符合土石方开挖的要求外，在施工前应详细复查设计图纸所确定的深挖路堑地段及路堑边坡的工程地质资料。由于深挖路堑的边坡较高不易控制坡率，因此在施工前必须在坡口位置，先测量放样出坡口桩，经复核后沿坡口开挖出一条 0.2 m×0.2 m 的开口沟（若岩石裸露则采用红油漆等标注），以防施工中边坡错位。施工时及时做好排水工作，按设计要求开挖截水沟，拦截地面水。对易滑坡、坍塌地段，加强观测并及时做好防护措施。根据现场地形可采取不同开挖方案，分段落划分开挖工艺。不管采用哪种开挖方式，可采用挖掘机配自卸汽车从上至下一层一层往下开挖，每层开挖深度控制在 3～4 m 为最佳。先开挖至距设计坡面线约 30～50 cm 处，后用机械修坡，然后再用人工修坡，坡面线杜绝超挖。框架梁基槽用人工开挖。土方开挖采用机械配合人工开挖，按照从上到下的开挖顺序逐级开挖，待上一级边坡防护工程全部实施并产生加固作用后方可进行下级边坡的开挖，逐级开挖逐级防护，直至全部符合工程结束。开挖时沿路线方向修筑施工便道，开挖一级，修筑一条施工便道用于机械、材料运输，纵坡应满足自卸车能顺利爬到坡顶。挖掘机从高至低分层分辐开挖，每层开挖深度控制在 3～4 m，每幅宽度控制在 8～10 m。每段深挖路堑设置 1 名专职交通员保证交通通畅。石方边坡开挖顺序基本与土方开挖顺序相同。

4. 锚杆、锚索施工

（1）坡面修整。

坡面采用人工修整，随开挖的下降及时进行清坡，清理边坡采用临时锚杆搭设脚手板作为支护和平台，对于边坡易风化崩解的土层，若开挖面不能及时支护时，应预留保护层，在有条件支护时，再进行保护层开挖。清理边坡时，作业人员系安全带，从高处分条带向下逐层依次清理，对于块体较大、人工无法撬动的孤石，宜爆破后清除。

（2）施工平台及脚手架。

设计边坡坡度为 1∶0.75，每级坡面有 4 排锚杆，脚手架采用 $\phi 48\times3.5$ 钢管搭设。顺坡面斜杆搭设三排，在架体下部作为斜撑，脚手架搭设形式及尺寸如下：立杆：纵向间距 1.5 m；横向间距 1.5 m。相邻立杆接头要错开，对接用一字扣件连接，竖向平行于坡面。横杆：小横杆垂直于坡面，纵向间距 1.5 m，竖向间距 1.5 m；大横杆沿纵向布设，竖向间距 1.5 m，平行于坡面，与立杆用十字扣件连接。斜撑、十字撑：端头及沿纵向每隔 30 m 处设一道。向边坡以外倾斜，从底到顶连续布置。连接杆：在开挖口外 1.0 m 打深度不小于 1.0 m 的孔，插入 $\phi 32$ 钢筋，注入砂浆，用双股 8 号铁丝或钢绳与大横杆连接。在操作面以上 1.2 m，设置纵向安全防护。架体顺边坡搭设，在雨季施工，用铁线或细钢筋作接地线形成避雷电系统。架子四周临边设置可靠的安全防护，在架子上铺跳板作工作平台，因架子靠边坡一侧低，跳板垂直坡面方向铺设。本工程脚手架采用钢管脚手架搭设，钢管质量要好，无破损和变形现象，上下对齐。此工程属于高边坡工程，搭设施工平台采用竹跳板搭设，故搭过程中注施工安全、扣件间的螺丝松紧程度、跳板两端应牢牢固定在脚手架上，禁止搭“瞎子跳”“悬挑跳”。根据现场地形情况看地基均属于硬质页岩，采用人工对基底松动部分进行彻底清理并在地基上凿开凹槽，确保施工脚手架基础坚固。平台搭设宽度为 1.5 m，每层高度 1.5 m，外设防护栏杆。脚手架及平台搭设要稳固，具有抗冲击、振动能力。

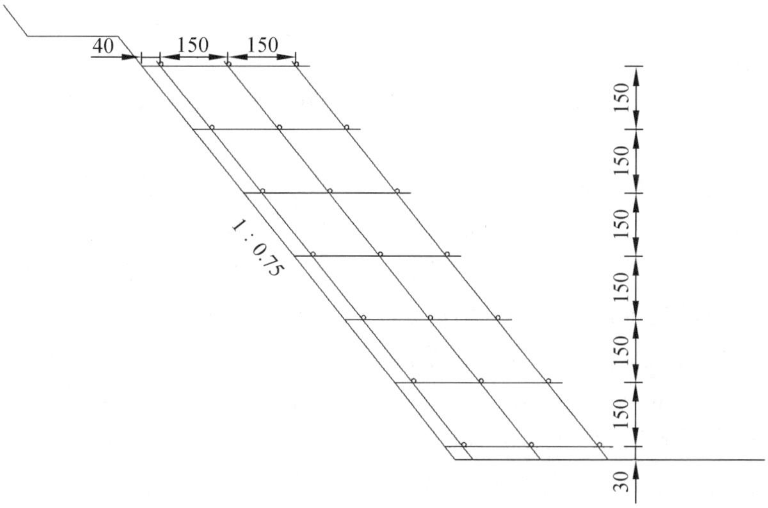

图 6-39 脚手架搭设布置图

利用ϕ48 mm 脚手架杆搭设平台，平台用锚杆与坡面固定，钻机用三脚支架提升到平台上。锚杆孔钻进施工，搭设满足相应承载能力和稳固条件的脚手架，根据坡面测放孔位，准确安装固定钻机，并严格认真进行机位调整，确保孔口误差不得大于 3 cm，孔底误差不小于长度的 4%。锚孔孔径为 110 mm，锚孔钻进应采用无水干钻（即风动钻进）。钻孔前应先清除松土覆盖层，而后再精确测定锚杆、锚索的位置，并设立牢固的角度支架。场地平整稳固，方便人员操作，装机平稳，施钻过程中应随时检查，钻孔直径不得小于设计直径。不损伤边坡岩体结构。避免岩体裂隙扩大，造成坍孔和灌浆的困难。钻孔轴线准确。钻孔过程中，应注意观察孔渣的变化，如发现地质变化应立即上报处理。要经常检查角度支架的变化，并及时调整因钻机振动而引起的角度偏差。钻孔完成后，用高压水在孔内充分冲洗，以便将孔内岩粉、碎屑全部清除孔外，然后再压缩空气将孔内积水吹干，保持孔内干燥及孔壁的干净粗糙无泥浆及污染物，以确保水泥浆与岩体的黏结强度。钻完第一个孔后，需做压水试验。锚孔内不应有水泥浆漏失，否则会降低锚杆、锚索的受力性能及锚杆、锚索的耐腐蚀性。试验若发现漏浆，可用较稀的水泥浆灌注孔内，24 小时后，重新钻孔，再做压水试验。严格按照设计图中锚杆、锚索间距、倾角、高程进行施工，当地条件受限制无法施工时，应会同监理、设计人员拟定新孔位，在未征得监理、设计单位同意时，不得擅自变更设计。

（3）钻孔。

在坡面开挖形成后，按施工图要求采用全站仪结合坡面拉线进行测量放线，准确定出锚孔和框架的位置，并钢筋和油漆做标记，以保证框架顺直和美观。采用全站仪测放孔位及倾角，并反复校核，误差不得大于 3 mm。钻孔机具的选择：应当根据锚固地层的类型、钻孔直径、钻孔深度、施工场地条件来选取钻孔设备，本项目为黏土、灰岩，采用以压缩空气为动力的潜孔钻机。在岩层破碎、疏散地层或松软饱水等易于坍缩孔和卡钻埋钻的地层中采用跟套管钻进技术，以保证钻孔完整不坍塌。

（4）锚杆制作及安装就位。

① 普通锚杆采用单根ϕ32 钢筋制作，锚固端 90°弯折。

② 对于 HPB300 钢筋与 HRB400 钢筋连接时宜采用对焊接或双面焊接，焊接长度不得小

于 8 倍钢筋直径，精轧螺纹钢筋定型套筒连接。杆体上每隔 2 m，相邻 120°焊接一副对中支架以使杆体在孔中居中。

③锚杆自由段涂抹油脂防腐并外加护套，套管采用ϕ50 mm 的聚乙烯管现场套做，锚固段按照 2 m 间距设置钢筋托架。

④锚杆就位前应对锚杆全面检查，应按有关规定对每批ϕ32 钢筋抽检强度、弹性模量、截面积，还应对加工情况，是否顺直等情况进行检查，对不合格产品严禁使用。

⑤就位时应慢而稳。重量大的长锚杆需起吊设备，也可以用专门支架使锚杆就位。插入锚杆时应将灌浆管同时放至钻孔底部，但应留 20 cm 左右的保护层。

⑥在脚手架搭设的施工平台上施工，浆液采用搅拌机搅拌，挤压式灰浆泵注浆。自孔底向上一次性注入，注浆压力 0.6 ~ 0.8 MPa，中途不能停灌。锚杆下入孔后 6 小时内必须注浆，有地下水的孔，造孔成孔后 4 小时内不能下锚时，应在下锚杆前重新洗孔，速洗、速设锚、速注浆。锚杆注浆时，应等待锚孔水泥浆面稳定后才停灌，不稳定时，应继续慢慢加压注浆，不稳定不得停灌。肋柱施工时还应用混凝土填满，不得有空洞或气眼。

（5）锚索制作及安装就位。

① 制作锚索：锚索由 4 股ϕ15.2 mm、强度 1 860 MPa 的高强度低松弛无黏结钢绞线组成。每孔锚索由 4 束钢绞线组成。锚索分锚固段及自由段，锚固段全段外套钢丝防护套网，并在锚索前端设导向锚。自由段在防腐处理后，外套塑料管，间隔 1 m 设一扩张环和紧固环将锚索扎成一束，使其顺直。制作锚索时，要在厂棚内进行。钢绞线的下料长度必须满足锚索束结构设计长度及张拉的需要。下料采用机械切割，严禁采用电焊或气焊切割。并将切割成设计需要长度的钢绞线，放在操作台上进行清污除锈处理后，量出自由段长度，涂强力防腐涂料，再涂黄油，并套塑料管。同时将自由段与锚固段分界处采用粘胶带缠封。将钢绞线束理顺放齐，在锚固段每隔 1.5 m 扎一道，整束钢绞线必须顺直，不得交叉。每孔钢束中部安放ϕ22 灌浆管，其端头距孔底 50 cm。

② 安放锚索：核对锚索长度和钻孔深度后，首先采用高压风对钻孔进行清孔处理；人工安放锚索。待锚索长度，顺直度，扩张环，注浆管绑扎检验合格后，在监理工程师旁站下进行锚索入孔，锚索入孔时确保锚索编号与孔号相对应，并且严格按锚孔倾角推进，在锚索推进时要平顺，严禁抖动、扭动、窜动，以防锚索扭曲卡阻等现象发生，若在推进过程中无法达到设计深度，则将锚索平稳拔出后，重新扫孔，直至安装到位。

（6）钢管材料的检测管理方案。

高边坡防护所采用的钢管、钢丝、钢绞线和热处理钢筋等的质量，应复合现行国家标准的规定。预应力钢筋进场时应分批验收，验收时，除应对其质量证明书、包装、标志和规定等进行检查外，尚须按下列规定进行检查：

① 钢丝：应分批检验形状、尺寸和表面，在每盘钢丝的两端取样进行抗拉强度、弯曲和伸长率的试验，其力学性能应符合《公路桥涵施工技术规范》（JTG/T F50）的有关规定要求。

② 钢绞线：每批钢绞线进行表面质量、直径偏差和力学性能试验。

③ 热处理钢筋：每批钢筋进行表面质量和尺寸偏差的检查，并进行力学性能试验。

④ 冷拉钢筋：按照现行国家标准的规定进行拉力试验（屈服强度、抗拉强度/伸长率）和冷弯试验。

⑤ 冷拔低碳钢丝：应逐盘进行抗拉强度、伸长率和弯曲试验。

5. 框格梁施工

为了更有利于边坡的稳定，施工时每台阶边坡先开挖竖向肋柱部分，竖向肋柱柱身一次浇筑，待锚杆、锚索注浆达到强度后才可从上到下开挖其余土体浇筑横向肋柱。

（1）开挖：先初步放样，划出框格梁边界，用人工开挖、清理；基坑挖好后报请监理工程师检验，合格后进行下道工序施工。基坑各部分尺寸应满足设计及施工要求。

（2）钢筋安装：按设计图纸进行钢筋的加工及安装。钢筋应按图纸所示的位置准确的安装，并用批准的支撑将钢筋牢靠固定好，使其在浇筑过程中不致移位；钢筋安装完毕，经监理工程师检验合格后进行模板安装。

（3）模板拼装：内侧用ϕ20 对拉螺杆，外侧用方木支撑固定，在钢筋检验合格后，安装侧模，模板拼装要求稳固、严密，不漏浆，以保证混凝土的施工质量；模板内侧应涂刷脱模剂，模板拼装时严格按照设计图纸尺寸作业，垂直度、轴线偏差、标高均应满足技术规范规定。

（4）混凝土浇筑：模板检验合格后进行混凝土浇筑。混凝土应自下而上分层浇筑、分层振捣，用插入式振捣器振捣，浇筑上层时应插入下层 5 cm，混凝土要求振捣充分，不漏振，以保证混凝土的密实度。混凝土浇筑要连续进行，中间因故间断不能超过前层混凝土的初凝时间，混凝土浇筑到顶面，应按要求修整、抹平。混凝土拌和采用电子秤按施工配合比要求计量，施工中应严格控制混凝土的坍落度，以使混凝土具有很好的和易性和流动性，利于混凝土的浇筑，保证混凝土的施工质量。

（5）拆模及混凝土养生：混凝土达到强度的 50%即可拆模板，模板拆除时要小心按顺序拆卸，防止撬坏模板和碰坏结构，并注意对框格梁各边角的保护。混凝土浇筑后要及时覆盖养生，经常保持混凝土表面湿润，确保混凝土后期强度。

6. 护面、护坡、护脚墙施工

（1）开挖顺序。

边坡应遵循从上往下，从两侧向中间分级分段施工的原则，每开挖一级防护一级，再向下开挖；地质较差时，每施工一段防护一段，再开挖邻段。切忌全段一次开挖，避免灾害事故的发生。

（2）脚手架施工方法。

① 基础：脚手架的地基必须进行处理，平整夯实，采用 2.5 m，宽 0.2 m，厚 5 cm 的木板，水平放置，钢管脚手架必须采用长 6 m，外径 48 mm，壁厚 3.5 mm 的钢管，材质应符合相关技术要求，必须有出场产品质量证明。

② 立杆：纵向间距 1.2 m；横向间距 0.9 m，里排离坡面 0.3 m。相邻立杆接头要错开，对接用一字扣件连接，竖向平行于坡面。

③ 横杆：小横杆垂直于坡面，纵向间距 1.2 m，竖向间距 0.9 m；大横杆沿纵向布设，竖向间距 0.9 m（锚杆间距 3.4 m），垂直于坡面，与立杆用十字扣件连接。

④ 斜撑、十字撑：端头及沿纵向每隔 30 m 处设一道。向边坡以外倾斜，从底到顶连续布置。

⑤ 在作业平台上，施工荷载控制在 200 kg/m^2 内。

⑥ 架体顺边坡搭设，在雨季施工，用铁线或细钢筋作接地线形成避雷电系统。架子四周临边设置可靠的安全防护，在架子上满铺 5 cm×15 cm 方木作工作平台，因架子靠边坡一侧

低，木方一头抵住坡面可不需固定。

（3）钻孔。

① 钻头直径不得小于设计孔径，实际钻孔深度大于设计深度 0.2 m，钻孔方向与坡面垂直。

② 钻进过程中应对每个孔的地层变化、钻进状态（钻压、钻速）、地下水及一些特殊情况做好现场施工记录。

③钻进达到要求深度后，必须稳钻 1 ~ 2 min；钻孔完成后，要求使用高压空气将孔内岩粉及水体全部清除出孔外，以免降低水泥砂浆与孔壁岩土体的黏结强度。若遇锚孔中有承压水时，应待水压稳定后才能安放锚筋并注浆。

（4）锚杆制作与安装。

预应力锚索为钢绞线；非预应力锚杆为直径 32 mm 的 HRB400 螺纹钢筋。

① 锚索（杆）的组装：索（杆）的组装必须搭设组装平台，平台高度不小于 30 cm。锚索编束时，钢绞线需顺直、排列均匀，并严格依据设计尺寸加张拉工作长度 80 cm 下料，每股长度误差不大于±50 mm。钢绞线要求采用机械切割，严禁采用电弧切割，并经除油和除锈处理合格，对有死弯、机械损伤及锈坑材料应剔除。同时进行防腐处理。锚杆组装时，钢筋应平直，除油、除锈处理合格。锚杆接头采用专用锚杆连接接头，不得采用焊接技术。锚杆完成隔离支架与紧箍环的组装后，应在其底端接装导向帽，导向帽尺寸制作误差≤±5 mm，接装定位误差≤±20 mm 导向帽应采用铁丝绑接牢固。

② 锚索（杆）的安装：锚筋体入放锚孔前，应检查锚筋体制作质量，确保锚筋体组装满足设计要求，并经现场监理工程师认可。

（5）注浆施工。

水泥宜使用普通硅酸盐水泥，必要时采用抗硫酸盐水泥，不得使用高铝水泥。细集料应选用粒径小于 2 mm 的中细砂；砂的含泥量按重量计不得大于 3%；砂中所含云母、有机质、硫化物及硫酸盐等有害物质的含量，按重量计不宜大于 1%。拌和水中不应含有影响水泥正常凝结与硬化的有害物质，不得使用污水；必要时，水泥浆中可加入控制泌水或延缓凝结等外加剂，但必须符合产品标准；水泥浆中氯化物的总含量不得超过水泥重量的 1%；除二次高压注浆（劈裂注浆）和自由段二次注浆（补充注浆）外，不得采用膨胀剂。

7. 高边坡施工监测

根据《高速公路施工标准化技术指南》路基工程，对于深层软基、高填路堤、高边坡、预应力锚固工程等特殊工程，必须进行施工过程和工后沉降观测；监测资料应定期进行收集整理、汇总分析，以指导施工和提供给相关单位作为评估、病害处治依据，在雨季、冬季不利季节应加大检测频率，发现问题及时处理；路基监测过程中基准点应设置在稳定、不易变形的位置，对路基监测埋置的观测点应标识清楚、通视良好、管护到位。通过现场监测反馈的信息进行动态优化设计，如发现边坡发生变形，应及时向业主、监理和设计代表反映，以及时采取措施确保施工安全。边坡变形监测主要研究坡体位移随时间、开挖进程和降雨的变化规律。高边坡监测项目基本要求如表 6-5 所示。

表 6-5　高边坡监测项目基本要求

调查项目	调查范围	基本要求
坡顶地面调查	边坡开挖过程中应对坡顶外大于 50 cm 范围内进行定期调绘，主要调查地表土体有无裂缝，有裂缝发生时应记录裂缝产生时间、深度、连通性、充水状况等的发展变化情况。	要及时排出裂缝的水并封堵裂缝，防止地表水下渗，并根据实际情况研究边坡的稳定性。
边坡坡面调查	边坡开挖过程中应记录开挖断面的地质剖面，观测坡面岩层产状，节理发育状况及地下水出露情况，若遇有结构面组合不利于边坡稳定，地下水涌出等情况应及时现场讨论研究边坡稳定性。	每段边坡中均应观测，每 40 m 设一个观测点，特殊位置应加密观测点并取样试验。
观测桩测量	利用已有固定点对各段边坡平台中设置的观测桩进行位移、高程的测量、以了解边坡变形的发展。设置时可先两级边坡设置一个观测桩，发现变形连续增加后立即加密至图示观测点数或视具体情况再加密。	观测精度均应达到 1 min，所利用的固定点应稳定。观测到变形连续增加且速率加大时应认真研究边坡稳定性。

边坡变形监测主要进行坡体位移随时间、开挖过程和降雨的变化规律，监测内容、方法、时间如下：监测内容：边坡边线，观测裂缝发展情况。工作方法：采用全站仪监测各固定点的坐标、高程，利用直尺量测裂缝宽度变化情况。工作程序：在深挖路堑边坡（土质边坡大于 20 m，岩质边坡大于 30 m）范围内，从挖方边坡最高处开始设观测断面，并沿路线方向每隔 40 m 间距向两侧布置观测断面，于断面边坡坡口线外 2 m 处埋设固定桩（0.2 m×0.2 m×0.8 m），开挖过程中，在对应的边坡平台位置埋设固定桩，直至边坡坡脚。工作频率：边坡施工期间，每 7 天观测一次固定桩位移，遇强降雨及突发性暴雨应在雨后增加一次观测，若变形明显加大，应持续监测。

观测桩采用 C15 混凝土预制，尺寸为：0.2 m×0.2 m×0.8 m，中间埋设钢钉测头。观测桩的布设可根据实际地形和施工情况做适当调整。施工中应注意保护观测桩，避免被施工机具破坏，影响观测结果。为确保边坡的稳定，不产生超挖和欠挖，边坡采用爆破配合机械进行爆破，节理裂隙较发育地段及某些特殊地段采用爆破。深挖路堑的施工遵守分级开挖、分级防护、及时防护的原则，开挖一级防护一级，在下一级开挖时，上一级已做好防护措施。

6.3　香丽高速公路路面施工标准化

6.3.1　沥青混凝土拌和站建设标准化

1. 拌和站选址

拌和站的场地应选择满足用地合法，周围无塌方、滑坡、落石、泥石流、洪涝等地质灾害；无高压、高频电源及其他污染源；距离集中爆破区 500 m 以外；不占用规划的取弃土场。除满足以上规定外，还根据本合同段主要构筑物分布、运输条件、通电和通水条件等特点综合选址，尽量靠近主体工程施工部位，做到运输便利、经济合理；并远离生活区、居民区，尽量设在生活区、居民区的下风向。

（1）地形。

沥青拌和站含水量高会导致烘干时间长，燃油消耗大，生产能力下降，生产成本增加。所以拌和站选址应选择在地势较高，场地宽阔的地方，故在场地建设时，应重视排水设施的建设和干料棚的建设，场内排水按中间高四周低的原则预设不小于 1.5%的排水坡度，四周设置排水沟，并采用 M7.5 砂浆抹面。料场底应高于外部地面，修成向外顺坡（不小于 3%）。路面储料场应搭设顶棚，禁止太阳直接照晒或雨淋，顶棚采用轻型钢结构，高度满足机械设备操作空间（不小于 10 m），并满足受力、防风、防雨、防雪等要求。所有拌和机的集料仓搭设防雨棚，并设置隔板，隔板高度不小于 100 cm，确保不串料。

（2）地质状况。

拌和站为大型机械设备，自重和材料的质量非常大，设备各构件如给料机、干燥筒、拌和楼工作中都处在振动状态，故地质要求坚硬，能有效防止地面沉降。所以白汉场拌和站在建设中其地基及周边基础应特别处理。引起重视，先对选用拌和场地整平、碾压，后采用低剂量水泥稳定碎石进行硬化，拌和场进出便道采用 25 cm 厚 C20 混凝土或低剂量水泥稳定碎石进行硬化。另外拌和站为振动体，应有防共振方面措施，避免波及危害周边建筑物。

（3）交通便捷性。

拌和站需要运输大量的原材料和成品拌和料，要从降低成本和利于施工进行考虑。该施工工作面附近石料丰富，原材料供应充分。

（4）环保因素。

路面拌和站应远离住宅和人口稠密区。选址宜在远离乡村的山间，因为无论从近期还是远景，拌和站的环保要求都应尤为严格，降低粉尘、噪声和有害气体排放，加大环保投入，如建设封闭干料棚，干料棚内采取喷雾降尘；围墙周围栽植树木，这是沥青拌和站生存和发展的关键。

（5）供电。

拌和站附近应有专用线路，接到拌和站距离近，降低架设线路成本，从就近专用线路高压线杆上接入路面拌和站，在拌和机附近设立配电箱，供应生产及生活用电。采用三相交流电，从变压器出来的低压用电线路全部埋于地下或线杆架空，设置三级漏电保护，在配电室、分配电箱和开关箱分别设置漏电保户器，确保用电安全。确保停电状态下应急处理。

2. 拌和站场地建设

沥青混凝土拌和站在平原微丘区的占地面积不少于 25 000 m^2，在山岭重丘区，根据具体条件确定占地面积；拌和站根据工程实际情况集中布置，采用封闭式管理，在拌和站内设置工地试验室；拌和站应设置材料堆放区，拌和区，作业区，各区应分开或隔离；拌和站所有场地必须用 C20 混凝土进行硬化处理，厚度不低于 20 cm，违反者除将污染的材料清除场外，并责令在规定的时间，范围内完成场地硬化，同时处以 10 000 元的违约金。在场地外侧合适的位置设置沉砂井及污水过滤池，严禁将站内生产废水直接排放。

（1）拌和楼布置。

配置型沥青拌和机，每台沥青拌和机配套建设如下：沥青拌和楼、沥青改性设备以及沥青储存罐、天然气罐、矿粉加工设备以及矿粉罐，其中沥青罐安有强力搅拌和循环装置。拌和机基础施工方法：拌和机基础采用埋入式钢筋混凝土基础，按照厂家提供的拌和机基础图进行施工。搅拌主楼基础、集料干燥滚筒基础、粉尘罐基础、成品下料仓基础埋入地下深度不少于 2.0 m。清理基底平整，检测承载力不低于 300 kPa；按钢筋构造图绑扎基础钢筋，再浇筑 C20 混凝土，振捣密实，基础浇筑 C20 混凝土用量 400 m^3。浇筑混凝土前集料干燥滚筒基础；粉尘罐基础；成品下料仓基础；需安放拌和机与基础各衔接点及支撑点的预埋件。搅拌楼基础地基承载力、抗倾覆、强度需满足要求；设备支腿强度、稳定性满足要求；设备整体抗风稳定性满足要求。每台拌和机配置 6 个集料仓。拌和楼上料区、皮带运输段必须用彩钢瓦进行全封闭。

（2）拌和站的安装和拆除。

待基础混凝土达到设计强度后方可组织拌和站安装。罐体和拌和机采用吊车进行起吊安装，安排吊装经验丰富的吊车操作手和指挥人员进行吊装。吊车支腿稳固，起吊平稳，安装位置准确，检查粉罐和拌和机竖直度，满足要求后连接加固各部件。罐顶设置避雷针，下部连接接地体。罐体统一喷涂颜色，醒目位置绘制项目名称、施工单位简称。施工现场人员必须佩戴安全帽及保险带，设置安全标牌和安全隔离带，配置专职人员协调指挥，检查吊装工具和制动设备的安全性和灵敏度。由熟悉沥青拌和机拌和系统，熟悉原理的专业人员进行安装，合理布线，布线前，仔细检查电缆是否完好，有无破损，短路和断路现象，电力电缆的绝缘和电阻状况是否良好，接线时按设备电路原理图操作，严禁私自篡改电路，电气系统一做好接地（或接零）保护，并做好整机的防雷接地和传感器屏蔽接地。设备调试在设备厂家专业技术人员指导下，先分部调试，在各部分调试完好后整机运转试生产。设备拆卸前，及时清空配料器、粉料罐及成品仓中的余料，对整机进行全面清理，清除场地内的废料和杂物，然后按安装方案进行倒装拆除。实施过程中由有经验的技术人员统一指挥，协调控制拆机秩序和进度。

（3）备料区设置。

备料区设置备料仓，每个仓按照不同集料规格、品种分仓存放。料仓内采用 25 cm 厚水泥稳定碎石硬化，料仓与料仓之间用 400 mm 的浆砌片石分割，高度为 2.5 m，实际堆放高度为 3.5 m，每仓宽 15 m，深 30 m，备料区可备 11 000 m^2。针对集料采用彩钢瓦大棚覆盖，防止集料受潮。防雨彩钢瓦大棚不低于 10 m 高。严格按照规定对现场进行标识，标识包括材料名称、产地、规格型号、进场日期、实验报告等，并根据不同的检验状态和结果采用统一的材料标示牌进行标识。

（4）生活区设置。

拌和站布局充分利用既有征地的特点和现有设施情况，充分考虑施工生产情况，合理划分沥青拌和站生产作业区、办公及生活区采取分区设置。

（5）场地硬化及排水设置。

场地硬化按照平面布置图及现场实际情况进行，面层排水坡度设为 1.5%，运输通道采用 25 cm 厚的 C20 混凝土、其他露天地面采用水稳料进行硬化。场地四周设排水沟，排水沟底面及侧面采用 M10 砂浆进行抹面，做到雨天场地不积水，不泥泞，晴天不扬尘。

（6）绿化设置。

场地进行硬化时要注意预留绿化带，根据实际情况进行绿化带种植人工培育的草皮。

（7）场地围挡。

场地四周采用封闭式围挡，用 1.8 m 高通透钢制围栏围挡。

（8）临时用电设置。

施工现场用电线路采用明敷和暗埋相结合的方式进行敷设，明敷采用立杆、支架、敷线槽、钉等敷设。暗埋采用 PVC 穿线管（过车的地方加钢套管）进行暗埋。架空线路严禁沿脚手架、树木或其他设施敷设。室外架空电线最大弧垂与施工现场地面最小距离 4 m，与机动车道最小距离 6 m，与建筑物（含外脚手架）最小距离水平 1 m。室内配线距地面高度不得小于 2.5 m。电缆沿墙壁敷设时最大弧垂距地不得小于 2 m。电杆不得采用竹竿，宜采用钢筋混凝土杆、钢管立杆或者木杆。木杆直径不应小于 140 mm。电缆线路不宜穿越脚手架，如必须穿脚手架时必须采用穿管或其他保护措施。电缆线路垂直敷设时，固定点每层不得少于一处。电缆埋地敷设埋深不小于 0.7 m，经过道路等易受损伤场所应加设钢套管。电线及电缆应保持外皮完好，绝缘良好。所有电器设备必须完整、无破损、性能良好。必须使用安装带有触电保护器的插座，触电保护器应定期试验确保性能可靠。严禁使用铜丝、铁丝等金属代替保险丝。严禁在一个开关上连接多台设备。配电房、变压器等固定电力设备均设门、锁及防雨设施和安全防护屏障或网栅围栏，并设置明显的禁止、警告标志。220 V/380 V 低压电力系统采用 TN-S 接零保护并做到三级配电两级保护和“一机一箱一闸一漏”。

（9）计量设备。

拌和站的计量设备，通过当地政府计量部门标定后方可投入生产，使用过程中应不定期进行复检，确保计量准确。

3. 场地标识牌

待设备配备、房屋建设和场地硬化完工后应设置详细标志牌系统。标识牌应符合公司的相关规定。标识牌设置包括工程告示牌、质量管理责任牌、安全生产责任牌、文明施工牌、消防保卫责任牌、施工总平面图、管理人员名单及监督电话牌等明示标识。拌和站出入口、拌和楼控制室设置禁止、警告、指令标识。

（1）拌和站配合比标识牌：拌和机操作房前醒目位置应悬挂沥青混合料配合比标识牌，标识牌采用镀锌铁皮制作，油漆喷涂确保不褪色，数字采用彩笔填写，字迹工整清新。标识牌应包括以下内容：沥青混合料生产配合比（包括外加剂），粗细集料的实测含水率及各种材料的每盘的使用量等。

（2）材料堆放均有标识牌：标明材料名称、产地、级配范围、检验日期和结果。已检和待检材料应做好现场标识。

6.3.2 材料管理标准化

1. 材料堆放

用于工程的砂石材料应按配料要求，不同粒径，不同品种分仓存放，不允许混放；严格按照规定对现场材料进行标识，标识内容包括材料名称，产地，规格型号，生产日期，出产批号，进场日期，检验状态，进场数量，使用单位等，并根据不同的检验状态和结果采用统一的材料标识标牌进行标识；料仓的容量应满足最大单批次连续施工的需要，并留有余地，还需满足运输车辆和装载机的作业要求。包括储料斗在内的所有地材存放场地必须加设轻型钢结构顶棚，沥青结构层所用粗集料宜搭设遮雨棚，路面用细集料必须搭设钢结构遮雨棚；

材料进场时要把好质量关，以试验为依据，严格控制质量，不符合规范要求的材料拒绝接收。

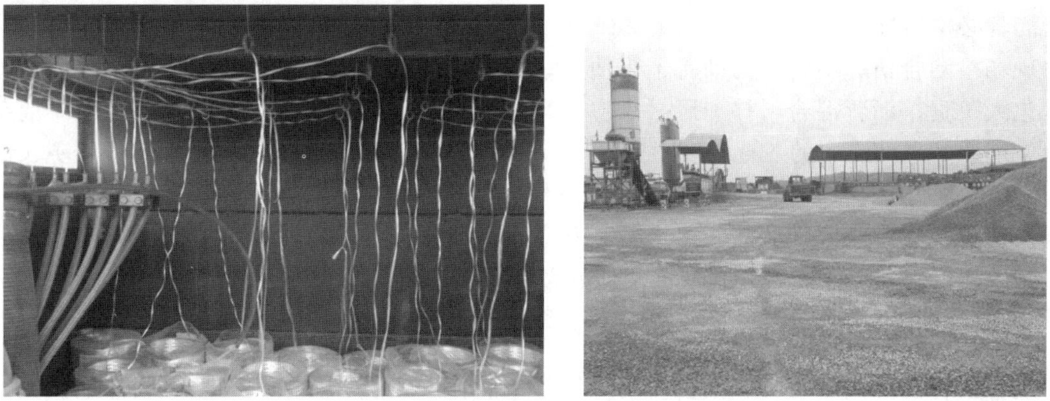

图 6-40　材料堆放

2. 粗集料

粗集料应采用石质坚硬、清洁、干燥，不含风化颗粒、近立方体颗粒的碎石，表面粗糙，粒径大于 2.36 mm。所用碎石在强度，磨耗率，压碎值等指标都满足要求的前提下，采用锷破+反击破的两级或两级以上破碎设备生产，不准使用普通锷式碎石机生产的产品；严格把好材料质量关，未获得生产许可的石料场的材料不准进场，未经抽检验证合格的材料不得使用。

3. 细集料

细集料应采用坚硬、清洁、干燥、无风化、无杂质并有适当级配的人工轧制的机制砂，其石质为石灰岩。细集料应与沥青有良好的黏结能力，与沥青黏结性很差的天然砂及使用花岗岩、石英岩等酸性石料以及山场的下脚料破碎的机制砂不能用于沥青混凝土面层；机制砂堆放场地必须搭建钢结构防雨棚，成品料下料口处和堆放场地必须采用水泥混凝土硬化，且有较好的排水设施，确保无积水现象，以全面保证加工设备、母材及机制砂不受潮，减少母材、机制砂遭受二次污染，提高沥青混合料生产过程中拌和楼的除尘效率，控制石料粉尘中的有害杂质代替填料使用的现象；用于加工机制砂的碎石宜采用针片状含量小、含泥量低的成品集料进行加工。对进场的集料必须按照规定频率进行检测，对母材检测不合格的不得用于加工机制砂；机制砂生产过程中，必须按要求开启除尘设备，使细集料中小于 0.075 的含量不得超过 15%；为减少拌和场的扬尘，粉尘出口处应进行遮盖，排出的粉尘应加水湿排作废弃处理，严禁作为沥青混合料的填料进行使用；施工单位对加工的机制砂必须进行严格抽检，砂当量不合格的机制砂不得用于路面施工。

4. 矿粉

宜采用石灰岩碱性石料得到的矿粉。矿粉质量技术要求必须满足《公路沥青路面施工技术规范》（JTG F40）规定的物理力学性能要求，并满足粒径规格要求。矿粉应干燥、洁净，能自由地从矿粉仓流出。矿粉堆放应做好防潮、防水措施，结团结块的矿粉不得使用。矿粉的生产由专业的生产厂家生产，严禁使用水泥厂生产的生料、半熟料或副产品及除尘料，机制砂加工生产和拌和机除尘的粉尘禁止使用。

5. 道路石油沥青

沥青必检指标（针入度、软化点、15 °C 延度、薄膜加热后残留针入度比及 10 °C 残留延度）现场检测合格，不合格的沥青不得使用；沥青进场输入承包人自备储罐后，其质量管理由承包人负责；沥青混合料拌和厂必须将不同来源、不同标号的沥青分开存放，不得混杂；沥青使用期间，储罐中的贮存温度不宜低于 130 °C，并不得高于 170 °C；沥青应避免长时间存放。存放时间超过 15 天的沥青在使用前应抽样检验，不符合要求者不得使用；沥青在贮运、使用及存放过程中应有良好的防水措施，并应避免雨水或加热管道蒸汽进入沥青罐中；为保证正常的生产，每个沥青混合料拌和厂应配备 200 吨以上沥青储存能力。

6. 改性沥青

改性沥青宜在固定式工厂或在现场设厂集中制作，也可在拌合厂现场边制作边使用，改性沥青现场制作温度不宜超过 180 °C。现场制作的改性沥青宜随配随用，需作短时间保存，或运输至附近的工地，使用前必须搅拌均匀，在不发生离析的状态下使用。改性沥青制作设备必须设有随机采集样品的取样口，采集的试样宜立即在现场灌模。工厂制作的成品改性沥青到达施工现场后存储在改性沥青罐中，改性沥青罐中必须加设搅拌设备进行搅拌，使用前改性沥青必须搅拌均匀。在施工过程中应定期取样检验产品质量，发现离析等质量不符合要求的改性沥青不得使用；改性沥青必须满足规定的技术要求。由于改性沥青质量直接影响混合料的技术性能，应加强改性沥青的质量控制，建立严格的验收制度，并严格控制改性沥青的贮存温度；施工期间每天至少 1 次测定改性沥青的针入度、软化点、低温延度（5 °C）和弹性恢复，其中任何一项不能满足改性沥青技术要求时不得使用；改性沥青不得长期贮存，贮存时间超过 5 天需按工地指标检验合格后方可使用，超过 15 天需经全套指标检验合格后方可使用。

6.3.3 沥青混凝土摊铺施工技术标准化

1. 施工准备

严格按照透层及封层施工相关要求进行透层及封层施工，施工时气温不得低于 10 °C，沥青含量必须达到设计要求，洒布量及各项指标符合规范要求，不得偷工减料；下面层施工前，对基层表面浮动矿料应扫至路面以外，表面杂物应清扫干净。灰尘应提前冲洗或采用专用扫地机清扫干净；铺筑中面层前，对下面层表面应进行彻底清扫，清除纹槽内泥土杂物，风干后均匀喷洒黏层沥青，喷洒乳化沥青后应进行交通管制，禁止除运料车外的其他任何车辆通行。

图 6-41　路面施工准备

2. 沥青混合料的拌和

普通沥青混合料出厂温度高于 180 °C，沥青严重劣化并已影响沥青与集料的黏结力时，混合料不得使用，已铺筑的沥青路面应予铲除。改性沥青使用前应升温至 170 °C，拌和温度应控制在 180 °C 左右，混合料运输到摊铺现场的温度不得低于 160 °C。为了防止改性沥青焦化，混合料出厂温度不得超过 195 °C，一旦超过应予废弃，不得使用超温料和低温料；拌和机控制室必须逐盘打印沥青及各种矿料的用量和拌和温度，并定期对拌和楼的计量和测温进行校核；禁止使用没有材料用量和温度自由记录装置的拌和机；经常检查沥青混合料的均匀性，应以混合料拌和均匀、所有矿料颗粒全部裹覆沥青结合料为度，沥青用量稳定，无明显离析现象，花白料及离析严重的材料不得用于摊铺；拌好的热拌沥青混合料不能立即铺筑时，应放入成品储料仓储。贮料仓无保温设备时，允许的储料时间应以符合摊铺温度要求为准，有保温设备的储料仓储料时间不宜超过 72 小时，改性沥青混合料不得超过 24 小时。使用成品储料仓出料时，不得经常放空成品料仓，成品料仓中应保留三分之一高度的成品料，以避免出料时跌落高度过高引起级配离析；矿料加热温度以及沥青加热温度决定沥青混合料出厂温度，混合料出厂温度又决定沥青混合料运到施工现场温度、摊铺碾压温度。因此严格控制好混合料出厂温度非常重要。每车混合料在出厂时均应需检测温度，凡不符合要求的混合料禁止出厂。

图 6-42　集料拌和施工

3. 热拌沥青混合料的运输

热拌沥青混合料应采用较大吨位的自卸汽车运输、车厢应清扫干净。为防止沥青与车厢板黏结，车厢侧板和底板可涂一薄层菜籽油，不得直接使用柴油，拌和机向运料车放料时，汽车应前后移动，分几堆装料，以减少粗集料的分离现象；沥青混合料运输车的运量应较拌和能力或摊铺速度有所富余，施工过程中摊铺机前方应有运料车在等候卸料。施工单位的运料车必须具备统一的保温覆盖设施，顶面和侧面必须有棉被保温，以防止温度散失过快，为减少沥青混合料的温度离析，在运料车运输、到场及卸料的全过程不容许揭开篷布，不符合保温要求的车辆禁止使用；连续摊铺过程中，运料车在摊铺机前 10 ~ 30 cm 处停住，不得撞击摊铺机；运料车进入摊铺现场时，轮胎上不得粘有泥土等可能污染路面的污物；沥青混合料运到摊铺地点后应凭运料单接收，并检查拌和质量。不符合规范规定的温度要求，或已经结成团块、已遭雨淋湿的混合料不得铺筑在道路上。

4. 热拌沥青混合料的摊铺

沥青混合料的摊铺温度应符合规范规定的要求，并应根据沥青标号、黏度、气温、摊铺层厚度选用，不符合温度要求的混合料不得使用；当施工气温低于 10 °C 时，不得摊铺热拌沥青混合料。特别注意改性沥青混合料运输过程中的温度离析。前场每台摊铺机前应限定一辆运料车等候。遇机械故障、降雨等情况时，运料车内混合料温度降低至 145 °C（普通沥青）或 160 °C（改性沥青）以下则应予废弃；沥青混合料摊铺过程中应随时检查摊铺层厚度，路拱，横坡，平整度，不符要求时应根据铺筑情况及时进行调整。沥青混合料必须缓慢、均匀、连续不间断地摊铺，摊铺过程中不得随意变换速度或中途停顿。摊铺速度应根据拌和机产量、施工机械配套情况及摊铺层厚度、宽度综合确定。

5. 热拌沥青混合料的压实及成型

为保证压实度和平整度，初压应在混合料摊铺后较高温度下进行，并不得产生推移、发裂，压实温度应根据沥青稠度、压路机类型、气温、铺筑层厚度、混合料类型经试铺试压确定，并符合规范规定的要求；压路机应从外侧向中心碾压，遵循“先轻后重，先静后振，先慢后快，由低到高，轮迹重叠”的原则；压路机不得在未碾压成型并冷却的路段上转向、调头或停车等候。振动压路机在已成型的路面上行驶时应关闭振动。对压路机无法压实的边缘部位，应采用手扶式小型压路机碾压。桥梁、挡墙等构造物接头、拐弯死角、加宽部分及某些路边缘等局部地区，应采用振动夯板压实。在当天碾压的尚未冷却的沥青混合料层面上，不得停放任何机械设备或车辆，不得散落矿料、油料等杂物。

6. 接缝施工

摊铺时采用梯队作业的纵缝应采用热接缝。施工时应将已铺混合部分留下 10 ~ 20 cm 宽暂不碾压，作为后摊铺部分的高程基准面，并有 5 ~ 10 cm 的摊铺层重叠，以热接缝形式在最后做跨接缝碾压以消除缝迹。如果两台摊铺机相隔距离较短，也可做一次碾压。上下层纵缝必须错开 15 cm 以上；表层的纵向施工接缝应顺直，且应留在车道区画线位置上。有条件时中下面层纵向施工接缝也宜留在车道区画线位置上，相邻两层位置应错开一个车道。当纵向施工接缝位置不在车道区画线上时，不得在主车道轮迹处进行纵向施工接缝，上下相邻层的纵向施工接缝至少应错开 30 cm 以上；横向施工接缝主要为工作缝。相邻两幅及上下层的横向施工接缝均应错位 1 m 以上，全部采用平接缝。平接缝应做到紧密黏结，充分压实，连接平顺，用 3 米直尺检查接缝平整度中下面层不得大于 5 mm，上面层不得大于 3 mm。

6.4 香丽高速公路桥梁施工标准化

6.4.1 桥梁标准化施工的总体要求

（1）对于中小桥梁的平面控制测量，至少埋设 3 个平面控制点；对于大桥、特大桥及特殊结构桥梁，每一端至少埋设 2 个平面控制点（若跨越江河，每岸至少埋设 3 个点）。高程水准点布设要求：大桥和特大桥的每端应至少设置 2 个水准点（若跨越江河，每岸至少埋设 3

个点）。桩基钻孔过程中应严格控制桩基线位，要求在桩周围呈“十字”设置 4 个护桩，施工过程中至少每米检测冲绳偏位情况一次，并及时调整。

（2）人工挖孔桩应跳桩开挖，护壁混凝土应采用集中拌制且强度应符合设计要求或与桩身同级。桩基孔口应设置防护栏杆（上横杆高度为 1.2 m，下横杆高度为 0.6 m，立杆间距不得大于 2 m，栏杆根部应设置高度不低于 18 cm 的挡脚板），人工挖孔桩锁口应高出地表 0.3 m 以上。桩基钻孔过程中应详细记录施工情况，包括时间、钻头直径、进尺情况等。每钻进 2 m（接近设计终孔高程时，应每钻进 0.5 m）或地层变化处，捞取渣样，洗净后收进专用袋内保存，绘制地质柱状图，作为确定终孔高程的依据。普通桥梁的首颗桩基、特殊结构形式桥梁（连续钢构、悬索桥等）的每颗桩基要求通知总承包项目部工程技术处参与终孔验收工作。桩基钢筋笼保护层必须满足设计图纸和规范的要求。钢筋笼保护层垫块推荐采用绑扎混凝土轮型垫块，混凝土垫块半径稍大于保护层厚度，每隔 2 m 左右设一道，每道沿圆周对称设置不少于 4 块。禁止随地排放泥浆和钻渣，钻渣应外运到指定弃土场，所有泥浆循环池及沉淀池均应设置防护栏杆，其开挖深度不得超过 2 m，并在显著位置设置安全警示牌，防止人员落入池内。桩基施工完毕，施工现场的循环池和沉淀池应清淤回填，分层碾压。

（3）明挖基坑四周应做好排水设施，距离开挖线边缘 1 m 以外搭设高度不小于 1.2 m 的防护栏杆，栏杆上挂设明显的防坠落、防触电等安全警戒标识。

（4）大体积混凝土施工前应制订专项施工技术方案，并对混凝土采取温度控制措施，进行温控设计和温控监测，应设冷却系统等降低混凝土水化热的措施，通过循环冷却水使其内部最高温度不大于 75 °C，混凝土内表温差不大于 25 °C。自高处向模板内倾卸混凝土时，应防止混凝土离析。直接倾卸时，其自由倾落高度不宜超过 2 m；超过 2 m 时，应通过串筒、溜管（槽）或振动溜管（槽）等设施下落；倾落高度超过 10 m 时，应设置减速装置。混凝土结合部必须凿毛（应凿毛至新鲜混凝土，严禁采用划痕或插捣等方式进行凿毛）、冲洗，以保证新老混凝土接合面的质量。

（5）用于墩柱的Ⅱ级钢筋直径超过 25 mm 以上的连接不宜采用焊接，宜采用机械连接，接头必须按照有关试验规范进行试验和验收。高墩墩身控制测量：现行《公路工程质量检验评定标准》中对薄壁墩身的垂直度规定的允许误差值为：0.3%H 且不大于 20 mm。模板每提升一节，对模板的位置检查一次，以控制桥墩的纵横向偏移和扭转。为了防止仪器误差导致墩身偏斜，每循环用全站仪与铅直仪校核一次。

（6）桥梁施工的脚手架的搭设方案需经过监理工程师的批准，脚手架下部地基应密实，设有方木垫板，采取措施确保整体稳定；脚手架搭设应设置人员上下的扶梯，扶梯设有护栏和防落网，扶梯的爬升角度不应超过 45°。每隔 4.5 m 应设置 45°斜向剪力撑，每个桥墩顶部应设置不小于 3 m^2 的作业平台，平台满铺木板，四周搭设防护栏杆，防护栏高度不得低于 1.2 m，并按需求挂设安全网。

（7）预制 T 梁钢筋的保护层垫块推广使用梅花形高强度砂浆垫块，确保垫块能承受足够压力而不破碎，绑扎牢固可靠，纵横向间距均不得大于 0.8 m，梁底位置不得大于 0.5 m，确保每平方米垫块数量不少于 4 块。T 梁预制完成后，应在各梁片上标注梁片号，在 T 梁腹板侧面进行产品标识。预应力张拉完成后 24 小时内应对预应力管道进行压浆。真空辅助压浆，搅浆机转速不应低于 1 000 r/min，其叶片线速不小于 10 m/s，减少浆液的泌水和收缩率。T 梁存放应支撑到位、稳固，斜撑应设于翼板根部，不能撑于翼板外缘，防止倾覆。板梁堆放不得超过三层，T 梁、箱梁堆放不得超过两层。

（8）挂篮走行系统应采用自锚机构，每一节段施工时应严格按图纸要求预埋锚点，挂篮前移之前应仔细检查后锚点。挂篮移动装置宜采用大行程液压千斤顶，吊带采用钢板吊带，严禁使用精轧螺纹钢等代替。

6.4.2　桥梁工程钻孔灌注桩施工标准化

桥梁上部承受的各种荷载，通过桥台或桥墩传至基础，再由基础传给地基，因此，基础是桥梁下部结构的重要组成部分，桥梁基础工程在桥梁结构物的施工过程中，占有重要的地位。桥梁基础施工工艺的标准化管理，将对工程质量、施工进度、建设成本产生重要影响。

1. 施工前提条件

有关技术文件和施工方案编制已完成并经审核批准；施工技术人员与工人已全部到位，并进行技术交底，明确了质量、安全、工期、环保等要求；钢筋、水泥、砂、碎石、泥浆等材料均已到场并通过检验；施工放样已完成，且经过检验，精度满足规范要求；泥浆循环系统已完成，拌制的泥浆经检验符合规范要求。泥浆用水必须使用不纯物含量少的水，没有饮用水时，应要进行水质检查；按照设计资料提供的地质剖面图，选用钻机和泥浆；钻机就位前，应对包括场地布置与钻机坐落处的平整和加固，主要机具的安装，配套设备的就位及水电供应的接通等钻孔各项准备工作进行检查；钢筋笼加工机具、班组已到位，制作技术要求已进行交底；混凝土施工配合比已调配完成，混凝土拌和站调试完毕，可随时供应混凝土；沿桥走向设置一条施工便道，要考虑大型机械通行和至少 16 t 吊车的停放及使用。每个墩位设一工作平台，要能满足钻机就位和吊放钢筋笼的平面要求和混凝土运送要求。

2. 施工准备工作

（1）对施工场地进行平整，清除现场杂物，场地位于深水时，应进行河道改移，并进行筑岛，岛面高出地面施工水位 0.75 m，并有稳定护筒内水头的措施。

（2）测量放样：为更好地控制桥梁的平面位置和高程，在结构物附近加密增设导线点和水准点，其平面控制拟采用闭合导线三角网，以确保桥位、跨径、高程等符合设计和规范要求。桥梁的墩台中心点，采用索佳 SET2110 全站仪极坐标法直接测量放样。全桥桩位坐标经监理工程师复核签认，方可施工。

（3）护筒设置：钢护筒材质为 Q235B，为保证护筒制作质量，采用在大型专业钢管厂家一次性整体制作成型，汽车运输至工地。在加工运输过程中，需对顶口吊点进行加强处理，底口加十字撑，确保转运过程中不发生变形等情况。钢护筒埋设施工步骤：施工准备→测量放样→导向架安装就位→起吊钢护筒→调整平面位置及倾斜度→吊放钢护筒→安放至设计标高→移走吊车、导向架→周边夯填土→平台整修。

钢护筒施工准备工作包括桩位清理、导向架制作及机械设备进场等，其中桩位清表的工作内容是对桩位处泥面进行清查，检测是否存在异物如钢板等影响钢护筒安装，桩位清理工作完成后方可进行钢护筒施工。护筒的埋设是泥浆护壁成孔灌注桩施工的第一步，护筒位置与垂直度准确与否，护筒和周围及底端是否紧密而不透水，对成孔与成桩质量均有重大影响。

因钻孔桩加固地段的地下水位在地面以下超过 1 m，故采用挖坑埋设。在杂填土及角砾土中埋护筒时，先在桩位处挖一比护筒外径大 0.5 ~ 1.0 m 的圆坑，坑底比护筒底端深 0.5 m 左右，然后填筑黏土，分层夯实至护筒底端标高处。护筒中心竖直线与桩中心线重合，平面位置偏差不得大于 5 cm，斜度的偏差不大于 0.5%。

图 6-43　埋设钢护筒示意图

（4）泥浆的调解和泥浆池设置。

泥浆的好坏是成孔质量的重要保证之一，配置了高质量的泥浆，在长期停钻的情况下，沉积物会很少。此外，优质的泥浆可使孔壁形成一层黏性好、密度大渗透性差的泥皮，这层泥皮可防止孔内泥浆外渗，大大减缓孔内水头降低的速度，这也是使孔壁稳定的有效措施。钻孔泥浆一般由水、黏土（或膨润土）和添加剂按适当配合比配制而成，制备泥浆必须选用塑性指数 IP≥17 的黏土或膨润土配制，泥浆的各项指标见表 6-6。

表 6-6　泥浆性能指标选择参考表

钻孔方法	地层情况	泥浆性能指标							
		相对密度	黏度（Pa·s）	含砂率/%	胶体率/%	失水率/（mL/30 min）	泥皮厚/（mm/30 min）	静切力/Pa	酸碱度/pH
正循环	一般地层	1.05 ~ 1.20	16 ~ 22	8 ~ 4	≥96	≤25	≤2	1 ~ 2.5	8 ~ 10
	易坍地层	1.20 ~ 1.45	19 ~ 28	8 ~ 4	≥96	≤15	≤2	3 ~ 5	8 ~ 10
反循环	一般地层	1.05 ~ 1.20	16 ~ 20	≤4	≥95	≤20	≤3	1 ~ 2.5	8 ~ 10
	易坍地层	1.20 ~ 1.45	18 ~ 28	≤4	≥95	≤20	≤3	1 ~ 2.5	8 ~ 10
	卵石土	1.10 ~ 1.15	20 ~ 35	≤4	≥95	≤20	≤3	1 ~ 2.5	8 ~ 10
推钻冲抓	一般地层	1.10 ~ 1.20	18 ~ 24	≤4	≥95	≤20	≤3	1 ~ 2.5	8 ~ 11
冲击	易坍地层	1.20 ~ 1.40	22 ~ 30	≤4	≥95	≤20	≤3	3 ~ 5	8 ~ 11
旋挖	一般地层	1.10 ~ 1.15	18 ~ 24	≤4	≥95	≤30	≤2	1 ~ 2.5	7 ~ 9

在桩孔钻进过程中，新浆和回收的泥浆主要储存在泥浆池内，并由专人检测泥浆指标。

含角砾粉质黏土层的泥浆的消耗量较大，而且泥浆性能指标很难控制，要不断地补充贮备的达标的新浆或不断在循环泥浆中加入膨润土、黏土，以确保泥浆的各项指标正常。

图 6-44　泥浆池示意图

每个墩设一个泥浆池，在地表挖池，池身内空尺寸 5 m×6 m×3 m。池壁用钢管及防护网围挡，按照安全的要求进行防护。当周围有水源等不能污染的地方必须设置泥浆池时，其池壁内侧应用防渗土工布铺垫，以防止泥浆下渗污染地下水体。严禁钻渣和泥浆就近倒入河中。使用或再利用的泥浆，混凝土灌注过程可再回收利用的泥浆，采用泥浆泵泵送至泥浆车，再运到项目所属弃土场。

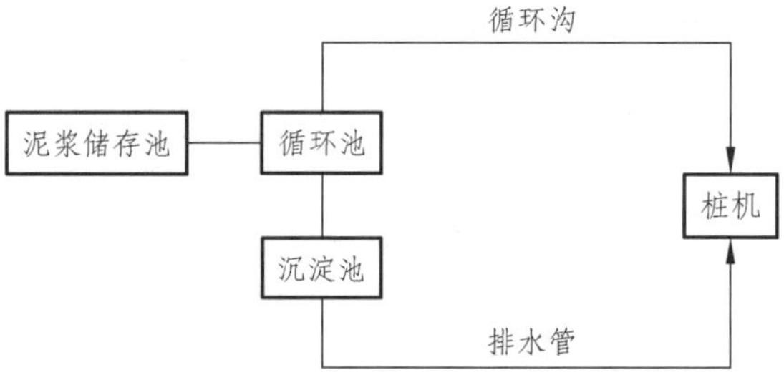

图 6-45　泥浆循环系统示意图

（5）钻机安装：钻机就位前，应对钻孔钻机各项准备工作进行检查。钻机安装要使锤心与孔中心在一条垂直线上，钻机安装后的底座和顶端应平稳，在钻进中不应产生位移或沉陷，否则应及时处理。

① 冲击钻钻机就位。

钻孔桩位采用全站仪进行放样就位，将钻机冲击锤中心对准孔位中心，利用全站仪进行复核。钻机就位由汽车吊配合，钻机应设在地基稳固之处，若地形凹凸不平时用挖掘机整平，压路机碾压密实，走管下垫以枕木，确保在冲击过程中设备不位移和倾斜。冲锥的钢丝绳中心同钢护筒中心位置偏差不大于 2 cm，升降锥头时要平稳，不得碰撞护壁和孔壁。就位后，利用吊线、水平尺等检查导杆，校正位置，使钻杆垂直对准桩位中心。

图 6-46　冲击钻施工示意图

② 旋挖钻钻机就位。

旋挖钻机自重较大，整机质量超过 40 t，但地表土承载力却比较低。为避免地基局部受力产生不均匀沉陷，影响钻机稳定性和对孔壁产生压力，旋挖钻机就位时均在其底抛填片石或铺设 16 mm 的钢板，以提高地基承载力。然后调节下部导向圈、调直钻杆、将钻斗导向尖与桩位对齐，保证插钻正确，防止钻孔偏斜。

图 6-47　旋挖钻施工示意图

3. 施工工艺

结合国内类似工程钻孔桩的施工工艺，同时根据实际施工环境编制钢绳冲击成桩的施工工艺流程，具体流程为：施工准备→测量放样→埋设护筒→钻机就位→泥浆的制配和循环→冲击钻进→钻进至标高→反循环清孔→终孔、验收→吊放、安装钢筋笼→下灌注导管→第二次清孔→灌注水下混凝土→提导管、起拔护筒→桩头处理、桩基检测。

旋挖钻孔的工艺流程为：施工准备→测量放样→埋设护筒→钻机就位→泥浆的制配和循环→钻进成孔→清孔→终孔、验收→吊放、安装钢筋笼→下灌注导管→第二次清孔→灌注水下混凝土→提导管、起拔护筒→桩头处理、桩基检测。

4. 钻孔施工

钻机安装就位后，应对所钻孔护筒内进行清除，防止因平台、钻机安装过程中将小拼接板、短型钢、钢筋、扳手、铁锤等铁件掉入孔内，影响钻孔进尺速度，损坏钻头。钻具安装前，对孔内杂物打捞工作要高度重视。当确认孔内无杂物时，此工序可免。施工过程中，钻具接长时也要特别注意，防止将螺栓、扳手或铁锤等杂物掉入孔内，为预防起见，可用木板或铁板事前将孔口盖好。

（1）钢绳冲击钻成孔。

开钻时应先在孔内灌注泥浆，也可直接投入黏土及块石，用冲锥以小冲程反复冲击来造浆。投放黏土自行造浆时，一次不可投入过多，以免粘钻、卡钻。在冲击钻进的过程中，应始终保持孔内水位高出地下的水位 1 ~ 2 m。冲锥的钢丝绳同钢护筒中心位置偏差不大于 2 cm，升降锥头时要平稳，不得碰撞护壁和孔壁。冲击钻进成孔施工总的原则是根据地层情况，合理选择技术参数，"少松绳（指长度）、勤松绳（指次数）、勤掏渣"。防止打空锤。钻孔作业必须连续，并作钻孔施工记录，经常对钻孔泥浆进行检测，不符合要求的随时改正，注意补充新拌的合格泥浆。冲孔要注意均匀的收放钢丝绳，一般每次多松绳 3 ~ 5 cm。若松绳过少，会形成"打空锤"，使钻机、钢丝绳承受过大的意外荷载而损坏；若松绳过多，会降低冲程，减缓钻进速度，会形成"打倒锤"，也可能使钢丝绳缠绕而引发卡锤事故。钻进过程中，每进尺 1 ~ 3 m 检查钻孔直径和垂直度，注意地层变化，在地层变化处捞取渣样，判明后记入记录表中并与地质剖面图核对。遇到复杂地层时，冲击钻应用小径钻钻到深度后，用大径钻扩孔。在钻孔排渣，提钻头除土或因故停钻时，应保持孔内水头和要求的泥浆指标。破碎的钻渣一部分和泥浆一起被挤进孔壁，大部分随泥浆悬浮上来。当钻渣太厚时，泥浆不能将钻渣全部悬浮，钻锥冲击不到新的岩层上，还会使泥浆逐渐变稠，吸收大量的冲击能，使冲击进尺显著下降，故必须按时用掏渣筒掏渣。在开孔阶段，为使钻渣进入孔壁，可每钻进 4 ~ 5 m 掏渣一次，正常钻进每班至少掏渣一次。钻进过程中用检孔器检孔，当检孔器不能放到原来钻进的深度或拉绳的位置偏离护筒中心时，可能发生了斜孔、缩孔等，如不严重，可调整钻机位置继续钻孔，若严重时，须暂停施工，报业主及监理采取解决方案。

（2）旋挖钻成孔。

根据地层正确选择钻斗类型，软土层选择楔形齿，小切削角，小刃角、齿宽稍大；硬土层则选用较大切削角、较窄的弯曲齿套；黏土层的齿间距宜大些，以免粘钻。孔口护筒应高出地面 20 ~ 30 cm，保持泥浆液面高度，以形成足够的泥浆柱压力，并随时向孔内补充泥浆。初始钻进进尺要缓慢，尽量减少钻杆晃动，保证钻孔的垂直度。钻进过程中，应随时调整机架保持钻杆垂直、位置正确，防止因钻杆晃动引起扩大孔径及增加孔底沉渣。斗底铁门在钻进中始终要保持关闭状态，以防止钻斗的土砂掉落到孔内。钻斗在孔内的升降速度必须控制好，速度过快，钻斗内的水流会冲刷孔壁，甚至在钻斗下方产生负压而导致塌孔。一般砂类土在桩径 1.5 m 时钻斗提土速度为 0.5 ~ 0.6 m/s，空钻斗升降速度为 0.7 ~ 0.9 m/s。随钻孔深度的增加，其升降速度宜减小。钻进硬地层，进尺深度小，斗内钻渣太少时，可换用小直径筒形齿状钻斗，先钻一小孔，再用钻斗扩孔钻进；也可换用短螺旋钻进，然后再下钻斗捞渣；钻进砂砾层，为保护孔壁稳定，可事先向孔内投入适量黏土球。成孔后钻头要多次上下往复作业，以保证孔径满足要求。对泥浆性能进行随时观测和试验，以保证钻孔过程中泥浆的性能稳定，防止孔内水位波动，护壁质量不佳，使孔壁砂向孔内涌流。孔的垂直度主要是靠调整机座、大臂和钻杆座孔之间的相对位置来确定的。大臂和钻杆座孔上都装有刻度盘，调整大臂和钻杆座孔的相对位置，通过刻度盘指针的指示即可知道钻杆是否垂直于机座；机座上装有水准仪，利用水准仪可以将机座调平。因此，只要将机座调平，同时使钻杆垂直于机座，那么钻杆就垂直于地面了，这样就保证了钻进中孔的垂直度。

5. 试验

钻孔施工过程中要随时对钻孔泥浆性能进行测试，现场配备齐全泥浆实验“三件套”，操作示意图如图 6-48 所示。

图 6-48　泥浆试验

6. 清孔

钻孔深度达到设计标高，应对孔深、孔径进行检查，符合成孔质量标准的要求后方可清孔。停钻采用换浆清孔法清孔，将孔内泥浆转换至泥浆相对密度在 1.03 ~ 1.1，黏度 17 ~ 20 Pa·s，含砂率小于 2%，以上指标在钻孔顶、中、底分别取样检验，以其平均值为准。在吊入钢筋笼后，灌注水下混凝土之前，应再次检查孔内泥浆性能指标和孔底沉淀厚度，如超过规定，应第二次清孔，符合要求后方可灌注水下混凝土。在清孔排渣时，必须注意保持孔内水头，防止坍孔。不得用加深钻孔深度的方式代替清孔。

7. 钻孔质量检测及终孔

为确保钻孔质量达到设计及规范要求，在钻孔底标高达到设计底标高后，需进行钻孔质量检测，确保后续施工的顺利进行。孔位检测可根据业主要求采用智能超声成孔质量检测仪进行检测。根据超声原理检测成孔质量，系统由主机、超声波发射接收探筒、深度计数器及线架、电缆等组成，探头在下放过程中按设置的测点距离均匀测试，每一测试点同时自动测试“十”字形二个剖面。探头上的四组发射、接收换能器自动发射超声信号，接收经孔壁反射的信号，反射信号到达时间反应孔径的大小，信号强度反应孔壁的特性。并同时测试剖面的方位，可计算钻孔的孔径、垂直度和倾斜的方向。利用直径同桩径、长度不小于桩径 4 倍的检孔器检查桩径、桩位、桩深，并对不满足要求的部位进行修整；孔底应平整，无松渣、污泥及沉淀等软层，嵌入硬岩层深度不得小于 3 倍桩基直径；桩孔自检合格后，上报监理工程师复查，满足要求后进行下道工序施工，开始进行清孔施工。如果使用自制钢筋笼作为检孔器，桩尖设 1 m 收坡段，中段长度为 $4D \sim 6D$（D 为桩基直径），顶设 0.5 m 尾段，加劲箍 4 ~ 6 个，钢筋笼外焊定位筋，外径同设计。

8. 钢筋笼制作与安装

进场钢筋应具有出厂质量证明书和试验报告单，桥涵所用钢筋应抽取试样做力学性能试验，合格后方可使用。钢筋使用前应将表面油渍、漆皮、鳞锈等清除干净，成盘钢筋和弯曲的钢筋均应调直。钢筋的弯制和末端的弯钩应符合设计和规范要求。钢筋接头采用搭接电弧灯。两钢筋搭接端部应预先折向一侧，使两接合钢筋轴线一致。接头双面焊缝的长度不应小于 5d（d 为钢筋直径），单面焊缝的长度，不应小于 10d。钢筋焊接前，必须先焊试件，检验合格后方可施焊，焊工必须持考试合格上岗证。钢筋笼主筋和箍筋外形尺寸间距，必须符合设计和规范。钢筋笼吊装为防止弯拆变形必须采用加劲木，吊立后，再拆除加劲木。为确保保护层厚度，应焊设定位钢筋和绑扎保护层垫块，钢筋笼就位后，应检查钢筋笼中心高度是否符合设计和规范要求。并采取有效措施定位，确保位置正确和防止上浮。

图 6-49　钢筋笼加工

图 6-50　桩基钢筋直螺纹连接头

9. 钢筋笼的起吊运输

（1）钢筋加工场内的起吊，钢筋加工场内钢筋笼的起吊使用桁吊，装车运到施工地点。

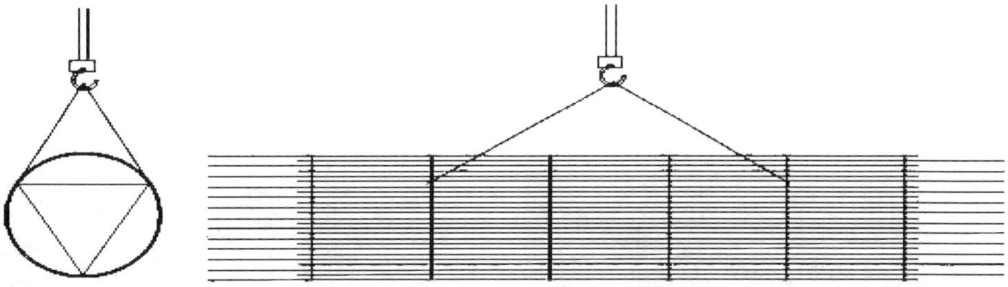

图 6-51　钢筋笼起吊示意图

（2）施工现场起吊，最上面两节钢筋笼的顶口位置沿圆周对称设置 4 个吊耳，吊耳采用 ϕ28 圆钢制作，焊接材料采用 J502 焊条。上层吊耳用于钢筋笼起吊使用，下层吊耳待钢筋笼下沉到孔内后用吊钩临时挂在钢护筒上，进行钢筋笼对接。为了保证钢筋笼准确定位和固定，在顶节钢筋笼对称设置与吊架连接的 4 根带螺纹的主筋，其长度根据施工现场情况计算得出，钻孔桩吊筋的顶标高按+1.5 m 控制。

图 6-52　钢筋笼吊装入孔

（3）钢筋笼接长和沉放。

钢筋笼接长和沉放之前应做好准备工作，将管钳、氧气、乙炔、接长的螺旋箍筋、扎丝、电焊机、焊条、1 t 葫芦等材料和工具准备到施工现场，并备好起重用的各种型号的钢丝绳和卸扣。当检测孔壁合格后进行钢筋笼接长和沉放，钢筋笼接长时按照每节上面的标识牌自上而下依次进行。用汽车吊吊起钢筋笼上口的四个吊耳，逐渐竖直后放入孔位，第一节钢筋笼（12 ~ 18 m）下放后使用卡板将其固定在护筒上。再按照第一节钢筋笼竖立办法将第二节钢筋笼吊立垂直，进行二节钢筋笼（12 ~ 18 m）对接，对准位置后旋上螺纹接头，连接声测管道，盘上螺旋钢筋。依此逐步将所有钢筋笼下放完毕。在钢筋笼下沉过程中，用气割割除加强箍处的内撑，每节钢筋笼最顶端的支撑暂不割除，在下节钢筋笼连接完成后再进行割除，在割除支撑时要求用白棕绳绑拴好支撑后再进行割除，严禁掉入孔中。由于最后一节钢筋笼顶口距护筒顶口有一定距离，钢筋笼无法下放到位并予以固定。为此，加工 4 根由 ϕ28 钢筋做成的 6.5 m 吊筋，型钢面板上焊接卡口钢板用于将钢筋笼临时卡在护筒顶口位置（或采用型钢进行临时固定）。将 4 根吊筋底部均采用螺纹套筒与主筋连接，最后一节钢筋笼顶口与 4 根吊筋对应的主筋也相应采用螺纹接头，并套上套筒。最后一节钢筋笼对接完毕后，将其下放到护筒口用卡板临时固定，再接长吊笼，解除钢筋笼上的汽车吊钢丝绳卡环后拴到吊筋的四个吊耳上，等汽车吊起整根钢筋笼后拿走护筒口的临卡板（型钢），龙门吊再将钢筋笼慢慢下放，当吊笼吊耳上卡板接近护筒的型钢上时，准确对位将卡板卡在型钢上固定。固定完毕后，将钢筋笼吊筋担在型钢（护筒）上即可。混凝土浇筑完成后，解除吊笼上的吊耳，吊耳和割除的支撑周转使用。

图 6-53　量测钢筋笼焊接

10. 灌注水下混凝土

水下混凝土配合比经试验选配确定，水泥的初凝时间不宜早于 2.5 h，水泥强度等级不宜低于 42.5，每立方米水下混凝土的水泥用量不宜小于 350 kg，当掺有适当数量的减水缓凝剂或粉煤灰时，可不少于 300 kg。灌注水下混凝土的搅拌能力、运输能力，必须满足桩孔在规定时间内灌注完毕。灌注时间不得长于首批混凝土初凝时间，若估计灌注时间长于首批混凝土初凝时间，则应掺入缓凝剂。水下灌注混凝土，首批混凝土拌和物下落后，混凝土应连续灌注，混凝土拌和物应有良好的和易性，在运输和灌注过程中，应无明显离析、泌水现象。灌注时应保持点约的流动性，其坍落度宜为 180 ~ 220 mm。水下混凝土一般采用钢导管灌注，导管内径为 200 ~ 350 mm，导管使用前应进行水密承压和接头抗拉试验，严禁用压气试验。进行水密试验的水压，不应小于孔内水深 1.3 倍的压力。

图 6-54　导管安装

首批灌注混凝土的数量，应能满足导管首次埋置深度≥1 m 和填充导管底部的需要，所需数量参照“施工规范”公式计算，灌注过程中，导管的埋置深度控制在 2 ~ 6 m。混凝土拌合物运至施工现场时，应检查其均匀性和坍落度等，如不符合要求，应进行第二次拌合，二次拌全仍不符合要求，不得使用。在灌注过程中，应经常测探井孔内混凝土面的位置，及时调整导管埋深，当灌注的混凝土面距钢筋笼底部 1 m 左右时，应降低混凝土灌注速度，防止钢筋笼上浮。当混凝土面高于钢筋笼底部 4 m 以上时，即可恢复正常灌注速度，灌注的桩顶标高应比设计高出 0.5 ~ 1 m，以保证混凝土强度，多余部分接桩前必须凿除，凿除桩头时，严防损伤桩身混凝土。灌注过程中，应将孔内溢出的水或泥浆，引流到适当地点处理，不得随意排放，污染环境及河流。

图 6-55　水下混凝土灌注

11. 混凝土浇筑

混凝土封底灌注采用隔水栓（15 cm 厚泡沫板制作）拨球法，即在漏斗底部导管的顶口安装泡沫隔水栓，再用塞子（塞子下面用螺栓上一块隔水胶皮）封住导管口。塞子通过钢丝绳挂在起重设备吊钩上，漏斗也通过另一套钢丝绳挂在起重设备吊钩上，两根钢丝绳长度不同，导管封底时可提升塞子一定高度而小料斗不受影响，当混凝土堵塞导管时可提升漏斗从而提高导管悬空，增大高差便于混凝土下落。当集料斗内混凝土方量达到 5 m^3 后，开启集料斗料门通过溜槽给漏斗供料，当漏斗内灌满混凝土后立即吊出塞子，使混凝土沿导管下落，同时保持集料斗的储料不间断地通过漏斗和导管灌注至水下，从而完成首批混凝土的灌注。封底成功后，随即转入正常灌注阶段。混凝土经泵送，不断地通过集料斗、浇筑料斗及导管灌注至水下，直至完成整根桩的浇筑。

正常灌注阶段导管埋深控制在 4 ~ 6 m，且每 7 ~ 15 min 测量一次混凝土面标高，测点为 2 个，当测点出现较大的高差时，应及时调整导管埋深，同时混凝土在护筒刃脚以下时须保持护筒内泥浆面高于水位 1.5 m 左右。

当混凝土灌注临近结束时，核对混凝土的灌入数量，以确定所测混凝土的高度是否准确，当确定混凝土的顶面标高到位后，停止灌注，及时拆除灌注导管。灌注完成时，混凝土面应超灌不小于设计桩顶标高 1 m 以上，以保证桩头混凝土质量。

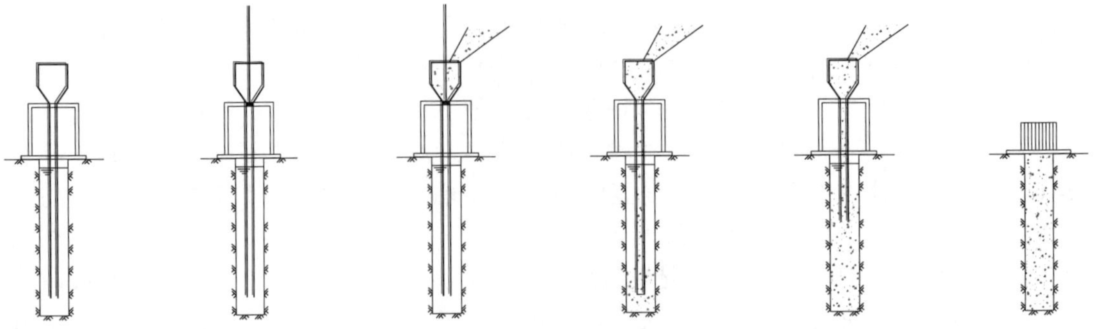

1. 安设导管，导管底部与孔底之间留出 30 ~ 50 cm；
2. 悬挂隔水栓，使其与导管水面贴紧；
3. 漏斗盛满首批封底混凝土；
4. 剪断铁丝，隔水栓下落孔底；
5. 连续灌注混凝土，上提导管；
6. 混凝土灌注完毕，拔出护筒

图 6-56　水下混凝土的浇筑示意图

在灌注过程中，由混凝土置换出来的孔内泥浆经连通管引流至其他待钻护筒内回收利用，对于混凝土浇筑至桩顶部分含水泥浆的废浆用泥浆泵泵送至运渣驳上，然后运送到处理场内进行处理。

12. 钻孔桩桩头处理

为减少后期桩头凿出工作量，加快承台的施工进度，在桩基混凝土浇筑完成后，根据试验室的数据报告，在混凝土初凝后进行人工桩头处理工作，即采用人工将超出钻孔桩设计顶标高以上的部分进行清除。为保证处理时不影响桩身混凝土质量，清除工作的底标高按超出设计桩顶标高 50 ~ 80 cm 控制，以保证桩身混凝土质量，后期承台施工时再凿出剩余部分，清理出的混凝土及泥浆利用卡车运至指定泥浆排放地点，不得直接排放。

6.4.3　桥梁工程人工挖孔桩施工标准化

1. 人工成孔

（1）群桩开挖要求。

当桩净距小于 2 倍桩径且小于 2.5 m 时（中对中），采用间隔开挖，排桩跳挖的最小施工净距不小于 4.5 m。

（2）挖孔灌注桩的施工程序。

场地整平→放线、定桩位→挖第一节桩孔土方→支模浇筑第一节混凝土护壁→在护壁上二次投测标高及桩位十字轴线→安装活动井盖、垂直运输架、起重电动葫芦或卷扬机、吊土桶、排水、通风、照明设施等→第二节桩身挖土→清理桩孔四壁、校核桩孔垂直度和直径→拆上节模板，支第二节模板，浇筑第二节混凝土护壁→重复第二节挖土、支模、浇筑混凝土护壁工序，循环作业直至设计深度→检查持力层→清理虚土、排除积水、检查尺寸和持力层→吊放钢筋笼就位→浇筑桩身混凝土。

（3）开挖第一节桩孔土方。

开挖桩孔应从上到下逐层开挖，先预留中桩及相邻土不动，挖中间部分的土方，然后向周边扩挖，有效控制桩孔的截面尺寸，当挖到第一节完毕时，模板预留 0.3 m 以上高出原地面，每节的开挖高度根据现场不同地质确定，孔壁地质易坍塌时，取阶段高度以 1 m 为宜，孔壁地质不易坍塌时，取阶段高度以 1.5 m 为宜。

（4）支护壁模板。

为防止桩孔壁坍塌，确保安全施工成孔应设置护壁，浇筑素混凝土与孔壁能紧密结合，整体性和稳定性均佳，护壁厚度和混凝土强度必须满足设计要求，护壁模板采用拆上节支下节重复周转使用，模板之间用卡具、扣件连接，也可以在每节模板的上下端各设一道圆弧形的，用槽钢或者角钢制作的钢圈作为内支撑，顶紧模板，防止模板应受张力而变形，不设水平支撑，以方便操作，桩位轴线和高程均应标定第一节护壁上口。

（5）浇筑第一节护壁混凝土。

护壁模板支好后应立即浇筑护壁混凝土，护壁材料采用 C30 混凝土，现场拌制，施工现场应做坍落度试验。坍落度应控制在 7 ~ 10 cm 为宜，为提高早期强度可适当加入早强剂，护壁厚度为 10 cm，人工浇筑，人工捣实，混凝土强度到达 5 MPa 即可拆模，护壁混凝土应根据气候条件，一般情况下浇灌完毕须经 24 小时后可拆模。

（6）检查桩位（中心）轴线、标高。

在地面上设十字控制网、基准点，将桩控制轴线、高程测到第一节护壁上，每节以十字线对中，吊线锤作中心控制，用尺杆找圆周，以基准点测量孔深。

（7）架设垂直运输架。

第一节桩孔成孔后，着手在桩孔口上架设垂直运输架，要求搭设稳定、牢固。提升架与地面接触处要用打夯机压实，连接要牢固，或混凝土进行硬化并埋设连接钢筋处理。

（8）安装提升设备、吊桶、活动盖板、水泵、通风机等。

安装提升设备时，尽量使吊桶钢丝绳中心与桩孔中心重合，以便挖土时能直观控制桩位中心和支模中心，提升设备及钢丝绳的选用符合安全性验算。桩口上设围护栏，在孔内施工时，应用通风机通过胶管向井下送风，加强空气对流，必要时输送氧气，防止有毒气体危害。桩孔上人员密切观察桩孔内人员情况互相呼应。当桩孔内有人挖土时，几时清除孔口旁杂物，防止杂物掉下伤人。每天下班前将孔口用活动盖板将孔口盖好。

（9）开挖第二节桩孔土方。

从第二节开始利用提升设备运土，桩孔内人员应戴好安全帽，系好安全带，每天浇筑井壁前，采用吊锤法用钢尺检查孔的偏位及直径与井壁圆弧度，修整孔壁，使上下垂直平顺。为保证安全，每开挖下节桩孔前，应用长 1.2 m 直径 20 mm 的钢筋打入土中。测试是否有流砂、淤泥出现，遇到砂层时，每节挖深可降到 0.5 m，挖深超过 10 m 后，要用鼓风机连续向孔内送内，风管口要求距孔底 2 m 左右，孔内照明采用防爆灯泡，灯泡离孔底 2.0 m。必须用低压电源（12 V）、防水带罩的安全灯具；桩口周围设围护栏。每天操作工人下井前应先用有害气体检测仪检测井底有害气体和井内缺氧情况，符合要求方准作业。操作时上下人员 2 小时轮换作业，桩孔上人员密切注视观察桩孔下人员的情况，使用对讲机通讯，互相响应，切实预防安全事故的发生。成孔的整个过程都存在排水。每个孔内视水量大小，选择扬程在 30 m 左右的混流潜水泵一台或多台放入孔内抽水，将孔桩内水抽排至地面边沟排水系统。

（10）孔内爆破孔内岩层的爆破。

在监理工程师批准下，根据现场地质情况，在地质条件较差，易坍孔的地段不允许使用爆破开挖，只能用风镐打凿，以保证成孔质量及周边边坡稳定。但由于人工挖孔桩成桩过程中不可避免地会遇到坚硬的岩石，在请示监理工程师得到批准后，用风钻或凿岩机钻炮眼，小药量浅眼爆破法施工，由专业人员实施采取控制爆破技术的等能原理、缓冲原理及微分装药原理，注重药包内部爆破作用，避免药量集中及一次药量过大现象。本工程采用严格控制周边界限的内部作用爆破方法，进行设计与施工，用毫秒差电雷管分段，施工方法如下：

钻孔→清孔→验孔→检验雷管、炸药→安装→清场→做好安全措施引爆→解除

（11）拆模板。

先拆第一节、支第二节护壁模板，护壁模板采用拆上节支下节依次周转使用，模板上口留出高度为 100 mm 的混凝土浇筑口。

（12）浇筑第二节护壁混凝土。

混凝土用吊桶运送，人工浇筑，人工插捣密实。

（13）检查桩位（中心）轴线、标高。

每节桩孔护壁做好以后，必须将桩位十字轴线和标高测设在护壁的上口，然后用十字线对中，吊线锤向井底投设，以半径尺竿检查检查孔壁的垂直平整度，随之进行修整，井深必须以基准点为依据，逐根进行引测，保证桩孔轴线位置、标高、截面尺寸满足设计要求。

（14）逐层往下循环作业。

渣土采用物料提升设备送至地面，暂时堆放在离孔口 1 m 开外的地方，并采用运输车辆定期装运至弃土场。将桩孔挖至设计深度，检查土质情况，桩底应支承在设计规定的持力层上。

（15）检查验收。

终孔前把孔底清理干净，要求孔底无积渣，基底修整平整。然后测出桩的中心点，量好各个断面的具体尺寸，并做好记录。自检合格后通知监理工程师，配好仪器设备，对孔位、孔深、孔径，竖直度、孔内积渣等进行检查，做好检查记录，核对地质资料，签认检查记录，符合要求后方可进行下道工序施工，否则，按监理工程师要求整改，整改完成后重新报验，直至合格为止。

2. 桩身护壁施工

本工程各种桩径护壁厚度均为上口 0.20 m，下口 0.10 m，混凝土强度等级为 C30，设计每节护壁高度为 1.0 m。护壁钢模采用组合钢模板，插口连接。护壁模板采用拆上节、支下节重复周转使用。模板之间用卡具、扣件连接固定，也可以在每节模板的上下端各设一道圆弧形的、用槽钢或角钢做成的内钢圈作为内侧支撑，防止内模因受张力而变形。不设水平支撑，以方便操作。锁扣护壁以高出地坪 30 cm 为宜，四周硬化便于挡土、挡水、排水通畅。桩位轴线和高程均应标定在锁扣护壁上口。检查桩位（中心）轴线及标高：每节桩孔护壁做好以后，用十字线对中，吊线坠向井底投设，以半径尺杆检查孔壁的垂直平整度。随之进行修整，井深必须以基准点为依据，逐根进行引测。保证桩孔轴线位置、标高、截面尺寸满足设计要求。护壁钢筋安装：护壁钢筋在现场加工孔内绑扎，并留足连接长度，以便下段钢筋搭接。护壁混凝土施工：护壁混凝土采用现场拌制混凝土，施工现场应做坍落度试验。坍落度应控制在 7 ~ 10 cm 为宜，为提高早期强度可适当加入早强剂，混凝土浇筑时应分层沿四周入模，用钢钎捣实，施工前应将上节护壁底清理打毛，以便连接牢固。为便于施工，可在模板顶设

置角钢、钢板制成的临时操作平台，供混凝土浇筑使用。护壁模板拆除，当护壁混凝土养护达到一定强度后，便可拆除模板，通常拆模时间为 24 小时，再进行下一节施工。终孔检查：挖孔至设计持力层后，应进行自检，挖孔桩终孔检查内容包括桩孔中心线位移偏差、桩径偏差、终孔深度、孔底沉渣以及桩底持力层等情况，各项偏差应在设计及规范允许范围内。报监理、勘察、设计院及业主等部门核验并办理隐蔽验收签证手续，要逐根进行隐蔽检查。

3. 桩身钢筋笼制作与安装

（1）工艺流程。

钢筋下料→安装加劲箍→主筋与加劲箍焊接→绑扎螺旋筋→吊钢筋笼到孔内安装→办理隐蔽手续→桩身混凝土浇筑。

（2）钢筋骨架的制作。

钢筋进场必须有出厂合格证书和质量保证书，进场钢筋应分别按规格、型号、批量堆放，并按规定进行见证取样检验，请监理单位、施工单位双方共同现场见证取样，检验结果书面通知技术负责人，报送监理单位审批认可合格后方可加工制作。钢筋现场堆放地点要求挂牌以备检查，明确标示已检查、合格、不合格字样。钢筋笼制作前应按不同的桩逐根翻出实样，先按实样制作加劲箍、螺旋箍筋，主筋采用闪光对焊或电弧焊，该工艺在地面操作，并按每 300 个接头为一个验收批抽样送检合格后方可使用。制作时按编号、挂牌、逐根堆放在孔口。

按设计要求及实际桩长，施工现场进行钢筋骨架制作成型。根据钢筋骨架的刚度、实际的安装情况，确定每段预制骨架长度不宜超过 15 m。当桩长超过 15 m 时，桩基钢筋笼应分两节进行安装。为改善主筋接头连接强度，钢筋笼主筋采取直螺纹连接技术。主筋搭接下料时，保证在 35d 或 500 mm 范围内搭接头的数量不超过主筋的 50%。螺旋箍筋首先将盘条筋用卷扬机调直，再用铰盘形成为设计直径的圆形。螺旋盘分段长度满足可绑 3 ~ 5 圈所需的钢筋长度；桩端水平箍筋不得少于 3 道。加强筋在钢板平台上用模子按 1∶1 大样进行加工。在焊接加强筋接头时，应采取措施，防止加强筋在焊接时发生变形。在所有的单元钢筋都制作完成后将其抬放到专门的工作平台上按设计进行组装。加劲箍制作时应确保桩主筋的保护层不得小于 50 mm。钢筋笼保护层的控制按下图要求设置钢筋笼定位箍筋。钢筋骨架的保护层厚度可用焊接钢筋“耳朵”或混凝土垫块。“耳朵”钢筋制作，见图 6-53 所示。设置密度按竖向每隔 2 m 设一道，每一道沿圆周均匀布置 4 根，如图。

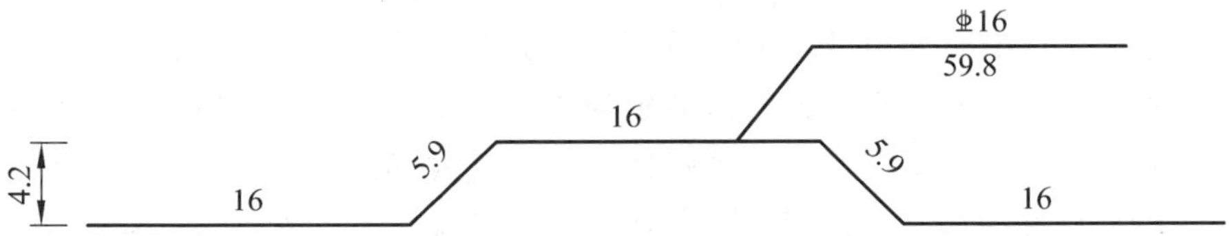

图 6-57　耳朵钢筋制作

（3）钢筋笼的安装施工方法。

钢筋骨架采用吊车吊运安装。骨架长度在 20 ~ 30 m 时，采用 4 点起吊，吊点的力应比较均匀，防止骨架变形。骨架起吊垂直后，转换为两吊点吊运安装。当钢筋笼制作为一段时，采用一次性整体吊装的方法进行桩身钢筋笼的安装；当钢筋笼制作为分段时，将下一节钢筋笼吊放于孔口并高出 1.0 m 左右，然后把上一节钢筋笼吊起，使主筋对准后进行连接，再绕螺旋箍筋，把整个钢筋笼吊起，慢慢放入孔内就位。筋骨架就位后应将其固定在钻架平台上（特别是桩长小于 20 m 的短桩钢筋笼），防止混凝土灌注过程中钢筋骨架上浮。支撑系统应对准中线防止钢筋骨架倾斜和移动。钢筋骨架底面高程允许偏差为±50 mm。混凝土灌注桩钢筋笼质量检验标准如表 6-7 所示。

表 6-7　混凝土灌注桩钢筋笼质量检验标准

项目	序号	检查项目	允许偏差或允许值/mm	检查方法
主控项目	1	主筋间距	±10	用钢尺量
	2	长度	±100	用钢尺量
一般项目	1	钢筋材质检验	设计要求/mm	抽样送检
	2	箍筋间距	±10	用钢尺量
	3	直径	±10	用钢尺量

4. 人工挖孔桩桩身混凝土施工

（1）施工准备：混凝土浇灌前，必须对施工人员进行书面安全技术交底；混凝土采用集中搅拌混凝土，施工前应落实混凝土运输车辆、输送泵是否满足要求。本工程要求至少 2 台混凝土输送泵能正常使用，3 台混凝土运输车。检查施工用水用电是否正常。钢筋自检合格后，报监理工程师验收合格后，才能浇灌混凝土。

（2）原材料要求：水泥宜用 42.5 普通硅酸盐水泥，并有出厂合格证及试验报告。砂宜选用中砂，含泥量不大于 3%。石子宜选用碎石，粒径 10 ~ 15 mm，含泥量不大于 2%。

（3）桩身混凝土浇筑。

挖孔桩在浇灌混凝土前，先检查孔内积水情况，遇桩孔渗水较大时，同时抽排相邻桩积水，并必须抽排干净，再浇筑混凝土。每分钟的渗水量超过规范要求应进行处理或浇筑水下混凝土。桩底部积水未完全抽干，有少量的积水可放入干水泥，拌成高标号水泥浆，混凝土配制采用粒径不大于 40 mm 的石子，水泥为 42.5 普通水泥，坍落度宜为 8 ~ 10 cm。混凝土用输送泵向桩孔内浇筑，当高度超过 2 m 时采用串筒，串筒末端离孔底高度不大于 2 m，混凝土必须垂直灌入桩孔内，避免混凝土斜向冲击孔壁，造成塌方；不准在井口抛铲或倒车下料，以免混凝土离析，影响混凝土整体强度。混凝土应连续浇灌，浇灌高度不超过 1.0 m，随即用插入式振动器振实。每浇灌 1 m 高，操作人员下井振捣混凝土密实，依次循环。在振捣过程中不可漏振，直至混凝土不下沉，无气泡溢出为止，以防止混凝土不密实或产生离析现象。桩顶混凝土在初凝前抹压平整，避免出现塑性收缩裂缝或环向干缩裂缝，表面有浮浆层应凿除，以保证与承台良好连接。桩体混凝土要从桩底到桩顶标高一次完成。在灌注混凝土过程中，注意防止地下水进入，不得有超过 50 mm 厚的积水层，否则，应设法把混凝土表面积水层用导管吸干，才能灌注混凝土。如渗水量大于 6 mm/min 时，应按水下混凝土规程施工。混凝土边浇边插实，采用插入式振动器，严格按相关技术要求进行振捣，以保证混凝土的密实度。在灌注桩身混凝土时，相邻 10 m 范围内的挖孔作业应停止，并不得在孔底留人。灌注桩身混凝土时，应留置试块，每根桩不得少于 2 组（6 件），及时提出试验报告。

5. 质量检查和验收

人工挖孔桩施工中，每一节护壁要用线锤检查桩孔中线、直径是否符合设计与施工规范要求；发现偏差及时纠偏。挖至设计标高时应及时通知地勘、设计确定持力层是否满足设计要求。确定后监理确认开挖质量和计量。人工挖孔桩施工完成后，须委托第三方检查单位对桩身混凝土的密实度检测。并根据业主和监理意见做静荷载试验。整理分项工程竣工资料，如混凝土试压报告、材料复试报告、动静测报告、中间检查验收记录等。人工挖孔桩验收标准见表 6-8 所示。

表 6-8　混凝土灌注桩允许偏差

<table>
<tr><th rowspan="2">项目</th><th rowspan="2">序号</th><th rowspan="2" colspan="2">检查项目</th><th>允许偏差或允许值</th><th rowspan="2">检查方法</th></tr>
<tr><th>数值</th></tr>
<tr><td rowspan="2">主控项目</td><td>1</td><td colspan="2">桩位</td><td>50 mm</td><td>全站仪：每桩检查</td></tr>
<tr><td>2</td><td colspan="2">孔深</td><td>不小于设计值</td><td>测绳量：每桩检查。嵌岩桩应确保进入设计要求的嵌岩深度</td></tr>
<tr><td rowspan="3">主控项目</td><td>3</td><td colspan="2">桩体质量检验</td><td>按基桩检测技术规范</td><td>按基桩检测技术规范</td></tr>
<tr><td>4</td><td colspan="2">混凝土强度</td><td>在合格标准内</td><td>试件报告或钻芯取样送检</td></tr>
<tr><td>5</td><td colspan="2">承载力</td><td>按基桩检测技术规范</td><td>按基桩检测技术规范</td></tr>
<tr><td rowspan="7">一般项目</td><td>1</td><td colspan="2">孔径</td><td>不小于设计值</td><td>探孔器：每桩检查</td></tr>
<tr><td>2</td><td colspan="2">孔的倾斜度</td><td><0.5%桩长且不大于 200 mm</td><td>垂线法：每桩检查</td></tr>
<tr><td rowspan="2">3</td><td rowspan="2">沉渣厚度</td><td>端承桩</td><td>≤50 mm</td><td rowspan="2">沉淀盒或标准测锤：每桩检查</td></tr>
<tr><td>摩擦桩</td><td>≤500 mm</td></tr>
<tr><td rowspan="2">4</td><td rowspan="2">混凝土坍落度</td><td>水下灌注</td><td>180～220 mm</td><td rowspan="2">坍落度仪</td></tr>
<tr><td>干施工</td><td>70～100 mm</td></tr>
<tr><td>5</td><td colspan="2">钢筋骨架底面高程</td><td>±50 mm</td><td>水准仪测骨架顶面高程后反算：每桩检查</td></tr>
</table>

6.4.4　桥梁工程下部构造施工标准化

1. 陆上承台施工标准化管理

在桩基础施工完成并经检验合格后便可进行陆上承台的施工。陆上承台施工的顺序为：开挖基坑→凿除桩顶混凝土并检测合格→铺设底垫层→钢筋绑扎→模板安装→浇筑混凝土→拆模、养护→基坑回填。

（1）基坑开挖前先由测量放样出承台中心轴线的准确位置，基坑采用人工配合机械进行开挖，开挖基坑的底部尺寸每边比承台尺寸宽 60 cm，以便钢筋绑扎及模板安装。在凿除桩头混凝土后，根据地质情况相应放坡或支护。开挖至设计标高时，在基坑底部设集水井及时抽除基底积水，以防基底被水浸泡。整平基底后及时浇筑素混凝土垫层做整平立模层。

（2）在垫层上测量放样出承台四周边线进行承台钢筋的绑扎，承台在垫层上进行绑扎，并预埋桥墩钢筋。为保证承台钢筋的混凝土保护层厚度，钢筋框外挂足够的砂浆垫块（同等标号）作保护层，然后进行模板安装。承台模板采用定型钢模板，外加纵槽钢、横肋方木、斜撑、拉杆加固。参见承台模板结构示意图 6-54。

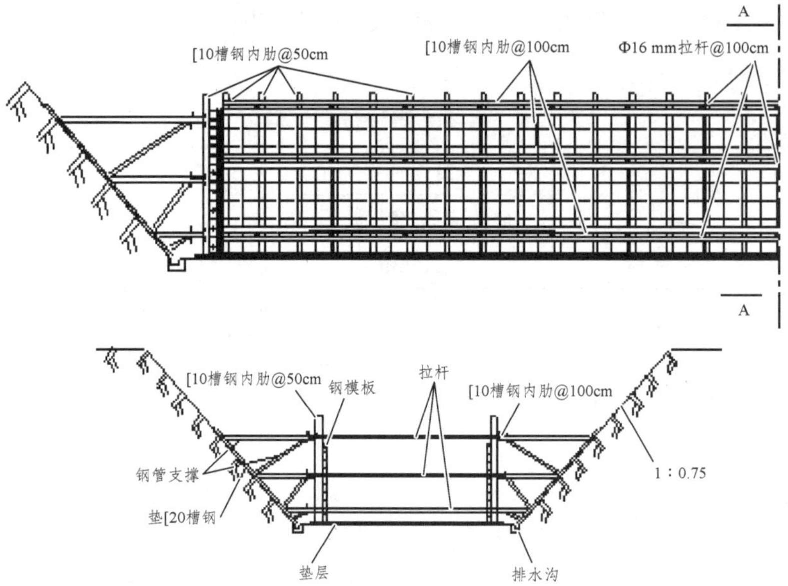

6-58　承台模板结构示意图

（3）承台混凝土由混凝土运输车运到基坑边，视场地条件用溜槽或吊车等方式送入模板内浇筑。混凝土按每 30 cm 一层分层浇筑，浇筑过程中采取措施降低混凝土的水化热边浇筑边用插入式振捣器振捣密实。混凝土浇筑完成并待混凝土达到拆模强度后拆模，洒水覆盖养护，并回填基坑到承台顶面。

2. 承台大体积混凝土施工

（1）承台的测量放样。

本工程承台施工的测量设备主要为经纬仪、全站仪和水准仪。按图纸要求测放基础中心桩，定出基础的纵横轴线控制桩，控制桩应尽可能布置在不受基坑开挖影响的位置，并设置各自相应的攀线桩，以用作以后检查复核的依据。严格控制承台的平面尺寸和标高。根据承台平面尺寸及开挖深度、预留工作面宽度、集水沟宽度、汇水井设置、地下水埋深、机具布置等确定基坑开挖的尺寸。具体步骤为：根据承台及基坑底平面尺寸，将基坑底平面轮廓线测设到原地面上；沿地面上的基坑平面轮廓线的四条边方向进行断面测量；确定开挖边桩，按照下挖深度确定放坡的宽度；将开挖边桩测设到地面上，并撒上白灰线连接各边桩，此封闭线即为开挖边线。在承台基坑开挖完成后钢筋绑扎、立模前，再次对承台轴线及标高进行精确放样。

（2）桩头凿除。

钻孔桩桩头采用人工用手持式风镐机进行凿除，凿除桩头到设计标高，桩头混凝土凿至承台底标高以上 10 cm 为宜。如发现桩头混凝土有不密实或夹泥现象，需将该桩头的混凝土凿至混凝土密实符合要求为止，同时防止在凿出桩头的过程中破坏灌注桩内的主筋。凿除后，对基坑表面进行平整。将凿除后的桩头用吊机吊出，并及时进行清运。对桩基进行无破损检测，合格后经监理工程师同意方可进行下道工序施工。

（3）垫层施工。

桩基进行检测后，进行承台垫层的施工。素混凝土垫层为 100 mm 厚 C15 混凝土，垫层边线均比承台边线放大 100 mm 施工，垫层混凝土用模板整平，以利于放样、弹线、钢筋绑扎、立模。

（4）钢筋施工。

承台内含较多的桩基钢筋和墩柱预埋钢筋，施工前应仔细阅读施工图设计文件，研究有效办法确保钢筋连接，墩柱预埋钢筋准确性和混凝土浇筑质量。钢筋直径≥25 mm 采用等强直螺纹连接，其余钢筋采用焊接，焊缝长度单面焊为 10d（d 为直径），双面焊为 5d 承台底钢筋净保护层为 200 mm，其余主筋净保护层为 100 mm，箍筋净保护层为 70 mm。绑扎桩基预埋钢筋（即墩身插筋）时，其伸入承台内的长度按设计规定的长度。外露桩基的钢筋用环箍（同墩柱的箍筋）扎牢固定，并与承台顶面钢筋点焊固定，以确保墩柱主筋位置的准确，插筋偏差应满足设计及规范要求。墩身与桩身钢筋伸入承台（桥台）部分若与承台（桥台）钢筋相碰，不得任意截断。要向相关专业工程师和监理工程师汇报处理。

（5）冷却管与监控元器件施工。

按照设计图纸布置承台冷却水管，使用钢筋固定冷却水管。每隔一米设置一道管卡，用 ϕ12 mm 圆钢制作成 U 形管卡焊接在水平固定钢筋上。竖向再用 ϕ20 mm 螺纹钢作为支撑，支撑钢筋再焊接在承台主筋上，确保冷却水管的稳定性。冷却水管安装完成后仔细检查每个接头确保密封性，检查每根管道确保冷却水管无破损。

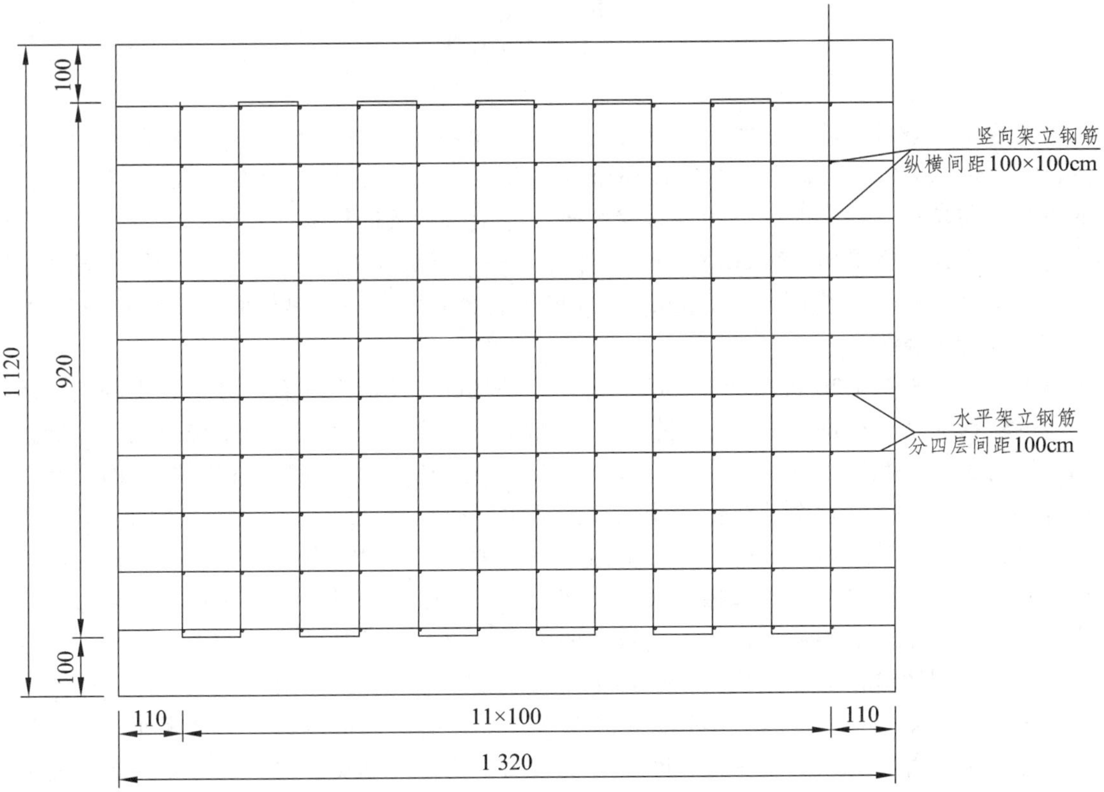

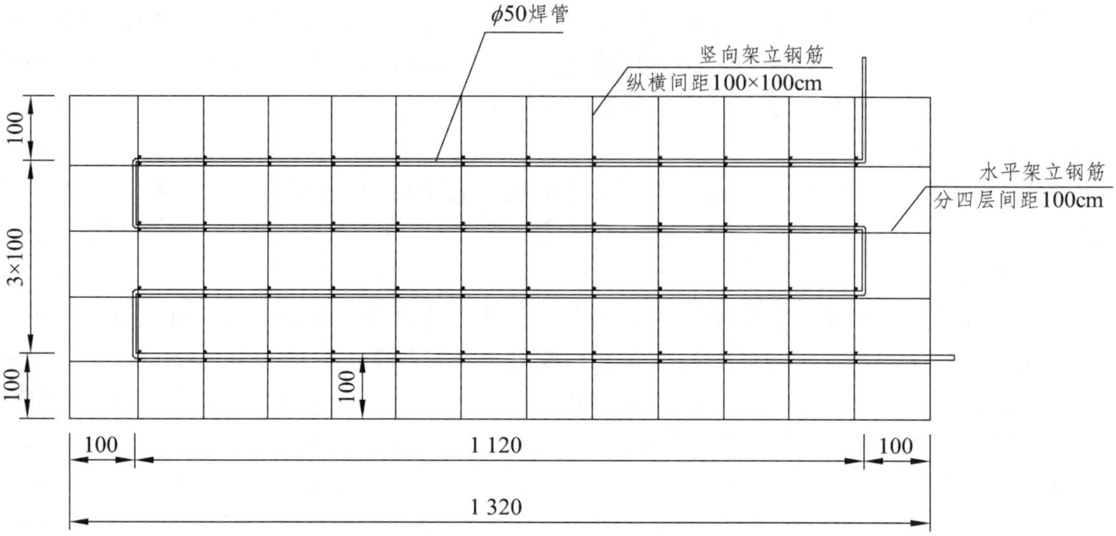

图 6-59　冷却管布置示意图

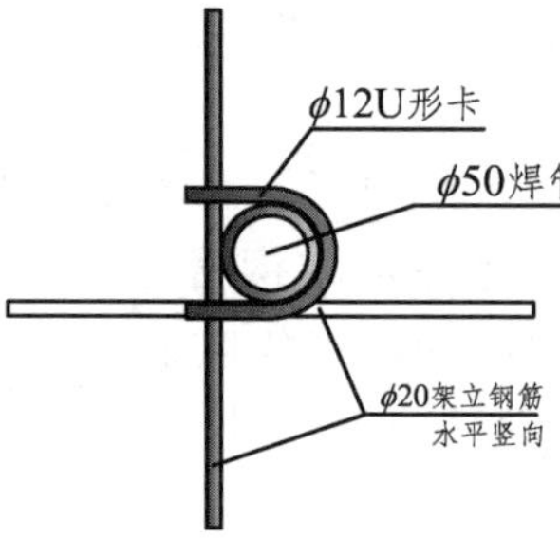

图 6-60　U 型管卡设置图

（6）模板施工。

本工程中主墩承台基本尺寸 1 号墩、2 号墩为 11.2 m×13.2 m×5 m，3 号过渡墩为 8.2 m×8.2 m×3.5 m，边跨系梁高度为 1.6 m，全部采用平板钢模，立于已浇好的混凝土垫层上，模板底部用砂浆堵缝，安装时确保模板接缝紧密，并用密封条进行封贴，防止漏浆。承台模板结构组成如下：模板采用 120 cm×150 cm 平板钢模；模板面板采用 δ4 mm 钢板；背肋采用 δ5 mm 钢板高 5 cm，纵横间距 250 mm；对拉螺杆直径采用 M18，纵横间距 0.5 m×0.9 m。

（7）混凝土浇筑施工。

承台混凝土采用 C30 混凝土，用天泵浇筑。现场配备用天泵一台。考虑到现场实际情况及天泵的输送速度（按每小时 40 m^3 计算），承台混凝土浇筑采用全面分层浇筑法。混凝土到场后要随时抽样，测定坍落度并制作试块。浇筑混凝土必须连续浇筑不得间断，如到万不得已应控制间断时间，必须在前层混凝土初凝前把次层混凝土浇筑完毕。混凝土的运输、浇筑及间歇的允许间隔时间不得超过 2 h。混凝土的振捣采用插入式振捣器进行捣实，振捣器的插入要紧跟混凝土的入模，防止漏振与过振。使用插入式振捣器时，移动间距不得超过振捣器作用半径的 1.5 倍；与侧模应保持 5 ~ 10 cm 的距离；插入下层混凝土 5 ~ 10 cm；每一处振捣完毕后应边振捣边徐徐提出振捣棒；应避免振捣棒碰撞模板、钢筋及其他预埋件。振捣时不要摇动钢筋，否则会影响混凝土与钢筋的握裹强度。振捣时间应以被振捣处表面停止沉落或表面气泡不再显著发生为度。承台高度 5 m 浇筑高度超过规范要求的跌落高度 2 m 的要求，在承台浇筑底部以上 3 m 的混凝土时必须设置混凝土浇筑串桶。串通底离承台底面不超过 2 m。串桶布置具体见图 6-65。

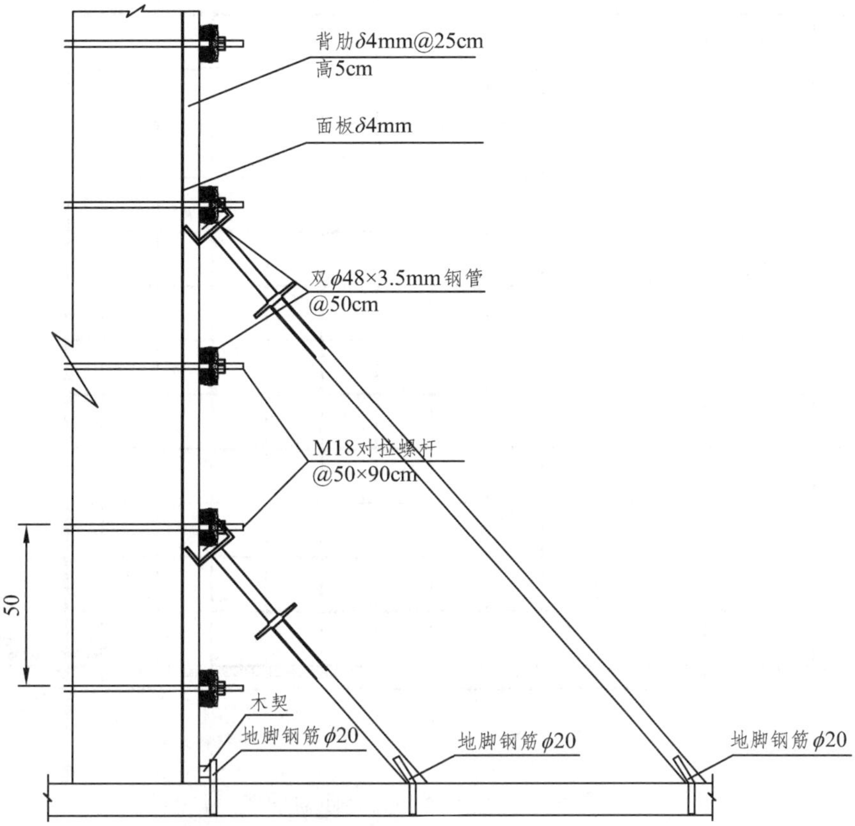

图 6-61 撑杆布置大样图

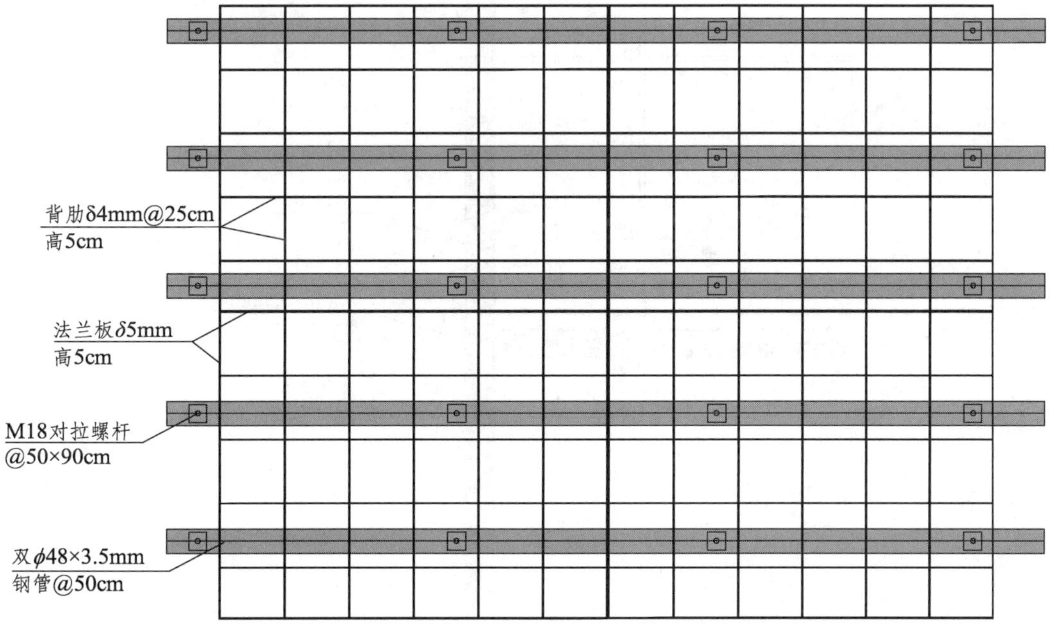

图 6-62 模板侧面布置图

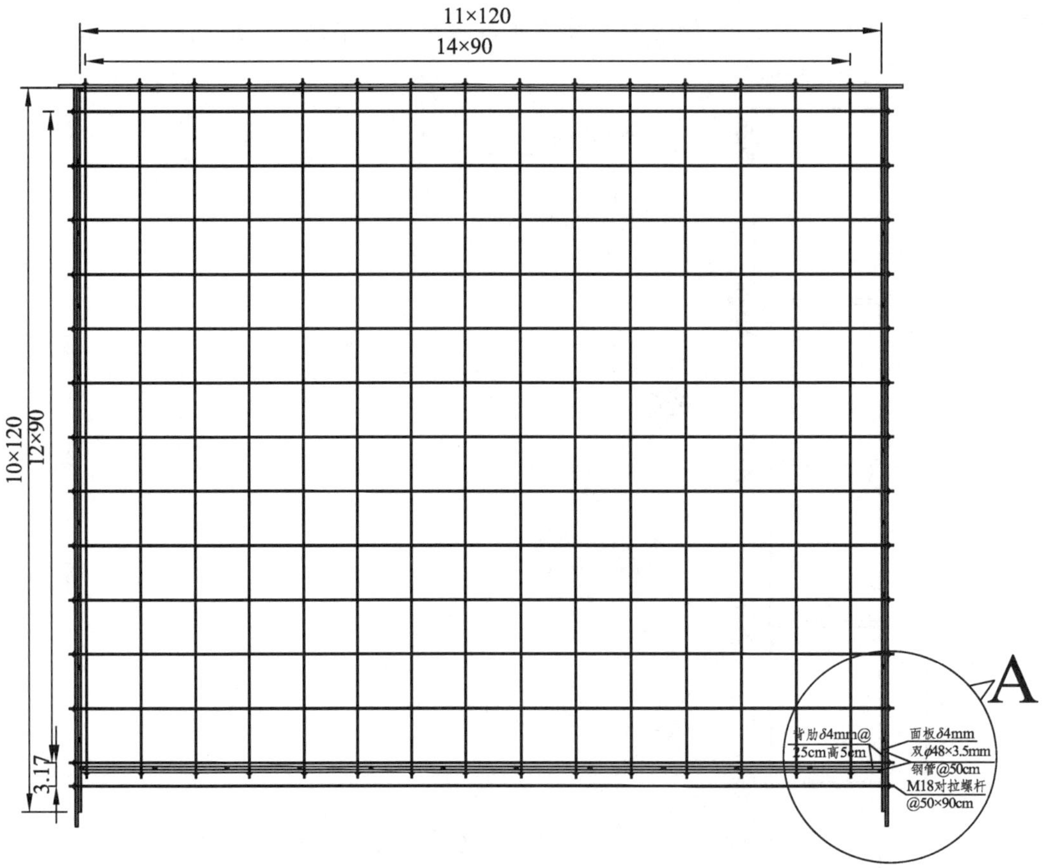

图 6-63　承台模板构造示意图

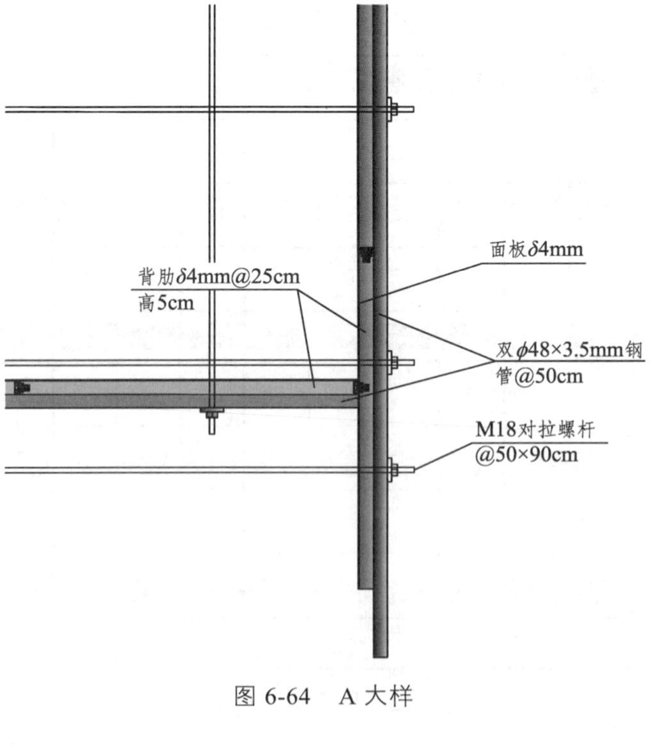

图 6-64　A 大样

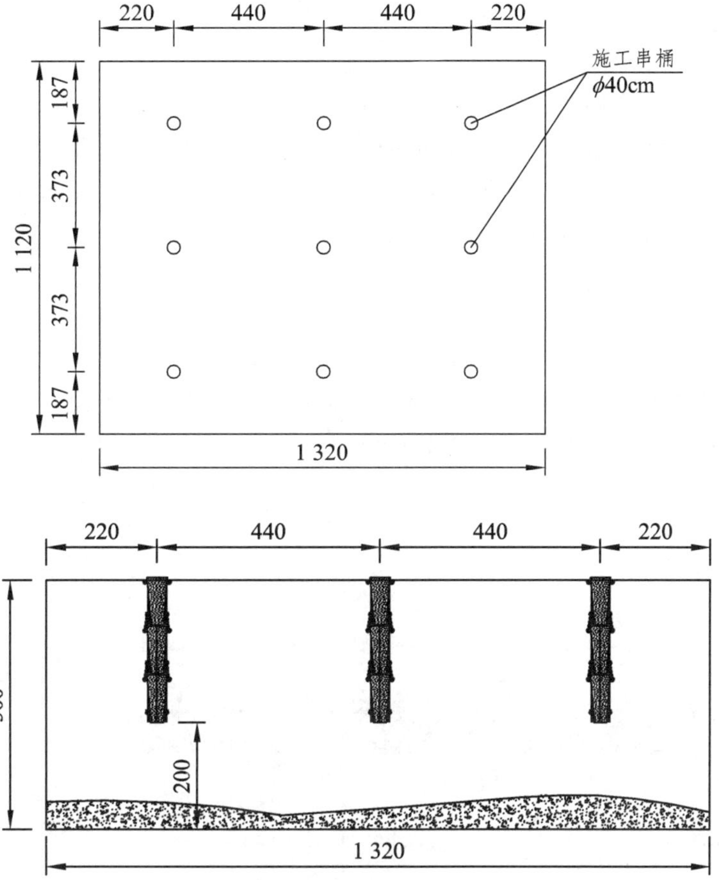

图 6-65　承台混凝土浇筑串通布置图

（8）养护及拆模。

当浇筑混凝土完毕 24 小时后，应进行养护工作，防止混凝土表面产生收缩裂缝。混凝土终凝后，表面洒水后，采取覆盖土工布进行养护，保温保湿养护时间为 14 天。每天洒水的次数以能保持混凝土表面经常处于湿润状态为度，派专人洒水养生。应经常检查塑料薄膜、麻袋的完整情况。承台浇筑完毕，并对表面进行二次收浆抹平后，及时对承台表面进行保湿保温。在承台保温保湿养护过程中，如果需要进行表面凿毛，应安排气温较高时段进行。凿毛过程中，注意洒水养生，对已经完成凿毛的区域及时覆盖保温。承台混凝土表面定期检查，必要时浇水保湿养护，浇水时间宜安排当天上午日出后的气温上升时段。养护水的温度与混凝土表面温度不宜大于 15 °C，保湿养护时间不少于 14 天。对于承台浇筑的监测时间从混凝土开始浇筑开始至混凝土浇筑完成期间 15 天，在此期间根据混凝土的温度观测值采取不同的测试频率，大部分水化热是在混凝土浇筑后的 72 小时内释放，故在浇筑完成后的 72 小时内，监控人员采取高密度的监测。每小时进行一次温度采集；待混凝土温度升到最大值后，将监控周期改为每 2 小时采集一次，等温度下降均匀后，可将监测周期增加到每 4 小时采集一次。15 天后当大体积混凝土中心温度与外界温差小于 25 °C 时或根据温度场及应力场的预测计算结果，结合与监测结果的对比分析，确定终止测量的时间。

3. 墩柱、盖梁施工标准化管理

（1）施工准备。

分项工程开工报告已得到批复，施工现场的劳动力满足施工进度的要求，施工进度计划及分项工程的施工方案已得到批准，并对班组进行了详细的技术交底。现场安全质量保证体系已建立，明确了工点、工序负责人。水泥、砂、碎石、钢筋等材料已全部进场，配合比已确定。所需机械、设备等已准备就绪。桥梁的基础已检测完成，桥墩、盖梁的测量放样已经完成。

（2）施工技术。

① 墩柱、盖梁模板应采用大块定型钢模，单块模板表面积不小于 1.5 m^2，墩柱、盖梁模板在设计时面板厚度应不小于 6 mm，肋板设计应使模板具有一定的刚度，起吊和灌注时不易产生变形，面板的变形量最大不应超过 1.5 mm。

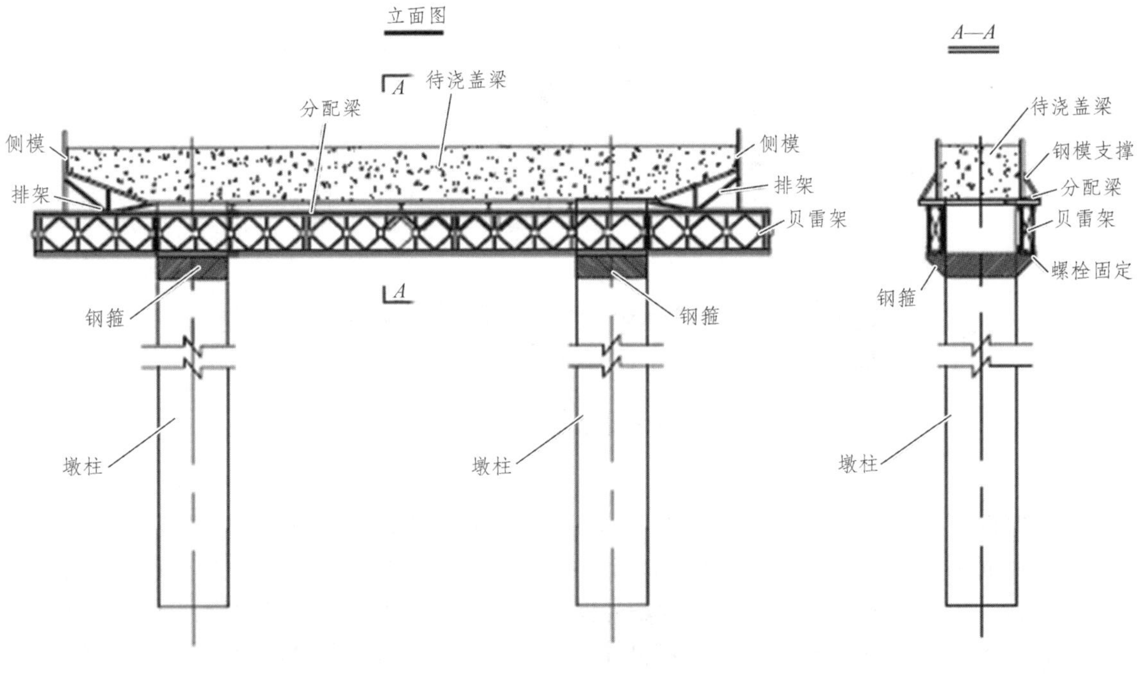

图 6-66 盖梁施工方案图

② 墩柱、盖梁模板制作完成后应进行试拼，检查模板的刚度、平整度、接缝密合性及结构尺寸等，以避免给现场使用过程带来难以克服的缺陷及困难。

③ 模板安装前必须进行打磨、除锈，并涂刷隔离油。安装时严禁直接击打，碰撞模板平面，严禁抛扔模板。模板安装后应避免杂物入内，模板必须支立稳固，接缝严密。模板与钢筋的安装工作应配合进行，模板不应与脚手架进行连接，避免引起模板变形。板式桥墩的模板可采用拉杆固定，也可采用无拉杆模板，拉杆直径不应小于 16 mm，外侧套 PVC 管。拆模后应抽出拉杆，PVC 套管沿墩柱表面切除。

④ 墩柱和系梁应同步浇筑，混凝土灌注完成后，应立即进行表面覆盖洒水养生，拆模后对结构物应立即进行养生，达到既保湿又防止污染的目的。混凝土的洒水养护时间一般为 7

天，可根据空气的湿度及周围环境情况适当增加或缩短；当气温小于 5 °C 时，应采取蓄热养生。

⑤ 模板及支架的拆除应遵循先支后拆，后支先拆的顺序进行，严禁随地乱扔，应及时对模板进行除污、除锈和防锈等维修保养。拆除的脚手架及模板等应码放整齐、堆码有序。

⑥ 系梁、盖梁的施工若采用剪力销方案，剪力销的预埋应注意埋设顺直，有规则，施工完毕后应采用细石混凝土对预留孔洞进行封堵，严禁用土或砂填补，外侧应与混凝土颜色保持一致。

图 6-67　桥墩浇筑

⑦ 墩柱及盖梁搭设的脚手架下部地基应密实，设有方木垫板，脚手架搭设应考虑人员上下的扶梯，扶梯设有护栏，扶梯的爬升角度不应超过 45°。脚手架的搭设应随同施工进度进行搭设，顶部设有工作平台，四周挂设安全网及护栏。下铺不小于 5 cm 厚的木板。

⑧ 每座桥梁墩柱开工前，应先做试验墩，以检查模板质量、混凝土外观质量、色泽等，获得批准后方可进行全面施工。

（3）施工质量。

① 墩柱、盖梁的模板安装允许偏差必须遵照下列条件执行：模板标高：±10 mm；模板的内部尺寸：±20 mm；轴线偏位：8 mm。

② 混凝土坍落度可根据现场气温适当控制，一般情况混凝土在入模保持在 5 ~ 7 cm，泵送混凝土可保持在 12 ~ 14 cm。

③ 混凝土表面不出现裂缝，无蜂窝、麻面，水气泡很少，表面平整、密实、光洁，混凝土色泽均匀一致，无成片花纹，模板接缝或施工缝无错台，不漏浆，接缝数量做到最少。

④ 使用梅花形高强砂浆保护层垫块，确保钢筋保护层符合要求，混凝土表面无漏筋和露块现象。

⑤ 混凝土外形轮廓清晰，线条直顺，无胀模翘曲现象。

⑥ 墩柱及盖梁混凝土原则上不允许进行修饰，但施工过程确因混凝土表面存在缺陷不影响主体结构时，应报监理工程师同意后方可进行修饰，修饰前拍照存档，修饰材料应确保色泽与结构一致。

4. 桥梁高墩液压爬模施工

（1）液压爬模工艺原理。

爬模的爬升通过液压油缸对导轨和爬架交替顶升来实现。当爬模架处于工作状态时，导轨和爬模架都支撑在安装在预埋锚锥的锚板上，两者之间无相对运动。退模后，在所浇段混凝土中预埋的锚锥上安装连接螺杆、锚板及锚靴，调整步进装置手柄方向来顶升导轨，爬架附墙不动，待导轨顶升到位并锁定在锚板及锚靴上后，操作人员转到下平台拆除导轨提升后露出的位于下平台处的锚板及锚靴等。解除爬模架上所有拉结，进入爬模架升降状态。调整步进行装置手柄方向顶升爬模架，导轨保持不动，爬模架就相对于导轨向上运动。在液压千斤顶一个行程行走完毕后，通过步进装置，一个爬头锁定爬升对象，一个爬头回缩或回伸，进行下一行程爬升，直至完成爬升过程。爬模爬升示意如图 6-68 所示。

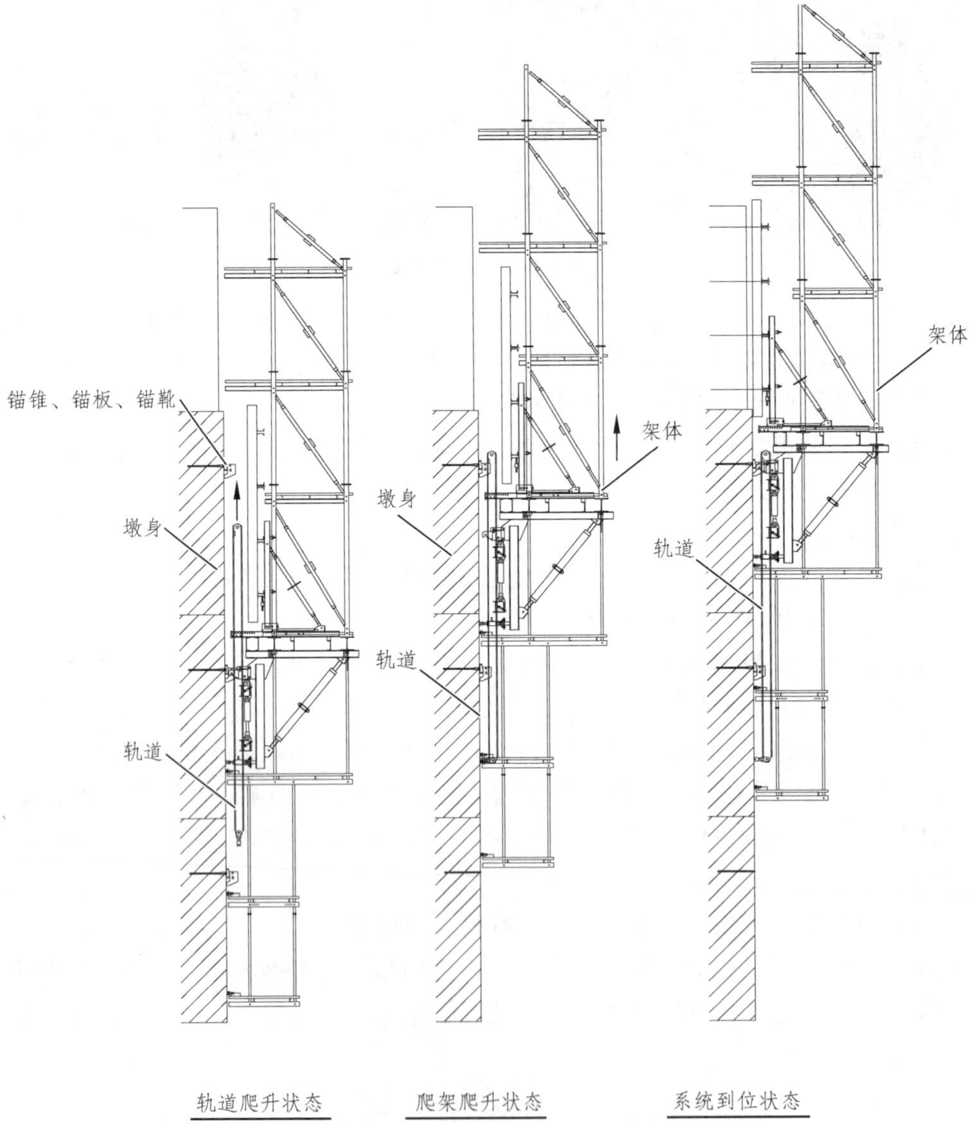

图 6-68　爬模爬升示意图

（2）塔机安装。

墩身施工所用小型机具及钢筋等材料通过一台 50 t.m 塔吊进行垂直运输。在墩身正式施工前，必须完成该塔机的安装。塔机通过预埋在承台表层混凝土上的地脚螺栓进行固定，安装位置位于两塔柱之间。随着墩柱施工的升高，塔吊中间每间隔 20 m 用塔吊连接杆与墩柱连接，确保塔机安全。在各项准备工作就绪后，进行墩身施工。

（3）墩身首节施工。

墩身首节高度为 4.5 m，最下面 3 m 为实心段，其上 1.2 cm 为变截面空心段。墩身首节的作用在于给爬模的安装创造有利条件。首节支架搭设采用 $\phi 48\times 3$ mm 脚手管，支架搭设间距为 100 cm×100 cm×100 cm，沿墩身外围四周搭设三排，主要用以临时固定接长钢筋及起始段模板，并为模板支、拆及安装爬模搭设简易操作平台之用。墩身竖向钢筋主筋拟采用 9 m 定尺，上下主筋竖向连接采用镦粗直螺纹进行连接，接头数量为同一断面钢筋总数量的 50%。上、下接头断面错开 1.2 m。其余钢筋采用手工单面搭接焊，搭接长度为 $10d$。钢筋绑扎时先接长内、外层主筋，接长时内、外层按同一方向同时进行。接长的钢筋上端采用临时定位框固定于支架上。主筋接长完毕后，进行环向水平钢筋绑扎，形成整体钢筋骨架。首节外模板采用自爬模外组合模板，在 3 m 高以上的空心段部分，采用变截面特制模板，上面另安装 45 cm 高的模板，以弥补内模高度不足的 45 cm 高的直线段。墩身底部实心段采用钢板压模。空心段模板采用 $\phi 20$ 对拉螺杆承受混凝土浇筑时的侧压力，实心段采用在承台表面预埋铁件，设置支撑进行加固。首节段模板安装前用铝合金条作靠尺，在墩身轮廓线内设置水泥砂浆带，防止漏浆。模板下用木板调平。模板外支撑通过在承台表面层埋设预埋件用型钢进行支撑，脱模剂选用精炼植物油。首节模板支撑见下图 6-69 所示。

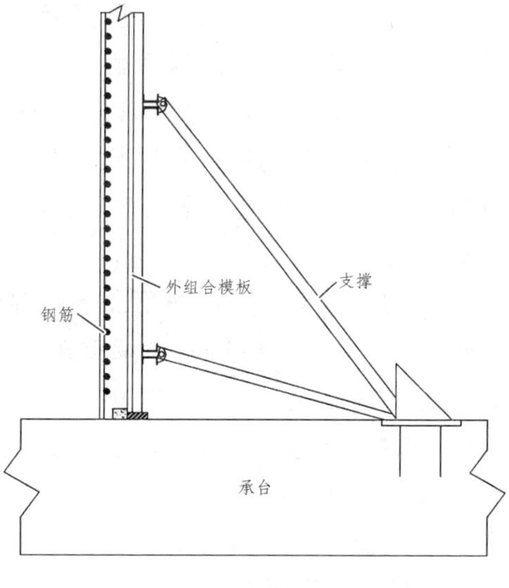

图 6-69　首节外模板支撑示意图

（4）埋件。

在首节混凝土中埋设自爬模爬升装置中的锚锥及内模支撑锚锥。锚锥主要由伞形头、内连杆、锥形接头及高强螺栓等组成，是整个自爬模系统的最终承力结构。锚锥通过堵头螺栓固定在外组合模板上，在关模后浇筑混凝土时将其埋入混凝土中。脱模时拆下对拉螺杆及堵头螺栓，拉模板脱离混凝土面，安装连接螺栓。锚锥埋设示意图见图 6-70。

首节外侧锚锥每两个一组，每节段长边平行埋设 2 组，短边不埋设，共埋设 4 组。内模板支撑锚锥一个一组，短边二个，长边 2 个，主要为内模立模时提供支撑。通气管采用 ϕ10 cm PVC 管进行埋设并用钢筋固定。

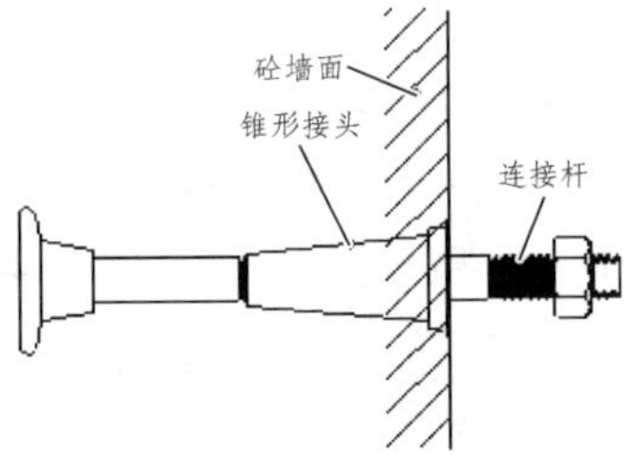

图 6-70　锚锥埋设示意图

（5）混凝土。

首节混凝土方量约为 70 m^3。采用云南建投商品混凝土浇筑。混凝土运输采用泵送入仓，泵管最前一节采用塑料软管，便于布料。混凝土浇筑时先浇筑实心段部分，实心段混凝土采用分层呈阶梯状从上游向下游方向浇筑，分层厚度为 30 cm，上、下层前后浇筑距离保持 1.50 m 以上。混凝土振捣采用 ϕ50 型插入式振捣器进行振捣。振捣时严格按照混凝土操作规程进行操作。空心段部分进行分层循环浇筑，分层厚度为 30 cm。墩身混凝土在达到 2.5 MPa 后可以进行脱模，脱模后在混凝土表面喷洒养护剂及洒水进行养护。

（6）爬架安装。

爬架安装主要是分三部分进行，第一部分在墩身首节混凝土浇筑后安装承重架及移动模板支架部分；第二部分是在第二节段安装混凝土浇筑后轨道、步进装置、爬头、动力装置等部分，第三部分是爬架第一次爬升后安装外爬架。整个爬架的安装在 50 t 塔机配合下完成。爬模各散件在工厂制作完毕后，运抵施工现场进行预拼装。将各散件在拼装场地拼装成单元部件，并对各部件的功能进行检查和调试，发现问题及时与设计、制作方联系进行更正。

① 首节混凝土浇筑后的安装。

在首节混凝土浇筑后爬模安装的部件主要是保证第二节段混凝土浇筑所必需的部件，按照安装顺序依次是锚板（附墙座）、锚靴（附墙挂座）、承重架、移动模板支架、上爬架和内、外模板。用塔吊作辅助机具，脱开首节混凝土内、外模板，并吊出。在混凝土脱模强度达到 20 MPa 后，通过连接螺栓将锚板安装在预埋的锚锥上，挂上锚靴，安装单片承重架，然后在承重架上安放主梁，进行移动模板支架及上爬架及分配梁的安装，并铺设木面板，形成平台。最后进行内、外模板的安装并调整到位，并在内外模板上安装下一节段预埋锚锥，浇筑第二节段混凝土。其中内模板支撑在预埋的内侧锚锥上。爬架第一步安装见图 6-71。

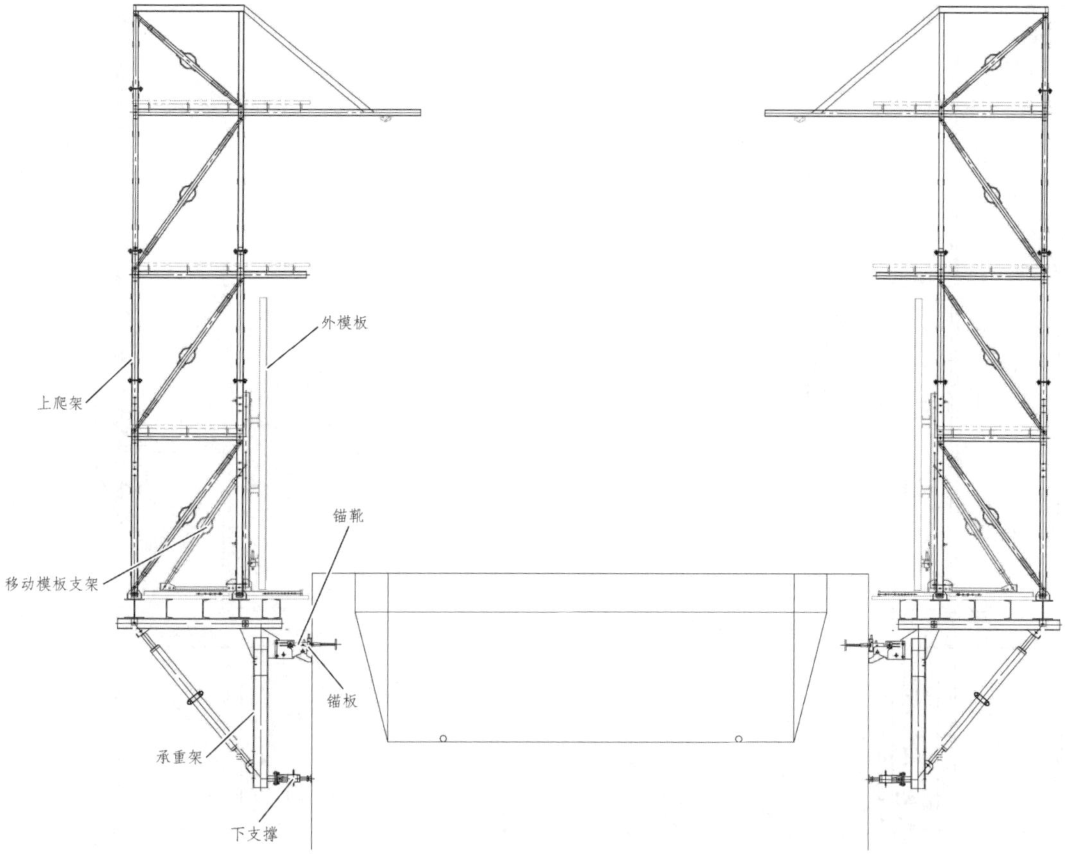

图 6-71　第一步安装：锚板、锚靴、承重架、移动模板支架、模板、上爬架安装

② 第二节段施工。

在第二节段模板合拢之前，按钢筋混凝土规范对节段间施工接缝进行凿毛处理。通过调整爬架上的移动板支架将模板调整到位后，合模前在模板底口采取封闭防止漏浆的措施，即在内外侧壁上贴憎水海绵条后再合模夹紧。其余按一般常规方法进行混凝土浇筑，浇筑方法与首节空心段浇筑相同。

③ 墩身第二节段混凝土浇筑后的安装。

在第二节段混凝土达到脱模强度后，拆除对拉螺栓及锚锥堵头螺栓，通过移动模板支架上的齿轮及齿条脱开模板距混凝土表面一定空间距离。在第二节段混凝土强度达到 20MP 以上后，在其预埋锚锥上安装锚板及锚靴。然后依次安装爬升装置、轨道及下支撑并进行调整。最后进行液压控制系统的安装及调试。第二步安装示意图如图 6-72。

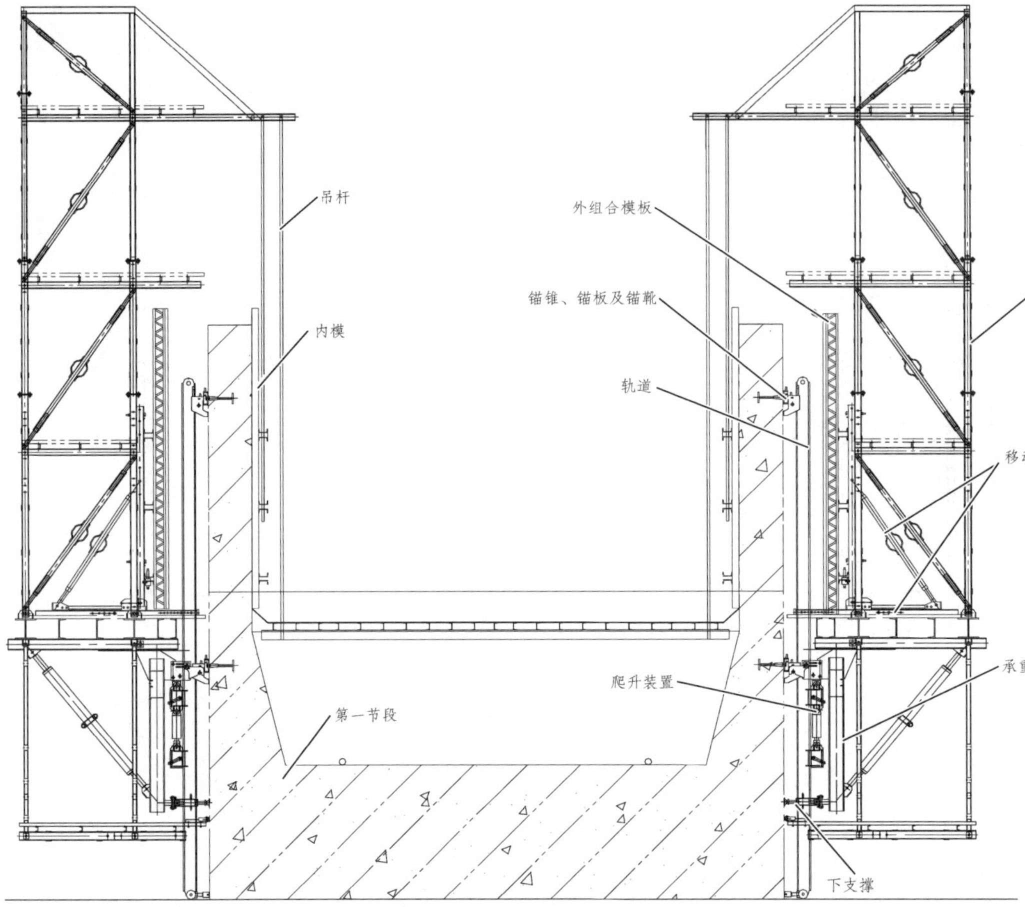

图 6-72　第二步安装：爬升装置、轨道、下支撑及动力、液压系统安装

（7）爬架爬升。

爬架爬升按以下操作步骤进行：

调整步进装置手柄一致向下→打开液压缸进油阀门→启动液压控制柜→拔去安全销→爬升爬架→拔去承重销→爬升爬架→插上承重销和安全销→关闭液压缸进油阀门，关闭液压控制柜，切断电源→安装下支撑。爬架第一次爬升示意图如图 6-73。

（8）爬架第一次爬升后的安装。

该次安装主要是完善爬架的下吊架，该吊架的作用在于提供锚锥拆除，墩身混凝土表面修补及设置电梯入口的工作平台。整个下吊架均为拼装构件，采用螺栓和销轴连接。操作人员通过搭设的支架进行拼装。至此，完成整个自爬架的安装，墩身施工进入正常的自爬模施工工序。爬架最后部分安装如图 6-74。

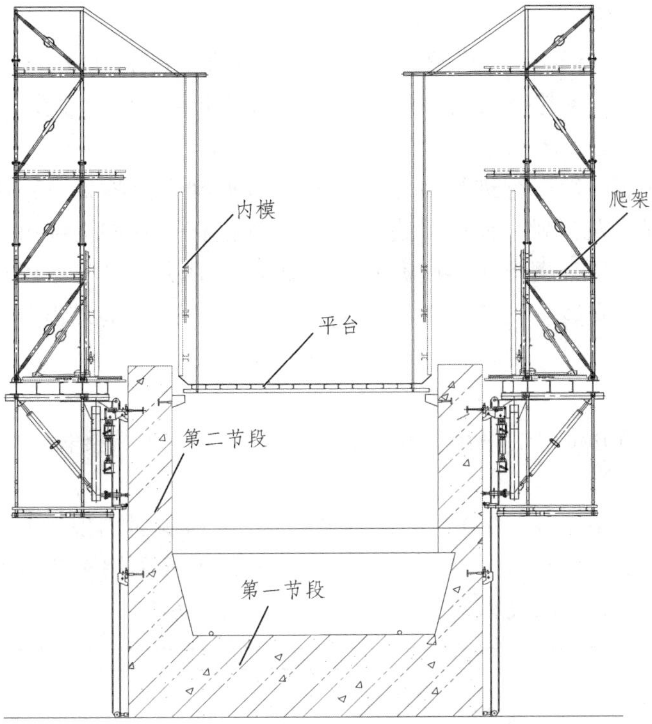

图 6-73　第三步：爬架第一次爬升

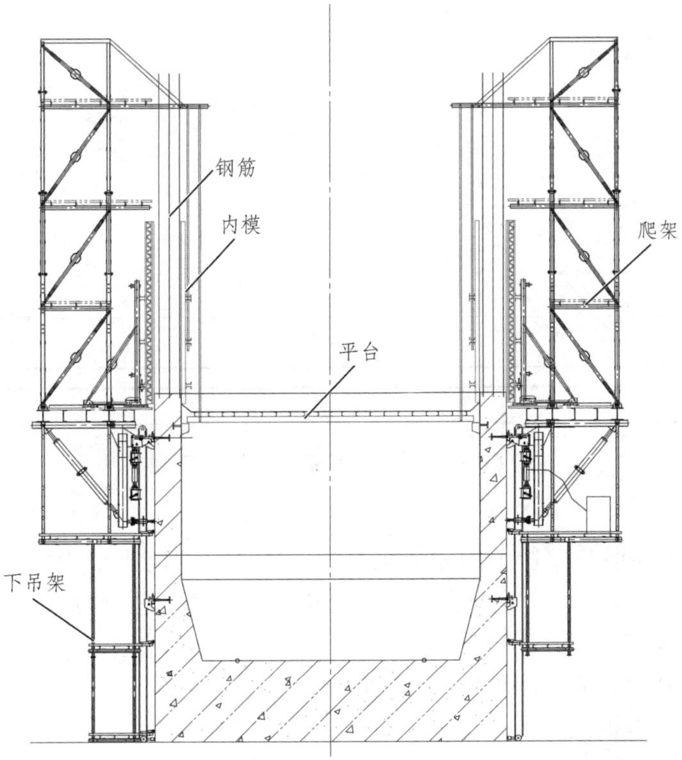

图 6-74　第四步：完善下爬架

（9）墩身正常节段施工。

墩身正常节段为每 4.5 m 一个节段进行重复循环作业，每个节段主要工序包括：爬架爬升→接长墩身钢筋，并进行绑扎→关模并校核→浇筑混凝土→混凝土脱模、养护。

① 爬架爬升。

爬架在自我爬升前，须先行进行轨道的爬升，轨道爬升流程如下：确定混凝土强度达到 20 MPa→安装上部锚板及锚靴→调整步进装置，使其摆杆一致向上→打开液压缸进油阀门→启动液压控制柜→拆除顶部楔形块→爬升轨道→插入楔形块→关闭液压缸进油阀门，关闭液压控制柜，切断电源→安装下支撑。在轨道爬升完成后，进行爬架爬升，爬架爬升按前述操作步骤进行操作。

② 钢筋。

正常段钢筋用塔吊分批量的吊至爬模上爬架平台，然后进行接长、绑扎等常规施工。

③ 模板。

由于各主墩内腔均存在多处 1.2 m 高的变截面段，为减少对内模的修改次数以及为了适应外模模数，另外制作变截面模板。该模板共加工两套，模板采用胶合板钢木混合模板，背楞及围檩与正常段内模相同。该段模板平面尺寸示意图如图 6-75。

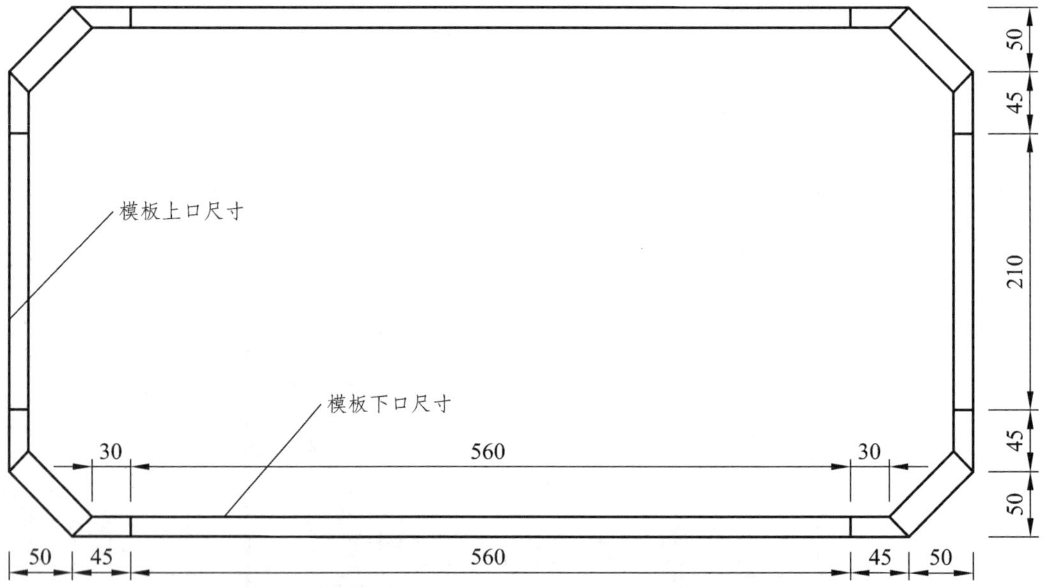

图 6-75　主墩变截面段模板示意图

④ 混凝土。

混凝土通过附着在墩身壁体上的输送泵泵送至待浇筑混凝土节段处，经串筒入仓，串筒下口高度距混凝土面小于 2 m。其余按首节段浇筑混凝土的工艺进行常规施工。

（10）爬模装置拆除。

① 拆除液压爬升模板流程图如图 6-76 所示。

② 拆除液压爬升模板。

爬模装置拆除之前，必须编制拆除技术方案，明确拆除先后顺序，制定拆除安全措施，进行安全技术交底。拆除技术方案将适时编制报送审批后，方可实施。

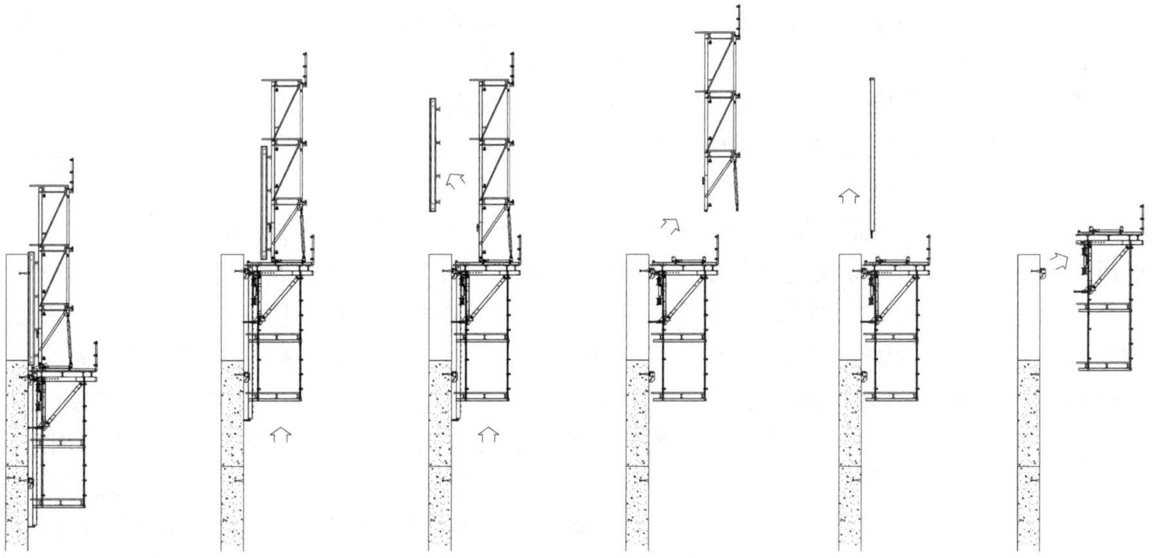

施工完最后一层　爬升　拆除模板　拆除上支架　拆除导轨　拆除下支架

图 6-76　爬模拆除示意图

5. 桥梁高墩翻模施工

（1）翻模施工的基本原理。

在承台顶面放样墩身四个角点，并用墨线弹出印记，找平墩身模板底部，清除墩身钢筋内杂物。安装墩身第 1 节实心段模板时，先在墩身四侧面搭设脚手架施工平台，再加工及安装墩身劲性骨架和墩身钢筋，然后安装并加固校正模板。自检并报请监理工程师检查合格后，浇筑墩身混凝土。混凝土浇筑完毕及时进行顶面覆盖和洒水养护，准备下步墩身施工。

当承台上第一段高度内（按施工需要确定）墩身劲性骨架（变截面空心薄壁墩有劲性骨架，变截面实心墩无劲性骨架）和钢筋施工完成后，在承台顶放线立 2 节 2.25 m 高模板共 4.5 m，同时浇筑变截面空心薄壁墩墩底的实心段和内倒角 2 m 高处的混凝土，待混凝土达到 10 MPa 以上后拆卸底部第 1 节模板，第 2 节模板不拆卸，然后开始初次搭设墩身内部的钢管脚手支架，落地搭设，高度以能支撑接高的竖向钢筋不倾倒为宜，一般超过接头以上的定尺钢筋高度（9 m）的 2/3。支架四周与墩身内壁间留 50 cm 间隙，用于拆除、提升内模。顶层的水平钢管向四周挑出，并沿墩身的内外层竖向钢筋增加两排横向钢管，精确定位后固定钢筋的位置和间距，钢筋绑扎后拆除挑出的钢管，钢管架的水平杆上铺设木板形成平台，供作业人员在平台上操作。继续焊接劲性骨架和绑扎墩身钢筋，同时在第 2 节模板顶上安装支立好第 1 节模板（共 2.25 m 高）及内模板，浇筑第 1 节模板内的墩身混凝土。每节墩身浇筑混凝土后，及时将支架接高。在内模提升后及时增加支撑与墩身内壁混凝土面顶紧，以减小支架自由高度，增加支架稳定性。支架接高后，作业平台随之升高，以满足作业需要。待第 1 节模板内的墩身混凝土达到 10 MPa 以上后，先后拆除底部第 2 节模板（第 1 节模板暂不拆），接高墩身内支架，利用支撑于已浇筑的混凝土墩身内部支架以及塔吊将第 2 节模板依次安装支立于第 1 节模板顶上，绑扎墩身钢筋，浇筑墩身混凝土。

混凝土浇筑到隔板（或封顶混凝土）位置时，拆除墩身内模，调整支架成为隔板（或封顶）的支撑，在支架上铺设隔板的底模，并安装钢筋浇筑混凝土。隔板混凝土达到设计强度后，即可拆除隔板下的钢管支架，用于钢管架的接长升高。如此重复，直到墩顶。墩身封顶后，拆除全部钢管支架。如此循环交替翻升模板、绑扎钢筋、浇筑混凝土，每次只翻升 1 节共 2.25 m 高模板，浇筑 2.25 m 高墩身，依次周而复始，直至完成整个薄壁空心高墩身的施工。

（2）第 2 节段墩身施工。

墩身首段混凝土浇筑后第 2 节模板暂不拆卸，然后开始搭设墩身四周的钢管脚手支架，同时在第 1 节模板顶上安装支立好第 2 节内、外模板。第 1 节外模板外模用 25 t 汽车吊分块吊装，支撑就位于第 2 节外模顶上，同时安装内模。利用拉杆对拉加固墩身模板。搭设内模施工平台，接长墩身脚手架施工平台，采用塔吊提升墩身钢筋，主筋接头采用机械直螺纹套筒连接，以减少现场焊接时间，保证施工质量。塔吊吊运混凝土浇筑第 2 节段墩身混凝土。施工时注意在实心段墩身顶部预留泄水孔，以利上面各节墩身施工期间养生水和雨水流出。

（3）其余节段墩身施工。

第 2 节段墩身施工后，待第 1 节模板内的墩身混凝土达到 10 MPa，先后拆除第 2 节模板，利用塔吊提升模板，提升达到要求的高度后悬挂于吊架上，将第 2 节模板依次安装支立于第 1 节模板顶上，绑扎墩身钢筋，浇筑墩身混凝土。循环交替翻升模板、墩身劲性骨架加工及安装、绑扎钢筋、浇筑混凝土，每次翻升 1 节高模板，浇筑 1 节模板高墩身，依次周而复始，直至完成整个薄壁空心墩身的施工。即变截面墩身按每节 2.25 m 标准段循环施工，直至墩顶。最后墩顶高度按设计标高控制，完成墩身施工。

（4）模板翻升。

每当上一节段墩身混凝土浇筑完成后，即可进行模板翻升，墩身劲性骨架加工及安装，钢筋安装等。

① 模板解体。

在第二节段模板内外围带，拆除第一节段内外模板固定架，用手动葫芦挂住第一节段钢模板，松开内外模板之间拉杆、竖向联结螺栓和与上层模板联结的横向螺栓，卸下第一节段内外围带，将外模拆卸。

② 模板提升。

用塔式起重机将第一节段拆下的第三节需要的模板吊运到第二节段混凝土顶面平台，清理模板并涂刷脱模剂后按放线尺寸组装为第四节段模板。然后，按第一节段的安装次序安装其余部分。提升过程中应有专人监视，防止模板与周边固定物碰撞。

③ 模板安装。

将上层墩身混凝土面凿毛清理后，用导链吊装提升，人工辅助对位，将模板安装到对应位置上，安装底口横向螺栓与下层模板联结，并以导链临时拉紧固定。内模板同步安装就位后，及时与已安装好内外模板拉杆连接。模板整体安装完成后，检查安装质量，调整中线水平，安装横带 4 角螺栓固定。

（5）墩顶封闭。

当模板翻升至墩顶封闭段底模设计起点标高时，暂停施工，在内外侧模板上安装封闭段底模板。其支架采用焊接的钢桁架，模板用刨光 5 cm 厚的木板，拼缝要严密，刷脱模剂后绑扎钢筋，钢筋检查后，安装外模板、围带、模板固定架、搭设外侧施工平台和安装防护栏杆，挂好安全网，灌注墩顶封闭段混凝土，养生达到规定强度。

（6）拆除。

施工至墩顶后，墩顶仍保留 2 个节段模板，墩身混凝土强度大于 20 MPa 时，拆除模板。拆除时按先底节段，再顶节段的顺序进行。每节段模板拆除按安全网、栏杆、脚手板、平台和模板固定架、围带、连接螺栓、钢拉杆、钢模板的顺序进行。为方便拆除，在墩顶预埋吊装环，利用吊装环悬挂载人小吊篮和手动葫芦进行拆除吊运作业。施工楼梯和塔式起重机由上至下进行拆除，拆除至底节段时，分别解体后同先期拆模板及模板组件一并吊运至存放场整修、存放。在 5—10 月期间大于 24 小时脱模，其余月份大于 36 小时脱模。

（7）翻模安装工艺流程。

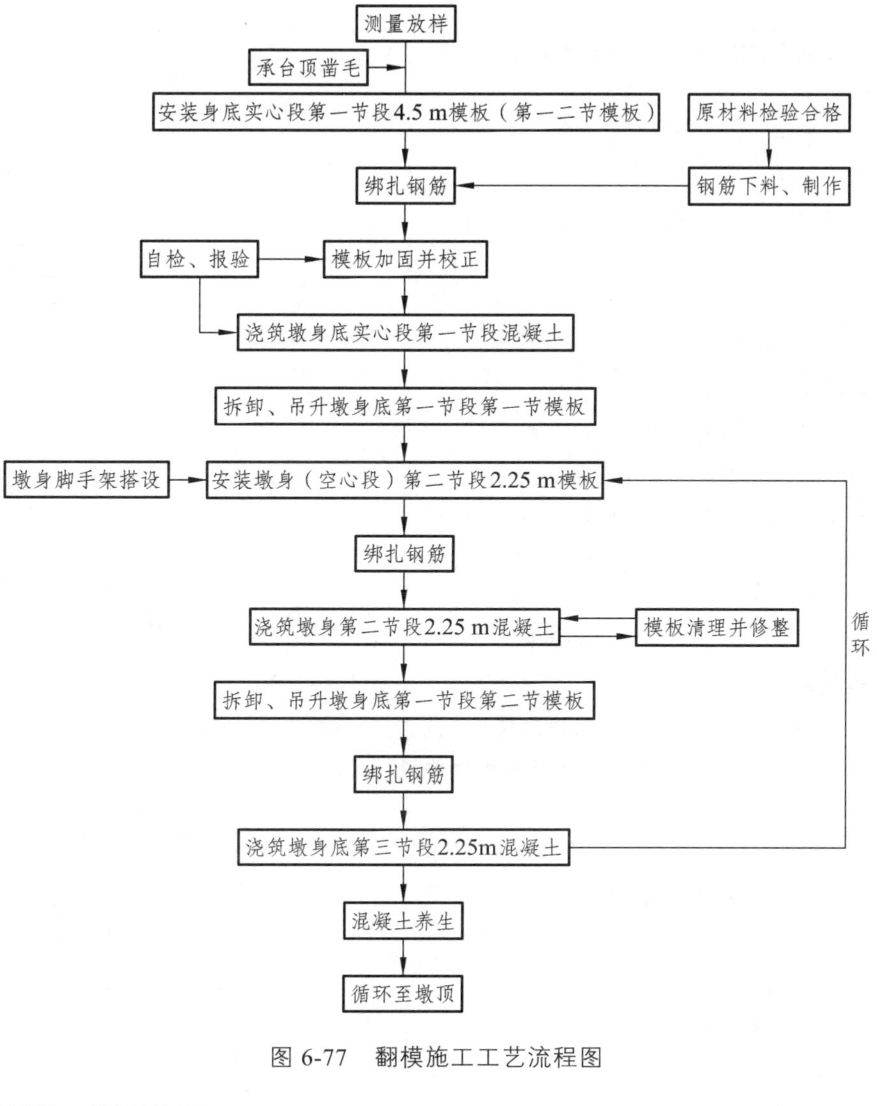

图 6-77　翻模施工工艺流程图

（8）翻模施工顺序简图。

翻模施工顺序简图见表 6-7。

表 6-7 翻模施工顺序示意

步骤	施工说明	施工示意图
第一步	① 基础、承台施工。 ② 在承台（括基）之间的合适位置设置塔吊（d 根据地形等条件合理确定）。 ③ 模板加工。每个高墩配 1 套 2 节模板，每节模板高 2.25 m。	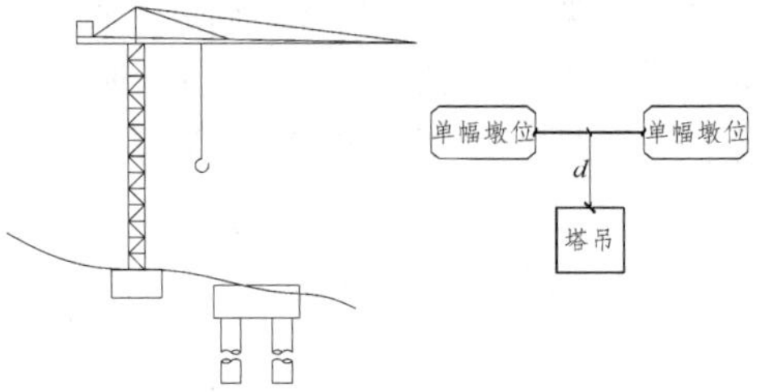
第二步	① 塔吊配合钢筋绑扎，并注意预留钢筋接头错开长度。 ② 支立第一、二节模板； ③ 加固模板。 ④ 浇筑第一、二节墩身混凝土（墩底实心段）。 ⑤ 接第三节钢筋，立三节模板，浇筑第三节混凝土，接第四节钢筋。	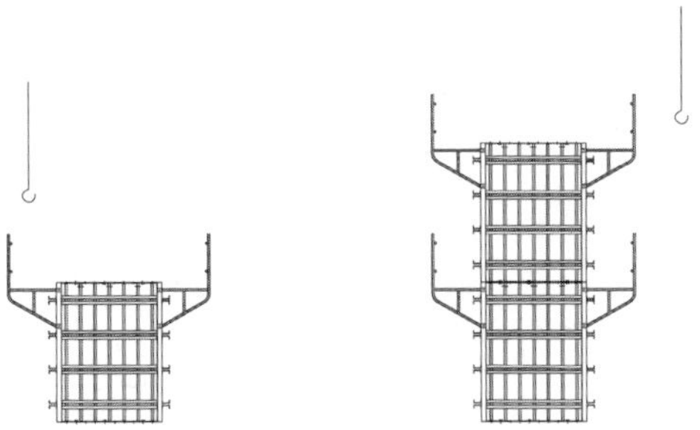
第三步	① 试验确定已浇筑混凝土的强度。 ② 拆除第一节模板桁架和相应的拉杆。 ③ 塔吊吊钩扣在第一节模板后桁架吊点上，轻微起吊。在人工辅助下，使模板下缘向外移动，待整体移出后，起吊至第三节段位置进行安装第三节段模板。 ④ 依次拆除各分块模板，重复操作。 ⑤ 浇筑第三节段混凝土。 ⑥ 应注意的事项：先对称拆除短边模板，再对称拆除长边模板，并注意对未拆除模板的安全防护。	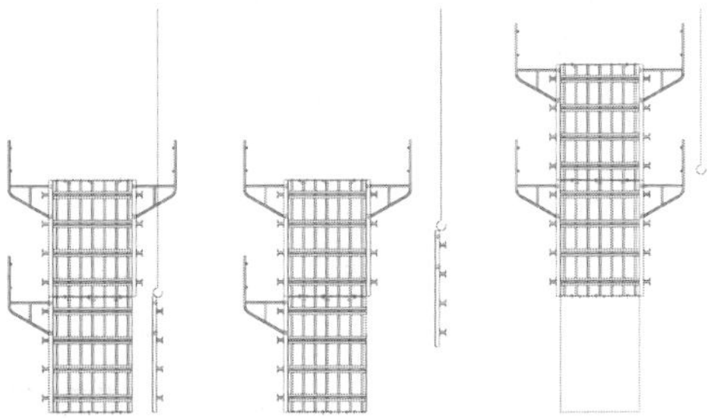
第四步	① 起吊第二节模板至第四节段位置安装第四节段模板，模板安装合格后并第四节段浇筑混凝土。 ② 重复进行第三步操作，直至墩顶。 ③ 浇筑每个节段时，应注意接近爬梯、塔吊及电梯的预埋件的埋设问题以及接近墩顶时应考虑的盖梁施工预埋件的埋设问题。	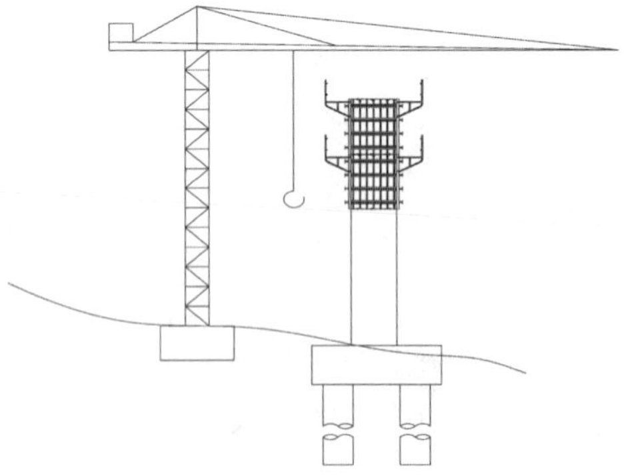

6.4.5 预制 T 梁安装施工标准化

1. 施工准备

在 T 梁未安装前，首先用水准仪对各支座垫石顶面标高进行复核测量，如不符合设计要求，必须进行凿平或凿除重新浇筑，直至符合设计要求为止；在联端或伸缩缝处注意预埋盆式橡胶支座下钢板固定螺栓，完成凿平处理以及螺栓预埋后，垫石表面及螺栓孔用环氧砂浆填塞找平，然后将滑板橡胶支座下钢板安装好。采用全站仪在盖梁上测放橡胶支座纵横轴线以及 T 梁的安装中心线。

2. 支座安装

落梁就位安放支座符合下列规定：支座底面中心线应与墩台支承垫石顶面画出的十字线重合。梁缝应符合规定尺寸。支座固定端、活动端位置应符合规定。支座各组成部分之间，支座顶面与梁底之间以及支座底面与墩台支承垫石顶面间应保持紧贴，不得有缝隙，支座安装检验合格后要及时灌浆。

支座安装质量要求：支座安装应保持上、下底板水平，不产生偏位。支座与支承垫石间的灌浆无空隙。支座四角高差不应大于 2 mm。单向活动支座上、下座板横向应对正，纵、横向的错动量应根据安装支座时温度与设计温度差及未完成收缩、徐变量进行计算确定。其允许偏差应为 3 mm。双向活动支座纵、横向的错动量应根据安装支座时温度与设计温度及未完成的收缩、徐变量进行计算确定。其允许偏差应为 3 mm。

3. 梁纵移就位

采用先起吊一端的形式进行起吊。将预制梁运至架桥机后跨，架桥机前行天车行至梁前端（以安装前进方向为前进方向，与路线方向相反），安好吊带，起吊，架桥机前行天车和后运输平车同时前进，至合适位置（以架桥机后行车所处位置导梁不悬空为准），安好梁后端吊带，后端起吊，架桥机前 车同时前行，将预制梁纵移至安装到位。

4. 梁横移就位

纵向移动到位后架桥机带梁横移（通过运行横移轨道上的小车横移），横移到位停车，由主桁梁上的横移小车作小范围移动以便精确对位。临时支座采用活塞套筒式临时性支座。

5. 架桥机过孔

（1）步骤一：过孔准备。

① 启动后泵站，操作手轮送油，同时顶起后液压千斤顶，让中托轮组与桥机主梁下弦脱离；

② 使用前起吊天车将中托轮组及中横移轨道吊运到两端墩台处；

③ 启动前泵站，操作手轮送油，同时顶起前液压千斤顶，将中托轮组及中横移轨道支垫在梁端，中横移轨道尽可能与前桥墩平行；

④ 操作前泵站手轮回油，收回液压千斤顶，桥机主梁落在反托轮箱上；

⑤ 用两个 5 t 手拉葫芦吊起前横移轨道，前液压千斤顶继续回油，收起前支腿并提起前横移轨道；

⑥ 将两台天车停在后液压支腿上方，调平主梁，准备架桥机过孔；

（2）步骤二：自平衡过孔。

① 架桥机主梁靠前反托轮组和后液压支腿横梁下的轮组共同驱动，向前自行 28 m；

② 操作后泵站手轮回油，收回液压千斤顶，主梁后端下落，前端翘起一定高度（抵消主梁悬臂下挠距离为宜）；

③ 随后用运梁平车将配重梁运至起升小车下方，并用起重小车上的吊具吊接好配重梁，让钢丝绳有一定预紧力，完成桥机自平衡过孔，使用时间约为 10 min；

（3）步骤三：架桥机配重过孔。

① 架桥机继续过孔时，架桥机主梁靠前反托轮组和后下横梁底部的轮组共同驱动向前过孔，同时，主梁顶部的两台起重小车同步向主梁相反的方向运行并保持起重小车的吊具与配重梁吊点的相对位置不变。随着桥机过孔主梁外伸长度的增加，后起重小车钢丝绳的张力会逐渐增大，待架桥机主梁前支腿达到前桥墩位置时，桥机前行根据梁长来决定桥机前行的距离。

② 后起重小车松绳，待架桥机前横移轨道达到前桥墩墩台时，安放、支垫横移轨道，让其与中横移轨道平行、水平。

③ 启动前泵站，操作手轮送油，同时顶起前液压千斤顶，调整主梁前端高度，让主梁尽可能水平或前端略高。完成配重过孔。

6. 架桥机架梁

（1）步骤一：喂梁。

① 运梁平车运梁：启动运梁平车，把预制梁运到后支位置，让预制梁前吊装孔正好在前天车正下方。

② 前天车起吊梁片：如果用钢丝绳作吊具，必须加护钢瓦再行起吊，如果用钢带作吊具，可在横担梁上放置竹胶板再行起吊，起吊高度以预制梁隔板能过运梁平车为准。

③ 喂梁：同时启动后运梁平车和前天车，以同一速度吊梁前行，直到后天车到后支位置，让预制梁后吊装孔正好在后天车正下方；T 梁的移梁利用制梁场的一对 80 t（单只）的龙门吊车进行。T 梁达到设计强度的 100%、管道压浆强度必须达到 25 MPa 以上时可进行 T 梁移梁至存梁台座上存放，并加设临时支撑以保持稳定。

由预制场龙门吊车将 T 梁从存梁台座起吊，吊装至运梁小车上。搬运及吊装时应保持梁身垂直，避免倾斜或损伤，采用兜底吊梁，吊点位置设计在靠梁端 110 cm 处。运输主梁时在移梁小车上设置临时的斜撑，两边用 8 t 手拉葫芦拉紧，防止 T 梁倾斜，保证运输过程的稳定。

在架桥机吊梁时，为了保护钢丝绳发生直角折弯，防止拐点对钢丝绳的破坏，我项目部制作四个弧型托板护板，确保吊装安全。

梁的喂送顺序为：最中间的中梁→架设最外边梁→架设次边梁→架设另一方向最外边梁→架设同方向的次边梁。

特别注意，架设第一跨时候：最中间的中梁→架设次边梁→架设反方向的次边梁→架设最外边梁→架设反方向的最外边梁。

④ 后天车起吊梁片：如果用钢丝绳作吊具，必须加护钢瓦再行起吊，如果用钢带作吊具，可在横担梁上放置竹胶板再行起吊，起吊高度以预制梁隔板能过运梁平车为准。

（2）步骤二：天车吊运。

① 吊梁前行：同时启动前、后天车以同一速度吊梁前行，直到预制梁正好在两桥墩正上方。

② 落梁：卷扬机动作松绳，如果已有架好的梁片，落梁让钢丝绳或横担梁距预制梁顶面 100 mm，如果桥机喂梁位置桥墩上没有梁片，落梁让梁地面距临时支座 100 mm。

（3）步骤三：横移架梁。

① 桥机横移：前支横移轮组和中托下横移轮组同时同向同速动作，驱动整个桥机连带梁片横向移动。

② 落梁：桥机横移到次边梁位置，把预制梁放置在临时支座上，卷扬机继续松绳。

③ 起重小车横移：启动小卷扬，把两台起重小车横移到天车梁上的架边梁位置。

④ 机横移：桥机与起重小车反向横移，直到钢丝绳垂直靠近主梁下弦为宜。

⑤ 梁：前、后天车同时起吊梁片，起升高度为 100 mm。

⑥ 桥机横移：横移桥机至边梁位置。

⑦ 落梁：摆放好橡胶支座，卷扬机松绳，调整前横移轮组和中横移轮组位置，安放好预制梁。

相邻两片梁架设完成后，及时对横隔板钢筋进行连接以增强梁体整体稳定。必须焊接所有横隔板主筋，即梁两端部、梁中横隔板上下主筋，且连接相邻两片 T 梁横隔板钢筋必须与横隔板主筋规格型号一致。

（4）步骤四：桥机返回。

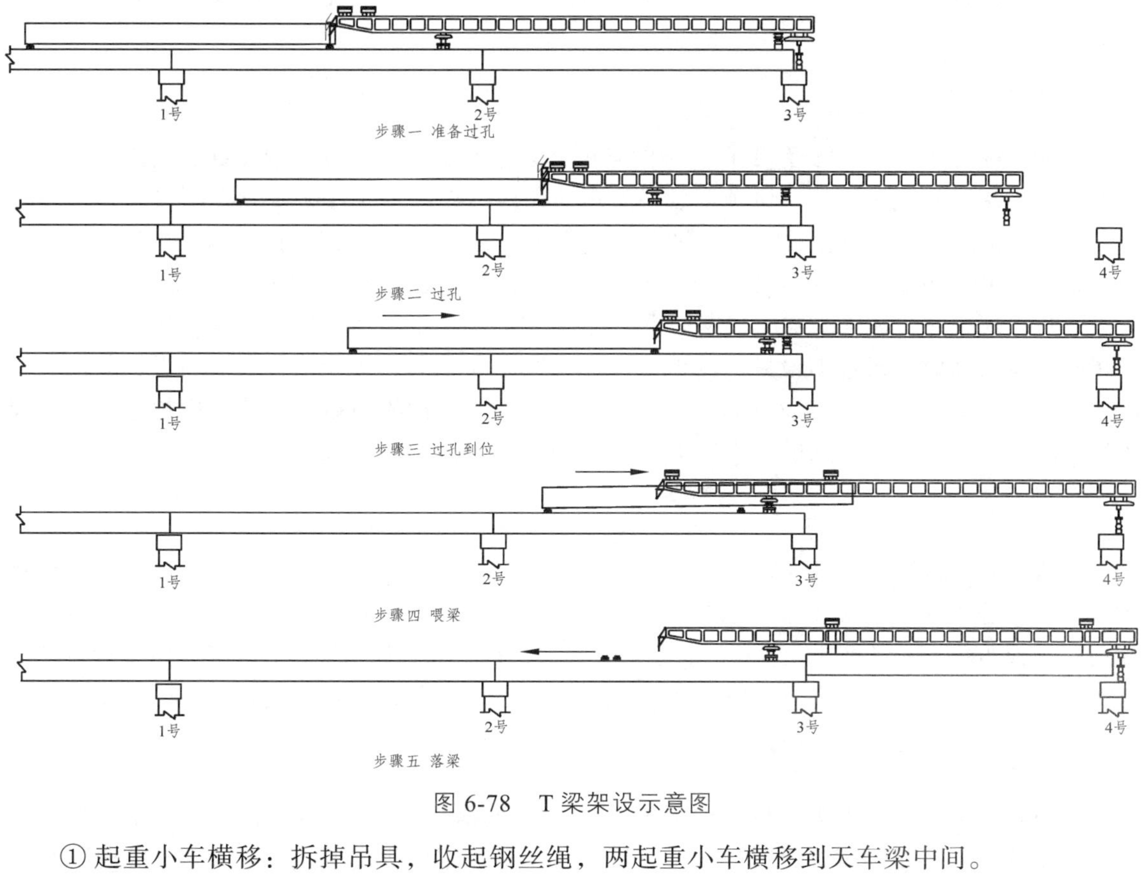

图 6-78　T 梁架设示意图

① 起重小车横移：拆掉吊具，收起钢丝绳，两起重小车横移到天车梁中间。

② 桥机横移：横移桥机到喂梁梁位置。

③ 车返回：天车返回到后支位置，做好架下一片梁的准备。

7. 边梁架设

边梁较重，便于配重过孔，也可便于利用行走轨道。就位后，用方木将梁端两侧对称支撑，然后吊边梁。当第一片 T 梁安装就位后，把桥头上两部纵移台车及轨道同时调转 90°，变纵移台车为横移台车，将架桥机横移至下一片梁安装点。当第二片 T 梁安装完成后，也按上述要求进行 T 梁的临时支撑，然后立即对两 T 梁之间的横隔板进行部分的加固焊接后，方可拆除吊具吊下一片梁，横隔板全部连接完后，可以拆除临时支撑。横隔板焊接前必须根据施工条件进行试焊，合格后，方可正式施焊，施焊前将连接钢钢筋上的混凝土溅渣、油污和铁锈清除干净。

8. 焊接横隔板钢筋

30 m、40 m T 梁均有 5 道横隔板，30 m、40 m T 梁有在每一跨梁安装好后，迅速把横隔板钢筋焊好，使整跨形成一个整体。电焊前应将联结钢筋的混凝土残渣、油污、铁锈等除净。焊条应符合国家规定标准，低温作业时，电焊条应采取预热措施。焊缝质量应得到严格保证：厚度不小于设计规定，焊缝饱满、均匀，不得有裂缝、气孔等缺陷，电焊后应敲去熔渣检查质量，发现不合格时应立即焊。将架桥机前后行车退至架桥机尾部，拆除前支架，把前支架及相关配套设备挂在前支腿上，把架桥机向前推移至下一跨，重复上述安装程序进行下一跨的安装。

9. T 梁架设横向连接

梁片架设完成后，在已经架好 T 梁的梁板上运梁，要求横隔板、湿接缝、现浇墩顶连续段的钢筋焊接和混凝土浇筑及墩顶连续段负弯矩预应力施工等工序必须紧密衔接。如果混凝土不能及时浇筑，但纵向和横向连接钢筋及端横隔板混凝土一定要及时进行焊接连接和浇筑，否则禁止在单片裸梁上进行运梁。一是可以保证运输大梁道路平稳，保护被运送 T 梁；二是可以避免出现单片梁体承受被运大梁的重力现象，确保整跨 5 片 T 梁共同参与集体受力。梁片精确就位后及时与已经架设好的其他梁片进行横向和纵向焊接连接，如横隔板、湿接缝横向连接钢筋，墩顶现浇连续段纵向连接钢筋等焊接连接。横隔板钢筋焊接连接顺序为：先焊梁端横隔板，后焊跨中横隔板，再焊 1/4 处横隔板，最后焊接 1/8 处横隔板。

10. 运梁车梁上行走轨道

两跨之间湿接缝应铺设 1 cm 钢板和 10 号工字钢焊接而成的框架连接板，保证运梁车跨湿接缝时平稳可靠。梁面的垂直钢筋临时打弯以免刺穿轮胎，张拉坑用沙袋或枕木临时填平或用厚钢板盖住。运梁平车在箱梁、T 型梁上行走，必须有两片箱梁连在一起，使车行走在两梁的腹板上。箱梁面必须进行相应的处理，方法是先把两片箱梁翼板钢筋焊起来。

11. 简支变连续

一联各孔的简支梁安装完毕，即可进行梁体的体系转换。将横隔板的连接构造焊接好，保证主梁的横向稳定。现浇桥墩处中横梁混凝土和预制梁间纵向湿接缝混凝土，并确保混凝土的浇筑质量。当中横梁、横隔板、湿接缝混凝土强度均达到设计值后，进行桥面负弯矩预应力张拉及压浆施工，预制梁负弯矩钢束采用两端张拉，左右对称进行，先短束后长束，张拉实行双控，钢绞线单根张拉，锚下控制应为 1 395 MPa，张拉后及时注浆。待混凝土强度达到设计强度的 90%后张拉。桥面板湿接缝混凝土在接头施工完成后进行，混凝土浇筑应从跨中向支点处进行，湿接缝同要连续浇筑，间断时间不得超过混凝土初凝时间。

12. 架桥机试吊方法

架桥机拼装结束后，认真检查拼装接头是否牢固和各构件螺丝是否松动，包括轨道、连接部件、电器安装、电缆线路布置、钢丝绳状况、构架螺栓紧固情况、特别检查卷扬机的刹车运转安全、防护状况等均做认真检查、确信满足使用要求后方可进行下一步工作。

13. 每跨首片梁首片梁稳定措施

每跨首片梁落梁后，用方木将梁端两侧对称支撑，然后吊第二片梁。当第二片 T 梁安装完成后，也按上述要求进行 T 梁的临时支撑，然后立即对两 T 梁之间的横隔板进行部分的加固焊接后，方可拆除吊具吊下一片梁，横隔板全部连接完后，可以拆除临时支撑。横隔板焊接前必须根据施工条件进行试焊，合格后，方可正式施焊，施焊前将连接钢钢筋上的混凝土溅渣、油污和铁锈清除干净。

6.4.6 大跨度预应力连续梁桥施工标准化

1. 挂篮施工总体工艺流程

挂篮悬浇施工步骤如图 6-79。

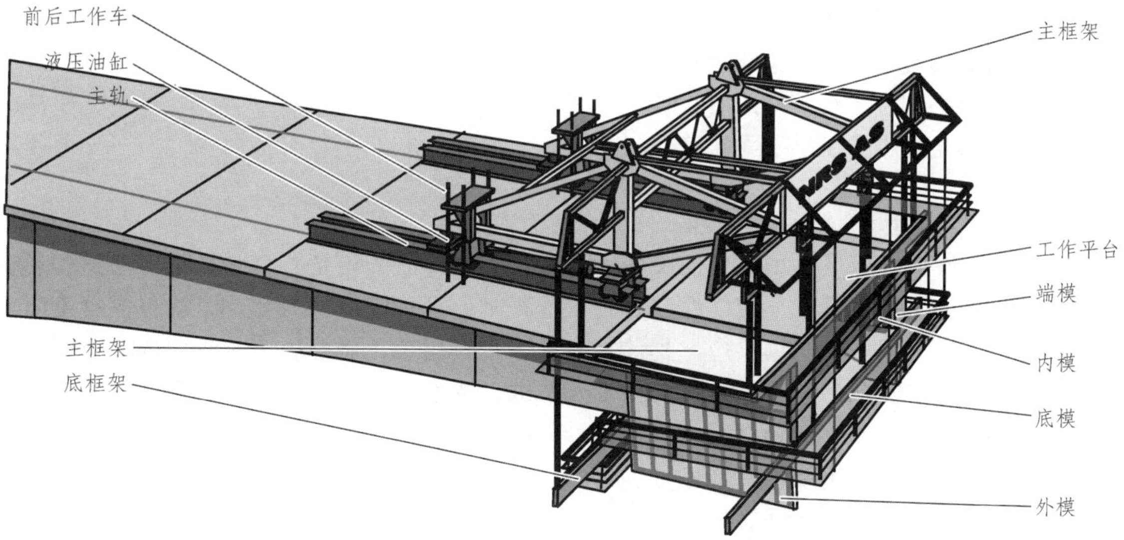

图 6-79 挂篮结构示意图

（1）步骤一：

① 在 0#、1#块上铺设滑道，滑道要垫平并与预埋件锚固。

② 拼装挂篮主桁及横向连接系。
③ 安装后锚梁、将主桁锚固在 0#块上。
④ 安装前上横梁、分配梁及吊挂系统。
⑤ 安装前后下横梁、底模平台、底模及内外模。
⑥ 挂篮前移至 2#块，对挂篮进行静载试验。
（2）步骤二：
① 绑扎钢筋，设置预应力孔道，对称浇筑 2#块混凝土并养护。
② 待梁体混凝土强度达到设计要求后张拉预应力。
③ 松开前后吊挂，使模板脱离梁体 10 cm 左右。
④ 安装挂篮后锚反压装置及牵引设施。
⑤ 松开主桁后锚固，使挂篮整体匀速、对称走到 3#块待浇节段。
（3）步骤三：
① 挂篮走形到位后，调整底模和内外模，绑扎钢筋，安装预应力管道。
② 检查挂篮结构，浇筑 3#块混凝土并养护。
③ 待混凝土强度达到张拉设计要求后，张拉预应力。
④ 松开前后吊挂，使模板脱离梁体 10 cm 左右。
⑤ 安装挂篮后锚反压装置及牵引设施。
⑥ 松开主桁后锚固，使挂篮整体匀速，对称走形到 4#块待浇节段。
⑦ 重复①～⑥步骤，直至其他节段施工完成。
（4）步骤四：
① 15#节段浇筑完成后，搭设边跨直线段支架及模板。
② 对支架进行预压。
③ 绑扎钢筋，设置预应力孔道，浇筑边跨直线段。
④ 挂篮前移到位，浇筑边跨合拢段。
⑤ 挂篮前移到位，浇筑中跨合拢段。
⑥ 挂篮移至 0#块附近，拆除挂篮。

2. 施工准备

施工前彻底清理便道及场地上的障碍物，转移临时停放的设备、材料，确保便道畅通。安排专人检查施工用水管道、用电线路是否工作正常，发现隐患及时整改，确保混凝土浇筑过程中施工用水、用电的连续供应。提前准备施工资料用表，做好施工过程中的记录。提前做好挂篮的临时结构施工设计。对现场施工人员进行技术交底。由试验室对主梁施工的 C55 混凝土及预应力管道压浆材料进行配合比设计并报监理审批，合格后用于工程施工。提前加工主梁施工所需挂篮的钢结构，并做好临时结构的加工验收。提前做好钢筋、钢绞线、锚具等材料的进场工作，保证材料及时进场。

3. 挂篮加工

本挂篮除少数精加工件需外联加工外，其余构件均自行采购和加工。挂篮加工完成后，由质检部、工程部联合按设计图纸和规范要求对挂篮几何尺寸和焊缝质量进行验收并出具相应报告，合格后方能投入使用，验收报告存于质检部备查。

4. 挂篮安装

0#、1#块预应力张拉压浆完毕，底模和部分支架拆除后，即可开始挂篮的安装工作。挂篮的安装要遵循由上到下，由里到外的顺序进行。安装工艺流程见图 6-80 所示。

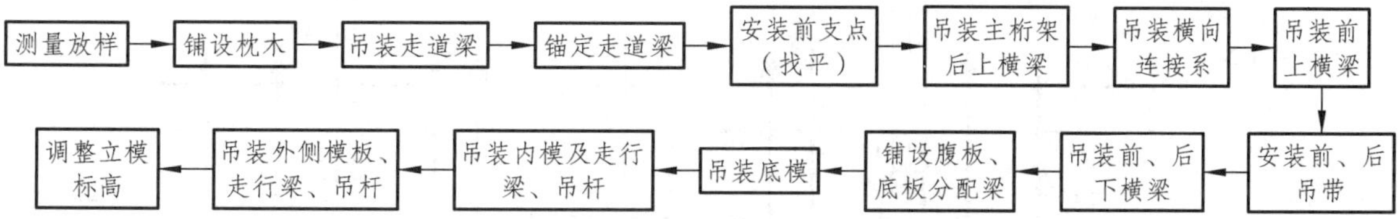

图 6-80　挂篮安装流程

5. 挂篮预压

挂篮预压观测是对挂篮设计、加工、安装质量的一次全面检验过程，是消除挂篮非弹性变形和观测弹性变形量的关键工序，更为重要的是观测数据将作为悬浇施工中箱梁每个节段立模标高的参考依据。保证施工质量和安全。挂篮静载预压前，测点布置分布：挂篮前上横梁与三角大梁连接点（2 个）、三角大梁与立柱连接点（2 个）、后锚固点（2 个），共 6 个测点，具体参见下图挂篮预压测点布置图。

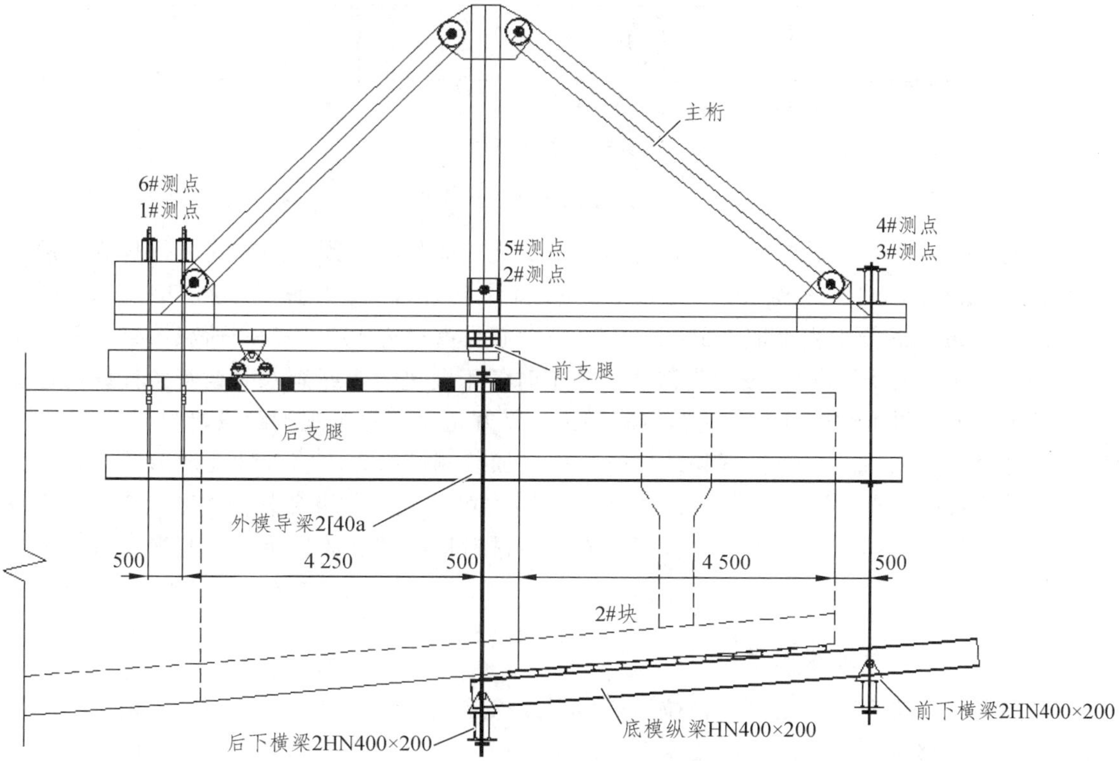

（a）静载试验装置侧视图

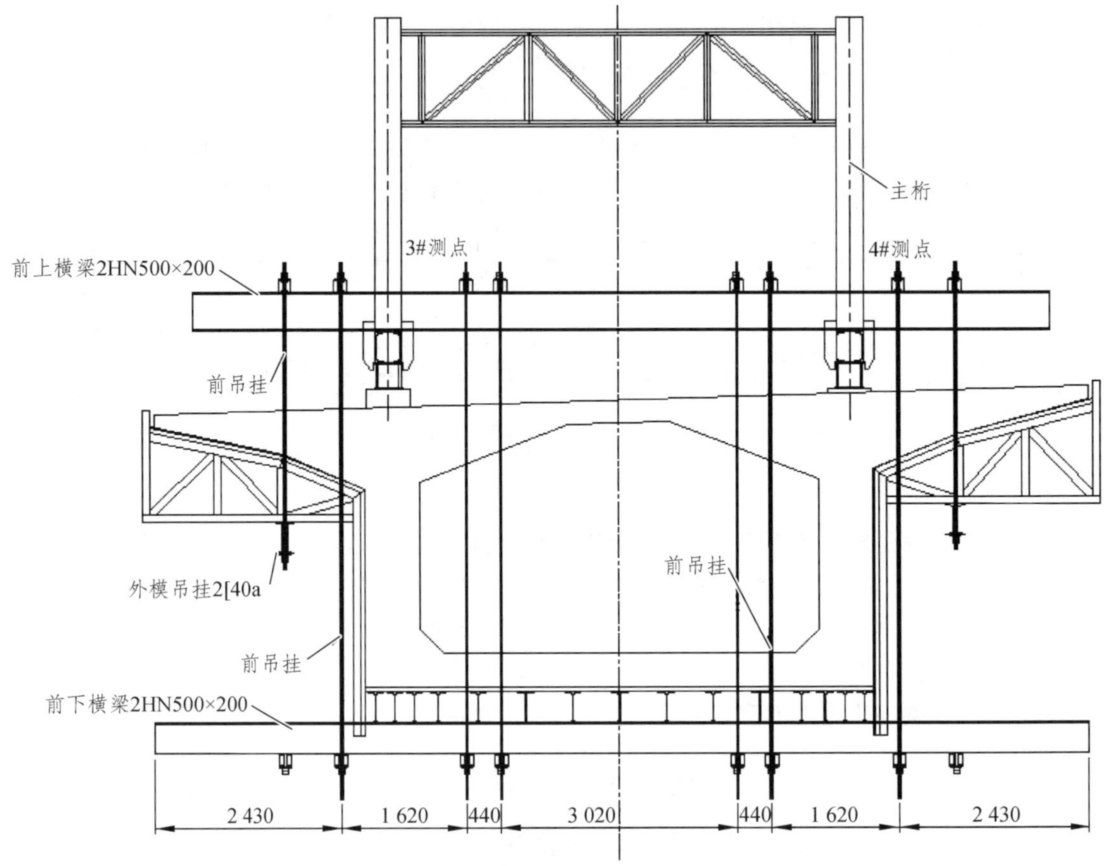

（b）静载试验装置正视图

图 6-81 挂篮预压测点布置图

结合现场实际情况，本挂篮拟采取混凝土预制块“堆载法”预压的方式进行观测。预压块尺寸为 2.1 m×1.2 m×0.4 m，每个预压块重量 2.4 t。经过计算，挂篮最不利工况是在 9#块，混凝土为 66.4 m^3。混凝土容重取 2 600 kg/m^3。最大节段重量为 172 t。预压荷载按最大节段重量 1.2（207t）进行试压，预压按照类似悬浇施工时各工况进行。必须及时检查各杆件的连接情况和工作情况，预压时逐日对其进行沉降观测，做好记录，每个观测阶段要观测至少 2 次，及时做出是否继续加载的判断，试验结果应整理出加载测试报告，将弹性变形值及非弹性变形值的测量结果用于指导施工。满足 24 小时以上时方可卸载。分级卸载，并测量变形，记录数据。交工程部编写挂篮预压观测报告，形成书面材料报监理、监控单位，此报告将作为指导施工的重要依据。

6. 挂篮移动、调整及锚固

前段混凝土浇筑完毕，预应力张拉结束后，放松后锚系统，用千斤顶顶起主桁架。利用液压系统将轨道移至下一梁段。前段混凝土浇筑完毕，预应力张拉结束后，拆除内、外对拉螺杆，放松挂在前横梁上的吊带，松开后部悬吊轮、悬吊架内吊杆固定螺栓，并使得内、外滑梁落在悬吊轮上。利用 2 只 10 t 葫芦分别吊住后下横梁两端正对外滑梁的部位，上部挂在外滑梁上，然后再拆除后下横梁上所有之吊带。顶起前滑座，安装行走滚轮，用液压行走机构或 10 t 葫芦牵引两片承重架前端，同步移动挂篮承重架、外滑梁、外模系统及底模至下一节段。锚紧后锚系统，固定底篮前、后横梁之吊杆，拆除或放松吊底篮的手拉葫芦，安装悬吊架，待箱梁钢筋绑扎完，预应力套管就位后，调整内模到位。挂篮在悬浇完一段箱梁，混凝土强度达到 50 MPa，预应力筋张拉完毕后，采用液压行走机构（手动牵引前移采用 2 副 10 t 链条葫芦）缓慢均匀地牵引两片主桁架向前移动，同时通过前吊带带动底平台和外模沿滑梁向前滑动。

挂篮走道安放位置要准确，接头处要平齐无台阶。挂篮前移利用千斤顶牵引前行，上下游要保持同步，两悬臂挂篮要基本上对称前移，走行过程中要注意挂篮中线及走道方向的观测，发现偏位后及时纠正，确保挂篮到位时偏移值不超过施工工艺要求。挂篮空载走行时两主桁行程差不得超过 10 cm，到位时不得大于 5 mm，每套两个挂篮行程差不得超过 500 mm，前端伸臂上严禁站人和堆放机具材料等。挂篮走行到位后立即进行锚固。挂篮走行到位后，尽快将后锚锚固好，拆除滑移设备，前支点加垫块垫实，安装并拧紧后锚设备，利用边吊带将挂篮提升，中吊带将挂篮收紧，调整底模位置及标高，调整外侧模。挂篮调整及锚固：挂篮就位后，先将底平台后锚安装转换至梁体上，然后通过测量仪器进行中线、高程测量、定位，通过千斤顶进行标高调整，经过检查确定合格后，最后进行全面锚固。

从浇筑节段脱模至待浇节段立模，挂篮操作如下：先同步放松外侧模前后吊带、倒链配合拆除外侧模板，同步松放挂篮前后钢吊带，均匀落下底平台。放松支撑内模桁片的内滑梁，松卸后锚固装置，用千斤顶顶推挂篮支点使整个挂篮沿走道梁进入下一段工作位置。走行到位后安装后锚固装置，抄死前支点并调平大梁，均匀收紧外侧模前后钢吊带及挂篮前后吊点钢吊带，同时测量配合调整外侧模及底平台标高，使之符合设计要求。

采用色拉油作为脱模剂。模板棱角及拼接处，用玻璃胶做成腻子刮平，打光，涂脱模剂。端模开孔必须保证波纹管孔道位置准确，线型符合设计要求，应保证伸出模板的波纹管完好，以便与下一段波纹管联结。端模采用 6 mm 厚钢板，并在钢筋对应位置切成梳齿状，以保证钢筋的定位准确。梳齿孔的尺寸大于钢筋直径 2 mm 为宜，以便于钢筋定位且能防止混凝土漏浆。挂篮移动就位后，应通知安全部门及监理，对挂篮的锚固系统、吊挂系统及走行系统等进行全面检查，对有问题的构件要及时更换或维修，检查合格之后方可进行下一步的施工。

7. 钢筋工程

钢筋加工、绑扎、接头等项应符合《公路桥涵施工技术规范》（JTG/T F50）的有关规定。钢筋及预应力筋安装施工顺序：安装底板钢筋→安装腹板钢筋→安装腹板预应力管道及竖向预应力筋→安装顶板钢筋及纵向预应力管道、横向预应力束→验收合格后进入下一道工序。

8. 预应力管道（孔道）施工

预应力管道的位置是梁体钢筋安装中的关键控制点，在安装工作开始前，要编制各断面处预应力管道的方面控制要素，按 50 cm 间距计算各束钢绞线的中心位置并按计算结果设置定位网（曲线位置应当适当加密），采用 ϕ12 钢筋焊接成#字形框架，并与主筋骨架固定，控制波纹管的位置。锚头垫板（喇叭管）与螺旋筋中轴线垂直，并预先焊好。锚头垫板要求采用螺丝钉与端头板固定，以保证垫板与管道垂直。

9. 混凝土浇筑

混凝土配合比的选择，应根据设计的混凝土强度等级、箱梁张拉强度、龄期、弹性模量及混凝土施工性能、初凝时间的要求进行，并应符合合理使用材料和经济的原则。梁体混凝土设计强度 C55，混凝土配制要求：坍落度 18 ~ 22 cm，坍落度损失 1 小时不大于 2 cm。混凝土在集中拌和站拌和，拌合过程中，混凝土的配料宜采用自动计量装置，各种衡器的精度应符号要求，计量应准确，计量器具应定期标定。混凝土拌合物应搅拌均匀，颜色一致，不得有离析和泌水现象。掺加外加剂时宜以稀释溶液加入，搅拌完毕之后，应对拌合物坍落度及其损失等进行检测。混凝土在拌和站集中拌和，选用建投圆宝山拌和站商品混凝土。采用混凝土搅拌运输车运输，现场采用混凝土输送泵进行泵送。项目部成立混凝土运输保通小组，与拌和站建立微信管理群，实时监控混凝土运输状况，后台认真组织搅拌运输车发车，密切关注混凝土运输过程中的路况，以保证混凝土浇筑连续性，必要时需减少混凝土搅拌运输车的发车时间间隔。

主桥挂篮悬浇采用混凝土汽车泵进行浇筑，每个主墩设置一台泵车，每个主墩沿墩柱方向设置两排泵管（一排为备用），箱梁顶部在泵管上设置三通管沿两边平衡浇筑。在混凝土浇筑前，对模板、钢筋、预应力管道、预埋件及挂篮预留孔位置等按设计要求和施工规范进行检查验收，并办理签证手续后，方可开盘浇筑。模板内的杂物和钢筋上的油污应清除干净。穿好波纹管内的衬管后，波纹管应全部检查一遍。如有破损及时进行修补，防止漏浆。由于箱梁段混凝土的数量较多，浇筑的时间较长，应核对混凝土的初凝时间并确保其浇筑速度。

混凝土浇筑顺序，采用分段分层法；浇筑顺序是由下而上，由低向高进行，先底板，再腹板，最后顶板。

混凝土浇筑作业的下料方式，由于梁段较高，底板中钢筋布置不多，混凝土采用混凝土泵送，布料管直接下料或箱梁底板处主要靠两端安装滑槽送入混凝土，或在桥面板上开洞用漏斗下料；分层浇筑，层厚约 30 cm 及时振捣，严禁以腹板作溜槽浇筑底板混凝土。与底板相连的梗肋及腹板部分混凝土，由于振捣会引起梗肋下部翻浆，致使此处混凝土质量欠佳，易出蜂窝、麻面、露筋等缺陷，故应加强振捣。因腹板高度大，厚度薄且钢筋密集，混凝土入模困难，按规定箱梁腹板可通过减速漏斗、串筒下料，可防止混凝土因下料高度超过规定而造成离析。下料必须均匀，及时用插棒振捣，以防止碎石堆集一起，而水泥浆又集中表面的情况出现。对于腹板下料高度超过规定时，应考虑采取防止混凝土下料而造成离析的措施。

混凝土浇筑完后的工作：找平箱梁底板上混凝土，将内侧模下端水平模板端沿清理露出，用泥抹子刮出一条缝隙以利脱模。混凝土浇筑完后，指定专人清除桥面的锚支承板上混凝土，以利张拉。检查压浆管是否正常，否则应及时处理。抽掉波纹管内的衬管，对波纹管进行清孔，通孔检查。及时加强养护，防止表面裂纹的出现。

10. 混凝土养护

混凝土浇筑完毕后转入养护阶段。夏季施工时，采用洒水养护。冬季施工时，由于当地内外温差较大，在施工中采用保湿蓄热法养护，模板外侧采用保温帆布封闭包裹。拆模时选择在温度比较高的时间段，拆模过程中保持洒水养护，拆模后，涂抹养护液进行养护。混凝土养护在混凝土表面压实后进行。在混凝土浇筑到外露表面后，即派人对混凝土表面用木抹子抹面，然后用铁抹进行压实收光，避免水分过快散失出现干缩裂纹。边浇筑边收面，直到整个混凝土浇筑全部完工。

11. 挂篮脱膜

脱模的强度要求：箱梁端模不低于设计强度的 30%；内模不低于设计强度的 75%。混凝土达到以上强度的时间，应由施压试件决定并能保证其表面及棱角不致因拆模而受损坏，承重模板以其混凝土能承受自重及叠加荷载时方可拆除。脱模顺序：端模→腹板内模→顶板内模→外模→底模。脱模时混凝土表面温度，箱内温度与外界气温之差不宜大于 15 °C。脱除模板时，应注意严禁损坏混凝土的棱角，拆除顶板时，注意不得撬坏孔道口边缘。混凝土表面的止浆条、胶带纸、堵缝材料等应及时处理干净，所有混凝土表面缺陷，梁段台阶均应找平补强，保持梁体表面光亮、清洁和美观。

12. 预应力张拉

预应力张拉采用智能张拉系统。预应力筋张拉采用张拉力与伸长量双控，以张拉力为主，实际伸长量与计算伸长量差值控在±6%以内，张拉时混凝土强度必须达到设计规定强度以上，张拉步骤严格按照设计或规范要求进行。对伸长量不足的查明原因，采取补张拉措施，并观察有无滑丝、断丝现象，作好张拉记录。

预应力筋张拉程序。纵、横向预应力张拉操作：0→初张拉力 P_0（总张拉吨位的 15%）→持荷 5 min（测量伸长量）→张拉至总张拉吨位 P→持荷 5 min→测量伸长量→回油→测量伸长量→锚固。竖向预应力精轧螺纹钢筋采用二次张拉工艺，第一次张拉至设计应力，间隔 24 h 后再二次张拉至设计应力并压浆。张拉过的精轧螺纹钢筋必须用红油漆做标记，防止漏张。精轧螺纹钢筋张拉到位后采用厂家配套的测力扳手拧紧。竖向预应力精轧螺纹钢筋张拉操作：初张拉力 P_0（总张拉吨位的 15%）→测量伸长量 δ_1→张拉至总张拉吨位 P→锚固→间隔 24 h→0→0.5P→张拉至总张拉吨位 P→锚固。

13. 预应力压浆及封锚

预应力钢绞线张拉完毕后，孔道应及时进行压浆，且应在 48 h 内完成。所有的预应力管道均采用真空循环压浆。

14. 合龙段监控及桥面标高确定

不同的施工方案，即不同的施工顺序、合龙方案和合龙温度等，不仅影响施工控制的预拱度的设置，而且还影响箱梁的安全，特别是要重点监测在边跨托架上的梁段。监控单位会加强监控，根据合龙前施工实际情况以及影响合龙的各种参数（温度、配重、合龙口轴向的预顶等），精心预测合龙温度并且把握好合龙时机。

（1）合龙前的准备工作及桥梁状态监测。

桥梁的位移及内力是通过预埋在桥梁结构上的位移测点、应变测点、温度测点等的测量得到的。环境温度也通过架设在桥梁周围的测点测量得到，这些测点在悬臂施工时期已经埋设完毕。

① 配重。

在跨中合龙段两侧进行配重，配重根据设计要求和现场施工确定，对配重后桥梁的变形及关键截面应力进行监测，记录施工荷载的作用点及大小。

② 吊架或挂篮就位。

在合龙前施工吊架或合龙段挂篮就位后，在钢筋施工的同时，应对桥梁的结构内力、温度状态和荷载进行观测。观测悬臂梁段顶面的高程状态；监测合龙口两端高差情况（合龙段两端高差不得大于 20 mm）。骨架连接前，对环境温度和混凝土箱梁体内温度进行连续观测，得出一天内两者变化规律，并密切注意气后变化情况。

③ 顶推施工。

由于顶推施工将桥墩向边跨方向预偏，以抵消体系转换、混凝土收缩徐变引起的单向位移，使桥墩受力趋于合理。可以使桥梁受力状态更为合理。在中跨合龙段劲性骨架锁定前，应对顶推过程中桥梁的截面内力及位移变形情况进行适时监测，尤其是桥墩墩顶的水平偏移和墩顶截面应力及是否出现裂纹的观测。记录顶推荷载与墩顶偏移量的对应关系并适时做出分析。

④ 劲性骨架的焊接及合拢。

在合适的气温下，将合龙段刚性支撑一端锁死。合龙劲性骨架连接完成后，为对超静定的体系结构内力变化有所掌握，应抽取个别关键截面的应力情况。由于此时临时固结未解除，桥梁上施工荷载没有变化，箱梁截面应力变化值应该不明显。劲性骨架连接牢固、吊架紧固后，随着混凝土浇筑方量的增大，应适时观测合拢口两端箱梁截面的高程和位移，证实配重卸载的同步性。

⑤ 合拢后预应力张拉。

当合龙段混凝土强度达到设计强度的 100%时，张拉边合龙段预应力筋。在合拢首批张拉阶段，由于预应力钢束的强大作用，箱梁部分截面应力发生较大改变，张拉过程中，关键截面的应力和关键桥面高程点应得到监控，应密切关注是否有裂纹产生、锚固齿块是否有开裂现象。在首批张拉后，临时固结将进行解除，在此过程中桥梁体系转换使主梁内力重新分配，关键截面应力发生改变，应对其进行监测。

（2）合龙段顶推。

通过施加适当的顶推力，顶推施工将桥墩向边跨方向预偏，以抵消体系转换、混凝土收缩徐变引起的单向位移，使桥墩受力趋于合理。可以使桥梁受力状态更为合理。顶推时以水平推力控制为主，以墩顶位移量控制为辅。

① 测量控制点布置及观测。

顶推时，主要进行轴线及标高的测量，观测顶推后对箱梁轴线及标高的影响，并防止因受力不均而引起轴线有较大偏差。

② 顶推力逐级施加。

准备工作完毕后，开始施加顶推力。顶推力分 3 级加载，第 1 级加载采用顶推力的 30%，第 2 级加载采用顶推力的 80%，并与第 1 级加载值相比较，如无明显偏差则开始进行第 3 级加载，第 3 级加载采用顶推力的 100%，当第 3 级加载完毕后测量边墩偏位，并与设计值进行对比，分析满足要求后马上将钢筋骨架焊死。

③ 合龙段混凝土浇筑。

顶推施工完成后，马上提起吊架底篮，进行正常的钢筋、模板等的施工，在晚上温度比较稳定并接近设计合龙温度时，进行合龙段混凝土浇筑。

（3）桥面标高的确定。

桥面标高的确定应根据合龙后主梁的实测线形与内力，在保证 95%以上的标高控制点位满足铺装层设计厚度的要求（混凝土厚度不小于 8 cm），同时考虑到结构后期的受力状况，对实测的桥面标高进行拟合，已确定最优的铺装标高。

15. 合龙段施工

（1）合龙段施工工艺流程。

体系转换是悬浇施工中的一个重要环节，其施工质量对成桥的质量有较大影响。为此合龙段的施工应周密组织，精心施工，控制合龙段的施工误差，使其满足设计的受力要求和保持梁体线形。

体系转换步骤为：解除边墩支座锁定→边跨合龙段施工→边跨预应力张拉→解除边跨临时固结→中跨合龙段施工→中跨预应力施工→解除中跨临时固结→完成连续梁体系转换，结构体系由两个单跨静定悬臂梁转换为一个三跨超静定连续梁。合龙段施工工艺流程详见图 6-82 合龙段施工工艺流程图。

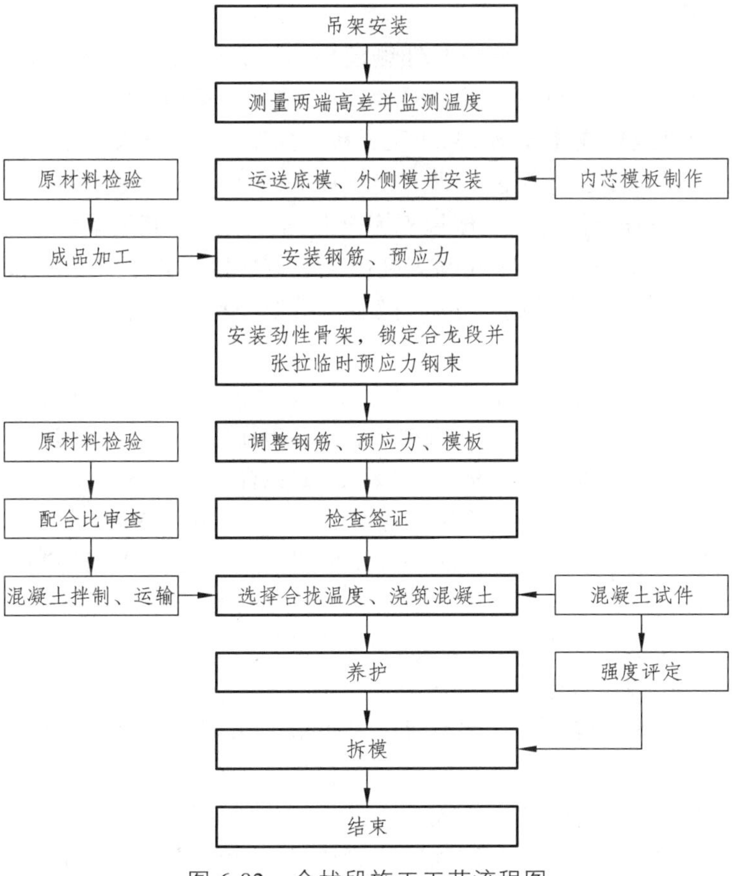

图 6-82　合拢段施工工艺流程图

（2）主要施工方法。

全桥箱梁合龙由边至中进行，即先合龙边跨，最后同时合龙中跨，边跨合龙段、中跨合龙段利用挂篮的外侧模导梁及底板横梁将底模、侧模系统整体前移到位，并用精轧螺纹钢将侧模导梁及底板横梁锚固在已浇筑块段的顶板及底板混凝土上。为保持混凝土灌注过程中梁体受力不变，在边跨合拢时在两端各预压重量等于合拢混凝土重量一半的混凝土预制块，随混凝土的灌注分级卸载靠近合龙段的预制块（保留远端的预制块）；在中跨合拢时在主墩两端预压重量等于合拢混凝土重量一半的混凝土预制块加压，随混凝土的灌注同步分级卸载四个位置的预制块，确保合拢始终处于一个相对稳定的状态下施工，确保合拢段施工质量。

① 合龙段吊孔埋设。

合龙时预埋外侧模导梁及底板横梁吊孔：边跨现浇段和各墩 15 号块的顶板吊孔埋设 4 个，底板吊孔埋设 4 个，距离端部 50 cm。

② 合龙段劲性骨架铁板埋设。

为后期边跨合拢段施工需要，在施工边跨现浇段和各墩柱的 15#节段时需预埋劲性骨架铁板，其中顶板埋设 3 块，底板吊孔埋设 3 块，铁板边埋设距离端部 30 cm，预埋钢板尺寸为 85 cm×40 cm×2.4 cm，下方焊接 5 道 C32 锚固螺纹钢，劲性骨架的锁定按又撑又拉的原则进行设计，劲性骨架预埋钢板预埋时充分估计施工误差，控制高程及平面位置，尽量使合龙时预埋槽钢在一条直线上。

③ 合龙吊架安装。

吊架结构，采用挂篮自身底、侧模及外侧模导梁、底板前后横梁体系作为合拢段施工吊架。在边跨直线段或连续梁 15#块段上设置预留孔，挂篮悬臂施工完成后，首先，挂篮外侧模导梁伸到对面的边跨直线段或连续梁 15#块段，利用预埋孔将导梁锚固；然后，把底模前后横梁用精扎螺纹钢和倒链固定在外侧模导梁上使之成为一体，解开挂篮前上横梁所有吊杆及底模横梁 4 个吊杆，此时挂篮已与底、侧模板完全脱离；最后，利用手拉葫芦将底、侧模整体前移至合拢段位置，用吊杆通过预留孔锚固到已浇筑直线段或连续梁 15#块段的顶、底板上。吊架安装完毕，应检查各连接部位应牢固、稳妥，吊架经检查签证后方可投入使用。

④模板安装。

合拢段侧模、底模采用挂篮自带模板，内模面板采用 15 mm 厚竹胶板，背楞为 10 cm×10 cm 方木，间距 30 cm，防止混凝土浇筑时侧模滑移，造成跑模，内外侧模加固时采用 ϕ16 对拉拉杆，拉杆纵横向间距 90 cm×50 cm，拉杆背楞为双 ϕ48×3 mm 钢管通过蝴蝶卡锁定，外侧模另设 2 层对拉杆。箱室内架采用 ϕ48×3 mm 钢管搭设，立杆纵横向间距 90 cm×90 cm，横杆步距 120cm，立杆底部设 ϕ20 钢筋，钢筋下方设混凝土垫块，钢筋上部横向点焊两根短钢筋，作为钢管底部的承重点，横向短钢筋要求不低于箱室内底板顶面。箱室内倒角处通过钢管斜撑顶牢。详见图 6-83 合龙段模板示意图。

⑤ 钢筋绑扎、安装波纹管道。

钢筋按要求进行下料，成型后挂牌编号分类堆放，需要钢筋时用吊车吊装至桥面，人工进行绑扎；先安装底模和端头模→绑扎底板、腹板钢筋→底板波纹管道、腹板波纹管道→绑扎顶板底层钢筋→安装预应力管道→绑扎顶板的上层钢筋。预应力管道与构造钢筋位置矛盾时，可适当移动构造钢筋的位置，保证预应力管道按设计位置定位，并采取加设定位钢筋等措施，保证预应力管道在混凝土浇筑的过程中不移位。

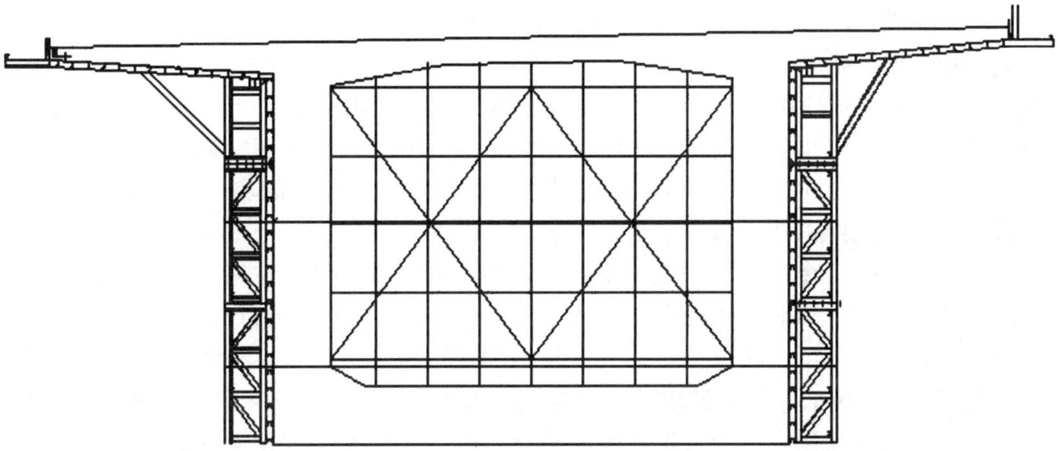

图 6-83　合龙段模板示意图

⑥ 合龙段劲性骨架施工。

预应力混凝土连续梁悬臂施工时，在合拢段的施工过程中，考虑到昼夜温度变化、新浇混凝土的早期收缩、已完成结构混凝土的收缩徐变、新浇混凝土的水化热的影响、结构体系的变化以及施工荷载等因素对尚未达到强度的合龙段混凝土的质量造成直接影响，成为结构的重要环节。因此，施工中必须高度重视合龙段的结构措施，使合龙段与两侧梁体保持变形协调，在施工过程中能传递内力，确保工程质量。

⑦ 混凝土施工。

合龙段高度 2 m，长 2 m，单侧混凝土方量为 21.8 m^3（边跨合龙）、21.8 m^3（中跨合龙）一次性浇筑。先浇筑底板部分，再浇筑腹板部分，最后浇筑顶板部分。合龙前清除 T 构上不必要的施工荷载，使全桥 T 构处于相对平衡状态。详见图 6-84 箱梁断面分块示意图。合龙温度选择在一天中温度最低的时段进行。合龙时间宜选在日照温差小的阴天或温度变化幅度较平稳的时间段进行。大致是午夜合拢锁定，凌晨开始浇筑混凝土。

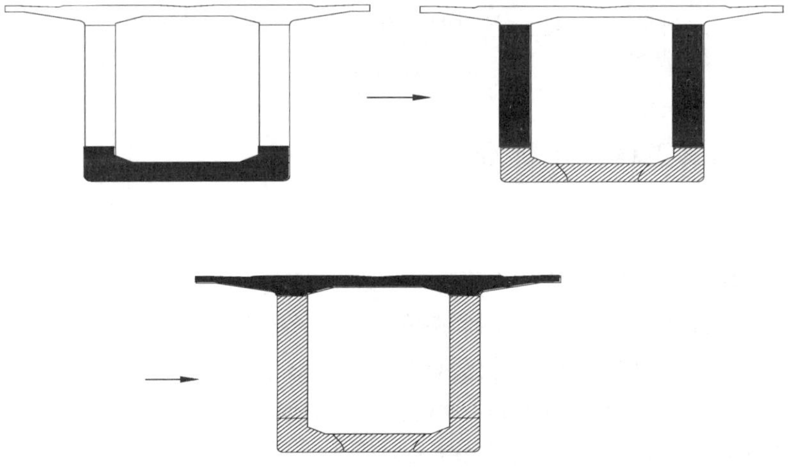

图 6-84　箱梁断面分块示意图

箱梁混凝土的设计为 C55 的高性能微膨胀混凝土，为了减小收缩、徐变对梁体的影响，在混凝土施工配合比设计时严格控制水泥用量，并保证混凝土的弹性模量达到 100%要求混凝土施工采用分层进行浇筑，每层厚度约 30 cm。

（3）边跨合拢段施工。

首先完成挂篮悬浇段施工和前后台侧现浇段施工。然后将边跨端挂篮推进至边跨合拢段，中跨端挂篮位置不变。预先在边跨和现浇段箱梁施工时预留底模和侧模锚固孔，利用挂篮吊带将挂篮底模和侧模锚固在两侧已完成的箱梁上，作为合拢段施工的底模和侧模。

边跨合拢段施工配重在主墩两端进行，配重重量为合拢段混凝土重量的一半，配重采用橡胶水袋储水加压。合拢段锁口采用外施劲性骨架，劲性骨架设置在箱梁底板和顶板上，共六组，每组有两根[36b 槽钢双拼组成。按照规范规定，在当天温度最低时将型钢焊接在 15 号块和现浇段的预埋钢板上，完成锁定。首先精确固定边跨合拢段底模板和外侧模板。然后绑扎底、腹板钢筋，安装底、腹板波纹管，立合拢段内模，绑扎顶板钢筋和波纹管并穿合拢束。合拢段混凝土浇筑时间选在一天气温较低时进行。混凝土施工中配重逐级卸除，且浇筑混凝土的重量与卸除配重的重量相等，使合拢段始终处于相对稳定状态。合拢段混凝土强度达到设计强度的 90%，龄期不少于 5 天且混凝土弹性模量达到设计的 100%时，开始进行预应力束张拉，边跨预张拉合拢束 B1 ~ By 及边跨合拢索 H1 ~ H3。

（4）中跨合拢段施工。

预先在边跨及中跨时预留底模和外侧模锚固孔，利用挂篮外侧模导和下横梁将挂篮底模和侧模锚固在两侧已浇筑的箱梁上，作为合拢段施工的底模和侧模。

16. 挂篮拆除

箱梁悬臂梁段施工完毕后，进行挂篮结构拆除。待边跨合拢段浇筑完成后，先拆除左幅 3#墩及右幅 4#墩挂篮，待中跨合拢段浇筑完成后拆除余下挂篮。拆除顺序为：箱内支架→侧模系统→底模系统→主桁架，吊带系统及行走锚固系统在其过程中交叉操作。箱内拱顶支架采取拆零取出，侧模、底模系统采用卷扬机整体吊放，主桁架采取先退至墩位附近再利用吊机进行拆零。合拢段不用的内模、走行梁，在合拢段施工前拆除，余者可从两端梁的出口拆除；主构架及前上横梁可整体移至吊车范围内或者合拢后用吊车先拆除前上横梁，再拆除主构架连接系，最后分片拆除主构架。主构架拆除时每片主构架两侧用倒链稳定，分片拆除。拆除轨道及钢枕。

6.4.7 桥梁附属工程施工标准化

1. 现浇端、中横隔板施工

按照设计图纸连接梁体预留端、中横隔板钢筋，注意连接钢筋前，先对预制梁两端的横隔板进行凿毛，对钢筋进行焊接，保证焊缝长度和焊接质量。现浇端、中横隔板的模板采用竹胶板，侧模加固用对拉螺杆套 PVC 硬塑料管拉紧，底模以方木横担在桥面翼缘板上用两排螺杆兜底吊住底模，拧紧螺杆保持模板与预制梁横隔板密贴不漏浆。现浇横隔板混凝土时要注意，由于现浇横隔板部分钢筋过密，混凝土振捣困难所以采用振动棒 30 型振动棒，混凝土达到初凝后要及时养生，以防止气温过高引起混凝土面开裂，影响混凝土质量。中横隔板混凝土的浇筑高度与湿接缝平齐及 T 梁翼缘板底平，严禁浇筑过高或过低，影响后续湿接缝施工钢筋的帮扎和混凝土浇筑。

2. 湿接缝施工

湿接缝钢筋绑扎时，要把预制梁翼缘板处的混凝土凿毛，环筋与预制梁钢筋搭接部位采用绑扎和单面焊交替进行，每个环筋自行封闭处必须焊接。绑扎和焊接要牢固，然后穿纵向钢筋。湿接缝模板采用宽度 80 cm 竹胶板（湿接缝宽度 60 cm，两边各搭接 10 cm），纵向背楞用 5×5 方木，间距 40 cm，横向背楞为 5×5 cm，间距为 80 cm，顶板上用两排螺杆兜底吊住龙骨，横担方木为 8×8 方木，单根长 120 cm，间距为 80 cm，拧紧螺杆保持模板与预制梁翼缘密贴不漏浆。湿接缝吊杆的长度为 0.5 m。现浇连续段及湿接缝为 C50 混凝土，采用拌和站集中拌和，混凝土罐车运输，输送泵将混凝土垂直运输到梁面，然后采用手推车配合。浇筑混凝土时，振动棒振捣要均匀密实，要防止漏振、过振，要保证层与层之间的联结。混凝土在浇筑完毕达到终凝后，混凝土表面应加以覆盖，洒水养生，保持混凝土表面始终处于潮湿状态。混凝土在拆模时应注意模板碰撞混凝土表面，防止发生掉块、掉角或擦伤混凝土表面现象。拆模时桥下应设专职安全员，防止模板坠落造成人员伤害。

3. 现浇连续段施工

现浇连续段作为装配式简支组合连续梁最重要的一道工序，承受着最大负弯矩及最大剪力，为连续梁的危险截面，施工中必须引起足够的重视。施工中严格按照设计和工序要点精心操作，加强检查控制。预制 T 梁安装前必须先进行梁端部凿毛，将接触面浮浆凿除，露出新鲜混凝土和石子，周边保留 2 cm 以保证接缝线型顺直。梁的安装应按照测量和设计位置准确就位，从而保证现浇部分的宽度尺寸准确。

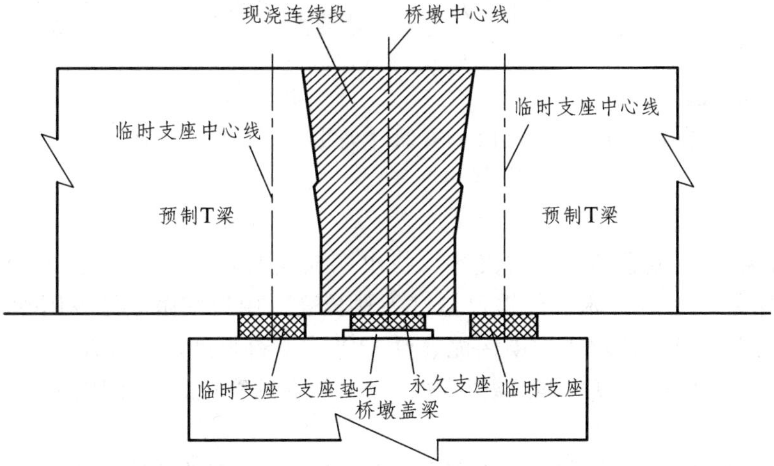

图 6-85　T 梁体系转换及临时支承示意图

清理墩顶垫石表面，用坐标放样法放出支座中心轴线，将支座准确就位，然后在支座上按设计尺寸规格安装钢板，钢板上焊接锚固筋（锚固筋可在预制梁主筋安装就位后再焊接，以免影响主筋）。支座钢板安装时要特别注意不得使支座移位。支座钢板安装好后检查支座位置，然后铺底模板，严格控制标高。底模板用竹胶板制作，方木和木楔支垫固定，便于拆除。支座钢板直接作为一部分底模，但必须注意四周密封，不得漏浆。安装支座钢板四周模板时，应注意坡度，保证墩顶现浇连续段预埋钢板中心外露 1.5 cm。现浇连续段钢筋安装要与预制梁预留钢筋一一对应整齐，对钢筋进行焊接，保证焊缝长度和焊接质量。预留主筋搭接长度不够的或不能接上的，一律采用帮条焊接。其余梁体周边预留伸出的普通分布钢筋全部调直采用搭接绑扎，搭接长度满足设计要求。钢筋安装完成后用塑料波纹管专用连接器连接负弯矩波纹管，按照实际连接长度下料，尤其注意接头位置的包裹和密封，钢绞线采用先穿入孔道内，混凝土初凝前来回拉动钢绞线，防止漏浆粘接。现浇连续段模板采用竹胶板，外形尺寸与预制梁外形保持一致，以便密贴。贴梁体的模板用短钢管带顶托相互顶死，侧模用对拉螺杆套 PVC 硬塑料管拉紧。各个模板接缝处用碎双面胶带粘牢，以防止混凝土振捣过程中漏浆而影响预制梁的外观质量。

4. 负弯矩区预应力施工

（1）施工材料准备。

预应力钢筋采用 ϕ15.2 高强度低松弛钢绞线，抗拉强度标准值 f_{pk}=1860MPa，钢绞线弹性模量为：E_p=1.95× E_p=1.95×10^5 MPa。钢绞线出厂时附有质量证明书，并在每卷上挂有标牌，进场时进行检查，预应力锚具出厂时附有质量证明书，使用前应进行外观及尺寸检查，并抽取进行硬度试验。使用过程中应检查夹片有无裂纹及齿形有无异样，不合格品不得使用。锚具应存放于干燥房间的包装箱内。波纹管的规格为 70 m×25 mm，波纹管要核实内径后，方可进场。

（2）机械准备情况。

油泵采用 ZB-500 型 2 台，千斤顶平用 YCW250 型 2 台。智能压浆设备 1 套。其他设备：砂轮切割机 4 台；电焊机 2 台等。张拉设备应定期进行标定，一个千斤顶只允许对应一个压力表，不允许随意使用压力表，而且压力表必须定期进行标定。

（3）施工工艺。

① 施工工艺流程。

穿束→安装锚垫板、夹片、限位板→安装千斤顶、工具锚垫板、夹片→负弯矩钢绞线张拉→孔道压浆。

② 下料。

用型钢做成框架把成卷的钢绞线夹紧，找出钢绞线的内圈线头，把线头抽出，人工在前面拉，开始放钢绞线；用 50 米长的钢尺量好下料长度，用粉笔做记号；用砂轮切割机切断；钢绞线下料场地应干净，并防止沾染污泥、油脂等，下料长度误差控制在±10 cm。下好料的钢绞线按筋束位置编好束，以防钢绞线打绞，如不能立即穿束，则需用防水雨布盖好。

③ 布管。

配好每号管道的波纹管接头管数量；用直径大 3 mm 同型的波纹管作接头管，用封箱胶纸密封接头处，因为要浇筑墩顶现浇连续段，所以密封十分重要，以防止在浇筑现浇连续段时发生渗漏。

④ 穿束。

负弯矩孔道狭小，穿束困难。穿束工作在墩顶纵接头混凝土浇筑前进行，将钢绞线端头位置合拢，并用胶带纸缠紧，以利于穿束通过，通过后检查钢绞线是否有交叉现象，并理顺，防止张拉时因钢绞线交叉造成应力集中。因为负弯矩张拉槽位于 T 梁翼板下方，在浇筑纵向现浇湿接缝时在负弯矩张拉口处预留一段长度为 1.85 m 的空隙不进行混凝土浇筑，在穿束时将翼板钢筋掰开，用安全吊篮悬挂在翼板钢筋之上，施工操作人员站在安全吊篮上，施工操作人员要佩戴安全帽和安全带，安全带的安全扣要扣在翼板钢筋上。

⑤ 安装锚垫板及夹片。

当墩顶混凝土强度及龄期达到设计规定要求后，开始准备张拉工作，安装锚垫板及夹片，将工作锚垫板自钢绞线端部套在钢绞线上并推至喇叭管处，对中至口固定，安装完锚垫板后应保证钢绞线外露 50 cm 工作长度；夹片安装，先用胶圈把每付夹片箍在一起，然后沿钢绞线将其推入锚板的锥孔中，用手推不动为止，再用钢管捣实。

⑥ 安装限位板、千斤顶、工具锚垫板、夹片。

在此过程中应注意同轴对中。

⑦ 负弯矩束张拉、压浆。

现浇连续段混凝土强度达到 100%及养护龄期不小于 14 天后方可张拉负弯矩钢束。张拉采用两台智能千斤顶单根两端同时张拉。张拉顺序为 N_1（一次张拉到控制应力的 100%）→N_2（一次张拉到控制应力的 100%）。对于 1 个墩顶的 5 片梁（编号为 1、2、3、4、5），张拉顺序为 3 号梁→2、4 号梁→1、5 号梁。安装锚环前先检查喇叭口和齿板混凝土是否密实、是否存在空洞，否则必须注浆（环氧树脂砂浆）弥补，限位槽内混凝土、水泥浆必须清除干净锚环安装在限位槽内，然后安装夹片，打紧器打紧，然后安装千斤顶和工具锚。工具锚和夹片要打蜡便于退顶松锚。

⑧ 封锚。

孔道压浆后应立即将水泥浆冲洗干净，同时清除支承垫板、锚具及端面混凝土的污垢。封锚在压浆后进行。封锚混凝土应仔细操作并认真插捣，务必使锚具处的混凝土密实。封锚防锈处理：在钢绞线的两端用环氧砂浆封闭，不使水分渗入。

⑨ 预应力钢绞线理论伸长量计算。

按照图纸设计要求，计算时预设锚阻损失为张拉控制力的 2.5%。

5. 护栏护墙施工

施工工艺为：扶正预埋钢筋→绑扎护栏钢筋（按设计位置预留施工缝）→安装预埋件→支立模板→浇筑混凝土→养护→拆模→泄水管。防撞护栏在连续接头现浇、湿接缝、横隔梁混凝土施工完成后进行，梁体施工完毕后，对梁体顶面进行抄平，根据抄平结果，调整护栏的高度等，然后对护栏底面混凝土凿毛，绑扎钢筋。护栏的钢筋绑扎和焊接均严格按照本桥设计图纸和相关规范施工，护栏的模板采用定型的钢模，加固采用 PVC 拉杆螺丝加固，每块模板的接缝处要粘双面胶带粘牢以防止混凝土浇筑过程中漏浆，安装模板前要对模板进行打磨处理，后涂刷均匀的优质机油作脱模剂，刷油要均匀，不能流淌也不能漏刷。

混凝土在搅拌站集中拌合，混凝土运输罐车运送至现场；汽车吊提升料斗送入模内。混凝土应纵向分段横向分层浇筑、振捣，每层厚度不大于 30 cm；插入式振动器进行混凝土振捣，振捣应适度，防止漏振和过振。振捣时在护栏倒角位置处要加强振捣，保证气泡充分排出。混凝土达到 2.5 MPa 后方可拆模，拆模时应注意防护掉角、掉块现象，未经监理同意不得擅自进行修饰。养护期不得少于 7 天，养护时采用土工布覆盖洒水，且保持混凝土表面始终处于湿润状态。（注：根据实际施工需要，桥面铺装和防撞墙施工顺序可以更换）

6. 桥面铺装施工

（1）施工工艺流程。

凿除浮碴、清洗梁板顶面→精确放样→钢筋安装→安装模板→浇筑混凝土→刷毛→养生→刨铣。

（2）凿除浮碴、清洗桥面。

桥面铺装混凝土施工前，对梁板顶面进行全面测量，以确保铺装层混凝土的设计厚度，凿除浮碴、浮浆，清除泥土、石粉等杂物，并用高压水冲洗干净。使用铁刷清除预埋筋铁锈，并对钢筋进行调直处理。

（3）精确放样与高程控制。

对所使用的高程控制点与附近的高程点进行联测，以保证桥面铺装混凝土标高的准确性和桥面铺装的厚度。为了施工方便，在每个桥台上引出 1 个高程控制点。用全站仪在每个桥台上设 2 个中线控制点。根据中线控制点准确放出桥面铺装混凝土和钢筋的平面位置，弹出墨线。根据标记拉线设置高程控制轨，轨道由∠50×50×5 角钢倒扣，下设架立钢筋形成，架立钢筋固定在 T 梁上，其高度由拉线量取。轨道平行于线路中心布置。半幅桥上设 3 条轨道，轨距 4.5 m。轨道顶面标高的控制采用点焊架立钢筋控制，钢筋型号为ϕ12，根据设计标高，每 5 m 测量一点，测出各点梁板的标高，计算铺装层厚度，焊接轨道圆钢并调整轨道顶面标高至设计标高。

（4）钢筋绑扎。

T 梁顶面清洗干净后按设计图纸要求确定钢筋轮廓，弹出墨线，将钢筋加工厂加工好的钢筋运至现场绑扎、焊接。确保钢筋的纵横间距正确无误，然后按照所弹网线分布桥面铺装层钢筋，钢筋搭接采用双面焊，纵横钢筋之间采用 22 号铅丝全扣绑扎，根据设计文件纵横钢筋按横钢筋在上，纵钢筋在下的方式布置。钢筋网上部净保护层厚度不小于 2 cm。按 1 m×1 m 规格垫制ϕ30 mm×35 mm 混凝土保护层，铺设桥面钢筋网时，T 梁露出钢筋和桥面钢筋网间焊接，使其连接牢固，形成整体；钢筋网中的钢筋连接采用焊接及绑扎方式连接，其中焊接面积不少于 50%。

（5）安装模板。

桥面铺装模板采用组合钢模板，外用方木背楞捆绑调直支撑在伸缩缝预埋钢筋上。保证模板线型平顺、顶面与混凝土设计标高平齐。模板接缝采用双面胶条粘贴，以防止漏浆。

（6）浇筑混凝土。

浇筑顺序：混凝土人工摊铺→振捣→振动梁振捣→铝合金直尺刮平→人工抹平

施工过程控制：在浇筑前，桥面先洒水湿润，若接缝或桥面有残渣，则用高压水冲洗干净。混凝土由汽车吊吊到桥上，从低端开始全桥整幅（横桥向）向另一端推进浇筑。根据混凝土吊斗的容积均匀布料，短距离人工输料摊平。先用平板振捣器进行预振，控制提浆时间，大致找平，然后用振捣梁顺桥向从一端向另一端振捣找平，振动梁为槽钢焊接的桁架式结构，使其有足够的强度和刚度，并铺设运行轨道，振动梁上设两个高频振动器。最后用铝合金直尺横桥向，拉动混凝土面，均匀地向前滑移尺杆，并设专人检查尺杆与面层的接触情况，安排技术工人在其后做精平及检查混凝土质量，保证平整度控制在 3 mm 以内。

（7）刷毛。

混凝土收浆前，用无齿耙将其表面的浮浆清除；初凝后（以不沾刷为最好）用钢丝刷对其表面刷毛处理，第一遍纵向刷，第二遍横向刷，深度为露出石子 2 ~ 3 mm，刷后立即把粉末清扫出桥面范围，然后用水清洗。保证水泥混凝土桥面铺装表面清洁，并具有一定粗糙度。

（8）养生。

混凝土浇筑完定浆后，须尽快进行覆盖养生。选用洒水外覆盖土工布的做法，养护时间一般不得少于 7 天。根据气温、风力决定洒水的频率，由专人负责定期洒水，保持混凝土表面一直处于湿润状态。当昼夜平均温度低于 5 °C 或最低温度低于-3 °C 时应按冬季施工办理，采取保温措施。混凝土入模的温度，不得低于 5 °C。

（9）刨铣。

桥面铺装浇筑比设计高出 10 mm，采用精密刨铣机刨铣。设专人操作。

7. 桥面排水施工

本桥泄水管设计为 PVC 管栅铸铁泄水管，其规格为 ϕ150 mm，设在桥面汇水一侧，间距按图纸要求设置，泄水孔应在浇筑混凝土前预埋，孔口上放沙袋，防止浇筑混凝土时混凝土流进泄水孔。施工桥面铺装时注意预埋两层进水口加强钢筋网片，并与桥面钢筋绑扎，然后浇筑桥面铺装，桥面铺装施工前安装泄水管。

8. 伸缩缝浇筑施工

本工程桥梁伸缩缝主要有两种形式：80 型异型钢单缝式伸缩缝和 160 型模数式伸缩缝。为顺利安装桥面伸缩缝，须按设计要求预留安装槽。在预留槽内，沿伸缩缝轴线预埋钢筋。

采用土工布双层加温进行养护，养护期间，水车供水设专人负责，混凝土的养生不得少于 14 天，养生后安装止水橡胶条伸缩体，并在养生 28 天后再放行通车。

9. 桥头搭板施工

（1）工艺流程：测量定位→绑扎搭板钢筋→安装侧模→浇筑混凝土→拆模养护。

（2）操作工艺。

测量定位：采用全站仪坐标定位法测设路基中心位置。钢筋制作：钢筋在施工过程中要逐一核对设计的钢筋型号、规格、尺寸、数量，按设计要求在现场加工成型，并分类堆放，挂牌标识。钢筋绑扎要严格按图示规格、型号、数量、间距进行操作，做到横平竖直，间距准确。为使骨架有足够的刚度，采用绑扎、焊接相结合的方法施工，钢筋在绑扎前，需要除去表面的铁锈，在浇筑混凝土时不得使钢筋错位和交形，在安装钢筋时不能让钢筋沾上油污。钢筋接头采用搭接电弧焊（搭接长度大于等于 $5d$），两钢筋搭接端部应预先折向一侧，使两结合钢筋轴线一致，必须保证焊接长度和焊接质量。模板：模板采用钢模板。模板（板厚 5mm）的加工几何尺寸满足设计要求，具有一定的刚度，满足施工规范要求，模板接缝平整、严密、不漏浆，模板使用前对其刚度、几何尺寸和平整度、严密性进行检查、校对，修正后方可使用。每次模板使用前清除表面油污，涂刷脱模剂。混凝土灌注：在钢筋、模板施工完成之后，自检合格，并报监理工程师检查合格，然后进行混凝土施工。混凝土运至现场后，采用吊车输送入模，混凝土采用分层插入振动棒振捣，混凝土振捣要充分，杜绝蜂窝麻面出现。混凝土拆模以后要及时进行浇水养护并覆盖，养护时间不小于 7 天。

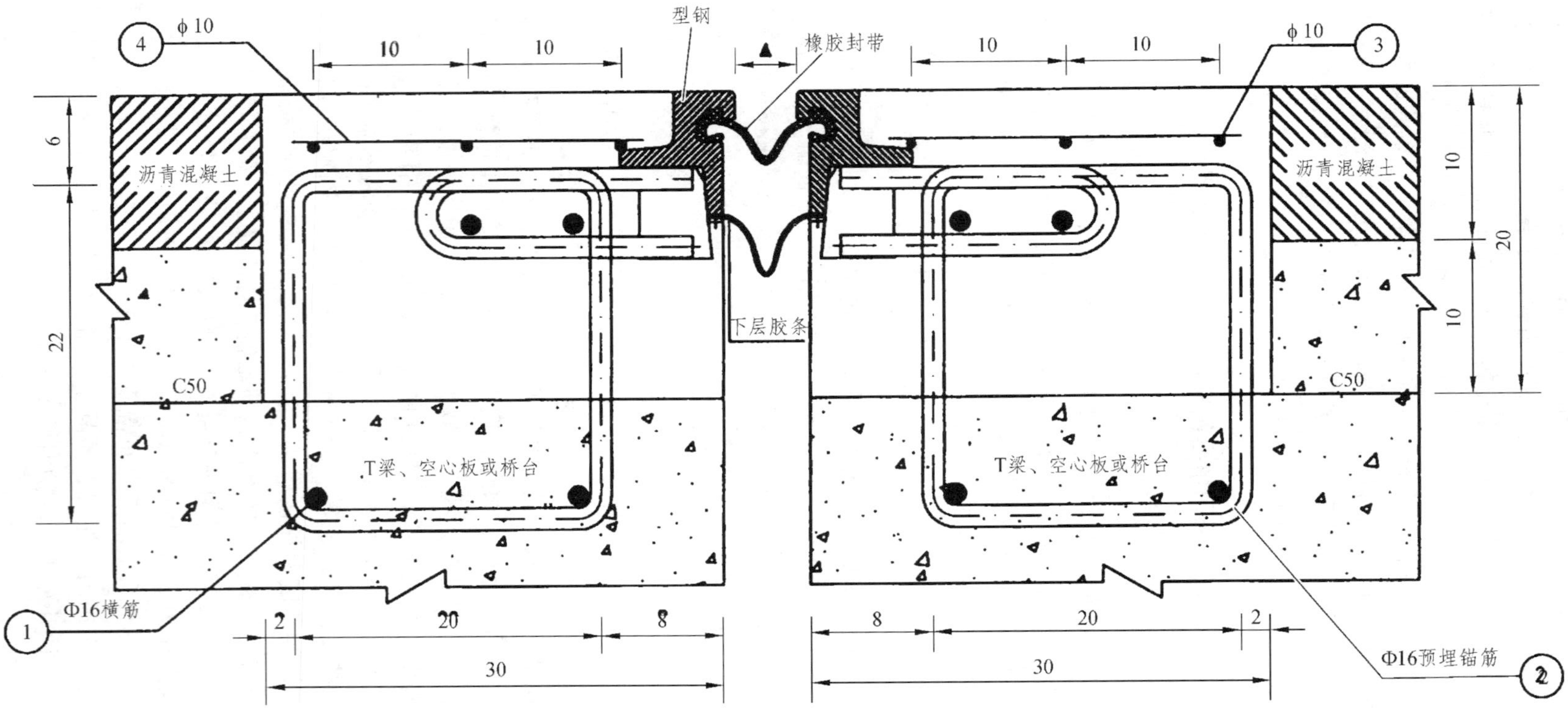

图 6-86　80 型桥梁伸缩缝施工图

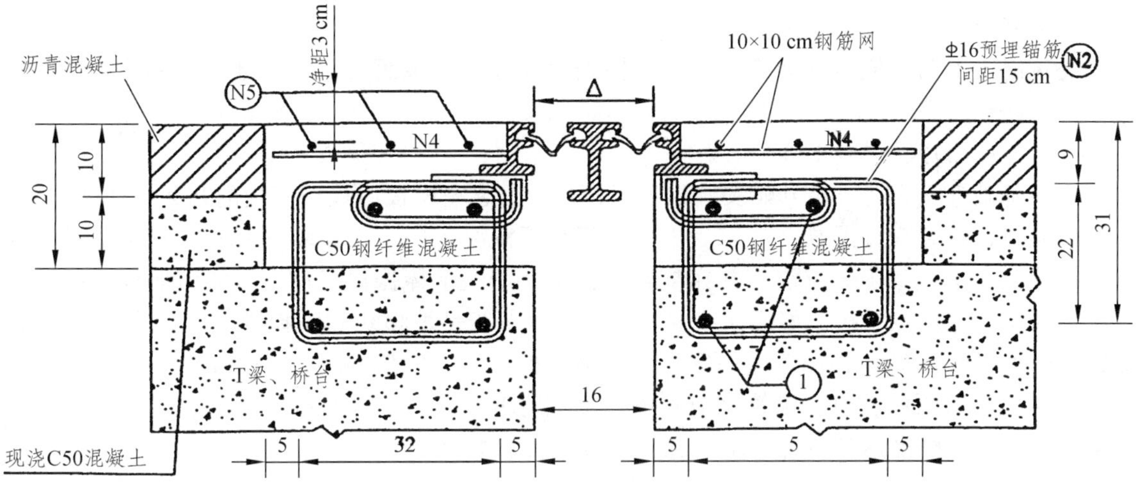

图 6-87　160 型桥梁伸缩缝施工图

10. 桥头锥坡防护施工

施工工艺流程：测放锥坡平面位置→锥坡地基处理（设计如有要求）→锥坡土体填筑→坡率检查→锥坡基础放样、开挖→基础标高复测、模板安装→基础片石混凝土施工→锥坡面片石混凝土施工。

（1）测放锥坡平面位置。

现场工长在将进行施工前通知测量工程师到现场按设计图纸对锥坡平面位置进行放样。

（2）锥坡地基处理。

经测量放样出锥坡平面位置后，按设计要求对其地基按相应路基高度地基要求进行处理完后进行锥坡填筑。

（3）锥坡土体填筑。

按路基分层填筑施工方法进行锥坡土体填筑，锥坡填土分层厚度不得大于 30 cm，压实度要求不得小于 96%。

（4）坡率检查。

修坡时应严格控制坡比，坡面平整度应达到规范要求，为使片石混凝土砌筑的坡面平整度达到规定要求，坡面修整采用人工拉线修整。在锥坡土体填筑完成后进行坡率检查，坡面土料不足部分人工填筑并洒水夯实，使之达到验收条件。

（5）锥坡基础放样、开挖。

在基础开挖之前通知测量监理工程师，检查测量基础平面位置和现有地面标高。并按照设计相关图纸对锥坡基础进行测量放样，并做好相关标记。根据测量的开挖线，采用机械开挖，基坑开挖后人工清理基坑。基础开挖时应始终保持良好的排水，在挖方的整个施工期间都不致遭受水的危害。

（6）基础标高复测、模板安装。

基础开挖后报请项目部测量工程师对标高进行复核，符合要求后进行整修，安装模板，保证基础的整体尺寸和线性流畅，自检合格后报验监理工程师验收，通过验收后，方可进行基础片石混凝土的施工。

（7）基础片石混凝土施工。

浇筑混凝土前，应全面地进行复查，检查模板标高、截面尺寸、接缝、支撑等是否符合设计要求。

（8）锥坡面片石混凝土施工。

锥坡基础拆完模后方可开始安装锥坡面模板，安装完模板后检查模板的几何尺寸及接缝、支撑等项目，符合设计及规范要求后方可进行片石混凝土施工。锥坡面片石混凝土施工同锥坡基础施工方法一致须分层浇筑并在浇筑过程中使用振动棒振捣，保证其浇筑质量。锥坡面片石混凝土浇筑重点是控制好两条线和一个面，两条线是坡顶线和底脚线，一个面是浇筑面。保证上述两条线的顺畅和浇筑面的平整，对整个护坡外观质量的评价至关重要。片石混凝土必须从下往上的顺序浇筑，浇筑完应收浆。浇筑时依放样桩纵向拉线控制坡比，横向拉线控制平整度，使平整度达到设计要求。施工缝应平整、顺直。

6.5 香丽高速公路隧道施工标准化

6.5.1 隧道施工标准化总体要求

（1）洞口土石方施工宜避开降雨期，如确需在雨季施工时，应制定严密的施工方案和防护措施，同时应加强对山坡稳定情况的监测、检查。

（2）严禁隧道单向掘进出洞。隧道必须在距洞口不小于 30 m 的洞内贯通。采用单向掘进时，应选择合理的时机开挖另一洞口，确保洞口安全。

（3）连拱隧道施工应合理安排两侧主洞开挖、初支、二衬等工序的先后顺序及步距，减少先行洞、后行洞施工时相互对围岩及结构的扰动，以确保施工安全。一般情况下，不宜左右两洞齐头并进，宜先左（右）洞，后右（左）洞；先行洞应选择在偏压侧或地质较为软弱的一侧；先行洞开挖超前另侧主洞 30 ~ 50 m。二衬应对称施工，同一端左右洞二衬间距不得大于 10 m。

（4）两座平行隧道开挖，先行洞与后行洞掌子面错开距离不宜小于 2 倍隧道开挖宽度。

（5）隧道开挖工法应严格按照已批复的专项施工方案实施，严禁擅自更改开挖工法。采用台阶法和环形开挖预留核心土法施工时，应根据围岩条件和初期支护钢架间距确定台阶上部开挖循环进尺，上台阶每循环开挖支护进尺Ⅴ、Ⅵ级围岩不应大于 1 榀钢架间距，Ⅳ级围岩不得大于 2 榀钢架间距；台阶下部断面一次开挖长度应与上部断面相同，且不得超过 1.5 m。

（6）Ⅳ级及以上围岩仰拱每循环开挖长度不得大于 3 m，不得分幅施作。在掌子面Ⅴ级软弱围岩开挖时，钢架拱脚部位标高应预留 20 ~ 30 cm 基岩，在立钢拱架时采用人工开槽就位（须保证初支厚度），以保证钢架置于稳固的基底上。安装钢架前应清除基脚下的虚渣、虚土及杂物。若拱脚位置超挖，应采用混凝土（或混凝土垫块）回填。锁脚小导管（锚杆）施工时应严格按设计角度打设，注浆饱满，并与钢拱架连接牢固；完善洞内临时防排水系统，严禁积水浸泡拱脚，防止基底承载力降低。应在远离拱脚至少 2 m 位置设置集水坑将水集中抽排。

（7）隧道富水地段，应在初支渗水部位打设径向排水管，沿着初支将水及时排出，防止软化围岩及增加结构应力（水压力）。

（8）超前小导管与钢架联合支护，且尾端应与钢架焊接牢固，要确保小导管的长度、数量、注浆饱满度，同时小导管注浆要有旁站记录和留有影像资料。径向小导管（锚杆）要确保小导管（锚杆）的长度、数量、注浆饱满度，同时小导管注浆要有旁站记录和留有影像资料。

（9）仰拱顶上的填充层应在拱墙二衬混凝土施工前完成，且应超前二衬 3 倍以上衬砌循环作业长度。仰拱应全断面一次开挖成型，及时整体浇筑。仰拱混凝土与仰拱填充混凝土应分开浇筑，仰拱混凝土达到设计强度的 70% 后才能浇筑仰拱填充混凝土。仰拱二衬钢筋的弯曲弧度应与隧道断面设计的弧度相符，预留能满足与边墙二 衬环向钢筋焊接的要求（搭接长度应符合规范要求）。

（10）防水板的拼焊及铺挂应采用热合焊接、表面无钉铺挂工艺（固定土工布的射钉必须带有热塑性垫圈，其间距一般为：拱部 0.5 ~ 0.8 m，边墙 0.8 ~ 10 m）。隧道的二衬与仰拱的接头位置：严格控制边墙的平面位置、标高和外观质量，严禁发生错台及漏浆现象，边墙位置不得有施工材料、石渣及其他杂物，必须保持整洁，有杂物必须立即清除。

（11）要做好隧道“五大系统”的设置工作，并保证设备正常运行。

（12）隧道安全步距严格按照《云南省高速公路施工标准化实施要点》要求控制，仰拱与掌子面Ⅲ级围岩不得超过 70 m，Ⅳ 级围岩不得超过 50 m，Ⅴ 级及以上围岩不得超过 40 m；二衬与掌子面Ⅲ级围岩不得超过 100 m，Ⅳ 级围岩不得超过 80 m，Ⅴ 级及以上围岩不得超过 50 m。项目部应加强隧道监控量测工作，至少开展洞内外观测、地表下沉、周边收敛、拱顶下沉四个必测项目，同一处拱顶下沉、周边收敛等洞内量测应设在同一断面，以便于整个量测形成信息体系，相互印证；布点要求、量测频率按设计图纸及规范执行。

6.5.2 隧道洞口段施工标准化

1. 洞口段施工原则

本隧道由香格里拉端向丽江端方向掘进，因为丽江端场地狭窄、地形地貌无法布置施工场地、便道和电力设施，鉴于本隧道实际情况和减少新建便道、架设电力线路、临时场地和设备搬迁等不必要的工作，经方案比选，降低工程成本，确定采取单头掘进贯通出洞的施工方案。为保证安全进洞，采取边仰坡及洞口加固措施，并与 $\phi 22$ 砂浆锚杆、$\phi 108 \times 6$ mm 超前大管棚支护相结合。在洞口边仰坡开挖及进洞施工前首先应进行加固，避免造成边仰坡开挖失稳，难以进洞。首先施工洞顶截水天沟，然后开挖洞边仰坡，并进行临时喷锚支护。边、仰坡开挖以人工配合机械，根据实际地质情况，必要时采用弱爆松动，尽量减小对围岩的扰动，保持边、仰坡自稳能力，并及时完善截水天沟等排水系统，以减少水对坡面的冲刷。当边、仰坡开挖到位后，立即对边、仰坡及洞口进行喷射混凝土封闭，初喷结束后，进行边、仰坡锚杆施工，编挂钢筋网，再次喷射混凝土支护。当边、仰坡防护达到强度后施作超前大管棚，施工过程中严格遵守“小循环，弱爆破，强支护，早封闭”的施工原则。每次控制开挖进尺，并严格按照设计及相关规范进行初期支护，力争尽快做好洞门。

2. 主要施工顺序

施工结合洞口地形，地貌和地质条件，并针对洞口段工程的特点和难点，制定以“零开挖”和“超前预报，大管棚支护，洞身开挖，加强支护，尽早封闭，监控量测，衬砌紧跟”为原则的总体施工方案。进洞施工顺序如下：洞外截水沟开挖、砌筑→洞口土石方开挖→边仰坡临时支护→导向墙（套拱）施工→辅助施工措施（超前大管棚）→洞身上导弧形导坑开挖、支护→洞身预留核心土开挖洞→洞身两侧导坑交错开挖、支护→洞身下导坑中槽开挖→洞身下导坑边墙交错开挖、支护→暗洞仰拱→明洞衬砌→洞门墙→洞口永久性防护。

3. 施工总体方案

洞口设计以“早进洞，晚出洞”为原则，最大限度地降低洞口边坡仰坡的开挖高度，以保证山体的稳定，同时减小对洞口自然景观的破坏。根据实测地面线确定明暗洞交接点，在明暗洞交接点外不开挖山脚土体的情况下，施作套拱，逐渐靠向山体明暗洞交接点，拱架间以纵向钢筋连接为整体，并在钢拱架上预设超前管棚导向管，浇筑混凝土封闭钢拱架形成套拱衬砌，然后施作超前大管棚作为超前支护，管棚完毕后，再进行洞身开挖施工。

4. 明洞、边仰坡土石方爆破

（1）施工工艺流程。

爆破设计→测量放样布眼→钻眼→装药→设置防护→爆破→清除危石→挖运→整修成型。

（2）爆破设计。

石方开挖采用梯段松动控制爆破施工，风动凿岩机钻孔。对于挖深较浅和方量不大的边坡修整采用风动凿岩机钻眼，浅孔微差松动控制爆破。为提高爆破效果，降低大块率，并降低震动效应，均采用大孔距，小排距，梅花形布孔（邻近系数 $m=a/b=2.0 \sim 2.5$），并采用毫秒雷管实施逐排微差挤压爆破。为提高边坡稳定性和美观程度，在深挖地段采用预裂爆破进行爆破，边坡设计有台阶时分台阶进行爆破。

（3）爆破安全防护。

爆破施工前应在通往爆区附近主要路口张贴公告，设立警示牌，警示标志。爆破时，应在危险区的边界和通道上设立岗哨和标志，路口用警戒绳拦截过往行人及车辆，山上插警戒旗杆，警戒标志和警戒点，在雷雨天、夜间、大雾天禁止进行爆破作业。必须由经过专业培训并取得爆破证书的专业人员施爆，施工前根据岩石性质和周边环境做出爆破方案报监理工程师审核批准，同意后方可采用。

5. 边仰坡临时支护

（1）锚杆施工。

水泥砂浆锚杆孔深允许偏差宜为 50 mm。钻孔时孔要与岩面大致垂直。孔内积水和岩粉应吹洗干净。孔内砂浆要饱满。锚杆安设后不得随意敲击，其端部 3 天内不得悬挂重物。

（2）钢筋网挂设。

钢筋网挂设时，应与岩面有 3 ~ 5 cm 的距离，钢筋网帮（焊接）于锚杆上。

（3）喷射混凝土。

在喷高压混凝土之前，应用水或高压风管将岩壁面的粉尘和物冲洗干净。喷射中发现松动石块或遮挡喷射混凝土的物体时，应及时清除。喷射作业应分段、分片由下而上顺序进行，每段长度不宜超过 6 m。一次喷射厚度应根据设计厚度和喷射部位确定，初喷厚度不得小于 4 ~

6 cm。喷射作业应以适当厚度分层进行，后一层喷射应在前一层混凝土终凝后进行。若终凝后间隔 1 h 以上且初喷表面已蒙上粉尘时，受喷面应用高压气体、水清洗干净。岩面有较大凹洼时，应结合初喷予以找平。喷射混凝土终凝 2 h 后，应喷水养护，养护时间一般不少于 7 天。喷射作业区的气温不应低于+5 °C。当发现喷射混凝土表面有裂缝、脱落、露筋、渗透漏水等情况时，应予修补，凿除喷层重喷或进行整治。

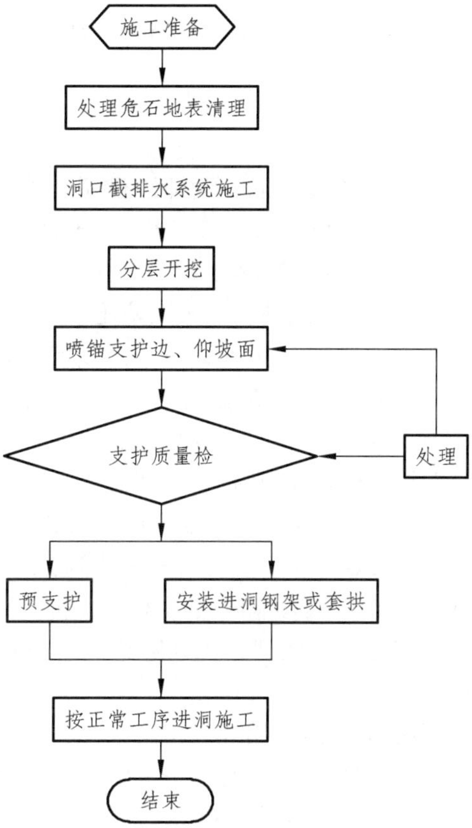

图 6-88　洞口边、仰坡开挖及防护施工工艺流程图

6. 洞口套拱施工

套拱两侧拱脚基坑土方采用人工辅以机械开挖，石方采用风镐凿岩进行开挖。开挖到位后进行地基承载力试验，若地基承载力大于设计要求，则人工平整基底进行下一步套拱拱架的施工；若小于设计要求，则根据实测地基承载力的大小确定，宽度至开挖基坑边线。套拱纵向长度 2 m，根据施工图布置，拱脚处垫设槽钢将钢架连接成整体，相邻钢拱架采用 ϕ22 连接钢筋进行焊接固定。工字钢拱架由钢筋加工场预制完成后运输到现场进行安装，安装时根据测量人员测定的高程和拱架安装控制线准确定位，并严格检查拱架的垂直度，严格将拱架控制在同一平面。导向管施工。I18 工字钢拱架安装后，精确测量将导向管定位，导向管使用 $\phi140\times8$ mm 钢管，环向间距 40 cm，长 2 m，以+1° ~ +3°（不包括路线纵坡）外插角，使用三角垫片钢板焊接固定在钢拱架上。导向管管口先塞进编织袋然后用砂浆封堵，防止浇筑混凝土时混凝土进入导向管。焊接纵向连接筋：使用 ϕ22 螺纹钢筋按环向间距 100 cm 将各榀拱架焊接成整体。

7. 套拱衬砌混凝土施工

当套拱拱架安装完毕，导向管定位后，浇筑一层 60 cm 厚的 C20 混凝土形成套拱衬砌。套拱混凝土浇筑采用钢拱架作内支撑，组合钢模版作底膜，采用木模板作为侧模和外膜。浇筑厚度为 60 cm，沿隧道纵向长度为 2.0 m。混凝土浇筑前必须严格检查钢支撑的加固情况，复测导向管的定位。混凝土浇筑要注意连续性并充分振捣。当混凝土凝固后拆除外膜和侧模，并在套拱两侧拱脚外侧用浆砌片石回填，当混凝土强度达到设计的混凝土强度的 100%后，拆除内支撑和组合钢模底模。

8. 超前管棚施工

当套拱混凝土凝固侧模和外膜拆除完毕后，随即进行超前管棚施工。

管棚设计参数。40 cm 环向间距布设超前钢管，共 35 根，超前管棚采用 $\phi 108 \times 5$ mm 热轧无缝钢管，钢管前端呈尖锥状，尾部焊接 $\phi 8$ 加劲箍。管棚设置长度：按调整长度施工。采用地质钻机 $\phi 120$ 取芯钻头钻孔，禁止使用钻孔液，以防施工用水对黏土层的软化。为方便钻机施工，明洞拱部土质开挖采用环形开挖，拱部核心土高度留至暗洞开挖外轮廓线下 1.0 m。将核心土作为钻机平台，从拱顶向两侧顺序钻孔，两台钻机同时作业，随着孔位高度的降低，降低核心土平台高度。将加工好的 $\phi 108$ 钢管，采用人工结合钻机顶进的方法安装。钢管除尾端 2.5 m 以外，剩余部分管壁上钻 12 mm 压浆孔，孔间距 14.5 cm，呈梅花形布置（详见钢花管展开图）。在预留的核心土上用 10 cm×10 cm 方木或钢管搭设成钻孔平台架，钻孔平台随孔位增加而增高，钻孔采用 2 台 MK-5 水平地质钻机（两侧各一台）同时施工，从导向管向内钻入。安装时第一节加工成尖锥形，钢管节段间用 $\phi 114$ 钢管以丝扣方式连接（详见钢管连接构造图），管节长 4 ~ 6 m，钢管接头要错开，保证隧道同一横断面内的接头数不大于 50%，相邻钢管的接头至少错开 1 米。

管棚施工前先封闭明暗交接处掌子面，用 10 cm C20 喷射混凝土做封面层，管棚钢管安装后，以亚麻丝和速凝砂浆堵塞孔口段孔壁与钢管之间的空隙，再对因钻孔破坏的封面层进行混凝土补喷。$\phi 108$ 钢管安装到位后，安装 PVC 注浆管和排气阀，钢管导向管间隙用速凝水泥或其他堵塞严密，以防注浆冒出。注浆液采用水泥浆液，水泥浆水胶比为 1∶1，注浆时可根据实际情况调整注浆参数。浆液采用 HFV-5D 注浆机灌注，注浆时当排气孔流出浆液后，关闭排气孔，继续注浆，直至达到设计注浆压力为止（初始压力 0.5-1.0 MPa，终压 2.0 MPa），持续 15 分钟后停止注浆。注浆时，先施工奇数孔，再施工偶数孔，以免注浆时串浆，同时偶数孔也作为奇数孔的检查孔。为提高管棚钢管刚度，注浆结束后管内用砂浆泵压注 M20 水泥砂浆，注入方法以注浆管插入管底，边注边退方式使砂浆注满管内。

9. 洞口段围岩开挖工艺

（1）环形开挖留核心土。

本隧道洞口段属Ⅴ级围岩、浅埋、偏压和不良地质段，按预留核心土三台阶分部开挖法施工；Ⅴ围岩开挖采用台阶分部开挖法开挖。台阶分部开挖法又称环形开挖留核心土法，适用于一般土质或易坍塌的软弱围岩地段。上部留核心土支挡开挖工作面，利于及时施作拱部初期支护以增强开挖工作面的稳定，核心土及下部开挖在拱部初期支护保护下进行，施工安全性好。施工主要步骤：上弧形导坑开挖，Ⅰ、拱部初期支护；中核心开挖；下部开挖，Ⅱ Ⅲ、边墙及仰拱初期支护；完成隧道开挖及初期支护后，立即进行仰拱二次衬砌混凝土的浇筑。根据监控量测结果确定进行边墙、拱部二次模注混凝土的浇筑。S5a 型衬砌环形开挖进尺为 0.6 ~ 0.8 m，台阶长度 8 ~ 10 m。

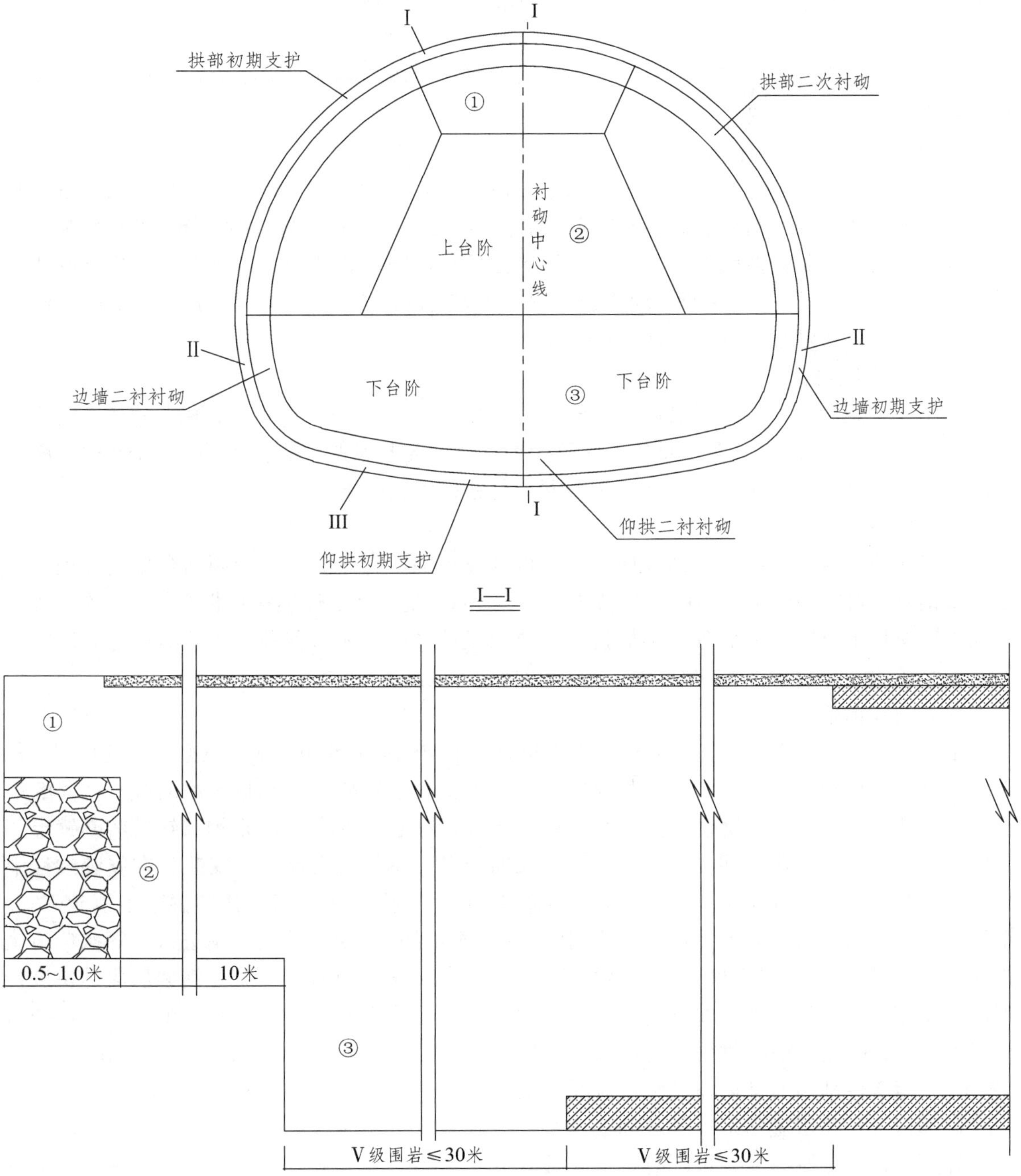

图 6-89　环形开挖留核心土工法示意图

（2）开挖。

洞口管棚施工和相应的排水系统以及出口洞顶安全防护完善后方可开挖进洞，V级围岩破碎带，人工采用风镐开挖，其余各部采用挖掘机开挖、装渣，循环进尺控制在 0.6 m ~ 0.8 m；对于Ⅴ级围岩一般地段，各台阶可以分步平行施工，遵循“弱爆破，短开挖”的原则采用光面爆破或者预留光爆层微振控制爆破，以减小对围岩的扰动。炮眼深度 0.8 m ~ 1.2 m。为保证竣工验收及安全质量，开挖时考虑Ⅴ级围岩预留变形量为 15 cm。

（3）初期支护。

初期支护是由锚杆、钢筋网、钢架和喷射混凝土组成的一种联合受力环结构。为有效控制围岩变形，初期支护要尽快施作。

① 初喷混凝土封闭围岩面。

洞口段Ⅴ级围岩喷射混凝土设计：拱墙、仰拱采用 C25 喷射混凝土，喷射厚度 25 cm。开挖后应先初喷 2 ~ 4 cm，然后施做钢筋网、锚杆、钢架、下一循环超前小导管，然后复喷，待喷射混凝土与钢拱架内侧大至平齐时，安设第二层钢筋网（紧贴钢架内侧布设）喷至设计厚度。用高压风自上而下吹净岩面，埋设控制混凝土厚度的标志钉，初喷 4 cm 厚 C25 混凝土，如工作面有滴水或淋水，钻孔埋管做好引排水工作。

② 施作系统锚杆，挂设钢筋网。

采用 ϕ25 组合式中空注浆锚杆。系统锚杆长度为 3.5 m，梅花形布置，径向施作，锚杆注浆采用 M20 水泥浆液。上下断面分界处每榀拱架设置 8 根锁脚锚管。钢筋网为 ϕ8 的钢筋焊接而成，网格尺寸为 15 cm×15 cm，钢筋网应与锚杆体连接牢固。

③钢架制作。

加工场地用混凝土硬化，精确抹平，按设计放出加工大样。钢架弯制结合隧道开挖方法采用型钢弯制机按照隧道断面曲率分节进行弯制，弯制完成后，焊连接垫板（高强螺栓连接），先在加工场地上进行试拼。各节钢架拼装，要求尺寸准确，弧形圆顺，要求沿隧道周边轮廓误差不大于 3 cm；型钢钢架平放时，平面翘曲小于 2 cm。

（4）安装钢架。

钢架安装在掌子面开挖初喷完成后立即进行，钢架纵向间距 0.6 米。根据测设的位置，各节钢架在掌子面以螺栓连接，连接板应密贴。为保证各节钢架在全环封闭之前置于稳固的地基上，安装前应清除各节钢架底脚下的虚碴及杂物。同时每侧安设 4 根锁脚锚管将其锁定，底部开挖完成后，底部初期支护及时跟进，及时成环。钢架按设计位置安装，在安装过程中当钢架和初喷层之间有间隙应每隔 2 m 用混凝土预制块楔紧，钢架背后用喷混凝土填充密实。钢架纵向连接采用 ϕ22（钢筋），环向间距 1 m。钢架落地接长在单边交错进行，每次单边接长钢架 1 ~ 2 榀。接长钢架和上部钢架通过垫板用螺栓牢固准确连接。架立钢架后应尽快进行喷混凝土作业，以使钢架与喷混凝土共同受力。喷射混凝土分层进行，先从拱脚或墙角处由下向上喷射，防止上层喷射料虚掩拱脚（墙角）不密实，造成强度不够，拱脚（墙角）失稳。

（5）施作拱部超前支护和二次喷射混凝土。

拱部按设计参数施作下一循环超前支护，并把该支护尾端焊在拱架上。分层喷射混凝土到设计厚度，每层厚 5 ~ 6 cm；钢架保护层不小于 2 cm。整个喷射混凝土表面要平整，无钢筋外露现象。

10. 施工监控量测

监控量测是保证正常进洞施工和安全的主要一环，因此必须加强施工监控量测的管理。

量测内容如下：

洞内外观测。每一循环进尺都必须进行一次工作面观测，做好详细记录。观测内容有：地质水文情况、工作面附近初期支护状态观察。量测项目及频率。量测项目为净空收敛量测、拱顶下沉量测、地表下沉量测。量测频率为每日 1 ~ 2 次。

6.5.3 隧道洞身开挖与支护施工标准化

1. 超前小导管施工

超前小导管配合钢架使用，相邻两排小导管的水平搭接长度不小于 100 cm。超前小导管规格：ϕ42 热轧无缝钢花管，壁厚 4 mm。小导管环向间距：SL5a 衬砌类型为 30 cm，SL4a、SL4b 衬砌类型为 40 cm。倾角：上仰角采用 10° ~ 15°交错布置，可根据实际情况调整。小导管长度：每根长度一般为 4.5 m，两组小导管或超前锚杆间纵向水平搭接长度不小于 100 cm。注浆材料：水泥浆液，水灰比 0.5 ~ 1.0。小导管前部钻注浆孔，孔径 8 mm，孔间距 15 cm，呈梅花形布置，前端加工成锥形，尾部不钻孔长度 100 cm，作为不钻孔的止浆段。注浆压力一般为 0.5 ~ 1.0 MPa，具体浆液配合比和注浆压力由现场根据地质条件试验确定。配合使用的型钢钢架和格栅钢架为保证小导管的支护效果，减小小导管的外插角，可在型钢腹板穿孔以便小导管穿过，钢管尾部应与钢架焊接。

（1）小导管的加工制作。

小导管采用ϕ42 钢管加工，导管的管口位置设ϕ6 mm 钢筋加强环；钢管前段不小于 30 cm 范围内不钻出浆孔，其余部分每隔 15 cm 在环向钻四个孔，眼径 8 mm。相邻两道孔口方向交错 45°角；管尖长 20 cm，先用氧焊切除缺口，在加工成尖端，并进行焊接。

（2）钻孔与顶进。

开挖前沿拱部开挖轮廓线外 10 cm 标出孔位，采用锚杆台车或 YT-28 风枪钻孔，施工中采用自制的钻杆，连接套进行接长施工。钻杆直径比管径大 3 ~ 5 mm。采用带冲击的 YT-28 风钻将小导管穿入钢架顶入孔中。锚杆的外露端支承在随后安装的钢拱架上，与型钢钢架共同组成预支护体系。用高压风将钢管内的砂石吹出，清孔干净后用塑胶泥封堵孔口及周围裂隙。

（3）配制浆液。

水泥浆的搅拌在高速搅拌机内进行，严格按照施工配合比进行投料，水泥浆的浓度一般控制在 1。配置好的浆液存放在由低速搅拌器的储浆罐内，防止浆液由于存放时间稍长产生沉淀、离析等现象。

（4）注浆参数。

注浆压力 0.5 ~ 1 MPa。

（5）注浆。

注浆前先喷射混凝土 3 ~ 5 cm 封闭掌子面作止浆盘，注浆顺序原则上遵循着“先两侧后中间”“跳孔注浆”“由稀到浓”的原则。为防止串浆和跑浆，利用分浆器，同时灌注四个小导管。注浆孔位要准确，定位偏差小于 5 cm，孔底偏差不大于孔深的 1% ~ 2%。顶管施工作业过程中会使管内混入一些碎石和碎屑，在注浆施工前用高压风水进行吹洗。注浆设备采用高压注浆泵，注水泥浆，注浆压力一般为 1 ~ 2 MPa。拌浆时严禁纸屑等杂物混入浆液，拌好的浆液要经过过滤，未经过滤的浆液严禁进入泵体，以防堵塞。注浆过程中，要时刻注意泵口及孔口的压力变化情况，发现问题及时处理。做好钻孔、注浆纪录，为分析注浆效果提供依据。注浆结束后，要彻底的清洗泵体和管路，以保证下次注浆安全顺利进行。注浆施工过程中如发现掌子面漏浆，及时用麻布进行封堵。注浆施工示意图如图 6-90。

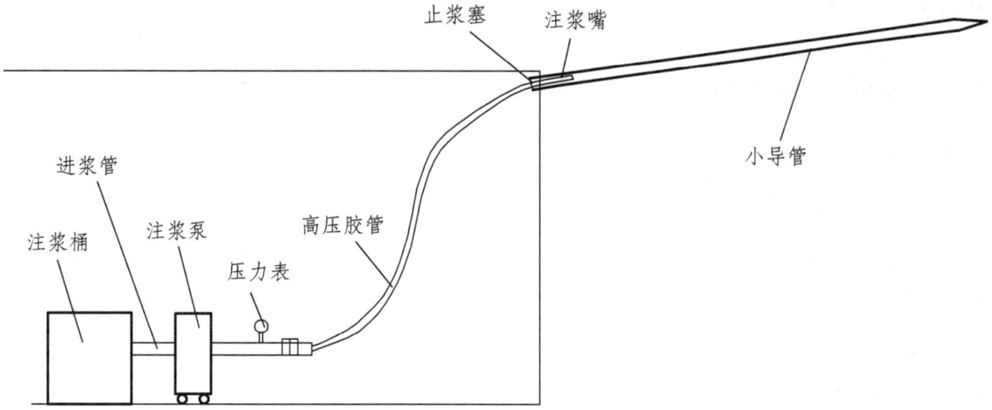

图 6-90　小导管注浆示意图

2. 爆破开挖施工

（1）定位钻眼。

人工钻眼开始前，测量人员用红油漆准确绘出开挖面的中线和轮廓线，标出炮眼位置，其误差不超过 5 cm。钻孔时，钻杆与隧道轴线保持平行。按炮眼布置图正确钻孔。对于掏槽眼和周边眼的钻眼精度要求比其他眼高，开眼误差要控制在 3 cm 和 5 cm 以内。人工钻眼，利用自制凿岩台架、YT-28 风动凿岩机施工，钻工首先熟悉炮眼布置图，熟练地操纵凿岩机械，特别是钻周边眼，有专人指挥，以确保周边眼有准确的外插角。同时，根据眼口位置及掌子面岩石的凹凸程度调整炮眼深度，以保证炮眼底在同一平面上。

（2）装药起爆。

装药前，用由木制的炮钩和小于炮眼直径的高压风管输入高压风将炮眼石屑刮出和吹净。装药前，首先认真检查电雷管的外观质量与批次，外观质量不合格的电雷管严禁使用，同排炮所使用的电雷管必须是统一批次的。其次用专用雷管电阻仪（严禁使用非专用电阻仪）检测电雷管的电阻，发现电雷管电阻异常后，及时剔除掉。装药分片分组并按炮眼设计图确定的装药量自上而下进行，雷管“对号入座”。炮眼以炮泥堵塞，堵塞长度不小于 40 cm。所有炮眼的剩余部分采用水炮泥和黏土炮泥封堵，必须填满，以减少爆破中的明火出现。起爆网路为串联网路，以保证爆破没有丢爆现象。联结时注意：所有雷管线的接头用绝缘胶布包好，严禁接地，母线采用专用母线，严禁采用任何其他导体代替。网路联好后，专人检测起爆网络的电阻，与理论值较差控制在±1%以内，方可起爆，如发现电阻异常，必须重新检查起爆网络的连接。

（3）瞎炮的处理。

当遇到瞎炮后，及时查明瞎炮的原因。可采用如下处理措施：用高压风将炮泥吹出，拉出电雷管，然后吹出炸药。视具体情况，采用重新打眼或原眼爆破。

3. 正洞出渣运输施工工艺及方法

装渣采用装载机、挖掘机或挖装机装车，运渣采用大型自卸汽车运输，运至指定的弃渣场弃放。自卸汽车采用斯太尔、北方奔驰等大型车辆。有条件的由矿车直接运输至弃渣场，条件不具备的可在洞外适当地方由自卸汽车转运至弃渣场。

4. 锚杆施工工艺

每循环开挖完后及时按设计进行初期支护施工，主要为$\phi 25$ 中空注浆锚杆。先进行孔位测量放样，孔位测量做到位置准确，采用锚杆台车或人工手持风枪按放样进行钻孔，标志杆做控制钻孔方位，使孔位角度符合设计要求，钻孔完毕打入锚杆后，随即在钻杆尾部安设垫板，上紧螺帽，然后连接注浆管，再用高压注浆设备注浆，注浆顺序自两侧起拱线向拱顶逐根进行。

（1）特殊情况处理。

注浆中断：找出注浆中断的原因，尽快解决，及早恢复注浆。如不能立即恢复注浆，则立即冲洗钻孔，而后再恢复注浆。防止串浆的主要措施：为防止串浆可采取跳打施工，即先施工奇数孔序，再施工偶数孔序。发生串浆后的处理措施：对串浆孔与注浆孔同时注浆，采用分浆器，利用一台注浆泵同时对多根锚杆注浆。发生大量漏浆时，采用以下原则进行处理：采用低压、浓浆、限流、限量、间歇注浆的方法进行灌注或注入其他充填料先堵大通道再采取第一种方法进行处理。涌水处理：在孔口有涌水的注浆孔段，注浆前测量记录涌水压力、涌水量，然后根据涌水情况选用下列综合措施处理。第一，采用较高的压力，自上而下分段注浆。第二，采用浓浆进行屏浆 1 ~ 24 h 后再闭浆，并待凝。第三，采用纯压式注浆。第四，用速凝浆液处理。

（2）隧道锚杆实测项目。

隧道锚杆实测项目见表 6-8。

表 6-8　锚杆支护实测项目

项次	检查项目	规定值或允许偏差	检查方法和频率
1	锚杆数量（根）	不少于设计	按分项工程统计
2	锚杆拔力（kN）	28d 拔力平均值三设计值，最小拔力：0.9 设计值	按锚杆数 1%做拔力试验，且不小于 3 根做拔力试验
3	孔位（mm）	±50	尺量：检查锚杆数的 10%
4	钻孔深度（mm）	±50	尺量：检查锚杆数的 10%
5	孔径（mm）	砂浆锚杆：>杆体直径+15；其他锚杆：符合设计要求	尺量：检查锚杆数的 10%
6	锚杆垫板	与岩面紧贴	检查锚杆数的 10%

5. 钢筋网施工

按设计要求的钢筋网材质和尺寸在洞外工厂化制作，加工成片，其钢筋直径和网格间距符合图纸规定。汽车运输至洞内施工现场，按图纸所示部位安装钢筋网，钢筋网在初喷一层混凝土后铺挂，钢筋网与锚杆或其他固定装置连接牢固。钢筋网工艺方法：施作前，初喷一定厚度混凝土形成钢筋保护层；钢筋横纵相交处绑扎牢固；钢筋接长时搭接长度满足规范要求，焊接或绑扎牢固；钢筋网加工前钢筋要进行校直、除锈及油污，确保施工质量。

按图纸标定的位置挂钢筋网，钢筋网使用前清除锈蚀，钢筋网制作时其末端各方向定型的间距不少于 100 mm。钢筋网绑扎固定于先期施工的锚杆上，并用混凝土块衬垫在钢筋和岩石之间，以保证钢筋和岩面之间保持 30 ~ 50 mm 的间隙。制作网片：Ⅳ、Ⅴ级围岩设计有钢支撑的地段，网片的宽度按钢支撑的间距预制；Ⅲ级围岩地段宽度根据径向锚杆布置情况确定。

6. 型钢钢架施工

钢架在洞外按设计加工短构件，在洞内用螺栓连接成整体。洞内安装在开挖之后进行，与定位锚筋焊接。钢支撑间设纵向连接筋，钢支撑必须安放在牢固的基础上，架立时垂直隧道中线，当钢支撑和围岩之间间隙过大时设置垫块。钢架制作与精度要求：加工时，要求做到尺寸准确，弧形圆顺，允许偏差为：拱架矢高及弧长+20 mm，架长±20 mm；焊接（或搭接）长度要满足规范要求；焊接成型时，应沿刚架两侧对称进行，接头处要求相邻两节轴线一致，连接孔位置要准，以保证连接准确。拱架加工后要试拼，应无扭曲翘曲现象，接头连接要求每榀之间可以互换。断面尺寸允许偏差为±20 mm，扭曲度为 20 mm。钢架安装：钢架施工工作内容包括定位测量、安装前的准备工作和安设。

钢架安装完成后和与之相接触的锚杆头焊接，使之成为整体结构。钢架施工质量要求：钢架应架设在与隧道轴线垂直的平面内，钢架安设正确后，纵向必须连接牢固，并与锚杆焊接成一整体。钢支撑架立后随即进行喷射改性聚酯纤维混凝土，先将钢支撑与围岩之间空隙喷满，然后将钢支撑全部覆盖，使钢支撑与纤维混凝土连成整体共同受力。

7. 湿喷混凝土施工

喷射时先从拱脚或墙脚自下而上，分段对称进行。喷射时，后一层在前一层混凝土终凝进行，若终凝后再行喷射，先用风水清洗喷层面。喷浆料严格遵循设计配合比，并在现场由相关试验人员确定施工配合比，采用 JS750 型拌和站拌制混凝土，再通过喷浆车运至作业点，卸入料斗内，通过自动提升卸料料斗将喷浆料送入喷浆机内，喷浆机采用湿式喷射机。

喷射混凝土前，受喷面无松动岩块，墙脚无虚碴堆积。严格施工配合比，混凝土在洞外搅拌站由强制式搅拌机集中生产，自动计量。喷射机的工作风压严格控制在 0.5 ~ 0.7 MPa，从边墙脚到拱部，风压由高变低。保证喷头处的压力在 0.1 ~ 0.15 MPa。当岩层松软易坍方时，喷射作业紧跟作业面，先墙后拱，喷射顺序先下后上，避免回弹的混凝土挡住未喷岩面。喷射方向与岩面垂直，设置钢支撑后，喷钢支撑背部空隙时可适当偏斜。喷头与岩面保持 0.6 ~ 1.0 米的距离。喷射时，料束呈 S 形旋转轨迹运动，一圈压半圈，纵向按蛇形状，每次蛇形喷射长度 3 ~ 4 m。喷头移动要慢，让混凝土有了一定厚度再离开，成片扩大喷射范围。岩面凹部处先喷混凝土找平。喷射混凝土作业分段分片依次进行，一次喷射厚度控制在：拱部 3 ~ 5 cm、墙部 6 ~ 8 cm。分层喷射时，后一层在前一层混凝土终凝进行，若终凝 1 h 后再行喷射，先用风、水清洗喷层面。对存在超挖的段落采用喷射混凝土喷射密实，严禁采用洞碴等材料回填。

6.5.4 无中导连拱隧道施工标准化

1. 总体施工方案

拟采用施工工艺工法：按新奥法原理组织指导施工，本着“早进洞、晚出洞、零开挖”的原则施工。采用自运输方式。根据隧道大断面机械化作业的技术要求配备施工机械，组织实施开挖、喷锚、二次衬砌三条机械化作业线，实现主要工序机械化作业，充分发挥机械效率。

洞身开挖方案：本隧道均采用钻爆法开挖，洞口地段地质条件较差，隧道浅埋Ⅴ级围岩地段采用环形开挖预留留核心土法，Ⅳ级围岩地段采用台阶法开挖，Ⅲ级围岩采用全断面光面爆破开挖；连拱及小净距隧道先行洞按一般隧道开挖方式作业，后行洞Ⅳ级围岩地段采用 CD 法开挖，Ⅲ级围岩采用上下台阶法开挖。采用简易台车和人工风枪钻眼、弱爆破，严格控制超挖，杜绝欠挖。钻爆法施工采用微震光面爆破和减轻震动爆破技术，以减少爆破对围岩的扰动。

初期支护方案：本隧道初期支护的形式有超前大管棚、$\phi 42$ 超前小导管、$\phi 22$ 砂浆锚杆、$\phi 25$ 中空注浆锚杆、工字钢型钢钢架、H 钢型钢钢架及格栅钢架、喷射混凝土等。管棚钻孔采用管棚钻机，超前小导管、锚杆采用人工风枪+钻孔台车钻孔；洞内锚杆、钢筋网片在洞外加工运至洞内安装，注浆设备采用专业注浆泵；格栅钢架在钢筋场集中加工，型钢钢架采用工厂式作业由专业公司集中加工制作；喷射混凝土采用湿喷工艺。

二次衬砌方案：隧道二次衬砌混凝土为 C25、C30 防水混凝土，由项目部委托专业公司设置商混凝土搅拌站集中拌合，混凝土运输车运输，泵送混凝土灌注，模板采用 12 m 全液压整体式台车。衬砌施工前后，采用地质雷达对初支及衬砌情况进行检测，对衬砌拱顶背后空隙部分进行充填注浆。

隧道通风降尘方案：隧道通风采用单向压入式机械通风，风机选用 2×110 kW 轴流风机，布置于洞口；隧道降尘主要采用湿式凿岩及水幕降尘的方法，遏制粉尘扩散。

隧道监控量测、超前地质预报方案：由业主指定专业监测单位负责我标段隧道的监控量测与超前地质预报工作。

仰拱及填充采用自制仰拱防干扰平台浇筑。

防水板采用射钉铺设工艺，采用自制的防水板台车铺设土工布及防水板。主洞当隧道衬砌位置距掌子面的距离及监控量测数据符合要求时，及早进行二次衬砌施工，采用液压模板台车整体模筑。两侧洞室的衬砌大致对称进行，以防止隧道洞室偏压造成隧道二次衬砌拱脚开裂。混凝土由洞外拌和站拌和，混凝土输送泵泵送浇筑。隧道内侧壁导坑支撑在铺设防水层、绑扎钢筋时，拆一段施工一段，以确保施工安全。

2. 开挖及支护工序

（1）连拱隧道先行洞Ⅳ级围岩洞身开挖采用上台阶预留核心土法开挖，后行洞Ⅳ级围岩洞身开挖采用上下台阶法开挖，开挖支护主要工序：

先行洞超前小导管注浆预支护→先行洞拱部钻爆开挖→先行洞拱部喷锚支护→隧道中部核心土钻爆开挖→先行洞下台阶右侧钻爆开挖→先行洞下台阶右侧喷锚支护→先行洞下台阶左侧钻爆开挖→先行洞下台阶左侧喷锚支护→先行洞侵入后行洞一侧施作临时支撑→先行洞临时支撑喷射混凝土→先行洞仰拱浇筑→先行洞二衬浇筑→后行洞超前小导管注浆预支护→后行洞拱部钻爆开挖→后行洞拱部喷锚支护→后行洞下台阶左侧钻爆开挖→后行洞下台阶左

侧喷锚支护→后行洞下台阶右侧钻爆开挖→后行洞下台阶右侧喷锚支护→拆除先行洞侵入后行洞钢拱架→后行洞仰拱浇筑→后行洞二衬浇筑。

（2）连拱隧道先行洞和后行洞Ⅲ级围岩洞身开挖采用上台阶法开挖，开挖支护主要工序：

先行洞上台阶钻爆开挖→先行洞上台阶喷锚支护→先行洞下台阶右侧钻爆开挖→先行洞下台阶右侧喷锚支护→先行洞下台阶左侧钻爆开挖→先行洞下台阶左侧喷锚支护→先行洞侵入后行洞一侧施作临时支撑→先行洞临时支撑喷射混凝土→先行洞仰拱浇筑→先行洞二衬浇筑→后行洞上台阶钻爆开挖→后行洞上台阶喷锚支护→后行洞下台阶左侧钻爆开挖→后行洞下台阶左侧喷锚支护→后行洞下台阶右侧钻爆开挖→后行洞下台阶右侧喷锚支护→拆除先行洞侵入后行洞钢拱架→后行洞仰拱浇筑→后行洞二衬浇筑。

3. 超前小导管

连拱隧道Ⅳ级围岩段采用ϕ42注浆小导管超前支护，环向间距50 cm布置。

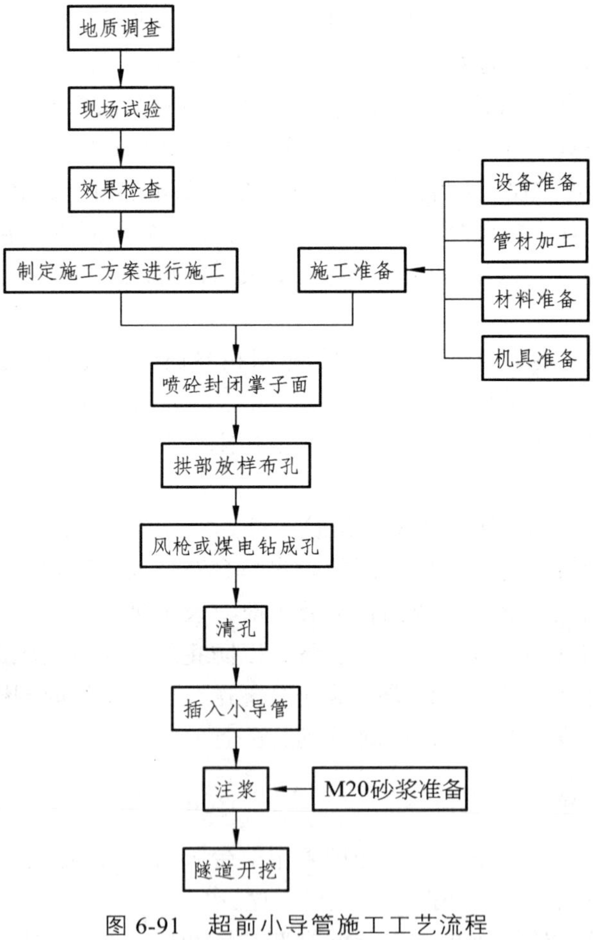

图 6-91　超前小导管施工工艺流程

小导管前端做成尖锥形，尾部焊接ϕ6 mm钢筋加劲箍，管壁上每隔10～20 cm梅花型钻眼，眼孔直径为6～8 mm，尾部长度不小于30 cm作为不钻孔的止浆段。

（1）小导管安装。

测量放样，在设计孔位上做好标记，用凿岩机或煤电钻钻孔，孔径较设计导管管径大

20 mm 以上。成孔后，将小导管按设计要求插入孔中，或用凿岩机直接将小导管从型钢钢架上部、中部打入，外露 20 cm 支撑于开挖面后方的钢架上，与钢架共同组成预支护体系。

（2）注浆。

采用 KBY-50/70 注浆泵压注水泥浆或水泥砂浆。注浆前先喷射混凝土 5 ~ 10 cm 厚封闭掌子面，形成止浆盘。注浆前先冲洗管内沉积物，由下至上顺序进行。单孔注浆压力达到设计要求值，持续注浆 10 min 且进浆速度为开始进浆速度的 1/4 或进浆量达到设计进浆量的 80% 及以上时注浆方可结束。注浆施工中认真填写注浆记录，随时分析和改进作业，并注意观察施工支护工作面的状态。注浆参数应根据注浆试验结果及现场情况调整。

4. 初期支护

连拱隧道Ⅳ级围岩锚喷支护采用 ϕ25 中空锚杆、双层 ϕ8@20×20 钢筋网、I18 型钢钢架（先行洞）、I20 型钢钢架（后行洞）、C25 喷射混凝土等支护措施。连拱隧道Ⅲ级围岩采用 ϕ22 砂浆锚杆、单层 ϕ8@25×25 钢筋网、H175×90 型钢钢架、C25 喷射混凝土等支护措施。支护紧跟开挖面及时施作，以减少围岩暴露时间，抑制围岩变形，防止围岩在短期内松弛剥落。钢架、钢筋网和锚杆在洞外构件厂加工，人工安装钢架，挂设钢筋网，风动凿岩机施作系统锚杆，湿喷机湿喷混凝土。

（1）锚杆施工。

连拱隧道Ⅳ围岩段锚杆采用 ϕ25 中空锚杆。锚杆钻孔利用开挖台阶搭设简易台架施钻，按照设计间距布孔；钻孔方向尽可能垂直结构面或初喷混凝土表面；锚杆孔比杆径大 15 mm，深度误差不得大于±50 mm；成孔后采用高压风清孔。

① 系统中空注浆锚杆施工工艺流程为：钻孔→清孔→插入锚杆→安装锚杆垫板→注浆。锚杆预先在洞外按设计要求加工成 3.5 m 长，钻孔采用凿岩机按设计环向间距 100 cm，纵向间距 60 cm，梅花形布置，按每环 24 根进行钻眼，达到要求后用高压风清孔，然后将加工成型并除油污、铁锈、和杂质的锚杆插入孔内，杆体插入孔内的长度不得短于设计长度的 95%，实际联结长度亦不应短于设计长度的 95%。为提高锚杆的抗剪和抗拉以及钢筋防腐蚀能力，孔内注浆压力须控制在 0.5 ~ 1.0 MPa 内注射，并将孔内水泥砂浆注射饱满，从而使锚杆达到长期的设计锚固能力。

② 锚杆杆体采用 HRB335 材料，垫板采用 150 mm×150 mm×10 mm 的 HPB235 钢板。螺母采用与锚杆配套产品。中空锚杆注浆采用 425#水泥浆液。锚杆杆体技术指标：要求早强砂浆锚杆单根母体抗拉力不小于 150 kN，中空注浆锚杆单根母体抗拉力不小于 180 KN；锚杆锚固抗拔力：Ⅳ级以下围岩不小于 100 kN。

③ 锚杆的注浆。

准备好注浆机及其他设备，保证注浆机安全正常运转。检查水泥和砂的粒径、比例、温度等是否符合规定，通常用筛子控制它们的粒径，推荐砂的粒径为 1.0 mm，水泥浆水灰比为 1∶1，采用 425#水泥浆液。用水或风检查锚孔是否畅通，孔口返水或风即可。调节水流量计使砂浆水灰比至设计值为止，并记下流量计刻度，从泵出口出来的砂浆，必须要均匀，不能有断续不均现象。迅速将锚杆和注浆管及泵用快速接头连接好。开动泵注浆，整个过程应连续灌注，不停顿，必须一次完成，观察到浆液从止浆塞边缘流出或压力表达到设计值，即可停泵。若注浆过程中，出现堵管现象，应及时清理锚杆、注浆软管及泵，此时若泵的压力表显示有压，应反转电机 1 ~ 2 s 卸压，方可卸下各接头，电机反转时间必须短暂，孔内注浆压力须控制在 0.5 ~ 1.0 MPa 内。当完成一根锚杆的注浆后，应迅速卸下注浆软管与锚杆的接头，清洗并安装至另一根锚杆，然后注浆；若停泵时间较长，在对下根锚杆注浆前应放掉前段不均匀的灰浆，以免堵孔。注意：整个注浆过程中，操作人员应密切配合，动作迅速。注浆过程中，应及时清洗接头，保证注浆过程的连续性。完成整个注浆后，应及时清洗及保养泵。在灰浆达到初始设计强度后，方可上紧垫板及螺母。

（2）钢筋网。

钢筋网预先在洞外钢构件厂加工成型。钢筋类型及网格间距按设计要求施作。钢筋冷拉调直后使用，钢筋表面不得有裂纹、油污、颗粒或片状锈蚀。安装搭接长度应为 1 ~ 2 个网格，采用焊接。钢筋网随受喷面的起伏铺设。与锚杆或其他固定装置连接牢固。开始喷射时，减小喷头至受喷面的距离，并调整喷射角度。喷射中如有脱落的石块或混凝土块被钢筋网卡住时，及时清除。

（3）钢架。

本隧道连拱段均采用钢架支护，钢架按设计预先在洞外钢构件厂加工成型，在洞内用螺栓连接成整体。型钢钢架采用冷弯成型。钢架加工的焊接不得有假焊，焊缝表面不得有裂纹、焊瘤等缺陷。每榀钢架加工完成后放在水泥地面上试拼，平面翘曲达到规范要求。

（4）喷射混凝土。

隧道初期支护喷射混凝土设计厚度 24 ~ 28 cm，设计强度等级为 C25。喷射混凝土配合比的设计应满足：强度符合设计要求、不发生管路堵塞、能向上喷射至设计厚度的要求。隧道初期支护喷射混凝土采用湿喷工艺。喷射混凝土在洞外拌和站集中拌和，由混凝土搅拌运输车运至洞内，采用湿喷机喷射作业。在隧道开挖完成后，先喷射 4 cm 厚混凝土封闭岩面，然后打设锚杆、架立钢架、挂钢筋网，对初喷岩面进行清理后复喷至设计厚度。

5. 仰拱施工

为保证施工安全，仰拱混凝土应及时施作，支护尽早闭合成环，整体受力，确保支护结构稳定。待喷锚支护全断面施作完成后，根据围岩收敛量测结果，拆除临时支护，开挖并灌筑仰拱及填充混凝土。本隧道仰拱采用 C25 钢筋混凝土，仰拱填充采用 C15 片石混凝土。

（1）仰拱、仰拱填充施工工艺。

施工前于隧道边墙每隔 5 m 施放测量控制点，作为仰拱开挖及混凝土施工控制点。为不影响机械车辆通行，仰拱、仰拱填充利用栈桥平台进行混凝土施工。混凝土在洞外采用拌和站集中拌和，混凝土搅拌运输车运至洞内进行浇筑。

（2）仰拱、仰拱填充施工注意事项。

仰拱应及时施作，与开挖面的距离不宜超过衬砌浇筑段长度的 3 倍。黄土隧道与开挖面的距离不得超过 30 m，同时仰拱一次开挖长度不宜超过 6 m。施工前必须清除隧底虚碴、淤泥和杂物，超挖部分应采用同级混凝土回填。仰拱混凝土应整体浇筑一次成型，填充混凝土应在仰拱混凝土终凝后浇筑，填充混凝土强度达到 5 MPa 后允许行人通过，达到设计强度的100%后允许车辆通行。仰拱、仰拱填充施工前须将上循环混凝土仰拱接头凿毛处理，并按设计要求设置止水带。根据设计要求，施工缝处钢筋应断开，并要注意与拱墙衬砌施工缝处于同一竖直面上。

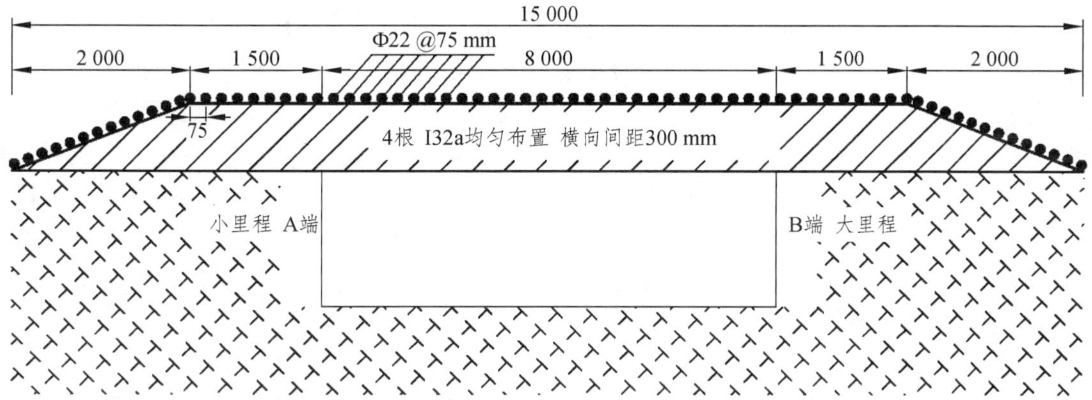

图 6-92 栈桥立面布置图

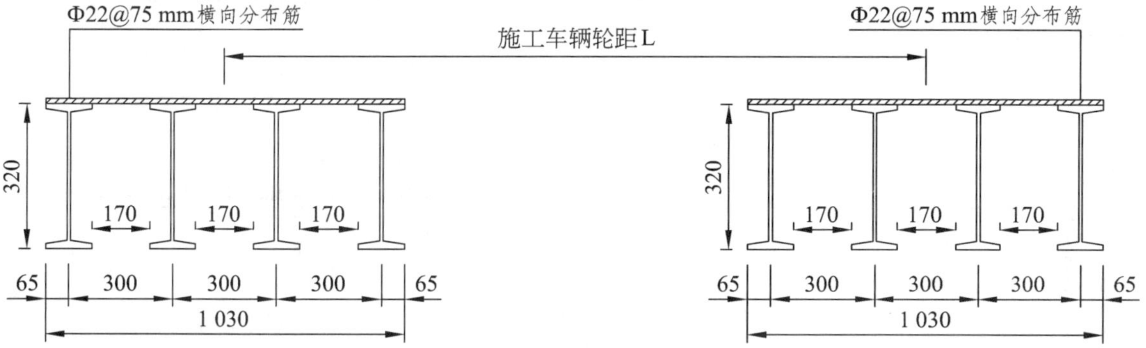

图 6-93 栈桥横断面布置图

混凝土浇筑完毕后，进行自然养护或洒水养护，达到可以通行运输车辆的强度，然后拖移平台进入下一个仰拱施工。

6.5.5 隧道二次衬砌施工标准化

1. 钢筋加工与绑扎

钢筋按要求在洞外工厂化加工，运料车运输到现场，在台车上人工安装绑扎。受力钢筋接头应设置在受力较小处，并采用套筒机械连接，其他钢筋可采用绑扎搭接，拱部及边墙钢筋接头不得配置在同一截面。根据测量控制点先扎外层环向定位钢筋，用纵向筋将定位钢筋连接后，以纵向筋作为其他环向筋安扎依据，扎完外层后再用相同方法安扎内层钢筋，并及时将内外层钢筋用蹬筋连接，以加强整体刚度。钢筋安设完成后，按中线标高进行轮廓尺寸检查，合格后于内层钢筋挂设 55 mm 厚砂浆垫块，以确保混凝土灌筑后钢筋保护层厚度。钢筋绑扎时，严禁损伤防水板。

2. 仰拱及铺底施工

测量组根据现场技术员提供的仰拱尺寸及高程正确放样。开挖工班根据测量班放样正确开挖仰拱。按照钻爆设计布路好炮眼间距、深度。钻眼完毕后按炮眼布路图进行检查并做好记录，对不符合要求的炮眼应重钻，经检查合格后方可装药。待仰拱开挖到位后需经测量班和现场技术员共同验收。仰拱开挖完后，为了不干扰前面施工，需搭设仰拱栈桥，才能满足平行施工作业。按照我单位以往施工经验和现场施工实际情况，并按照尽早开挖尽快封闭成环的原则，一般仰拱施工段落为 6 m。根据现场工字钢的供应情况，并保证栈桥结构的强度刚度满足整个隧道施工循环内相关车辆通行的要求。拟选择采用 3 根 25a#工字钢上下翼缘焊接为一组，栈桥每边采用三组并排，顶部用ϕ22 螺纹钢筋连成整体，纵向间距 10 ~ 15 cm，以提高栈桥结构的平面内、外强度和刚度。纵向两端做成 1 m 长坡道方便车辆通行，两幅栈桥横向间距根据车轮轮距布置，保证车轮压在栈桥中部。钢材长度为工字钢标准长度 12 m。净跨度按 9 m 进行计算，栈桥靠近掌子面方向下垫支架固定牢固。

（1）施工方法。

为保证施工质量，仰拱混凝土与填充混凝土分层施作，同时解决出碴、进料运输与仰拱施工干扰及仰拱混凝土在未达到要求强度之前承受荷载的问题，采用仰拱栈桥进行施工。仰拱栈桥如图 6-94 所示。

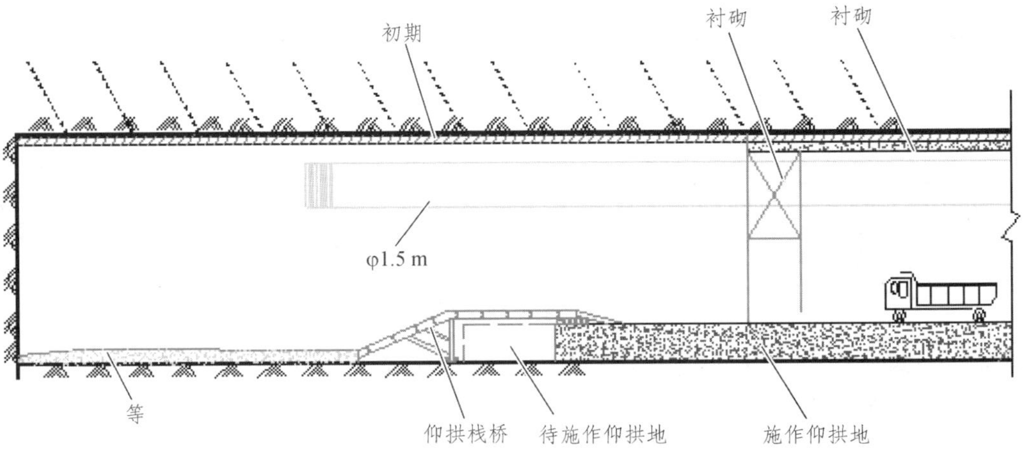

图 6-94　仰拱栈桥示意图

（2）仰拱混凝土工艺。

测量放样，由内轨顶标高，反算仰拱基坑底标高；采用爆破施工，人工辅助清理底部浮碴杂物；将上循环仰拱混凝土接头处凿毛处理，按设计要求安装仰拱钢筋，并预留与边墙衬砌连接筋，钢筋交错布置，不小于 5*d* 焊接长度；自检合格后，报监理工程师隐蔽检查并签证，混凝土输送车运输灌筑，插入式振动棒捣固。

（3）仰拱和底板施工应符合下列要求：

施工前，应将隧底虚碴、杂物、泥浆、积水等清除，并用高压风将隧底吹洗干净，超挖应采用同级混凝土回填。仰拱施做于拱墙二次衬砌之前，其超前距离保持 3 倍以上衬砌循环作业长度。底板、仰拱及填充分层整体浇筑采用防干扰作业平台保证作业空间；仰拱成型采用浮放模板支架。仰拱基础开挖后需对地基承载力进行检测。填充混凝土在仰拱混凝土达到 5 MPa 后浇筑，仰拱混凝土、填充混凝土不得同时浇筑。仰拱施工缝和变形缝作防水处理。膨胀岩性地段，开挖后及时施作仰拱。填充混凝土强度达到 5 MPa 后允许行人通行，填充混凝土强度达到设计强度的 75%后允许车辆通行。按照规范要求，隧道施工中，仰拱及二次衬砌距掌子面距离规定如表 6-9。

表 6-9　仰拱及二次衬砌距掌子面距离规定

名称	围岩级别			
	Ⅱ	Ⅲ	Ⅳ	Ⅴ
仰拱距掌子面距离	≤90	≤90	≤35	≤35
二次衬砌距掌子面距离	≤200	≤120	≤90	≤70

3. 二衬施工

复合式衬砌要求隧道混凝土二衬应在围岩收敛变形稳定后作为最佳衬砌时机，但软弱围岩及断层破碎带处，由于其围岩自稳能力差，初期支护难以使其达到完全稳定，故根据支护情况及量测信息，为确保洞体稳定及施工安全，经监理工程师同意后及时进行二衬，必要时紧跟开挖面。

正洞衬砌段落边拱模采用液压式整体台车，台车长 9 m，通过调整液压元件，使模板正确对位；模板台车采用带气囊的端模和模板接头加硬橡胶间隙带，防止二衬混凝土灌注段施工接头处漏浆。混凝土灌筑通过灌筑窗口，自下而上，从已灌段接头处向未灌方向，水平分层对称浇灌，边浇边捣，层厚不超过 40 cm，相邻两层浇筑时间不超过 1.5 h，确保上下层混凝土在初凝前结合好，不形成施工冷缝，垂直自由下落高度控制不超过 2 m，捣固采用附着式振捣器和插入式振捣器，安排专人负责，保证混凝土衬砌内实外光。

衬砌台车由现场提供断面尺寸及功能要求，委托专业的厂家加工，现场组装。衬砌台车具备足够的强度和刚度，满足断面加宽及下锚段衬砌要求，并且立模方便。

图 6-95　二衬台车

衬砌外观要目测平顺光滑，无蜂窝麻面。断面尺寸及中线、高程用钢尺配合经纬仪、水平仪量测，内轮廓必须符合设计要求。衬砌厚度检查采用雷达检测。密实度检查可采用混凝土回弹仪，其强度检查采用同期制作混凝土试件，做抗压强度试验。混凝土衬砌实测项目见表 6-10。

表 6-10　混凝土衬砌实测项目

项次	检 查 项 目	规定值或允许偏差	检查方法和频率
1	混凝土强度	在合格标准内	按设计及规范要求
2	衬砌厚度	不小于设计值	激光断面仪或地质雷达：每 40 m 检查一个断面
3	墙面平整度	5 mm	2 m 直尺：每 40 m 每侧检查 5 处

6.5.6　隧道防排水施工标准化

隧道的防排水遵循“防、排、截、堵结合，因地制宜，综合治理”的原则对地表水和地下水均作妥善处理，达到防水可靠、排水通畅、经济合理的目的，洞内外形成一个完整的排水体系。对隧道施工及运营排水可能影响周围环境地段，采取“以引排为主，限量封堵”的原则，以防止水土流失、降低围岩稳定性及造成农田灌溉和生活用水困难等后患。隧道开挖前施作洞口排水系统，洞内顺坡施工地段，以自然排水为主，开挖面水利用潜水泵将水抽至临时排水沟自然排水至洞外污水处理池净化后排放；特别是鸿文隧道出口端反坡施工地段，通过分段设置集水坑由水泵逐级抽排至洞外的污水处理系统。

1. 洞身防水板施工

洞身采用 PVC 防水板与 400 g/m^2 土工布（一膜一布）组成防水层防水，环向排水管沿隧道初期支护表面自上而下环向铺设，两端下伸至纵向排水管，并与其相连，纵向间距为 10 m。洞内如遇水量较大情况时，采用弹簧管和 DN50 型 PVC-U 管进行引排水处理。纵向排水管沿两侧拱墙全隧道贯通布置，采用ϕ110 mmHDPE 双壁打孔波纹管，并用土工布包裹。横向排水管采用ϕ110 mmHDPE 无孔波纹管，间距为 10 ~ 15 m。接头处采用三通连接，环向、纵向排水管汇积的水流入经横向排水管流入两侧排水边沟。

2. 沉降缝和施工缝施工

衬砌浇筑工作缝设置遇水膨胀橡胶止水条，沉降缝采用橡胶止水带止水。止水条安装在已施工衬砌端头部位预留凹槽，凹槽深度为止水条高度的一半，宽度较止水条宽度稍大，将防水条用黏合剂沿环向粘上即可。橡胶止水带安装采用ϕ8 钢筋卡和定位钢筋固定在定型档头板上，必须保证橡胶止水带质量，不扎孔，居中安装不偏不倒，准确定位，搭接良好。

3. 防水层铺设工艺

洞身段采用厚 1.5 mm 厚 PVC 防水板与 400 g/m^2 的土工布（一膜一布）。防水层铺设利用作业平台施作。首先是土工布和防水层材料报检合格产品；监控量测表明支护变形已基本趋于稳定且净空满足二次衬砌厚度、初期支护表面平整突出锚杆端头处理平整，经探地雷达检测初期支护及背后密实，满足质量要求后铺设土工布和防水板。为防止飞石损坏防水层结构，不得在防水层铺设作业区进行爆破。在衬砌台车就位前，对防水层进行全面检查，铺设过程中对接缝进行充气检查。防水层施工与二次衬砌混凝土灌筑施工作业面之间相距 25 m 左右。

（1）施工准备及基面处理。

彻底清除各种异物，如：石子、沙粒等，做到初期支护表面平整干净。不能出现酥松、起砂、较大的明显的凹凸起伏。铲除各类尖锐突出物体，如：钢筋头、铁丝、凸出在作业面上的各种尖锐物体。根据图纸高程尺寸，定好基准线，准确无误地按线下料。施工设备如爬焊机、检漏器、热风枪、电闸箱等，在工作前要做好检查和调整。确保设备正常运行，达到焊接要求，保证工程质量。

（2）防水板材的焊接。

板材采用电热楔式自动焊接机焊接。依据板材的厚度和自然环境的温差调整好焊接机的速度和焊接温度进行焊接。焊接完后的卷材表面留有空气道，用以检测焊接质量。

（3）防水板材的铺设、固定。

根据实际情况下料，按基准线铺设防水板；用防水板材专用热熔衬垫和射钉把缓冲层固定在基面上，应用热熔衬垫焊接固定塑料防水板，最终形成无钉孔铺设的防水层。铺设固定防水板：先在隧道拱顶部的土工布上标出隧道纵向的中心线，再使防水卷材的横向中心线与这一标志相重合，将拱顶部的防水卷材与热融衬垫片焊接，再同土工布垫层一样从拱顶开始向两侧下垂铺设，边铺边与热融衬垫焊接。铺设时要注意与土工布密贴，并不得拉得太紧，一定要留出余量。将防水板专用融热器对准热融衬垫所在位置进行热合。两者联结剥离强度不得小于防水板抗拉强度。

4. 中埋式止水带施工

（1）施工工艺。

在衬砌台车端头安装内侧钢质端模；首次或跳段衬砌应两端安装钢端模。二次衬砌台车就位后，在钢质端板外缘铺设中埋式止水带，并按 50 cm 间距设置止水带钢筋卡，固定在端模轮缘面上。同时安设沥青木丝板和泡沫板；在中埋式止水带与防水板之间安装木质端模，用木楔填缝、楔紧木端模，卡紧中埋式止水带。利用杠杆原理加固外侧木质端模，即用钢管插入在内侧钢质端模预留孔，抵紧边墙，内、外端模与钢管间用木楔块楔紧。浇筑混凝土。待模筑凝固后拆除挡头板，凿除泡沫板，填石棉沥青麻丝。模筑下一环混凝土。局部空隙压入双份聚硫防水密封胶。

（2）工艺要点。

将端模一分为二，内侧钢质、外侧木质。内端模与衬砌台车拴接，定位止水带。外端模与内端模夹持固定止水带。钢筋卡与内端模连接，支撑约束止水带，防止扭曲。从内端模预留孔插入钢管，支撑外侧木模。

5. 膨胀止水条工艺

清除固定止水条的混凝土界面浮渣尘土及杂物。用钢钉或胶粘将止水条固定在已确定的安装部位。浇筑下一环混凝土。

6.6 香丽高速公路实验试验检测标准化

6.6.1 试验检测机构的设定与职责分工

（1）指挥部通过公开招标确定的第三方试验检测机构，单位、项目经理部试验检测工作实行指挥部统一管理下的总工程师负责制。总工程师办公室下设中心试验室，具体负责本工程项目合同段日常的试验检 测的监督、指导、管理工作；驻地工程师办公室设试验室，负责所辖施工范围内的试验、检测、抽检及管理工作；项目经理部设工地 试验室，负责所承建工程的试验检测工作。各级工地试验室必须通过 上级主管部门的考核认定和信用评价，取得《考核合格证书》且信用 评价符合高等级公路建设要求。

（2）第三方试验检测机构试验检测工作职责：服从质量监督机构和指挥部的共同管理，接受交通主管部门以及行业管理部门的监督管理。按合同文件配置满足检测需要的检测设备、仪器。认真做好试验设备标定与校准工作，并确保试验检测设备满足工作需要。独立完成合同文件规定的试验检测项目，对提供的试验数据、试验报告、试验结果负责。及时、准确收集整理试验检测资料，对要求上报的各类报表及时 上报。接受质量监督机构和指挥部的稽查。

（3）总监理工程师中心试验室工作职责：指导、协调试验检测工作，检查项目经理部对试验标准和规程的执行情况。对试验检测资料及抽检频率进行定期或不定期检查，并按有关要求审查试验检测报表。负责本项目合同段的试验检测的检查、复核。认真审核驻地及项目经理部报送的试验检测资料，并按规定进行抽检或平行试验。定期维护保养和标定本试验室设备，并对项目经理部的试验设备情况进行全面检查。按合同、技术规范规定完成验证试验、抽样试验、审核项目经理部 报送的标准试验，当驻地办与项目经理部发生试验纠纷时做裁决试验。

（4）驻地工程师试验室工作职责：定期维护保养和标定本试验室设备，负责对项目经理部设备配置及标定情况进行检查。对项目经理部的试验检测抽检频率及试验过程进行旁站检查。独立完成规定频率的试验检测抽检试验。负责对项目经理部试验检测资料的审核签认，并按时上报有关报表。

（5）项目经理部工地试验室工作职责：认真做好试验设备标定与校准工作，并确保试验检测设备满足工作需要。完成标准试验，并按规定程序及时上报审批。按施工技术规范及试验规程完成自检试验项目，达到规定的抽检频率。及时、准确收集整理试验检测资料，对要求上报的各类报表及时上报。对施工现场进行旁站检查及指导。对指挥部通过招标选择的第三方检测机构进行的试验检测项目给予密切配合。

6.6.2 试验检测机构的要求

（1）项目经理部工地试验室及质检部门是整个工程项目数据控制 和检验测定的关键部门。工地试验室的规模、试验检测设备及数量应 满足工程实施中各项试验检测的要求。应有各项专业工程师及经过培训合格的试验、检测人员，有健全的规章制度及明确的岗位职责。试 验检测人员必须稳定，不能随意更换，若其负责人调离岗位，必须以书面形式报驻地工程师和总工程师批准，并报项目指挥部监理管理办公室认可。对各合同段不称职的试验检测人员，指挥部、总监办有权通知项目经理部进行撤换。

（2）项目经理部的质检部门及工地试验室除应承担独立的试验项目外，还应对现场试验、检测的设备功能、人员资质、操作方法、资料管理工作进行有效监督、检查和管理。

（3）项目经理部的试验检测设备及仪器必须按投标书承诺配齐，满足项目试验检测需要，工程师应定期或不定期地对项目经理部的试验检测仪器进行检查，并监督项目经理部定期请质量监督单位对仪器进行标定与校准。凡未经过标定与校准的仪器设备不准投入使用，所做的试验数据不予认可。

（4）试验检测的各项工作，统一按国家正式颁布的试验规程及部级行业标准进行。

（5）各种试验检测资料采用统一下发的表格进行记录计算，并且必须有工程师签字，才能作为有效的竣工资料。

（6）在施工过程中，应按检验频率随机对用于工程的材料 或成品、半成品、构件进行抽样验证检查，不合格的材料或成品、半成品、构件和未经取样报批的材料不准使用，并责令项目经理部限期清理出施工现场。

（7）标准试验是对各项工程内在质量施工前的数据采集，它是控制和指导施工的科学依据，标准试验必须按规定的程序上报批准后方可使用。在正常情况下每六个月进行一次混凝土配合比、砂浆配合比等标准试验的校核及报批。当材料发生变化时必须重新做标准 试验并上报审批。粗集料必须采用联合碎石机生产。

（8）总工程师中心试验室应在项目经理部进行标准试验的同时或以后，进行平行复核（对比）抽检试验，以肯定、否定或调整项目经理部标准试验的参数或指标。

（9）工艺试验是依据技术规范的规定，在路基、路面等需 要预先试验方能正式施工的分项工程，在开工前项目经理部必须先进行工艺试验，工程师必须对项目经理部的工艺试验进行全过程旁站，详细记录，工艺试验结束后由项目经理部提出试验报告，并经驻地工程师签注意见后报总工程师中心试验室审查批准，才能正式依据工艺试验的成果全面指导施工。

（10）项目经理部对原材料的抽样试验必须在驻地工程师的旁站下进行，驻地工程师必须对项目经理部的抽样频率，取样方法及试验过程进行现场监督。

（11）对试验确定的原材料、配合比，要认真进行技术交底，挂牌施工，使现场监督人员人人清楚。在工程中使用的水泥、钢材、沥青等，必须收集出厂检验证明和抽样试验报告。

（12）驻地工程师对已完工程的实际内在质量，通过钻芯取样、破损检测等方法进行有效监督，与试验检测结果进行对比评定。

（13）试验检测工作现场的目的是对项目经理部各项施工程序、施工方法和施工工艺进行有效控制，实行全方位、全过程、全环节，应包括下列主要内容：检查用于工程的材料、设备、工艺与批准的分项开工申请单是否相符；旁站检查各种用于工程实体的集料级配、配合比及用量与批准的标准试验是否一致；按规定的频率进行抽检和平行试验，核对项目经理部的试验检测数据；工程师通过试验检测发现存在质量问题时应及时向承包人发出警告或做出明确指令。

6.6.3 试验检测资料的报批程序

（1）原材料试验及标准试验：中心试验室审批有关新工艺、新材料、一般建设项目的工程划分中主要工程的原材料试验和标准试验资料；其余的由驻地办试验室负责审批。

（2）在各项工程开工前，应由项目经理部中心试验室完成标准试验检测工作，并将试验检测结果报驻地办试验室，驻地办试验室通过复核、平行试验确定合格后（新工艺、新材料的原材料试验），标准试验资料报中心试验室审核批准（必要时进行平行试验）。驻地工程师应参加项目经理部试验检测的全过程，并严格进行现场监督检查。

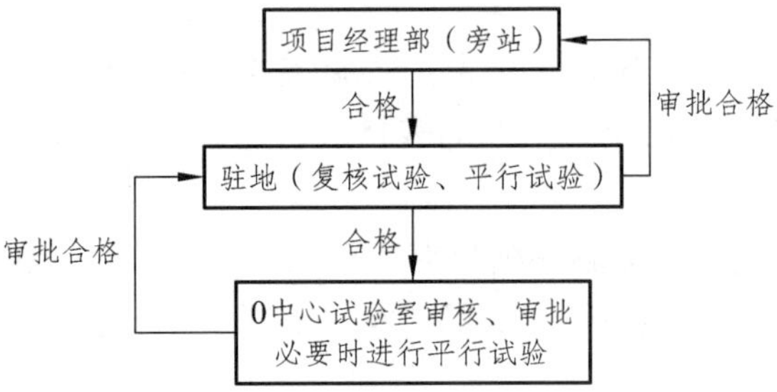

图 6-96　原材料及试验报批流程

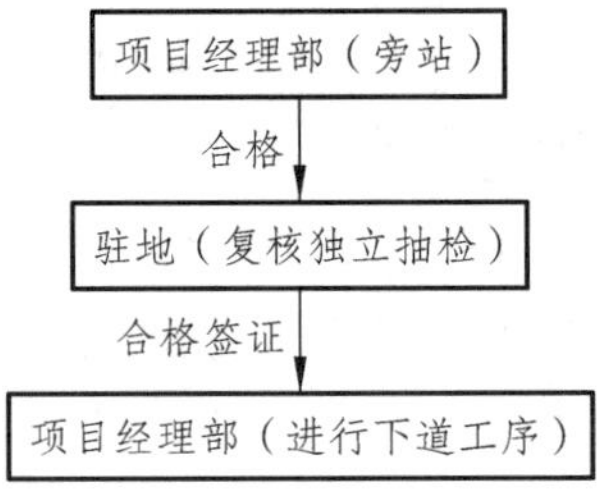

图 6-97　现场试验检测报批流程

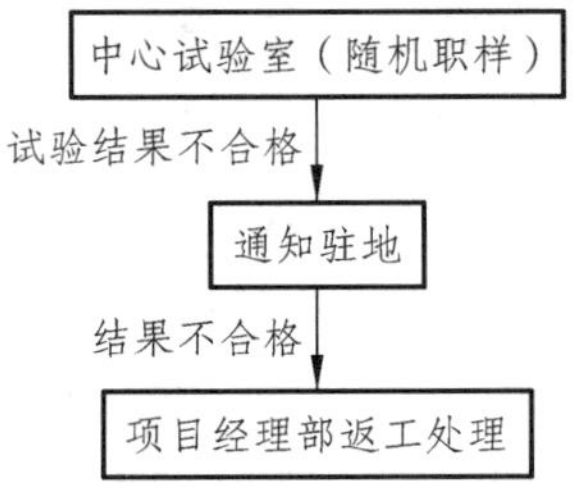

图 6-98　中心试验室抽检流程

6.6.4　试验检测资料的管理

1. 档案资料管理

工地试验室应对相关资料分类建档，便于管理和查询。档案资料应及时填写、整理和归档。人员档案应一人一档，内容包括个人简历、身份证件、毕业证、职称证、资格证、劳动合同、任职文件、培训和考核记录等。设备档案一般应按一台一档建立，对于同类型的多个小型仪器设 备可集中建立一套档案，但每个仪器均应进行唯一性编号。设备档案包括设备履历表、出厂合格证、产品说明书、历次检定/校准证书或记录、维修保养记录、使用记录等内容。工地试验室的报告和记录格式必须统一采用项目公司下发的规定格式。试验资料归档应分类明确、齐整有序、条目清晰。出具的各类试验报告、试验记录等资料，应及时完成签认，规范归档。签字不齐全、记录或报告不完整的资料不得归档。报告的审核签发应按工地试验室相关规定进行，报告或记录严禁代签。工地试验室的归档资料应有专人负责管理。

2. 试验技术资料管理

试验技术资料包括：上级有关工作文件、法令法规；试验标准、规程、规范；试验报告、原始记录、工作指令；监理处和承包人反馈意见；试验仪器设备的档案等：试验技术资料由资料管理员统一管理；所有资料都要办理交接手续，进行登记编号，按规定建档保存；资料管理人员必须严格遵守保密规定，秘密级以上的资料查阅应经试验室主任批准；未经批准，任何单位或个人不准将与工程有关的专用或机密文件、资料向外泄漏。资料档案要编制目录、索引等检字工具，以便查阅，进出要详细记录，以免丢失。任何单位或个人查阅本室文件、资料必须经试验室主任批准。过期资料的处理必须登记造册，经上级领导批准才能销毁。

3. 试验室原始记录管理

原始记录，是检测数据的如实记载，是反映试验检测活动环节的第一手资料，不许随意更改，不许删减，一般情况下，不允许外单位查阅原始记录。原始记录统一按要求的格式印制。表格内容应写完整，不能用铅笔、圆珠笔填写，每份原始记录应有试验人员和复核人员的签名。复核人员在进行复核签名前认真核对试验检测数据，凡是可重复检测的项目，复核量不小于 10%。原始记录如确定需要更改，作废数据应划两水平红线，并用正确数据填写在上方加盖更改人印章（无印章应在其旁边签名）。原始记录登记本由试验操作人员妥善保管使用，一本用完后交资料保管人统一编号存档。原始记录保管人应遵守技术保密制度，不得向被检测单位或本室以外人员泄露试验检测数据。

4. 试验台账管理

试验检测台账分为管理和技术台账。管理台账一般包括人员、设备、标准规范等台账；技术台账一般包括原材料进场台账、样品台账、试验检测台账、不合格报告台账、外委试验台账、标准试验台账、现场抽样试验台账等。台账应格式统一、简洁适用、信息齐全，台账的填写和统计应及时、规范。工地试验室建立的取样台账、样品管理台账、设备使用记录、原始记录、检测报告等各种台账应规范化，资料应有共同信息，方便查阅。各种台账及试验记录和报告中反映的相关信息应完全一致。台账管理应分工明确、责任到人。

5. 试验过程管理

负责原材料检测，经检测不合格的原材料不允许进入施工现场。试样管理，包括试样的采集、运输、分类、编号及保管。对已进场的各种原材料、成品、半成品按技术标准或试验规程，分批量进行有关技术性质试验，以决定准予使用或封存、清退。完成各种混合材料的配合比验证工作，提出配合比及相关的施工参数。工艺试验，包括试验路铺筑、混合材料的预拌等过程中的试验工作，为施工控制采集有关控制参数。自检试验，包括配合比、压实度、强度（各类试件的成型、养护、试验）、施工控制参数、分项或分部工程中间交工验收试验等。协助试验，为监理试验室提供其复核试验所需的一切材料，为现场试验监人员抽检试验提供必要的协助。外委试验在送样前必须对被委托的检测单位的资质等级和检测水平进行考察，严禁委托无资质或资质达不到要求的检测单位进行委托试验。试验样品应根据试验目的和要求，按照相应的国家标准、专业标准或试验规范、规程进行取样，检测频率必须满足规范要求。外委取样，试验室应通知驻地办及中心试验室共同见证取样、并由几方对样品进行封样、留样，共同见证送外委检测，并在外委单上签上见证人的名字。调查施工中出现的质量问题或质量事故，为调查处理提供真实、齐全的试验数据、证据或信息，参与必要的试验检测工作。对试验资料进行整理分析，提供分析报告，随时掌握施工质量动态，供有关人员参考。参与现场科研工作，推广及运用新材料、新技术、新工艺。母体检测机构应定期对授权工地试验室进行检查指导，确保授权工作规范有效，检查过程应有记录，检查结果应有落实和反馈。试验检测频率应满足项目招标文件、技术规范和设计图纸相关要求。工地试验室应积极参加质监机构、指挥部组织的试验比对、能力验证等活动，加强岗位技术培训，持续提高业务技能。

坚持以务实的工作态度、严谨的工作作风，科学的管理制度、规范的操作规程，全心全意地服务于施工生产活动。严格执行国家行业技术标准和技术规范，积极落实上级主管部门的管理制度，实事求是地开展试验检测工作。贯彻落实母体公司的试验管理办法，严格按照母体实验室相关质量手册的要求，圆满地完成工作任务。

参考文献

[1] 孙佳男. 高速公路建设项目施工安全管理结构的探索[J]. 公路，2020，65（06）：172-175.

[2] 孙月峰，许明昊，张表志等. 基于改进关键链法的高速公路建设项目进度管理[J]. 公路交通科技，2019，36（04）：36-43.

[3] 吴忠广，张好智，吴林松等. 高速公路施工安全管理标准化建设研究[J]. 中国标准化，2019（15）：107-111.

[4] 吴晓明. 基于标准化管理的公路工程试验室信息管理系统关键技术研究[J]. 中国标准化，2019（06）：96-97.

[5] 李永强. 浅谈高速公路工程工地试验室标准化建设与规范化管理[J]. 中国标准化，2019（08）：167-168.

[6] 季铁柱. 公路施工管理标准化建设应用及效果分析[J]. 中国标准化，2019（04）：70-71.

[7] 宗娜，罗咏. 高速公路路面施工安全标准化分析[J]. 交通世界，2018（34）：96-97.

[8] 王勤富，蒋妙强，刘宝义. 标准化管理理念在高速公路大型预制梁场中的应用[J]. 施工技术，2018，47（S4）：1027-1030.

[9] 包学巍，张永江，陈华锋. 浅谈高速公路临时设施标准化建设[J]. 公路，2018，63（10）：22-24.

[10] 吕铁. 论技术标准化与产业标准战略[J]. 中国工业经济，2005（07）：43-49.

[11] 麦绿波. 标准化原理的评论[J]. 中国标准化，2011（06）：40-45.

[12] 麦绿波. 标准化原理的评论[J]. 中国标准化，2011（06）：40-45.

[13] 刘郁郁. 应用标准化原理制定企业管理标准和工作标准[J]. 交通标准化，1995（03）：17-19.

[14] 金燕芳. 标准化理论体系构建方案探讨[J]. 世界标准化与质量管理，2005（12）：11-12.

[15] 彭甜，付元元. 企业标准化理论探讨[J]. 经济视角，2012（02）：24-25.

[17] 段志成，陈通，董维维. 承包工程企业标准化管理实施策略及路径选择[J]. 国际经济合作，2012（02）：60-63.

[18] 钟世威，马广庆. 企业标准化管理中存在的问题与对策[J]. 对外经贸，2012（07）：129-130.

[19] 何雄伟，孙柏林，汪洋，等. 高速公路施工标准化管理绩效评价研究[J]. 交通标准化，2014，42（13）：183-189.

[20] 安国栋. 全面落实“六位一体”管理要求 加快推进铁路建设标准化管理[J]. 中国铁路，2008（05）：1-7.

[21] 丁迪. 供电企业基建项目标准化管理模式应用研究[D]. 北京：华北电力大学，2011.

[22] 江新强. 基于标准化理论的电力基建工程项目管理研究[D]. 福州：福州大学，2014.

[23] 沈嵘. 电力改革背景下电网基建标准化质量管理研究[D]. 上海：华东理工大学，2016.

[24] 于佳. 供电企业工程项目标准化管理模式研究[D]. 北京：华北电力大学，2014.

[25] 李子钰. 配电网工程建设标准化管理研究[D]. 北京：华北电力大学，2013.

[26] 丁万斌. 京沪高速铁路建设中的标准化管理研究[D]. 成都：西南交通大学，2011.

[27] 康仪庄．铁路工程项目标准化管理研究[D]．长沙：中南大学，2012.
[28] 余璇．高速公路业主方标准化管理制度体系设计及运行研究[D]．中南大学，2012.
[29] 纪明. 天津市电力公司电网基本建设项目标准化管理体系研究[D]. 天津：天津大学，2010.
[30] 方磊．ZF 建设项目标准化管理研究与应用[D]．山东：山东大学，2009.
[31] 丁瑞明．关于电力建设工程项目质量管理标准化的研究[D]．北京：华北电力大学，2009.
[32] 黄光健．桥梁工程施工标准化管理系统研究[J]．西部交通科技，2019（07）：80-82.
[33] 陈春元，燕鹏．论高速公路施工项目中施工标准化管理[J]．公路交通科技（应用技术版），2019，15（02）：301-303.
[34] 王燕浩．山区高速公路施工标准化管理思路与实践[J]．中国管理信息化，2018，21（18）：88-89.
[35] 王飞，张晓利．预应力施工标准化的体会与探讨[J]．公路交通科技（应用技术版），2018，14（06）：11-12.
[36] 郑忠影．公路施工标准化管理探析[J]．科技创新与应用，2018（04）：113-114.
[37] 张永顺．高速公路施工标准化管理探讨[J]．交通世界，2017（29）：155-156.
[38] 王首绪，谢剑．高速公路大标段模式下施工标准化管理研究[J]．中外公路，2017，37（04）：314-318.
[39] 左阿金，李志杰．公路工程施工标准化的应用与改进措施[J]．交通世界，2017（24）：148-149.
[40] 孙继伟．辽宁省高速公路施工标准化研究[J]．北方交通，2017（05）：134-138.
[41] 钟卫涛．高速公路建设施工标准化管理分析[J]．低碳世界，2017（14）：201-202.
[42] 高志新．西安北站工程施工标准化管理体系的设计与运行[D]．西安：西安建筑科技大学，2015.
[43] 庄宝利．云南省高速公路沥青面层施工标准化研究[D]．西安：长安大学，2016.
[44] 介朝洋．高速公路施工标准化管理案例研究[D]．昆明：昆明理工大学，2017.
[45] 罗艳．内河航道工程施工标准化研究[D]．长沙：长沙理工大学，2017.
[46] 单凯亮．建筑施工标准化的意义以及创新策略研究[J]．大众标准化，2020（09）：149-150.
[47] 黄光健．桥梁工程施工标准化管理系统研究[J]．西部交通科技，2019（07）：80-82.
[48] 王勇，刘泽．盾构施工标准化管理的实践与创新[J]．城市轨道交通研究，2019，22（05）：12-15.
[49] 张玉．浅谈工程施工标准化管理[J]．河南建材，2015（06）.
[50] 吴杰．关于高速公路施工标准化管理体系建立与实施[J]．黑龙江交通科技，2017（10）
[51] 郑忠影．公路施工标准化管理探析[J]．科技创新与应用，2018（04）.
[52] 胡小林．高速公路施工标准化管理探讨[J]．居舍，2017（25）.
[53] 庞博．高速公路施工标准化管理探讨[J]．四川水泥，2018（05）.
[54] 王燕浩．山区高速公路施工标准化管理思路与实践[J]．中国管理信息化，2018（18）.
[55] 李庆军．公路施工标准化管理对工程影响探究[J]．城市建设理论研究（电子版），2017（31）.
[56] 文建国．公路施工标准化管理探析[J]．四川水泥，2016（06）.
[57] 刘彦强．高速公路施工标准化管理的相关思考[J]．山西建筑，2015（18）

[58] 邓加良．公路施工标准化管理探析[J]．交通标准化，2014（02）.
[60] 吴斌．实现建筑施工标准化的创新策略探讨[J]．中国标准化，2018（02）：53-55.
[61] 邓祥明，梁桂芳．关于高速公路施工标准化管理的几点思考[J]．科技风，2012（06）.
[62] 庞博．高速公路施工标准化管理探讨[J]．四川水泥，2018（05）.
[63] 邓加良．公路施工标准化管理探析[J]．交通标准化，2014（02）.
[64] 李林林．长临高速公路全面质量控制与管理研究[D]．西安：长安大学，2017.
[65] 郑奕．高速公路项目施工风险管理研究[D]．南昌：南昌大学，2016.
[66] 黄晓威．高速公路施工安全管理研究[D]．西安：长安大学，2016.
[67] 李罗．我国山区高速公路施工安全监管研究[D]．昆明：云南财经大学，2016.
[68] 龙楠楠．上海 FH 公司项目施工管理案例研究[D]．鞍山：辽宁科技大学，2016.
[69] 王玉波．高速公路施工项目管理研究[D]．西安：长安大学，2014.
[70] 刘琦．高速公路建设项目安全生产管理体系构建研究[D]．广州：华南理工大学，2014.
[71] 栾兰．公路施工安全管理问题研究[D]．西安：长安大学，2012.
[72] 张永琴．高速公路施工安全管理研究[D]．重庆：重庆大学，2009.
[73] 吕婷．高速公路绿色施工组织设计方案评价研究[D]．长沙：长沙理工大学，2016.
[74] 孙志勇．建筑工程项目全面实施绿色施工管理体系研究[D]．湘潭：湘潭大学，2015.
[75] 潘俊．工程项目绿色施工管理研究[D]．重庆：重庆大学，2014.
[76] 阮鹏．建设工程绿色施工管理研究[D]．杭州：浙江大学，2015.
[77] 熊艳．高等级公路绿色施工评价研究[D]．长沙：长沙理工大学，2013.
[78] 厚恩．高速公路第三方中心试验室标准化管理探索[D]．兰州：兰州交通大学，2016.
[79] 李尤．TL 高速公路业主方施工标准化管理方案与关键过程优化[D]．天津：河北工业大学，2015.
[80] 唐凌炜．广乐高速公路 T5 标大型施工项目标准化管理研究[D]．广州：华南理工大学，2012.
[81] 余璇．高速公路业主方标准化管理制度体系设计及运行研究[D]．长沙：中南大学，2012.
[82] 徐乾．基于“双标”管理的公路项目管理研究[D]．西安：长安大学，2017.
[83] 林友良．基层海事处标准化建设问题研究[D]．大连：大连海事大学，2014.
[84] 张振华．桥梁工程标准化施工管理[D]．西安：长安大学，2012.
[85] 张大启．重庆市营运高速公路施工管理标准化研究[D]．重庆：重庆交通大学，2014.